Barbara Distel (Hg.)

»Wir konnten die Kinder doch nicht im Stich lassen!«

Frauen im Holocaust

Barbara Distel (Hg.)

»Wir konnten die Kinder doch nicht im Stich lassen!«

Frauen im Holocaust

Copyright Haland & Wirth im Psychosozial-Verlag 2003
Bleicher Verlag, Gerlingen 2001
Lizenzausgabe für Komet Verlag GmbH, Köln
www.komet-verlag.de
Umschlagmotiv: Deutsche Presse-Agentur GmbH,
Frankfurt am Main
Gesamtherstellung: Komet Verlag GmbH, Köln
Alle Rechte vorbehalten
ISBN 3-89836-442-9

Inhalt

Einführung

Barbara Distel

Frauen im Holocaust

»Nach den Richtlinien der SS brachte jedes jüdische Kind automatisch seiner Mutter den Tod«, schrieb die Ärztin Lucie Adelsberger, die Auschwitz überlebte.[1] Dieser Satz bleibt unerträglich und er rechtfertigt den Versuch, nach den spezifischen Erfahrungen von Frauen zu fragen, die aufgrund des rassistischen Wahns der nationalsozialistischen Diktatur zum Tode verurteilt wurden. Zu fragen ist, wodurch sich das Schicksal der Frauen von dem ihrer Söhne, Männer, Väter und Freunde unterschied, die nach den Jahren der Diskriminierung und Ausgrenzung zu Freiwild geworden, gleichermaßen den Erschießungskommandos oder dem Erstickungstod in den Gaskammern ausgeliefert wurden.

»Mit der ›Endlösung‹ verfolgten die Nazis das Ziel, *alle* Juden zu vernichten«, schrieb Raul Hilberg 1997 in seiner Untersuchung über die am Mord Beteiligten *Täter, Opfer, Zuschauer.* »Meist trieben sie Männer und Frauen unterschiedslos zusammen, um sie in Vernichtungslager zu transportieren oder an Gruben zu erschießen. Ihre Leichen wurden gemeinsam in denselben Krematorien verbrannt oder in denselben Massengräbern verscharrt. Sie alle waren in dieselbe Arena der Vernichtung geraten, weil die Nazis ein Europa planten, aus dem die Juden ganz zu verschwinden hatten. Doch der Weg zur Vernichtung war durch Ereignisse markiert, die Männer speziell als Männer, Frauen speziell als Frauen betrafen. Zuerst änderten sich die Rollen. Dann verwandelten sich die Beziehungen. Und schließlich gab es unterschiedliche Belastungen und Erschütterungen.«[2] Wenn man sich heute, 55 Jahre nach dem Erlöschen der Krematorien auf die Suche nach den Spuren der Frauen macht, die Opfer der nationalsozialistischen Mordpolitik wurden, so stehen auch für sie die Foto- und Filmaufnahmen der alliierten Kriegsberichterstatter aus den befreiten Todeslagern am Beginn der öffentlichen Wahrnehmung. Waren es auch mehrheitlich männliche Häftlinge, die einen zu Tode erschöpften Blick auf die Kamera der Befreier richteten, so wurden vor allem in den Lagern Auschwitz und Bergen-Belsen Bilder von Frauen festgehalten, die in den folgenden Jahrzehnten als *Ikonen der Vernichtung*[3] Teil der kollektiven Erinnerung an den Genozid wurden. Aus dem eigens für Frauen eingerichteten Konzentrationslager Ravensbrück sind keine Filmaufnahmen der Befreiung überliefert, da es vor Eintreffen der alliierten Truppen nahezu vollständig geräumt worden war.

Die nächsten Spuren finden sich in den Akten der Justizbehörden, die zunächst für die alliierten Gerichtshöfe und ab Ende der fünfziger Jahre für die Nachfolgeprozesse Zeugen befragten und Dokumente sicherstellten. In den Nürnberger Militärgerichtsprozessen der alliierten Siegermächte stand der Mord an den europäischen Juden allerdings nicht im Mittelpunkt. Die detaillierte und eindringliche Schilderung des Schicksals der Frauen im Vernichtungslager Auschwitz-Birkenau, die die französische Widerstandskämpferin Claude Vaillant-Couturier als Zeugin der französischen Anklagevertretung im Prozess gegen die Hauptkriegsverbrecher am 28. Januar 1946 vortrug, war ein erstes öffentliches Zeugnis einer Überlebenden des Holocaust[4]. Es hat zu diesem Zeitpunkt noch kein Echo gefunden.

Auch der Jerusalemer Eichmann-Prozess, der im Jahr 1961 für die Bundesrepublik Deutschland den Beginn der Auseinandersetzung mit den nationalsozialistischen Verbrechen markierte, erweckte noch kein breiteres Interesse an dem Schicksal der Opfer, auch nicht an dem der Frauen, die dort als Zeugen berichteten. Das Gleiche galt für den Frankfurter Auschwitz-Prozess des Jahres 1965, der als ein weiterer Meilenstein für den allmählichen Durchbruch der Mauer des Schweigens gilt, die in Deutschland nach 1945 um die nationalsozialistischen Verbrechen errichtet worden war. Wieder wurden die Frauen nicht als spezielle Opfergruppe wahrgenommen. Erst während des Majdanek-Prozesses, der sich, nachdem er im November 1975 vor dem Düsseldorfer Landgericht begonnen hatte, über fünf Jahre hinzog, und in dem sich neben neun Männern auch sechs Frauen wegen Beihilfe und Mittäterschaft an der Ermordung von mindestens 250 000 Juden verantworten mussten, wurde die Tragödie der Häftlingszeugen – unter ihnen viele Frauen – zum Gegenstand kontinuierlicher Berichterstattung in den Medien. Allerdings konzentrierte sich das öffentliche Interesse sehr viel stärker auf die Angeklagten als auf die überlebenden Opfer, die vor allem aus Polen und Israel anreisten. Es gab außer bei einer Betreuer-Initiative der Gesellschaft für Christlich-Jüdische Zusammenarbeit kein Verständnis für die traumatische Erfahrung, der die Überlebenden ausgesetzt wurden, wenn sie ihren ehemaligen Peinigern gegenübertreten und sich die erlebten Schrecken wieder vergegenwärtigen mussten. Vereinzelt wurde Empörung über einige Verteidiger geäußert, die versuchten, die überlebenden Opfer vor Gericht zu diskreditieren oder sogar in die Rolle der Angeklagten zu drängen. Rechtsextreme Gruppen unternahmen wiederholt Einschüchterungsversuche und bedrohten einzelne Zeugen. Von Seiten der Historiker gab es kein Interesse, die Verfolgungs- und Überlebensgeschichten dieser Zeugen über deren Aussagen zu den Verbrechen der Angeklagten hinaus festzuhalten.[5]

Nachdem die deutsche Geschichtswissenschaft das Thema Konzentrationslager und Judenmord lange Zeit vernachlässigt hatte, standen schließlich die ersten Forschungen ebenfalls im Zusammenhang mit Gerichtsverfahren gegen NS-Täter, bei denen Historiker als Prozess-Gutachter auftraten.[6] Das Schicksal der einzelnen Opfer – auch das der Frauen – geriet ihnen dabei nicht ins Blickfeld. Mit Ausnahme von Eugen Kogons Buchenwald-Studie *Der SS-Staat* und H.G. Adlers Monographie über Theresienstadt,[7] die beide sowohl wissenschaftliche Untersuchung wie persönliches Überlebens-Zeugnis waren, fanden die Erinnerungen der Opfer keinen Wiederhall in der deutschen Forschung. Auch die Methode der *oral history* wurde in Deutschland im Gegensatz zu den angelsächsischen Ländern lange Jahre als unwissenschaftlich abgelehnt. Verfolgte Frauen, so beispielsweise Sophie Scholl von der studentischen Widerstandsgruppe der »Weißen Rose« fanden im Zusammenhang mit der Diskussion um den Widerstand gegen die nationalsozialistische Diktatur vereinzelt Erwähnung. Es gab im historischen Diskurs der Nachkriegsjahre jedoch keine Frauen unter den Zeitgeschichtsforschern, deren Stimme Widerhall gefunden hätte.

Abgesehen von wenigen Veröffentlichungen, die bereits zwischen 1945 und 1950 erscheinen konnten, kamen die ersten bedeutsamen Erinnerungen von Überlebenden des Holocaust im Laufe der fünfziger Jahre auf den Markt.[8] Inzwischen wissen wir, dass die Zurückgekehrten, obwohl sie bereits in den Ghettos und Lagern von dem Gedanken besessen waren, die Welt »draußen« wissen zu lassen, was geschah, nach ihrer Befreiung für lange Zeit nicht nur in Deutschland, sondern überall auf taube Ohren gestoßen waren, dass kaum jemand etwas hören wollte von den durchlebten Schrecken, von den unzähligen Toten und den quälenden Erinnerungen der Geretteten. Nur allmählich begann auch in Deutschland ein interessiertes Fachpublikum mit den Autoren dieser frühen Publikationen das zu verbinden, was man Jahrzehnte später mit dem Begriff »Holocaust« belegte. Es wurde nur über das Schicksal der Frauen berichtet, ihre eigene Stimme war jedoch noch nicht deutlich vernehmbar.

Erst als die Frauenbewegung in den USA in den siebziger Jahren Fragen nach geschlechtsspezifischen Erfahrungen aufwarf, begannen sich zunächst Frauen für die Geschichte von Frauen als Opfer des Holocaust zu interessieren. Schließlich fanden sich im Jahr 1983 auf einer Tagung zum Thema »Frauen überleben den Holocaust« in New York zum ersten Mal etwa 400 Frauen zusammen, unter ihnen viele Überlebende und Kinder von Überlebenden, um speziell über die Erfahrungen von Frauen zu berichten und zu diskutieren. Vorgetragen und erörtert wurden Erfahrungen von Frauen im Ghetto, Frauen in Widerstandsgruppen, Frauen im Versteck, auf der Flucht und in den Konzentrationslagern. Die Philosophin und Frauenforscherin Joan Ringelblum, die sich als eine der Ersten mit dem Thema auseinander gesetzt hatte und die entscheidend am Zustandekommen der Konferenz beteiligt gewesen war, äußerte gleich zu Beginn der Veranstaltung ihre Vorbehalte gegenüber den Begriffen des Tagungsthemas. Ihrer Meinung nach suggerierte das Wort »Holocaust« ein einheitliches Ereignis und verdeckte das individuelle Schicksal der einzelnen Person. Und auch der Begriff des »Überlebens« könnte der Problematik nicht gerecht werden. Denn zunächst ginge es immer um Versuche, um den Kampf und das Bemühen zu überleben. Erst nach der Befreiung konnte ja das »Überleben« konstatiert werden. Und dann müssten auch all diejenigen, denen es nicht gelungen war zu überleben, die ermordet worden waren und deren Spuren verschwunden waren, in die Erinnerung mit einbezogen werden.[9] Joan Ringelblums Antwort auf die Frage, ob es angemessen sei, sich speziell mit dem

Schicksal von Frauen zu beschäftigen, war bei dieser Gelegenheit direkt an die überlebenden Frauen gerichtet: »Wärme, die ihr euch gegenseitig gegeben habt, Formen des Essenteilens, eure gegenseitige Unterstützung, sogar der Gesang eines Liedes, der Austausch von Rezepten – diese kleinen und anscheinend trivialen Ereignisse des täglichen Lebens, die es euch ermöglicht haben, durchzukommen – ich denke, die müssen wir einfordern. Die Art und Weise, wie Frauen den Austausch von Rezepten in eine gemeinsame Erfahrung des Teilens verwandelten, konnte zwar nicht Tod in Leben, aber Situationen tödlicher Bedrohung in Möglichkeiten des Überlebens verwandeln.«[10] Zum ersten Mal wurde auf dieser Tagung auch offen über heikle Fragen, wie Gewalt gegen Frauen oder Sexualität in Ghettos und Konzentrationslagern gesprochen. Trotz unterschiedlicher Einschätzungen der Teilnehmerinnen war man sich am Ende der Tagung einig, eine Mauer des Schweigens durchbrochen und einen Anfang gemacht zu haben, um »notwendige Geschichten zurückzugewinnen« (Sybil Milton).

In Deutschland begann die Diskussion geschlechtsspezifischer Erfahrungen und weiblicher Verhaltensmuster während der NS-Diktatur unter anderen Vorzeichen. Im Land der Täter wurde die neu entstehende Frauenbewegung mit schmerzhaften Fragen nach weiblicher Mitschuld und Beteiligung am Völkermord konfrontiert, der sie sich zunächst nicht stellte. Das Muster, nach dem Frauen generell Opfer männlicher Gewalt sind, wurde auf den Nationalsozialismus übertragen und bot scheinbar einen Ausweg aus dem Dilemma.[11]

Mit dem Blick von außen löste die amerikanische Historikerin Claudia Koonz durch ihre Studie, *Mothers in the Fatherland*, die 1982 in London und 1991 in deutscher Übersetzung erschien[12], in Deutschland eine breitere Debatte über die Rollen von Frauen im Nationalsozialismus aus. Einerseits räumte sie mit dem Mythos auf, weibliche Wählerstimmen hätten Hitler an die Macht gebracht, indem sie nachwies, dass es zwischen männlichen und weiblichen Anhängern Hitlers keine großen Unterschiede gab. Andererseits widerlegte sie die bequeme Legende der kollektiven Unschuld der Frauen, die an der verbrecherischen Politik des männlich geführten NS-Staates keinen Anteil gehabt hätten. Sie konnte sich ihrem Forschungsgegenstand unbefangener nähern als die Forscherinnen in der Bundesrepublik, in der Mehrzahl Töchter von Vätern und Müttern, »die als junge Erwachsene das NS-System entweder ideologisch gestützt oder beruflich-politisch dafür gearbeitet haben«.[13] Dies bestätigte die amerikanische Historikerin Atina Grossmann 1996 auf einer Tagung des Hamburger Instituts für Sozialforschung zum Thema »Zwanzig Jahre Frauenforschung zum Nationalsozialismus« noch einmal nachdrücklich, als sie sagte: »… wir steckten nicht in diesem Sumpf von Schuld, Ärger und Konfusion, in dem sich – insbesondere in den siebziger und achtziger Jahren – unsere deutschen Kolleginnen zurechtfinden mussten. Wir waren nicht mit diesen BDM-Lieder singenden Müttern und Großmüttern konfrontiert. Unsere Großmütter hatten andere Schicksale erlitten, waren wie meine eigene Großmutter in Auschwitz vergast worden oder, wenn sie mehr Glück gehabt hatten, in New York oder Israel mittlerweile etabliert – wir erlebten sie, wenn sie noch da waren, als ein gelassenes, witziges, ärgerliches, aber eben nicht *bedrohliches* Gegenüber.«[14]

Auch diese Tagung war ein Beispiel dafür, dass sich in Deutschland die historischen Fragestellungen in vieler Hinsicht verändert und differenziert hatten. Eine neue Generation von Historikern und Historikerinnen, die den Diskurs, der in anderen Ländern geführt wurde, einbezog, hatte im Laufe der achtziger Jahre, als das Thema »Holocaust« weltweit immer größeres Interesse fand, zu forschen begonnen.

Nicht wenige von ihnen waren durch die Begegnung mit überlebenden Opfern für ihre Arbeit motiviert und Interviews zur Lebensgeschichte waren selbstverständlicher Teil ihrer wissenschaftlichen Arbeit geworden. Zu ihnen gehört Gudrun Schwarz, die in zahlreichen Studien die Rolle der Täterinnen untersucht hat. Sie hatte ihre Forschung mit einer Untersuchung über die Struktur des nationalsozialistischen KZ-Systems begonnen und dabei als Erste nach der Gesamtzahl der weiblichen KZ-Häftlinge gefragt.[15]

Heute ist unbestritten, dass Frauen zwar keine Machtpositionen innerhalb des diktatorischen Herrschaftsapparats besetzen konnten, dass sie aber als Ehefrauen und als Handelnde in den mittleren und unteren Ebenen aller Institutionen des NS-Staates großen Einfluss auf die Politik hatten und ihre, wenn auch meist indirekte Beteiligung am Völkermord nicht unterschätzt werden darf. Trotzdem gehen die Einschätzungen über die Rolle der Frauen, die vorwiegend im nichtöffentlichen Raum agierten, noch immer weit auseinander.[16]

Besonders im Zusammenhang mit Forschungen zum nationalsozialistischen KZ-System erhielt die Geschichte der Frauen neue Aufmerksamkeit. Als die *Dachauer Hefte* im Jahr 1987 die Geschichte der Frauen zum Schwerpunktthema machten, galt dies noch als vernachlässigtes Thema.[17] 1992 wurden dann im Rahmen eines Seminars der Universität Hannover einzelne Aspekte des Schicksals der Frauen in den Konzentrationslagern Bergen-Belsen und Ravensbrück untersucht[18]. Und ein Kolloquium »Neuere Forschungen zur Geschichte des Frauen-Konzentrationslagers Ravensbrück«, das Ende 1996 in der Gedenkstätte Ravensbrück stattfand, knüpfte direkt und unter Mitwirkung einiger der damaligen Teilnehmerinnen an die Diskussion der New Yorker Konferenz aus dem Jahr 1983 an[19]. Inzwischen ist die Komplexität und Unterschiedlichkeit des individuellen

Schicksals der Frauen im Holocaust zunehmend deutlich geworden. So hat Joan Ringelheim ermittelt, dass prozentual eine sehr viel höhere Zahl Frauen als Männer aus den Ghettos in die Vernichtungslager deportiert und dort sofort ermordet wurde.[20] Andererseits haben neuere Forschungen ergeben, dass unter den KZ-Häftlingen, die in der Schlussphase des Kriegs aus den Ghettos und Vernichtungslagern in die Rüstungsfabriken der Außenlager geschickt wurden, Frauen eine höhere Überlebenschance hatten, als ihre männlichen Leidensgenossen.[21]

Bei einem breiteren Publikum wurde Empathie und Interesse für die Frauen im Holocaust durch eine Reihe von Erinnerungsberichten geweckt, die erst im Laufe der achtziger und neunziger Jahre publiziert wurden und die aus der Distanz eines Lebens nach der Befreiung die eigenen Nachkriegserfahrungen einbezogen. Herausragendes Beispiel dieser späten Zeugnisse, von denen einige ein großes Echo fanden, ist Ruth Klügers Bericht *weiter leben*, der in erster Linie für das deutsche Publikum geschrieben wurde.[22] Die Autorin, die als Kind mit ihrer Mutter von Wien aus nach Theresienstadt, Auschwitz und in ein Außenlager von Groß-Rosen verschleppt wurde, lehrte später in den USA Literaturwissenschaften. Sie schildert schonungslos und mit großer sprachlicher Kraft die Geschichte ihrer Verfolgung, der komplizierten Beziehung zu ihrer Mutter und schließlich ihren Weg in die »Normalität« der Nachkriegswelt. Es ist die verstörende Geschichte eines Kindes, das der Mordmaschine entkam, erzählt von einer starken Frau, die sich als Hochschullehrerin internationale Anerkennung erwerben konnte.

Zuletzt war die öffentliche Diskussion um die verweigerte Entschädigung für Zwangsarbeit, die für den NS-Staat geleistet wurde, Anlass für eine Reihe wichtiger Forschungsvorhaben, durch die das ungeheure Ausmaß der Zwangsarbeit verdeutlicht wurde und die zusätzliche Informationen über das Heer der Zwangsarbeiterinnen zutage brachten. Erst dadurch wird richtig deutlich, dass nahezu alle Frauen, die den Vernichtungslagern entkommen konnten, unter mörderischen Bedingungen bis zum Zusammenbruch des Regimes für die deutsche Rüstungsindustrie arbeiteten.

Ein heutiger Rückblick auf die Geschichte der Frauen im Holocaust ist gleichzeitig ein Resümee der Erkenntnisse, die innerhalb der Lebensspanne, die den Überlebenden nach ihrer Befreiung geblieben war, gesichert werden konnten. Der vorgelegte Sammelband bündelt die achtzehn Beiträge in sechs Themenbereichen: »Flucht und Exil«, »In Ghettos und Konzentrationslagern«, »Im Untergrund und im Versteck«, »Widerstand«, »Täterinnen« und »Nach dem Überleben«. Erneut führen uns die Erinnerungsberichte der überlebenden Opfer vor Augen, dass wir ihren Zeugnissen unser Wissen über den Holocaust verdanken. Einer Reihe von Historikern und Publizisten vor allem der jüngeren Generation, die dieses Wissen zur Grundlage ihrer Forschung gemacht haben, verdanken wir detaillierte Studien und Untersuchungen, die dieses Wissen erweitert und konkretisiert haben. Anliegen dieses Buches ist es, durch einen genauen Blick auf einzelne Aspekte und individuelle Geschichten die besonderen Bedingungen der weiblichen Opfer zu beschreiben und zu verdeutlichen, ohne dass dies mit einer Abgrenzung gegenüber männlichen Opfern verbunden sein soll. Mit den Worten »Die meisten Häftlinge … Männer wie Frauen, versuchten bis zum Ende human zu bleiben, vereint als menschliche Wesen« beschließt Ruth Bondy ihren Beitrag über Frauen in Theresienstadt und in Auschwitz-Birkenau. Dem Andenken aller Opfer ist dieses Buch gewidmet.

Anmerkungen

[1] Lucie Adelsberger: Auschwitz. Ein Tatsachenbericht. Berlin 1960. S. 126.

[2] Raul Hilberg: Täter, Opfer, Zuschauer. Frankfurt/M. 1997. S. 145.

[3] Cornelia Brink: Ikonen der Vernichtung. Berlin 1998.

[4] Der Prozess gegen die Hauptkriegsverbrecher vor dem Internationalen Gerichtshof. Band 6, Verhandlungsniederschriften 22. Januar – 4. Februar 1946. Nürnberg 1947. S. 227-257.

[5] Vgl. Heiner Lichtenstein: Majdanek. Reportage eines Prozesses. Frankfurt am Main 1979.

[6] Martin Broszat, Hans Buchheim, Hans-Adolf Jacobsen, Helmut Krausnick: Anatomie des SS Staates Band I und II. Gutachten des Instituts für Zeitgeschichte. Olten 1965.

[7] Eugen Kogon: Der SS-Staat. Das System der deutschen Konzentrationslager. Berlin 1946. H.G.Adler: Theresienstadt 1941-1945. Das Antlitz einer Zwangsgemeinschaft. Tübingen 1955.

[8] Vgl. Robert Antelme: L'Espece humaine. Paris 1957. Bruno Apitz: Nackt unter Wölfen. Halle 1958. Tadeusz Borowski: Die steinerne Welt. Warschau 1959. Primo Levi: Se questo è un uomo. Florenz 1958. Elie Wiesel: Nuit. Paris 1959.

[9] Esther Katz, Joan Miriam Ringelblum: Proceedings of the Conference *Women Surviving the Holocaust*; New York 1983. S. 24 f.

[10] Ebenda, S. 26 (Übersetzung B. Distel).

[11] Karin Windaus-Walser: Frauen im Nationalsozialismus. In: Lerke Gravenhorst, Carmen Taschmurat (Hg.): Töchterfragen. NS-Frauengeschichte. Freiburg 1990. S. 59.

[12] Claudia Koonz: Mütter im Vaterland. Frauen im Dritten Reich. Freiburg i.Br. 1991.

[13] Lerke Gravenhorst, Carmen Tatschmurat (Hg.): Töchterfragen. NS-Frauengeschichte. Freiburg i.Br. 1990. S. 20.

[14] Atina Grossmann: Ein Blick aus New York. German Women's History Group. In: Mittelweg 36, 6. Jahrgang April/Mai 1997. S. 18.

[15] z.B. Gudrun Schwarz: Eine Frau an seiner Seite. Ehefrauen in der SS-Sippengemeinschaft. Hamburg 1997. Gudrun Schwarz: Nationalsozialistische Lager. Frankfurt am Main 1996.

[16] Vgl. auch Ute Benz (Hg.): Frauen im Nationalsozialismus. München 1993.

[17] Vgl. Editorial in: Dachauer Hefte. Frauen – Verfolgung und Widerstand. 3. Jahrgang, Dachau 1987.

[18] Claus Füllberg-Stolberg, Martina Jung, Renate Riebe, Martina Scheitenberger (Hg.): Frauen in Konzentrationslagern Bergen-Belsen, Ravensbrück, Bremen 1994.

[19] Sigrid Jacobeit, Grit Philipp (Hg.): Forschungsschwerpunkt Ravensbrück. Beiträge zur Geschichte des Frauen-Konzentrationslagers. Berlin 1997.

[20] Joan Ringelheim: Verschleppung, Tod und Überleben. Nationalsozialistische Ghetto Politik gegen jüdische Frauen und Männer im besetzten Polen. In: Theresa Wobbe (Hg.): Nach Osten: Verdeckte Spuren nationalsozialistischer Verbrechen. Frankfurt am Main 1992.

[21] Gabriele Pfingsten, Claus Füllberg-Stolberg: Frauen in Konzentrationslagern – geschlechtsspezifische Bedingungen des Überlebens. In: Ulrich Herbert, Karin Orth, Christoph Dieckmann (Hg.): Die nationalsozialistischen Konzentrationslager. Entwicklung und Struktur. Band I, Göttingen 1998.

[22] Ruth Klüger: weiter leben. Eine Jugend. Göttingen 1992.

Flucht und Exil

Wolfgang Benz

Die andere Seite des Holocaust.
Frauen im Exil: Hertha Nathorff und Ruth Körner

Das Überleben der Verfolgung in der Emigration ist für viele kaum weniger traumatisch als das Überleben im Lager oder im Versteck. Gefühle der Hilflosigkeit, der Demütigung, des Preisgegebenseins waren mit der Flucht aus Hitlerdeutschland so verbunden, wie neben der äußeren Not Angst, Einsamkeit und Entwurzelung den Alltag bestimmen. Und Frauen erlitten darüber hinaus oftmals das Schicksal des Verlustes einer Emanzipation, die sie vor 1933 errungen hatten. An zwei Schicksalen, der Ärztin Hertha Nathorff, die 1939/40 nach New York auswandern konnte und sich mehr als vier Jahrzehnte lang vor Heimweh nach Deutschland und Kummer über ihren verlorenen Beruf verzehrte, und der Publizistin Ruth Körner, die aus Berlin nach Österreich, von dort nach Prag und schließlich im letzten Moment vor den Nationalsozialisten nach London floh, sollen die Verluste und Entwurzelungen von Frauen im Exil exemplarisch verdeutlicht werden.

Hertha Nathorff, 1895 geboren, entstammte der im württembergischen Laupheim alteingesessenen jüdischen Familie Einstein, zu ihren Verwandten gehörten der Nobelpreisträger Albert Einstein und der Musikforscher Alfred Einstein sowie der Filmproduzent Carl Lämmle, der in Hollywood die Universal Pictures gründete. Herthas Vater war Zigarrenfabrikant. Sie besuchte das Gymnasium in Ulm und studierte, unterbrochen durch patriotische Tätigkeit als Krankenschwester während des Ersten Weltkriegs, seit 1914 Medizin in München, Heidelberg, Freiburg (Breisgau) und Berlin. Nach dem Staatsexamen (1919), der Promotion in Heidelberg (1920) und Assistentenjahren in Freiburg wurde sie leitende Ärztin im Frauen- und Kinderheim des Roten Kreuzes in Berlin-Lichtenberg. In einem autobiographischen Text, Fragment von Erinnerungen, die unter dem Titel »Nur ein Mädel – Nur eine Frau« geplant waren und über Anfänge und Variationen dazu nicht hinauskamen[1], schrieb Hertha Narthoff: »In Deutschlands bitterster Notzeit wurde ich zur leitenden Ärztin eines Entbindungs- und Säuglingsheims vom Roten Kreuz gewählt. ›Freilich wollen Sie mir fast ein bisschen jung sein‹, sagte mir die Dezernentin des Heims – die bekannte Sozialistin Adele Schreiber. ›Dieser Fehler wird ja mit jedem Tag besser‹, gab ich ihr zur Antwort und begann meine Tätigkeit voller Begeisterung am 1. April 1923. Ein Heim, zwei hübsche Villen in einem ausgedehnten alten Park mit 30 Frauen- und Säuglingsbetten, Oberschwester, Hebamme, 8 Schwestern und einige Helferinnen unterstanden mir nun, und ich war mir meiner Verantwortung bewusst.«[2]

Im gleichen Jahr 1923 heiratete sie ihren Oberarzt, zwei Jahre später wurde ihr Sohn Heinz geboren. Schon ehe ihre Tätigkeit in der Klinik 1928 endete, war sie erfolgreich in ihrer Privatpraxis unweit des Kurfürstendamms. Emanzipation und soziales Engagement waren wichtige Bestandteile ihrer Karriere. 1928 errang sie eine ehrenamtliche Position am Krankenhaus Charlottenburg: »In dieser Zeit bewarb ich mich um die neu zu errichtende Stelle für Frauen- und Eheberatung, die im Ärzteblatt ausgeschrieben war. 73 Bewerberinnen waren wir im Ganzen, aber, so hörte ich, die Ausschreibung war nur pro forma – im Stillen war die Stelle längst vergeben an eine Assistentin der Klinik, die dem Professor genehm war. Und eines Tages erhielt ich dann die Aufforderung, mich bei der zuständigen Behörde zu melden. Man richtete merkwürdige Fragen an mich: Welcher politischen Partei ich angehöre? Meine Einstellung zum Paragraph 218. Ich erklärte, dass ich demokratisch denke und fühle, dass ich aber jegliche politische Abgaben im ärztlichen Beruf ablehne: Ich will doch Ärztin sein und nichts anderes. Und dann ging mein Temperament mit mir durch, was und wie ich es wollte, ich hab' es in deutlicher Ausführung dargelegt, und ich war entlassen, um nach vier Tagen einem neuen Gremium von Stadtverordneten mich präsentieren zu müssen. Und dann wurde ich gewählt, und dann hab' ich arbeiten dürfen, unbezahlt natürlich! Denn für solche Versuchsstellen war kein Geld im Stadtsäckel! Und ich habe fast 5 Jahre gearbeitet, aufgebaut und in wirklich sozialer Arbeit Kraft und Zeit und Liebe verschwendet, um nach dem Umsturz im April 1933 einen kurzen Brief zu bekommen, dass ich gebeten werde, meine Tätigkeit bis auf weiteres einzustellen.«[3]

Hertha Nathorff hatte als Ärztin eine bemerkenswerte Karriere gemacht, die mit dem Machterhalt der Nationalsozialisten Stück für Stück zerbrach. Standespolitisch in der Medizinischen Gesellschaft und der Berliner Ärztekammer engagiert, wurde sie als erste Frau in den Gesamtausschuss der Berliner Ärzte gewählt. Diese Ämter waren gleich nach dem 30. Januar 1933 verloren. Als Folge der nationalsozialistischen Rassenpolitik folgte der Entzug der Zulassung zu den Krankenkassen. Am 30. Juni 1933 notierte Dr. Nathorff in ihr Tagebuch: »Die letzte Kassensprechstunde. Ich habe tapfer durchgehalten. Meine Wohnung gleicht einem blühenden Garten. Abschiedsblumen. Wie das ist, sein eigenes Begräbnis zu erleben! Wie viele Kollegen mögen heute das Gleiche empfinden. Nun sitze ich am gewohnten Platz, ich schließe mein Kassenbuch ab. Morgen werde ich die Stempel ins Ärztehaus tragen.«[4]

Immerhin durfte sie bis zum Herbst 1938 noch Privatpatienten behandeln. Wie fast allen jüdischen Ärzten wurde ihr die ärztliche Approbation entzogen, während ihr Ehemann, ehemals leitender Klinikarzt in Berlin-Moabit, die Erlaubnis als »Krankenbehandler« ausschließlich für jüdische Patienten behielt. Am 2. November 1938 schrieb sie in ihr Tagebuch, wie sehr sie unter dem Verlust des Berufs, der Eigenständigkeit als Ärztin, litt: »Ich esse nicht, ich schlafe nicht, ich habe immer das Gefühl von Sterben und Untergang, mir fehlt der Beruf, daran gehe ich zugrunde. Die Patienten verübeln es mir, dass ich sie nicht heimlich weiter behandele. Ich kann es nicht, ich habe mich noch nie gegen ein Gesetz vergangen – vielleicht nur gegen das der Selbsterhaltung, dass ich in diesem Lande blieb. Aber auf so viel Grausamkeit und Rohheit war ich nicht gefasst.«[5] Bis zum Novemberpogrom 1938, bei dem er als »Aktionsjude« verhaftet und ins KZ Sachsenhausen eingeliefert wurde, arbeitete sie als Sprechstundenhilfe ihres Mannes. Beim Versuch, seine Freilassung zu erwirken, um ihre Geldmittel betrogen und von einem Erpresser, der sich als Agent der Gestapo ausgab, mit dem Tode bedroht, organisierte sie mit Hilfe amerikanischer Verwandter seit November 1938 die Emigration und schickte den 14-jährigen Sohn mit einem Kindertransport nach England voraus.

Am Jahresende 1938 klagte die einst so selbstsichere starke Frau: »Das Jahr geht zu Ende. Es hat mir alles genommen, was mein Leben froh und glücklich machte. Die letzten Monate haben mich völlig verwandelt. Ich kenne mich selbst nicht mehr. Kein Wunder, dass auch die anderen mich nicht mehr kennen. Ich zähle nur noch die Tage, bis wir herauskommen aus dieser Hölle. Viele Menschen gehen bei uns täglich ein und aus. Juden und wohlgesinnte Arier. Alle haben nur einen Wunsch: Heraus aus diesem Lande und scheuen sich nicht, es offen auszusprechen.«[6]

Im April 1939 gelang dem Ehepaar Nathorff die Ausreise nach London, Anfang 1940 mit dem Sohn die Weiterreise nach

New York. Während ihr Mann sich auf das amerikanische medizinische Examen vorbereitete, sorgte sie als Krankenpflegerin, Dienstmädchen, Barpianistin und Küchenhilfe für den Lebensunterhalt der Familie. Der Speditionscontainer (unter Emigranten hieß das »Lift«) mit der Habe der Nathorffs stand irgendwo und musste mit einem Geldbetrag ausgelöst werden, der zwar gering, aber nicht aufzutreiben war. Die Sachen waren verloren. Im Mai 1941 schrieb Hertha Nathorff: »Nun habe auch ich das Sprachexamen bestanden, trotz aller Arbeit, schwerer körperlicher Arbeit. Wäre ich nicht so fest, sie wäre demoralisierend, aber: ich will vollends durchhalten, ich will! Der Kampf um das Geld für den Lift oder zumindest die Arzteinrichtung und einige besonders kostbare Stücke aus unserem Heim geht weiter, das bisschen Geld, keiner will es uns geben. Und doch: jetzt ›regnet‹ es Einladungen zum Tee, zum Abendbrot, jetzt haben sie auf einmal alle gewusst, dass wir es bald wieder schaffen würden! Jetzt! Aber so viel Vertrauen, um uns das bisschen Geld zu leihen, nein, das haben sie nicht gehabt. Und Einladungen? Ich habe dazu keine Zeit und noch weniger Lust. Ganz offen sage ich: ›Jetzt können wir uns wieder selbst so viel kaufen, dass wir uns satt essen können, aber während des vergangenen Jahres, da hättet ihr uns einladen sollen oder meinem Kinde einmal einen Apfel oder ein Stück Brot geben müssen.‹ Und da folgt dann betretenes Schweigen, und ich habe mich wieder einmal missliebig gemacht. Mein Mann runzelt die Stirne, er versteht nicht, dass ich solche Dinge sagen kann, aber: es schreit eben heraus aus mir.«[7]

In der 1942 wieder errichteten Praxis des Mannes blieb sie die Arzthelferin. Der jetzt endgültige Verlust des Arztberufes und damit der beruflichen Selbständigkeit gehörte zu den quälenden Erfahrungen des Exils. Die Verabredung, dass erst sie für den Lebensunterhalt sorgen werde, dann, wenn der Mann wieder praktizieren dürfe, auch sie die amerikanischen Examina machen würde, um den Status als Ärztin wieder zu gewinnen, diese Verabredung wurde vom Ehemann stillschweigend gebrochen. Es war bequemer, sie als Gehilfin an der Seite zu haben und nicht als Kollegin. September 1941: »Die ganze Mutlosigkeit packt mich wieder. Ich versuche nun, heimlich auch aufs Staatsexamen zu arbeiten. Aber mein Mann sieht es wohl nicht gerne, es war ihm schon drüben in gewisser Weise ›peinlich‹, dass seine Frau arbeitete, Geld verdiente; er kommt nicht los von dem Geheimratssohn, dem Geheimratsmilieu, sein Stolz, sein dummer Stolz, dass er der Ernährer der Familie sein müsste und künftig sein will, quält ihn, aber er quält auch mich. ›So hilf mir doch‹, habe ich ein paar Mal gebeten, wenn ich irgendetwas nicht ganz verstanden hatte. ›Das weiß man doch‹, war seine Antwort, und dann schämte ich mich meines Unwissens …«[8] Sie grämte sich darüber bis an den Rand des Suizids.

Wie viele Frauen empfand sie den Verlust der Emanzipation durch die Verfolgung, Flucht und die Lebensumstände der Emigration als existentiellen Schlag. Durch Kurse am Alfred Adler Institut für Individualpsychologie ausgebildet, war sie später, ab Mitte der fünfziger Jahre, als Psychotherapeutin an der Poliklinik der Alfred Adler Mental Hygiene Clinic tätig, vor allem aber blieb sie sozial und kulturell engagiert.

Mit ihren Tagebuchaufzeichnungen aus der NS-Zeit hatte sie 1940 einen Preis im Manuskriptwettbewerb der Harvard University zum Thema »Mein Leben in Deutschland« gewonnen.[9] In der Folgezeit publizierte sie Beiträge über medizinische und psychologische Probleme, Kurzgeschichten und Gedichte in amerikanischen deutschsprachigen Periodica (*Aufbau, New Yorker Staatszeitung, Die Welt* u.a.) und hielt Vorträge in den deutschen Programmen New Yorker Radiostationen. Bald nach der Ankunft in den USA organisierte sie Kurse für Emigranten in Kranken- und Säuglingspflege und kulturelle Veranstaltungen.

Im sozialen Leben des deutschsprachigen Exils spielte sie u.a. als Vorsitzende der Frauengruppe und zuletzt als Ehrenmitglied des Präsidiums des New World Club, als Gründerin des Open House für ältere Menschen deutscher Sprache und Kultur eine wichtige Rolle. 1966 erschien, wenig beachtet, ein Bändchen mit ihren Gedichten *Stimmen der Stille*. 1967 erhielt sie das Bundesverdienstkreuz am Bande, 1973 den »Award for Creative Literature« der Gesellschaft für deutsch-amerikanische Studien. Deutschland hat sie trotz der Einladung aus Laupheim, dort auf Kosten der Stadt den Lebensabend zu verbringen, nie wieder besucht. Sie lebte zurückgezogen und armselig in der Wohnung am Central Park West, in der 1942 ihr Mann seine Praxis wieder eröffnet hatte. Sie litt und machte ihr Leid zum Lebensinhalt. Dass der Sohn Ingenieur wurde, nur eine bescheidene Stellung im New Yorker Staatsdienst hatte und von deutscher bildungsbürgerlicher Tradition nichts wissen wollte, nach dem Empfinden und den Maßstäben der Mutter auf die schiefe Bahn geraten war, sie nur selten besuchte, war Teil ihres Unglücks. Seit 1954 war Hertha Nathorff Witwe. Ihr sechs Jahre älterer Mann erlitt beim ersten Urlaub, den sie sich in den USA leisten konnten, einen Herzschlag. Dass sie den Arztberuf und damit das Herzstück ihres Selbstbewusstseins verloren hatte, war ein anderer, wohl der entscheidende Teil ihres Elends. Die Demütigung, aus Deutschland verjagt worden zu sein, erlaubte ihr keine Rückkehr, machte sie ungerecht und undankbar gegen alle, die ihr Gutes taten, ihren Schmerz lindern wollten. Sie lebte ihr Unglück als Anklage, verbitterte dabei mehr und mehr und wurde immer unglücklicher.

Krankheit überschattete ihre letzten Jahre, mehr noch der Tod ihres Sohnes 1988 während eines Besuches bei ihr. Das war die letzte Katastrophe ihres Lebens. Am 10. Juni 1993, fünf Tage nach ihrem 98. Geburtstag, ist Hertha Nathorff gestorben.[10]

Ruth Körner war als Elisabeth Schwarz 1908 in Wien zur Welt gekommen.[11] Den Vater, einen Kunsthändler, der nach seinem Tod der Witwe und der Tochter einiges Vermögen hinterließ, von dem sie bis zur Emigration gut leben konnten, hatte sie nicht gekannt, er starb 1909. Die Mutter lebte in ihrer eigenen Welt, kümmerte sich nicht um das Mädchen, solange es Kind war. Das Heranwachsen der Tochter war mit den Hypotheken des Außenseitertums belastet: »Ich habe meine Tage allein verbracht, sie ausgefüllt mit Phantasien, Träumen. Im Schlafzimmer, aus der Nähmaschine und Sesseln und Stricken, war ein Schiff gebaut; ich hatte einen Matrosenanzug und hockte da oder kroch zwischen den ›Tauen‹ herum, warf den Anker aus, träumte ... Später einmal hat meine Mutter mir erzählt, dass sie nur vor ihrem Schreibtisch saß, schlafen ging, und wieder vor dem Schreibtisch saß – es war ein schöner altchinesischer mit vielen Laden und Einlegearbeiten –, dass sie dasaß und wartete, dass die Zeit vergeht, Monate, Jahre, bis ich halbwegs erwachsen bin: ein Mensch geworden, mit dem man reden kann. – Lernen? Davon hat sie nicht viel gehalten. Sie hat ja selber nichts gelernt und ist trotzdem durchs Leben gekommen. (Ich habe manchmal den Eindruck gehabt, sie glaubte, nur arme Leute müssten was lernen, um ihren Unterhalt zu verdienen. Wir sind aber sehr reich gewesen.) Einige Male hat sie versucht, mein Interesse für Geographie, Geschichte zu wecken. Sie hat es bald ganz aufgegeben, nachdem sie eingesehen hatte: da ist nichts zu wecken.«[12] Elisabeth wurde in einer Privatschule unterrichtet, drei bittere Jahre lang, in denen sie mit anderen Kindern Schwierigkeiten hatte, dann lernte sie zu Hause gerade so viel, dass sie die jährliche Prüfung bestand, die von der allgemeinen Schulpflicht gefordert war.

Die Mutter wurde später der Tochter zur Freundin, aber auch zum Lebensproblem. Cornelia Schwarz, die schrieb und zeichnete und große Dame war, konnte die erwachsene Tochter nicht loslassen, teilte symbiotisch bis in die Emigration das Leben der Tochter, belastete Beziehungen und Ehe, weckte und nährte Schuldgefühle wegen der eigenen Vereinsamung bis zu ihrem Freitod in London im September 1945. Sie wurde 71 Jahre alt und war als Emigrantin oft krank gewesen.

Elisabeth Schwarz, die mit 10 Jahren die Schule verlassen hatte, zeigte dramatisches Talent und bekam Schauspielunterricht am Burgtheater. Als sie die Aufnahmeprüfung bestand, war sie elfeinhalb Jahre alt. In Plauen im Vogtland hatte die 15-Jährige im Herbst 1923 ersten Erfolg als Gunda in »Wenn der junge Wein blüht« und als Klärchen in »Egmont«, weitere Stationen sind Teplitz-Schönau, Meißen und Innsbruck, dann 1926 das Thalia-Theater in Hamburg, 1928 ist sie in Wien bei Max Reinhardt, dann in Berlin, hat Filmangebote. Eine große Karriere als Jugendlich-Dramatische und in Salonrollen lag augenscheinlich vor ihr. Aber sie verließ die Bühne, wollte ihre anderen Talente nützen, Journalistin oder Schriftstellerin werden.

»Ich bin in Berlin von Stufe zu Stufe heruntergekommen. Durch Überheblichkeit und Unpünktlichkeit hatte ich mir die letzten Theaterchancen verscherzt. In einer Vollmondnacht auf einem Schiff – es muss auf der Rückfahrt von Ägypten gewesen sein – war es mir auf die Seele gefallen, dass ich nie etwas gelernt hatte, nichts wusste. In Wien – diese drei Jahre Schule – nichts war geblieben. Und mir fiel ein, dass es eine einzige deutsche Hochschule gibt, in die man ohne Abitur aufgenommen wird: die Hochschule für Politik. – Mein erster Weg in Berlin war zum Schinkelplatz – und ich wurde tatsächlich aufgenommen. Und statt zu lernen, schloss ich mich den kommunistischen Studenten an. Es war so einfach, was sie sagten. Es war so ideal, dafür zu kämpfen, dass in der Welt Gerechtigkeit und Frieden herrschen. Und das Ziel war so nahe, wenn wir nur kämpften. Wir steckten uns die Abzeichen der KPD an, ich trat einer Straßenzelle bei, wir gingen in Lebensmittelgeschäfte und bettelten um Brot und Wurst zur Unterstützung der streikenden Metallarbeiter.«[13] So schrieb sie mit einem Abstand von fast vier Jahrzehnten. Die Berliner Zeit war aber, bis zur Flucht Ende März 1933, der fruchtbarste und hoffnungsvollste Lebensabschnitt der attraktiven und vielfach talentierten jungen Frau. Neben Reisen, die vom Vermögen der Mutter finanziert wurden, die als Studienreisen mit dem Ziel publizistischer Verwertung angelegt waren und Mutter und Tochter nach Palästina und Ägypten, Syrien und den Irak, in die Türkei, nach Griechenland und nach Indien führten, legte Elisabeth an der Hochschule für Politik, trotz des politischen Engagements, das sie später im Vordergrund sieht, den Grundstein für ihre Bildung. Reisereportagen erschienen im *Berliner Börsencourier*, andere Artikel druckte das *Berliner Tageblatt*. Die zweite, die journalistische Karriere entwickelte sich. Die Bühne hatte Elisabeth 1929 endgültig verlassen.

Als am 30. Januar 1933 Hitler zur Macht kam, als nach dem Reichstagsbrand die Kommunisten vogelfrei, aber auch engagierte Demokraten und Linke gefährdet waren, war der Berliner Traum zu Ende. Elisabeth und Cornelia Schwarz wurden gewarnt und entkamen der Verhaftung aus politischen Gründen und späterer Verfolgung im Zeichen der nationalsozialistischen Rassendoktrin mit dem Nachtzug, mit ein wenig Handgepäck nach Wien. Zwar besaßen sie dort Ortskenntnis, aber nach fast zehnjähriger Abwesenheit kein Heimatrecht, keinen Anspruch auf Unterstützung mehr. »Ich lief von einer Stelle zu der andern. Bot meine Dienste an: als Sekretärin; Verkäuferin; Mädchen für alles. Das gleiche mitleidige Lächeln, das ›nein‹ hieß, war die stete Antwort. Die Konkurrenz war viel zu groß. Eben erst war die Arbeitslosenunterstützung gekürzt worden, die Zahl der Unbeschäftigten erreichte die Rekordhöhe von 401 321 Registrierten, auf allen Straßen, allen Plätzen, vor allen Kinos und Theatern, vor Restaurants und vor Kaffees standen Männer und Frauen mit Schildern auf der Brust: ›Ich nehme jede Arbeit gegen bloße Verköstigung.‹«[14]

In der Taborstraße im zweiten Bezirk fanden Mutter und Tochter Ende 1933 eine kleine Wohnung, die sie immer wieder auch verfolgten Linken aus Österreich als Unterschlupf anboten. Elisabeth wurde Mitglied der österreichischen Sozialdemokratie, die im Februar 1934 verboten wurde. Ihre Flucht aus Berlin beschrieb Elisabeth in einem Artikel, den niemand drucken wollte. »Zu Neujahr auch war eine Stelle im großen Warenhaus K. Neufeld vakant geworden. Ich hatte sie bekommen und – mit Aufmerksamkeit allen Wünschen der Kunden nachkommend – gehofft, sie auszufüllen und zu behalten. Die Männer gingen. Andere kamen. Auch sie gingen. Ich blieb zurück. Der Bundeskanzler sagte, dass der Staat von jetzt an deutsch und christlich ist. Christlich und deutsch mussten auch in Privatbetrieben die Angestellten sein. Ich war weder das eine, noch das andere. War keine Angestellte mehr.«[15]

Auf der Suche nach Lebensmöglichkeiten war Ruth Körner, so nannte sie sich etwa ab 1933 als Publizistin, 1934 in die Sowjetunion gereist. In Moskau erkundete sie die Möglichkeiten künftiger Existenz in Sicherheit. Das erwies sich als aussichtslos. Der Teufelskreis der Suche nach Arbeit und Wohnung war nicht zu durchbrechen: Ohne Arbeitsnachweis war keine Aufenthaltserlaubnis, ohne diese keine Wohnung, ohne feste Bleibe aber auch keine Arbeit zu erlangen. Im Hotel Metropol, dem Domizil ausländischer Gäste, zu denen im Sommer 1934 die prominenten westlichen Teilnehmer des großen Schriftstellerkongresses gehörten, fand sie Hilfe bei Ernst Toller. Ruth Körner war in den nächsten Wochen im August und September 1934 die Begleiterin des deutschen Autors. Nach dem Schriftstellerkongress sahen sie sich nie wieder. Die Erinnerungen an die Begegnung schrieb sie in den sechziger Jahren nieder, sie wurden erst Jahrzehnte später veröffentlicht.[16]

Ruth Körner kehrte im Herbst 1934 nach Wien zurück und engagierte sich für verfolgte Schutzbündler (der Republikanische Schutzbund, als Bollwerk der Arbeiterbewegung gegen den Faschismus gegründet, war am 30. März 1933 aufgelöst worden). Mit Vorträgen und Artikeln hielt sie sich über Wasser, unternahm Kurierfahrten zur Auslandsleitung der Revolutionären Sozialisten Österreichs in Brünn und nach Bratislava, gewährte sozialdemokratischen Verfolgten Hilfe, stellte ihre Wohnung für illegale Zusammenkünfte zur Verfügung und arbeitete an einer Untergrundzeitung des Schutzbundes mit.

Am 11. März 1938 sah Ruth Körner die österreichischen Nationalsozialisten auf der Kärntner Straße marschieren und wusste, dass sie wieder fliehen musste, weil der »Anschluss« Österreichs an Hitlerdeutschland unmittelbar bevorstand. Aber wohin? Die Tschechoslowakei hatte die Grenzen geschlossen. Ein deutscher Emigrant, Dr. Schacher, der in Prag lebte, organisierte eine Rettungsaktion für Gefährdete. Sein holländischer Freund, der Korrespondent der Zeitung *Het Volk*, kam nach Wien um einige Leute herauszuholen, für die das Prager Außenministerium die Visa garantierte. Auch österreichische Behörden halfen, als Reisegrund diente ein ärztliches Attest für eine Kur der Mutter in Karlsbad und eine Einladung der Büchergilde Gutenberg für die Tochter. Die Ausreise aus Österreich am 1. April 1938 war damit legal, aber im Gegensatz zur ersten Flucht aus Berlin war es nicht möglich, irgendwelches Gepäck mitzunehmen. Man musste gewärtig sein, auf der Straße niedergeschlagen zu werden, wenn man eine Reisetasche bei sich trug.

In der Tschechoslowakei fühlten sich die Emigranten gut behandelt. Ruth Körner schrieb für Zeitungen, vertrat als Korrespondentin die *Thurgauer Arbeiterzeitung* in Prag, arbeitete an deutschsprachigen Rundfunksendungen mit. Die letzte Wahlreise des Führers der Sudetendeutschen Sozialdemokratie, Wenzel Jaksch, in den Sudetengebieten machte Ruth Körner mit, und sie begleitete Erskine Caldwell und Margaret Bourke-White als Dolmetscherin, die für *Life* Material zu einer Reportage über die Sudetenkrise im Sommer 1938 sammelten. Dabei verdiente sie die nötigen Dollars, um im Oktober den Transfer zur nächsten Station des Exils, nach London, zu finanzieren. Die österreichischen Pässe waren noch gültig, der Wiener Korrespondent von *News Chronicle*, Harrison, der oft nach Prag kam, gab den britischen Behörden Garantien für das Einreisevisum. Auf dem Prager Flughafen war noch ein Problem zu lösen, weil Ruth Körner die tschechischen Devisenbestimmungen mit den Dollars, die sie nicht angemeldet hatte, verletzte. Sie behauptete, das Geld gehöre ihr gar nicht, sie hätte es unterschlagen, deshalb hätte sie es nicht anmelden können, es sei Eigentum des Schriftstellers Erskine Caldwell, deshalb wären amerikanische Gerichte zuständig. Im Lande des braven Soldaten Schwejk war diese Hilfskonstruktion als Erklärung willkommen, der Ausreise aus Prag stand nichts mehr im Wege.[17]

Am 18. Oktober 1938 kam Ruth Körner mit ihrer Mutter nach London. Das Ankommen enthielt schon die ganze triste Erfahrung des Exils: »Der Flug hatte alles Geld gekostet, das wir besaßen. In Rotterdam wurde zwischengelandet. Die Passagiere stiegen aus – wir auch. Die Passagiere kauften sich Kaffee, Tee, Schokolade, Kekse – wir nicht. Die Stewardess erkundigte sich, ob wir uns nicht wohl fühlen. Wir sagten: wir besitzen nichts, wir sind Flüchtlinge. Da kaufte das Flugpersonal uns zwei Schinkensemmeln. Dieser Flug, diese Flucht war unsere erste Reise nach Westen. Der Kontinent lag hinter uns, der Zusammenbruch, das große Dunkel. Wir waren gerettet. Wir waren nicht froh. Wir sind müde gewesen und leer – und da waren die, die in Prag zurückgeblieben sind. Waren wir gerettet? Wir haben alle Papiere gehabt, die zur Einreise notwendig sind. Aber der Einwanderungsbeamte, sehr selbstzufrieden, sehr ausgeruht, satt, überheblich und abweisend, erklärte uns, dass diese Papiere uns nur zur Landung berechtigten – die Einreise, das ist die Landung – und dass wir den Flughafen nicht verlassen dürften. – Ich glaube, dass wir zu stumpf gewesen sind, um aufgeregt oder verzweifelt zu sein.«[18]

Schließlich erlaubte der Beamte, mit dem Mann zu telefonieren, der die Flucht von Mutter und Tochter aus Prag organisiert hatte. Dr. Gerhard Schacher, Prager Korrespondent der Zeitungen *Economist*, *Financial News*, *Manchester Guardian Commercial*, jetzt in einem vornehmen Hotel der Innenstadt abgestiegen, hatte Einfluss und Verbindungen, aktivierte ein Parlamentsmitglied und forderte Ruth auf, so schnell wie möglich zu ihm ins Hotel zu kommen, wegen notwendiger Formalia. »Irgendwann, vielleicht nach zwei oder drei Stunden, hat ein Beamter mir gesagt, dass ich den Flugplatz verlassen kann, wenn ich mich verpflichte wiederzukommen und meine Mutter zurückbleibt – gewissermaßen als Geisel. Das hatte er allerdings nicht gesagt, und wir haben daran nicht gedacht. – Mir scheint, es war ein Kehrichtfeger in der Flughafenhalle, der mir den Schilling für die Busfahrt nach London gab. Irgendwo deutete mir der Schaffner, auszusteigen. Ich stand auf der Straße. Ringsum Licht, Lärm, hektisch-egozentrisches Leben, Gedränge … wo ist das Hotel? Ich hatte mir in der fremden Sprache diese Frage mühsam zusammengestellt. Wen fragen von diesen tausenden, tausenden Menschen, die alle eilig, alle mit einem Ziel, alle mit einer Wohnung, einem geregelten Dasein vorüberliefen. – Ich erinnere mich, dass es betäubend war, beängstigend. Und unwirklich. – Es ist merkwürdig in solchen Situationen: man hört – und sieht – und ist unfähig aufzufassen, was man hört und sieht. Ich hatte das Gefühl, unter Wasser zu sein. Die Stille dröhnt. Das gebrochene Licht verschleiert die Gestalten, Farben. – Dann sind zwei Herren des Wegs gekommen. Ich habe mich gefasst, gesagt: *Please* … Sie haben mir einen verächtlichen

Blick zugeworfen und sind weitergegangen. Das war meine erste Erfahrung in dieser Stadt.«[19]

Freunde waren in Prag zurückgeblieben, um deren Entkommen sie bangten. Ihrem Lebenspartner, dem Verleger Rolf Passer, gelang aber die Flucht nach London. Ruth Körner versuchte sich wieder als Journalistin in der neuen Sprache, sie brachte auch einen Artikel im *Star* unter und arbeitete an einem Text »*I am a refugee*« und einem Manuskript für die Büchergilde Gutenberg über »Frauen in der Emigration«. Eine Zeit lang war sie Sekretärin des Emigrantenkabaretts »Laterndl«.

Am 15. Dezember 1939 wurde sie zum »*Friendly Alien*« erklärt, das bedeutete, dass sie keine Internierung mehr zu befürchten hatte. Als Flüchtlinge aus der Tschechoslowakei erhielten Mutter und Tochter zwei Pfund pro Woche Unterstützung, mit diesem Privileg ausgestattet konnten sie knapp oberhalb des Verhungerns existieren. Ruth Körner verdiente bei dem vom Informationsministeriums herausgegebenen Emigrantenblatt *Die Zeitung* Geld, ihr wurde schließlich die Betreuung und Gestaltung der österreichischen Seiten übertragen. Politisch engagierte sich Ruth Körner in London nicht mehr, das heißt, sie gehörte zu keiner der sich befehdenden Emigrantengruppen, die Pläne für ein Deutschland nach Hitler schmiedeten oder den politischen Streit aus der Zeit vor der Emigration fortführten. Dem legendären, nach dem Krieg noch einmal wieder belebten »Club 43« gehörte sie an, ihre Hauptsorgen waren aber vordergründig existenzieller Art. Krankheit und Depressionen der Mutter, der Kampf ums tägliche Brot, Schwierigkeiten des Zusammenlebens mit Rolf, der auch eine eifersüchtige Mutter hatte, die nicht loslassen konnte (und sich mit Ruths Mutter nicht verstand) bestimmten den Alltag.

Ruth Körner arbeitete für den BBC und das Informationsministerium, leistete damit »*war effort*«. Nach dem Krieg kam eine Aufgabe auf sie zu, die sie begeisterte: Ab Frühjahr 1946 hielt sie in Diensten des britischen Außenministeriums Vorträge in Kriegsgefangenenlagern, um deutsche Soldaten auf die Zeit nach dem Nationalsozialismus vorzubereiten. Von einer Zentrale aus wurden die »*lecturer*« auf die Lager verteilt, auf Wunsch mit bewaffnetem Schutz (den Ruth Körner ablehnt) versehen. Ruth Körner war bis zuletzt, bis 1948, dabei, die deutschen Soldaten aufzuklären und für das Leben im zerstörten und besetzten Deutschland zu rüsten. Manche nannten das »Umerziehung« und waren verbittert und aggressiv. Ruth Körner, die am liebsten über die Frage »Der Einzelne und die Masse« referierte und darüber diskutierte, Alltagssorgen ebenso thematisierte wie das Problem des ewigen Friedens (bei dem sie von Immanuel Kant ausging und die Anfänge der UNO erläuterte), traf auf fanatische Nationalsozialisten ohne Reue und Einsicht wie den SS-Offizier d' Alquen, und auf Wehrmachtssoldaten, die sich von Hitler betrogen fühlten. »Wir haben unsere Arbeit nie als *re-education* begriffen«, sagte sie später, »sondern als Vorbild dafür, dass das Gespräch miteinander und die Kenntnis voneinander Dinge wie die, die geschehen waren, verhindern helfen konnten.«[20]

Als *lecturer* in den Kriegsgefangenenlagern konnte sie ihre schönsten Talente entfalten, nämlich im Gespräch auf andere zuzugehen, abweichende Standpunkte zu akzeptieren, aber beharrlich und überzeugend für ihre Positionen zu werben. Die gelernte Schauspielerin artikulierte sich am liebsten in Vorträgen und nahm dabei für sich ein.

Ihr Exil in Großbritannien – sie hatte den Aufenthalt dort immer als Exil empfunden, nie als Einwanderung, hatte keine »zweite Heimat« in London gefunden – endete 1951. Sie trennte sich von ihrem Mann, ohne dass es eine Scheidung gab. Es gab kein dramatisches Zerwürfnis. Sie konnten einfach nicht zusammen leben, wegen der Mütter, weil er sich mit England besser zu arrangieren vermochte als sie.[21]

Nach ausgedehnten Reisen durch Kanada und Australien, um Material für Bücher, Artikel, Vorträge zu sammeln, ließ sich Ruth Körner 1956 in München nieder. In der Blütenstraße, hinter der Universität, fand sie eine kleine Wohnung unter dem Dach, die ihr für fast vier Jahrzehnte zum Lebensmittelpunkt wurde. 1961 wurde Ruth Körner deutsche Staatsbürgerin.

Ein Zeichen ihrer Einsamkeit war ihre Liebe zu den Tauben, die sie gegen den Einwand, sie wären gefährlich und schädlich, müssten bekämpft und ausgerottet werden, rechtfertigte: »Bei meinem Einzug hier habe ich niemanden gekannt – weder im Haus noch in der Straße noch in der Stadt. Die Tauben waren die ersten, einzigen Lebewesen, die mein Dasein bemerkt haben, die mich besucht haben, am Fenster, sogar in die Küche gekommen sind. Da habe ich aus Dankbarkeit angefangen, ihnen Futter zu geben. Diese Dankbarkeit hat sich erhalten. Ich finde auch, dass gerade wir, die einmal sehr verfolgt worden sind, gejagt worden sind, ganz knapp nicht ausgerottet worden sind … dass gerade wir uns der Verfolgten annehmen müssen.«[22]

Den Lebensunterhalt, immer am Rand des Existenzminimums, ohne Sozialversicherung und Rentenanspruch, ohne Mitgliedschaft in einer Krankenkasse, verdiente sie sich mit Übersetzungen, mit Volkshochschulvorträgen, gelegentlichen Zeitungsartikeln und kleinen Arbeiten für den Rundfunk. Zu Beginn der sechziger Jahre hatte sie in einem Archivprojekt des Instituts für Zeitgeschichte einen festen Arbeitsplatz, das einzige Mal in ihrem Leben hatte sie feste Bürozeiten und damit, weil sie nachts schrieb und korrespondierte, Probleme mit der morgendlichen Pünktlichkeit, die Vorgesetzte nicht recht verstehen können. Zwei Jahre lang, in der zweiten Hälfte der sechziger Jahre, lebte sie in Israel, kehrte dann in das Refugium in der Blütenstraße zurück. Ihre Bewerbung beim Deutschen Entwicklungsdienst hatte immerhin so viel Erfolg, dass sie zum Vorbereitungskurs nach Wächtersbach eingeladen und für den Einsatz als Entwicklungshelferin in Afrika trainiert wurde. Sie entsprach freilich nicht ganz den Vorstellungen der Organisatoren, wahrscheinlich wurde auch ihr Lebensalter übersehen. Jedenfalls erhielt sie keinen Entsendungsvertrag, war tief enttäuscht und bitter, weil sie sich unverstanden, zurückgewiesen und zum zweiten Mal um die Erfahrung Afrika betrogen fühlte, denn die Vorbereitungen zu einer Reise auf den schwarzen Kontinent, aus der ein Buch entstehen sollte, das mit dem Melantrich-Verlag Prag und Gollancz in London verabredet war, mussten 1938 abgebrochen werden, als Ruth Körner aus Österreich floh.

1954 erschien ihr Buch über Kanada. Es ist, wie das Chile-Buch 1983, eine Mischung aus Reisereportage, politischem Bericht und Analyse von Wirtschaft und Gesellschaft, akribisch recherchiert, impressionistisch in der Darbietung, faktengesättigt und emphatisch geschrieben. Drei wissenschaftliche Abhandlungen über außenpolitische Themen konnte sie im Lauf der Jahre in den Vierteljahrsheften für Zeitgeschichte veröffentlichen.[23]

Treue und Loyalität, unerschütterliche Freundschaften, Aufrichtigkeit und Gesinnungsstärke (bis zum Starrsinn) charakterisierten sie. Ihr Drang nach Unabhängigkeit war aber trotz des Aufbäumens gegen Konventionen nicht frei von der Sehnsucht, eingebunden zu sein in Strukturen, die sie ablehnte, weil deren Sicherheit ihr von klein an verwehrt geblieben war. Die Schriftstellerin litt daran, dass sie Autodidaktin war, dass sie sich alles selbst erarbeiten musste, dass ihr deshalb das Schreiben nur unter immer neuen besonderen Mühen gelang. Sie beendete die Auseinandersetzung mit dem alt gewordenen lebenslangen Freund Richard Duschinsky, den einst bewunderten Schauspieler und erfolgreichen Bühnenautor, der verbittert im Exil in New York und Californien lebt,[24] dessen politisch-reaktionäre Ansichten sie empörten, mit der Betonung ihrer Unfähigkeit, ihres Unwillens, »mich weiter treten und dumm und schlecht machen zu lassen. Ich habe davon zu viel gehabt in meinem Leben.«[25] Ein Stück ihrer Tragödie wird sichtbar, die in der kindlichen Sozialisation in Wien begann, die aber durch die Flucht aus Hitlerdeutschland, aus dem annektierten Österreich und dem bedrohten Prag erst die endgültige Dimension erreichte. Es ist die Tragödie des Exils, deren Elemente Demütigung, Entwurzelung und Einsamkeit heißen.

Am 5. September 1995 endet das Leben von Ruth Körner, das sie, um frei und unabhängig zu sein, um keine Kompromisse schließen zu müssen, zum größten Teil in Armut gelebt hat, in Freundschaft mit Weggefährten und Gleichgesinnten, das sie lebte »wie die Lilie auf dem Felde«, mit welchem Bild sie ihre Selbständigkeit und die Verachtung bürgerlicher Normen umschrieb.

Selbstkritisch, aber die Selbstkritik auch stilisierend, wie es ihre Art war, hat sie auf ihr Leben zurückgeblickt: »Ich wollte Schauspielerin sein, dann eine Person nach dem Vorbild der Rosa Luxemburg. Was ist geworden aus mir? Ein verkrachter Student, ein unzulänglicher Journalist, ein Flüchtling – wiederum ein Flüchtling … Trotzdem … ein total verpfuschtes und sehr genossenes Leben.«[26]

Anmerkungen

[1] Im Nachlass Hertha Nathorff, Deutsche Bibliothek Frankfurt a. M. (Eine Sammlung biographischer Unterlagen befindet sich auch im Zentrum für Antisemitismusforschung der TU Berlin.)
[2] Zit. in der Einleitung zu: Das Tagebuch der Hertha Nathorff. Berlin-New York. Aufzeichnungen 1933 bis 1945, hrsg. und eingeleitet von Wolfgang Benz. München 1987 und Frankfurt a. M. 1988. S. 26.
[3] Ebenda, S. 29f.
[4] Ebenda, S. 46 .

[5] Ebenda, S. 118.

[6] Ebenda, S. 142.

[7] Ebenda (9.5.1941), S. 188.

[8] Ebenda (18.9.1941), S. 189f.

[9] Beim Wettbewerb der Harvard University »My Life in Germany before and after January 30, 1939« wurden 134 Manuskripte eingereicht, die in der Houghton Library der Harvard University in Cambridge, Mass. archiviert sind.

[10] Vgl. auch Miriam Koerner: Das Exil der Hertha Nathorff. In: Dachauer Hefte 3 (1987). S. 231-249.

[11] Der Versuch, Ruth Körners Exilgeschichte zu beschreiben wäre, obwohl der Verfasser seit Anfang der sechziger Jahre bis zu ihrem Tod mit ihr befreundet war und auch wichtige Bezugspersonen kannte, nicht möglich gewesen ohne die Hilfe von Annette Peppler, München, die den literarischen Nachlass geordnet, Verzeichnisse dazu angefertigt und Informationen zusammengestellt hat, die sonst verloren gegangen wären. Der Nachlass Ruth Körner (Elisabeth Passer) liegt in der Deutschen Bibliothek Frankfurt a. M. Eine Sammlung biographischer Unterlagen befindet sich auch im Zentrum für Antisemitismusforschung der TU Berlin. Vgl. auch die biographische Skizze Manfred Altner: Ruth Körner – eine Weltbürgerin im Exil. In: Mit der Ziehharmonika. Zeitschrift für Literatur des Exils und des Widerstands 10 (1993) Nr. 3/S. 1-4.

[12] Handschriftliches Manuskript im Nachlass: »Notizen für R.« (d. i. Richard Duschinsky), Bl. 32f. (künftig zit.: Notizen)

[13] Notizen, Bl. 65f.

[14] Ruth Körner: Dreimal auf der Flucht. Artikel in mehreren Versionen und Fragmenten (auch auf Englisch) unveröffentlicht im Nachlass.

[15] Ruth Körner: Dreimal auf der Flucht. Aufbruch der Nation: Die hier abgedruckte Version ist veröffentlicht in: Wolfgang Benz: Deutschland war ein Land, aus dem man floh. Rede zur Eröffnung der Jahrestagung der Gesellschaft für Exilforschung. Wien 24.3.2000. In: Zwischenwelt. Literatur, Widerstand, Exil 17 (2000) Nr. 1, S. 5-7.

[16] Ruth Körner: Freundschaft in einem Sommer. Ernst Toller in Moskau. In: Zeitschrift für Geschichtswissenschaft 48 (2000), S. 624-632.

[17] Interview durch Werner Röder, München 21.2.1972, für die Dokumentation zur Emigration 1933-1945 im Institut für Zeitgeschichte. Kopie im Nachlass.

[18] Notizen, Bl. 8f.

[19] Ebenda.

[20] Interview 21.2.1972.

[21] Rolf Passer (1897-1971), promovierter Chemiker, Verleger in Wien und Prag, in London Angestellter. Da sie sich nicht scheiden ließen, erhielt Ruth Körner nach seinem Tod eine bescheidene Rente.

[22] Notizen, Bl. 12f.

[23] Die wichtigsten Werke: Fieberndes Indien. Zürich 1937; Kanada. Junge Welt. Wien 1954; Chile. Nach 10 Jahren Pinochet. Frankfurt a. M. 1983; ferner die Aufsätze Kanadische Außenpolitik, in: Vierteljahrshefte für Zeitgeschichte 3 (1955), S. 388-408; Der Westneuguinea-Konflikt, in: ebenda 13 (1965), S. 403-425; Indochina-Abkommen und Südostasien-Pakt. Ein Beitrag zur Vorgeschichte des Vietnamkrieges, in: ebenda 21 (1973), S. 200-230.

[24] Richard Duschinsky (1897-1990), 1922 Schauspieler am Raimund Theater in Wien, dann in Berlin, als Autor 1929 erfolgreich mit dem Stück »Stempelbrüder«, ab 1933 im Exil, bis 1938 in Wien und Mährisch-Ostrau, dann in London und in den USA. Er lebte 1970/71 in München. Vgl. Wolfgang Benz: Emigration aus Deutschland. Vertreibung jüdischer Künstler und Wissenschaftler 1933-1945. In: Kurt Düwell u. a., Vertreibung jüdischer Künstler und Wissenschaftler aus Düsseldorf 1933-1945. Düsseldorf 1998. S. 17f.

[25] Notizen, Bl. 56.

[26] Notizen, Bl. 19.

In Ghettos und Konzentrationslagern

Gabriele Mittag

»Das Ende sind wir.«
Leben und Tod in Gurs, der »Vorhölle von Auschwitz«

Tout va très bien, Madame la Marquise heißt ein Schlager, der im Sommer 1939 in Frankreich aus den Radios dröhnt und den viele der damaligen deutschen (-jüdischen) Emigrantinnen heute noch singen können. Der Vorkriegsschlager mit seiner Unbeschwertheit trifft keineswegs das Lebensgefühl der Flüchtlinge aus Nazi-Deutschland und schon bald auch nicht mehr die Stimmung der französischen Bevölkerung. Seit dem Überfall der Deutschen Wehrmacht auf Polen im September 1939 ist es nicht mehr das beschwingte *»tout va très bien«*, das die Menschen in Frankreich auf den Lippen führen, sondern eher ein *»rien ne va plus«*. Die Angst vor einem neuen Krieg geht um. Ein halbes Jahr später ist es so weit: Der Angriff auf Belgien und Frankreich im Mai 1940 bedeutet das Ende des *drôle de guerre*, des »komischen Krieges«, wie die Zeit zwischen Kriegsbeginn und dem Angriff der Deutschen Wehrmacht auf die westeuropäischen Nachbarstaaten genannt wird. In diesem Monat stirbt der letzte Funken Hoffnung der nach Frankreich geflüchteten Männer und Frauen, in Paris oder an anderen Orten Westeuropas vor den Nazis geschützt leben zu können. Ein neues Kapitel im Leben der exilierten Künstlerinnen und Künstler, der jüdischen und politischen Emigrantinnen und Emigranten beginnt. In ganz Frankreich erscheinen im Mai 1940 Aufrufe in Zeitungen, in denen »ledige oder kinderlos verheiratete Frauen und Männer zwischen 17 und 55 Jahren, die aus Deutschland, dem Saargebiet oder

Danzig stammen«[1], aufgefordert werden, sich in Sammellager zu begeben. Es ist die dritte große Internierungswelle der französischen Regierung. Diesmal betrifft sie auch die Frauen, nicht nur die männlichen »feindlichen Ausländer«. Mütter wurden offensichtlich teilweise als »ungefährlich« betrachtet und nicht als potentielle Anhängerinnen der »*cinquième colonne*«, der fünften Kolonne. »Anscheinend hat man angenommen, dass diese Frauen keine Spioninnen sind,« so die aus Berlin stammende Juristin, aktive Antifaschistin und zukünftige Mitarbeiterin der Hilfsorganisation *Emergency Rescue Committee*, Ruth Fabian.[2] Die zweite Ausnahmeregelung betrifft die Frauen, deren Männer der Fremdenlegion beigetreten waren. Kinderlos sein oder nicht, Familienstand, nationale Zugehörigkeit, politischer Hintergrund, als Jüdin definiert werden oder nicht, finanzielle Situation und Kontakte (nach Übersee oder zur späteren Widerstandsbewegung), Alter und nicht zuletzt Glück und Zufälle – das sind die Faktoren, von denen die Überlebenschancen in den Jahren der Vichy-Regierung und der deutschen Besatzungszeit abhängig sein werden.

Von Paris in die Niederpyrenäen

Tausende müssen sich in die Pariser Sammellager begeben, die Männer ins Stadion Colombes, die Frauen in das heute nicht mehr existierende Sportstadion Vélodrôme d'hiver. Tagelang schlafen die Frauen in (ursprünglich für Pferde vorgesehenen) Boxen. Es herrscht nervöse Stimmung. Niemand weiß, wie weit die Deutschen schon vorgedrungen sind. »Es war unglaublich«, erinnert sich die ehemalige Tänzerin und Malerin Ingo de Croux[3], die mit ihrer Mutter, der deutsch-französischen Malerin, Lou Albert-Lasard im Stadion interniert war. »Die Frauen haben geweint und geschrien. Es herrschte ein wildes Durcheinander.« Dann plötzlich, nach einigen Tagen, heißt es, die Frauen sollen sich für die Abfahrt vorbereiten. »Wir applaudierten und waren ganz begeistert, als man uns sagte, man bringe uns jetzt in Sicherheit«, so die gebürtige Berliner Porträtzeichnerin Hedda Schatzki, die bereits seit 1932 in Paris als Malerin lebte.[4]

Die mehrtägige Zugfahrt ins Ungewisse endet in einem Städtchen namens Oloron. Dort werden die Frauen von den Bewohnern als »*sales boches*«[5] beschimpft, auf Lastwagen verladen und ins Lager Gurs gebracht. Mit Schrecken stehen die erschöpften Frauen nun vor dieser »Stadt« hinter Stacheldraht, von der sie gehört hatten, dass Tausende von republikanischen Spanienkämpfern dort interniert worden waren: Vor ihnen liegt eine drei Kilometer lange Lagerstraße, links und rechts befinden sich jeweils nach Buchstaben benannte Abschnitte (so genannte Ilôts); Baracken, so weit das Auge reicht. Im Hintergrund ein großartiges Panorama, die schier unerreichbar scheinenden, sich majestätisch erhebenden Pyrenäen. Mehr als 12 000 Frauen werden in den 300 Baracken untergebracht, darunter die Schriftstellerinnen Maria Leitner, Gertrud Isolani – die später ihren erfolgreichen, aber umstrittenen, halb authentisch-dokumentarisch, halb kitschigen Gurs-Roman *Stadt ohne Männer*[6] veröffentlichen wird – und Adrienne Thomas, Tänzerinnen wie Tatjana Barbakoff (eigentlich: Cilly Waldmann) und Hella Bacmeister-Tulman, die Malerinnen Annemarie Uhde, Lili R. Andrieux und Herta Hausmann. Diesen nach Frankreich exilierten Künstlerinnen war das berüchtigte »Spanienlager Gurs« bereits ein Begriff. Im März 1939 aus dem Boden gestampft, waren dort die Spanienkämpfer und Mitglieder der Internationalen Brigaden für eine Übergangszeit »in Gewahrsam« genommen worden. Bis zur Ankunft der Frauen, mit der ein neuer Abschnitt in der Geschichte des Lagers beginnt, waren hier 20 000 Männer interniert. Die wenigen Spanier, Basken und Katalanen, die im

Lager verblieben waren, helfen den Frauen, wo sie können. Unter den zahlreichen autobiographischen Zeugnissen der zu diesem Zeitpunkt internierten Frauen (Briefe, Gedichte, Tagebücher, Erinnerungen) befindet sich nicht eine negative Bemerkung über die spanischen Männer im Lager. Die Schriftstellerin Thea Sternheim schreibt am 29. Juni 1940 in ihr Tagebuch: »Die Spanier (...) bringen noch genug Traum auf, um romantische Liebesbriefe an die jüngeren Lagerinsassinnen zu richten. Die blonde Ruth Salomon, die einen der jungen Burschen bezauberte, bekommt hin und wieder einige Lebensmittel von ihm. Arm wie er ist, besteht er dennoch darauf, ihr die Lebensmittel zu bezahlen. Sie aber besteht darauf, dieselben nur gegen Zahlung zu nehmen.«[7] Aus all diesen Zeugnissen spricht Dankbarkeit angesichts der Hilfsbereitschaft der internierten Spanier: Sie klauen Holz für die Frauen, versorgen sie mit Lebensmitteln und Informationen und übernehmen die übelste Arbeit im Lager, nämlich das Abholen der Fäkalien per Waggons (die »merde-express«).

Es ist eine äußerst heterogene Gruppe, die sich in dieser Zeit bis zum »Fall von Paris« in Gurs befindet. Politisch organisierte Frauen wie die Sozialistin Lisa Fittko sind zusammen mit anderen Frauen, vor allem Jüdinnen, denen von 1933 an die ökonomische und soziale Existenzgrundlage entrissen wurde, interniert. »Zigeunerfamilien«, deren systematische Internierung erst mit den Gesetzen der Vichy-Regierung im November 1940 beginnt; Nonnen, Nazi-Anhängerinnen und deutsche Prostituierte aus Paris müssen gleichermaßen in den überfüllten Baracken auf Strohsäcken schlafen, sind gezwungen, völlig verdreckte Latrinen zu benützen, den Hunger und das völlige Abgeschnittensein vom Rest der Welt zu ertragen. Die *surveillantes*, die französischen Aufseherinnen, ehemalige Gefängniswärterinnen, begreifen genauso wenig wie die meisten Soldaten, was das für Frauen sind, die die französische Regierung interniert und nehmen an, dass Menschen, die hinter Stacheldraht kommen, gezwungenermaßen etwas verbrochen haben müssen.»Wir waren für sie der Abschaum«, erinnert sich die in Frankfurt geborene Fotografin Ilse Bing. »Wenn die Offiziere an unseren Baracken vorbeigingen, dann taten sie das so, als würden sie ein Bordell durchschreiten.«[8] Ein Bordell gibt es zwar noch nicht, das existiert erst Ende 1940 für eine kurze Zeit, aber Prostitution gibt es. »Für eine Flasche Wein, irgendetwas Essbares oder in der Hoffnung auf andere Vorteile gaben viele Frauen sich hin.«[9]

Um in diesen Wochen der Ungewissheit und des Wartens nicht apathisch zu werden, suchen sich die meisten Frauen eine Beschäftigung. Herta Liebknecht, in den zwanziger Jahren ausgebildet in einer neuen Behandlungsmethode von Skoliosen und gelegentliche Klavierbegleiterin bei Gret Palucca in Dresden, versammelt morgens die Frauen zu gymnastischen Übungen. Hella Bacmeister-Tulman, ehemalige Schülerin der Berliner Ausdruckstänzerin Jutta Klamt, tanzt so radikal modern, dass nur wenige Internierte daran Gefallen finden.[10] Die Malerin Lou Albert-Lasard, immer auf der Suche nach »Modellen«, zeichnet den Alltag im Lager, beispielsweise die Frauen bei der »Morgentoilette«. Herta Hausmann entwirft Aquarelle.[11] Auch Hedda Schatzki porträtiert ihre Mitinsassinnen, allerdings leicht karikierend, so dass sie es vorzieht, den Frauen die Zeichnungen nicht zu zeigen. Marianne Berel, 1911 in Breslau geboren, später Musiktherapeutin in New York, beschreibt in ihren unveröffentlichten Aufzeichnungen über Gurs die Begegnung mit der Malerin Lili R. Andrieux:

»One day a strange looking girl came into our barrack asking Lisa if she would permit her to be painted. She wore very high shabby boots, a particularly ugly raincoat with a matching hat, huge loose pants which hung flabbily around her legs. She was a bit heavy and had a childlike face and dark blond short cut hair. For two hours she drew Lisa … Afterwards she showed us a few nice things she did and spoke

about making designs as application on a ›wall-carpet‹, which gave me the idea of applying similar designs of evening dresses … We finished making a beautiful booklet of evening dresses for which we used her ideas.«[12]

Weil besonders die hygienischen Verhältnisse, der Mangel an Schminke und der Kleidernotstand den Frauen zu schaffen machen, improvisieren und imaginieren sie sich das Schöne. Alltagsgegenstände werden umfunktioniert und aus den steinharten, daher nicht essbaren Kichererbsen werden »Perlenketten«. Sogar »Kostümfeste« werden durchgeführt. Die Erfahrung des Exils, improvisieren zu müssen und aus den gegebenen Umständen »das Beste« zu machen, radikalisiert sich hinter französischem Stacheldraht und wird zur notwendigen Überlebensstrategie.

Militärische Niederlage und Chaos

Lisa Fittko, Lou Albert-Lasard, Ingo de Croux, Herta Liebknecht, Adrienne Thomas, Hedda Schatzki sind nur sechs Namen von Tausenden, die das Lager Gurs im Monat der militärischen Niederlage, im Juni 1940, verlassen können. Die Nachricht von der Besetzung von Paris verbreitet sich trotz der Nachrichtensperre wie ein Lauffeuer und löst unter den internierten Frauen Depressionen und Panik aus. Hannah Arendt schreibt 22 Jahre später:

»Einige Wochen nach unserer Ankunft war Frankreich geschlagen, und die gesamte Kommunikation brach zusammen. In dem anschließenden Chaos gelang es uns, Entlassungspapiere zu bekommen, mit denen wir das Lager verlassen konnten. Niemand von uns konnte ›beschreiben‹, was auf diejenigen wartete, die zurückblieben. Nach einigen chaotischen Tagen war alles sehr geordnet und Flucht nahezu unmöglich. Diese Rückkehr zur Normalität haben wir zutreffend vorausgesehen. Es war eine einmalige Chance, aber sie bedeutete, dass man mit nichts als einer Zahnbürste verschwinden musste, denn es gab keine Transportmittel.«[13]

Kurz vor und nach dem Abschluss des berüchtigten Waffenstillstandsabkommens leert sich das Lager mit der gleichen Geschwindigkeit, mit der sich die Baracken im Mai gefüllt hatten. Die Wege der entlassenen Frauen verzweigen sich. Sie führen in den Tod, in die Freiheit nach Übersee, in den Widerstand, ins französische Versteck. Maria Leitner, Schriftstellerin ungarischer Abstammung, bekannt geworden in den zwanziger Jahren durch ihre Reportagen über die USA im Auftrag des Ullstein-Verlags, vegetiert wie Hunderte anderer Frauen, krank und ohne Geld, unter entsetzlichen Bedingungen in Toulouse. Über ihr weiteres Schicksal ist nichts bekannt. Anna Seghers, der Maria Leitner 1941 in Marseille begegnet, ist die Letzte, die sie gesehen hat. Nur eine Minderheit konnte sich vom Sommer 1940 an bis zur Befreiung verstecken, wie die schon seit 1926 in Paris lebende Malerin Annemarie Uhde, die nach ihrer Internierung in Gurs die nächsten vier Jahre mit ihrem Bruder Wilhelm Uhde im Departement Gers überlebt. Anderen wie Hannah Arendt, Marianne Berel, Lisa Fittko, Ilse Bing, besonders aber den Frauen prominenter Künstler wie Friedel Kantorowicz, Toni Kesten und Marta Feuchtwanger gelingt in den Jahren 1940/1941 die Flucht in die USA. Wer kein Geld hat, keine Verbindungen nach Übersee, keine Freunde in Frankreich, zieht es vor, in Gurs zu bleiben. Denn wo hätten sie hingehen können? Wer wollte schon Flüchtlinge aus Nazi-Deutschland verstecken und ernähren? Zudem besteht für diejenigen, die das Lager verlassen, immer wieder erneut die Gefahr der Internierung. Hedda Schatzki zum Beispiel wird einige Wochen nach ihrer Entlassung wegen »Diebstahls und Prostitution« zum zweiten Mal nach Gurs gebracht. Und dann gibt es noch diejenigen Deutschen, die sich »›heim ins Reich‹« zurückholen lassen. Es gehört zu den grotesken Momenten der Geschichte, dass ausgerechnet die Schauspielerin Dita Parlo, die durch den pazifistischen Film *La grande illusion* von Jean Renoir (1937) bekannt geworden war, allen Augenzeugenberichten zufolge die Nazi-Kommission »Kundt«, die nach der Niederlage Frankreichs die Lager und Gefängnisse aufsucht und am 21. August 1940 auch nach Gurs kommt, mit dem Hitler-Gruß begrüßt. 3800 Männer und Frauen befinden sich zu diesem Zeitpunkt noch in Gurs, 700 Frauen lassen sich von der Kommission als ›Arierinnen‹ nach Deutschland zurückschicken. Für nationalsozialistische Frauen wie Hertha Kaim Siemens, von der 1940 in der *Neuen Gartenlaube* eine »Fotoreportage« über ihre Gurs-Zeit erscheint, war die Kommission »Kundt« eine »Befreiung«. Die Tatsache, dass im Mai 1940 zehntausend Frauen jeden Alters in Frankreich in Lagern untergebracht wurden – so die Nationalsozialistin – sei ein Beweis dafür, dass es mit der so gerühmten und angeblich so großen »Menschlichkeit« Frankreichs nicht weiter her sei. »Die härteste Strafe für uns deutsche Frauen bestand (…) darin,« schreibt sie in ihrem Propagandaartikel, »dass wir (…) mit Emigrantinnen und Jüdinnen aus allen Ländern eingesperrt wurden.«

Neben dieser Rückführungsintention war die Kommission damit beauftragt, eine Liste mit jenen Namen zusammenzustellen, die ausgeliefert werden sollen. Der damalige Lagerkommandant schützte die bedrohten Männer und Frauen. Schon im Juni wurden sämtliche Karteikarten der Lagerverwaltung verbrannt. Herta Hausmann ist eine der Frauen, die vor der Kommission erscheinen muss. »›Setzen Sie sich‹, befahl man mir. Da waren zwei ältere deutsche Offiziere und ein Franzose, der mit den Beinen schaukelte. Warum ich nicht heim ins Reich wolle, fragte man mich. Ich hätte doch dort meine Mutter. Sie wussten alles über mich. Sie wussten, dass ich meiner Mutter geschrieben hatte, dass ich bis zum Ende hier bleiben wollte. ›Das Ende sind wir‹, hat einer der Nazis

erwidert und fragte dann weiter, ob ich Jüdin sei. ›Halb‹, antwortete ich. ›Dann bleiben Sie besser hier‹, war sein letzter
Satz.«

Die Ankunft der badischen und pfälzischen Juden in Gurs

Im September befinden sich nur noch 894 Menschen in Gurs.
Das ändert sich jedoch schon einen Monat später.

»Es war am 22. Oktober 1940, morgens um 7 Uhr 30, als
zwei Polizeibeamte mit dem Befehl ankamen, zu packen, was
wir tragen konnten, alles andere im Hause zu lassen und sich
in der nächstgelegenen Schule einzufinden. Das Haus wurde
daraufhin abgeschlossen,« erinnert sich die Mannheimer Pianistin Ida Jauffron-Frank. »Wir besaßen nichts weiter als das,
was wir auf dem Leibe hatten und außerdem in den Händen
mitnehmen konnten. Wir wurden nach mehrstündigem Warten zum Bahnhof geführt und aus Deutschland ausgewie-
sen!«[14] In den 1970 verfassten Erinnerungen der Musikerin
lebt in jeder Zeile noch der Schrecken und die Trauer über das,
was in die Geschichte der Judenverfolgung als »Operation
Bürckel« eingegangen ist. Am 22. Oktober werden 6 504 Juden und Jüdinnen auf Befehl der Gauleiter Josef Bürckel (nach
ihm ist übrigens bis heute eine berühmte deutsche Weinstra-
ße benannt) und Wagner aus der Saarpfalz und Baden verhaftet, in Züge geladen und nach Gurs gebracht. Diese einzige
Westdeportation von Juden ist im Zusammenhang mit nationalsozialistischen Vertreibungsplänen[15] zu sehen, die bereits
Ende der dreißiger Jahre diskutiert wurden und die mit der
Planung des Krieges gegen die UdSSR durch einen industriell
betriebenen Vernichtungsfeldzug ersetzt wurden.

Die Deportation der Juden aus Deutschland nach Gurs ist
eines der schrecklichsten Kapitel in der Geschichte des Lagers.

Unter den Deportierten sind viele alte und kranke Menschen, die an den hygienischen Verhältnissen, mangelnder Ernährung und der Traumatisierung durch die Deportation aus ihrer Heimat in die Barackenstadt zugrunde gehen. Am eindrucksvollsten wird die Situation der badischen Juden in Gurs in den Briefen der Freiburger Kinderärztin Else Liefmann beschrieben, die gemeinsam mit ihrer Schwester Martha und ihrem Bruder Robert ins südfranzösische Lager deportiert wurde, an ihren Vetter Adolf Freudenberg, Mitarbeiter des Ökumenischen Flüchtlingskomitees in Genf, adressiert. »Lieber Adolf«, schreibt sie 1940, »für das Vieh ist besser Sorge getragen. Es ist furchtbar, ich kann es kaum ansehen. Die Leute sterben bei dem schlechten Wetter auch viel häufiger. Zwischen den Baracken sind tiefe Seen und Sümpfe, durch die ich kaum hindurchkomme. Wir sollten fünfmal so viel Patienten auf der Infirmerie aufnehmen als möglich und dreimal so viele Dysenteriebaracken haben. Ich sage das ganz offen, warum es verheimlichen? Damit du siehst, wie bitter nötig Hilfe ist. Denke dir, wie anfällig zudem die Leute werden, die in diesen dunklen Höhlen hausen bei einer ganz ungenügenden Nahrung. Ich sehe doch, wie die Katastrophe kommt.«[16]

Auch die Gedichte der Offenburger Schriftstellerin Sylvia Cohn, die mit zwei ihrer drei Töchter deportiert wurde, spiegeln die ungeheure Verzweiflung über das Leben in der »Höllenbreughel-Atmosphäre« (Cohn) wider. Die Auseinandersetzung mit dem religiösen Judentum und dem Alltag der deutschen Juden im Dritten Reich kennzeichnet bereits ihre Gedichte seit 1933. Ihre Lyrik aus den Lagern Gurs und Rivesaltes, verfasst in größter Einsamkeit, sind verdichtete Klagen und Fragen einer Jüdin: »Vater, Gott, ich möchte schreien, / Wann, wann wirst du uns befreien? / Wann erhörst du unser Flehen? / Feiertag! Die Melodien / Altvertraut zum Himmel ziehen / Und wir können Gott nicht sehen.«[17] Nur wenige Juden aus Baden können aus Gurs freikommen und auswandern. Aufgrund der restriktiven amerikanischen Einwanderungspolitik und der undurchschaubaren und wechselhaften französischen Ausreisepolitik können nur 1 200 von ihnen in die USA emigrieren. Viele der deportierten Juden sterben bereits in den ersten Monaten an Hunger, Kälte und Krankheit im Lager. Im November 1940 setzt ein Massensterben ein, täglich gehen 20 Menschen zugrunde.

Zu diesem Zeitpunkt begibt sich eine 20-jährige Frau ins Lager, freiwillig und nahezu mittellos. Erfahren bereits durch ihre soziale Arbeit im Spanienkrieg und in verschiedenen Flüchtlingsunterkünften in Südfrankreich, beginnt die Mitarbeiterin des Secours Suisse in Gurs ihre Hilfsarbeit – gegen den Willen der Lagerleitung. Misstrauisch beobachtet diese das selbstlose Engagement der Schweizerin, die sich vor allem um die rund 1000 Kinder im Lager bemüht. Ihr Name ist Elsbeth Kasser. Insgesamt wird sie drei Jahre im Lager bleiben, die Kinder mit Milchpulver und Schulunterricht versorgen und mehr als 200 Kunstwerke aus Gurs retten.[18] Als »Engel von Gurs« wird sie für Hunderte zum einzigen Lichtblick im finsteren Lagerdasein.

»Mieux vaut en rire« – Überleben durch Kultur[19]

Im Frühjahr verbessern sich die Zustände, vor allem die Ernährungssituation wird dank der Hilfsorganisationen wie den amerikanischen Quäkern, dem YMCA (Christlicher Verein Junger Männer), der protestantischen Flüchtlingsorganisation CIMADE und dem jüdischen Kinderhilfswerk OSE verändert. Um die Internierten zu beschäftigen, wird die Einrichtung von Bibliotheken mit immerhin 5 000 Büchern ermöglicht, und die »assistance protestante« besorgt Partituren und Instrumente. Klassische Konzerte gehören nun zum festen Bestandteil des Kulturlebens. Die Pianistin und gebürtige Berlinerin Margot Rauch, der österreichische Geiger Fritz Brunner und der Pianist Hans Meyerowitz, der ganze Opern von A bis Z auswendig spielen kann, zählen zu den beliebtesten Musikern und Musikerinnen. Vom Frühjahr 1941 an werden sogar in allen Ilôts »Kulturbaracken« eingerichtet. »Diese kulturellen Aktivitäten waren etwas Großartiges. Das war ein ganz wichtiger geistiger Widerstand, dass diese Künstler sich zusammengetan haben, mit einem Minimum an Mitteln. Und dann die Konzerte. Für mich persönlich war das die einzige Erholung. Am Sonntag kamen die Kinder nicht in die Schulbaracke. Da habe ich mir erlaubt, eine Stunde ins Konzert zu gehen.«[20] Die rund 300 internierten Künstler und Künstlerinnen[21] stellen ein so umfangreiches Programm auf die Beine, dass täglich etwas stattfindet, was die Gefangenen aus ihrer Apathie reißt. Es finden Ausstellungen mit den im Lager gemalten Bildern statt. Auch Auftritte von Tänzerinnen gehören zum festen Bestandteil des Kulturlebens. Die beiden aus Budapest stammenden Schwestern Klara und Elisabeth Horowitz gehören zu den bekanntesten Tänzerinnen im Lager. Der weitere Lebenslauf der Schwestern ist heute nicht mehr zu ermitteln. Fest steht nur, dass Elisabeth Horowitz, die den Lagerakten zufolge 1943 ins Departement Haute Vienne kam, den Krieg überlebte.[22] Lili R. Andrieux erinnert sich noch an eine andere Tänzerin, an die Berlinerin Doris Sussmann. »*Doris was a professional dancer, more music-hall, light entertainment type.*«[23]

Am herausragendsten sind die Lager-Revuen, die unter der Leitung des Berliner Sängers und Texters Alfred Nathan und des Komponisten Kurt Leval entstehen. Zwischen 1940 und 1942 werden mehr als zehn verschiedene, deutsch und französischsprachige Revuen aufgeführt: Kultur als Mittel gegen die Angst und den Hunger, zur Unterhaltung und Befreiung vom Lagerelend durch Satire. »*Mieux vaut en rire*« lautet ein programmatischer Revue-Titel.[24] Zur *troupe théatrale* Nathans gehören mindestens vier Frauen: die Berlinerinnen Steffi Messerschmidt, die Tänzerin Ruth Rauch, die als Chansonnette auftretende Charlotte Sussmann und ihre tanzende Schwester Doris. Geprobt wird bei eisiger Kälte, mit leerem Magen und mit selbstverfassten Texten. Die Revuen heißen *»Allô, allô, ici Radio Polyglotte«*, *»Folies-Hebèrgeres«* und »Höchste Eisenbahn«. Wie die Revuen der zwanziger Jahre sind sie »durchnummeriert« und werden musikalisch vom Jazzorchester *»Tommy Green and the camping boys«* begleitet. Das Programm erinnert an das politisch-literarische Kabarett der Weimarer Republik und an das Varieté. In loser Folge werden bekannte Operettenmelodien, Sketche, Lieder und französische Chansons vorgetragen. Frauen treten in erster Linie als Tänzerinnen, Sängerinnen und Schauspielerinnen auf. Wie immer der »Japanische Laternentanz« von Doris Sussmann in der Revue »Ich bin ja heut' so glücklich« ausgesehen, das *»potpourri de vieux airs français«* von Charlotte Sussmann im ersten französischen Programm anlässlich des Pfingstfestes 1941 oder das *»potpourri espagnol, solo d'accordéon«* von Steffi Smith in der *»Confetti-Non-Stop-Revue en 20 tableaux«* geklungen haben mag: Die Nathan-Revuen werden sehr gut besucht. Dabei spielt auch eine Rolle, dass Beerdigungen und Kulturveranstaltungen für Männer und Frauen zeitweise die einzigen Gelegenheiten sind, sich überhaupt begegnen zu können, da die Frauen- und Männerbaracken hermetisch durch Stacheldraht voneinander getrennt sind. Die später eingeführten »Besuchszeiten« reichen bei weitem nicht aus, um das Bedürfnis nach Begegnung, Ermutigung, Trost und Umarmung zu stillen. Zudem sind die Revuen verschlüsselte Träger von Kriegsnachrichten und satirischen Attacken gegen die menschenverachtende Ideologie der Nationalsozialisten und des Vichy-Regimes. Zwischen denen, die auf der Bühne stehen, und dem Publikum entsteht eine heimliche Komplizenschaft, die in der gemeinsamen Lebenssituation der »Exilgemeinde« begründet ist. Das Verbot einer Revue ist nur in einem Fall nachzuweisen. Die Revue »Zwischen Himmel und Hölle« wird nach der dritten Aufführung abgesetzt. »Wir waren auch tatsächlich in der thematischen und politischen Zielstellung weit über alles vorher Entstandene hinausgegangen.«[25]

Künstlerinnen wirken auch bei den Theaterinszenierungen von Günther H. Wolff mit. Über diese Frauen – Lotte Sondheimer, Annemarie Joseph, Thea Stoeber und Hedwig Salomon ist heute so gut wie nichts bekannt. Waren es professionelle Schauspielerinnen oder kamen sie erst im Lager zum Theaterspiel? Unbekannt ist vor allem, ob und wie sie gerettet wurden. Nur im Fall von Lotte Sondheimer, die im Lager im »Sommernachtstraum« als Titania auftritt, gilt als gesichert, dass sie Schauspielerin war. Und dass sie deportiert wurde.[26]

»À Destination inconnue« – Die Deportationen

1941 gibt es noch Möglichkeiten, das Lager zu verlassen. Der polnischen Cembalistin Wanda Landowska gelingt mit Hilfe des *Emergency Rescue Committee* die Ausreise in die USA. Andere, wie Herta Hausmann, kommen mit Hilfe der russischen Schriftstellerin Nina Gourfinkel in eines der Glasberg-Häuser, benannt nach einem französischen katholischen Geistlichen, der die Betreuung von Flüchtlingen jeder Konfession, vor allem der jüdischen, in der unbesetzten Zone leitete und sie in Flüchtlingsheimen unterbrachte.

Vom August 1942 an erreicht die Kollaboration ihren dramatischen Höhepunkt. Aus den Internierungslagern werden Deportationslager. Gurs wird zur »Vorhölle von Auschwitz«, wie das Lager in vielen autobiographischen Zeugnissen von Überlebenden bezeichnet wird. Vier Monate, nachdem erstmals Juden und Jüdinnen aus der besetzten Zone nach Ausch-

witz deportiert worden waren, wird Gurs von den schwarzuniformierten Männern der französischen Spezialpolizei umstellt. Anfangs heißt es, es ginge »in ein besseres Lager.« Das
Rote Kreuz verteilt Schokolade. Zu denen, die mit dem ersten
Zug »à destination inconnue« das Lager verlassen, gehören die
Berliner Tänzerin Ruth Rauch, die Schwestern Charlotte und
Doris Sussmann und Mary Fuchs, eine im Lager sehr beliebte Sängerin. Die Frauen werden beneidet, weil sie das Lager
verlassen dürfen. Als nie wieder ein Lebenszeichen von ihnen
kommt, verdichtet sich die Gewissheit, dass die Ankunft der
Schwarzuniformierten nichts Gutes verheißt. Entsetzliches
spielt sich ab. Menschen versuchen sich zu verstecken, zu fliehen, sich umzubringen und stecken Baracken in Brand. Auch
Ida Jauffron-Frank wird eines Tages aufgerufen. Sie hat nie erfahren, warum sie und elf andere in Lyon aus dem Zug herausgeholt und nach Gurs zurückgebracht wurden. Ihre Vermutung: »Wir waren vom Schicksal bevorzugt, da wir uns durch
Hilfsbereitschaft von den anderen unterschieden hatten und
sowohl im Lager als auch in der Infirmerie und der Hilfsorganisation für Alte und Kranke bei den Quäkern gearbeitet hatten.«[27] Die Mannheimer Pianistin ist eine der wenigen Einzel-
fälle. Die Namen der Künstler Kurt Leval und Fritz Brunner,
das geht eindeutig aus den erhaltenen Lagerdokumenten hervor, sind eigenhändig durch den Lagerkommandanten aufgrund ihrer sozialen Funktionen im Lager von den Deporta-
tionslisten gestrichen worden.

Auch in den anderen Lagern beginnen die Deportationen.
Tatjana Barbakoff und Sylvia Cohn fallen ihnen zum Opfer.
Sylvia Cohn wird 1942 von Rivesaltes aus deportiert. Ihre
beiden Töchter Eva und Myriam hatte sie noch rechtzeitig in
die Schweiz bringen können. Obwohl die Schweiz die Grenzen hermetisch abgeriegelt hatte, gelingt auch Herta Liebknecht und Ruth Fabian mit ihren Familien die Flucht dorthin.

Über 75 000 Juden und Jüdinnen sind von Frankreich aus in die Vernichtungslager deportiert worden. Nur wenige haben überlebt. Über 3 900 Menschen wurden von Gurs aus über Drancy bei Paris nach Auschwitz oder Sobibór deportiert. Mehr als 3 000 gingen in den französischen Internierungslagern durch Hunger, Kälte und Krankheit zugrunde. Trotz der Kollaboration der Vichy-Regierung bei der nationalsozialistischen »Endlösung der Judenfrage« konnten durch den »Aufstand des Gewissens« der französischen Bevölkerung und der teilweise in der Illegalität arbeitenden Hilfsorganisationen zwei Drittel der in Frankreich lebenden Juden gerettet werden.

Keine Rückkehr

»Ich möchte es nicht noch einmal erleben«,[28] sagt Ilse Bing, »aber was ich in diesen Kriegsmonaten erlebt habe, war für mein Leben sehr wichtig.« Die Exil- und Lagererfahrung der Überlebenden hat sich auf das weitere Leben – ihre sozialen Bindungen, ihr Verhältnis zum Judentum, ihr Arbeitsleben und ihre Sicht auf die Welt – ausgewirkt. Die Auswirkungen sind so unterschiedlich wie der soziale, politische und künstlerische Hintergrund der Frauen. Zu einer Rückkehr entschlossen sich nach 1945 nur diejenigen, die im Exil politisch organisiert waren und sich kommunistischen oder sozialistischen Zusammenhängen angeschlossen hatten. Sie kamen nach Deutschland zurück (vor allem in die DDR), um ein »neues Deutschland« aufzubauen. Diese »Aufbauarbeit« war *auch* eine Form der psychischen Verarbeitung des Exils und der Verfolgung.

Der überwiegende Teil der nach Frankreich emigrierten Frauen kehrte nicht zurück. Keine der erwähnten Frauen wäre auf den Gedanken gekommen, nach Deutschland, ins Land der Täter, zurückzugehen. Hedda Schatzki und Lili R. Andrieux fangen nach dem Krieg noch einmal ganz von vorne an, in den USA und in Israel. Aus dem Zufluchtsort Frankreich wird für Herta Liebknecht, Margot Rauch, Ida Jauffron-Frank, Annemarie Uhde und Herta Hausmann die zweite Heimat. Alle diese Frauen arbeiten weiterhin in verschiedenen künstlerischen Berufen, wenn auch unter schwierigen Bedingungen, denn mit Ausnahme der gebürtigen Straßburgerin Lou Albert-Lasard konnten sich diese ausländischen Künstlerinnen nur schwer auf dem französischen Kunstmarkt durchsetzen. Andere, wie die Fotografin Gisèle Freund, die 1942 nach Südamerika floh, sowie die Filmkritikerin Lotte Eisner, die im Mai 1940 einige Wochen in Gurs interniert war und die Zeit der Verfolgung in Frankreich überlebte, konnten in der französischen Kultur Fuß fassen. Gisèle Freund ist mit ihren vor 1939 entstandenen Farbportraits französischer Intellektueller in die Geschichte der Fotografie eingegangen, und Lotte Eisner wurde durch ihren Aufbau der Cinemathèque Française geradezu »das Gewissen des Films«. Sie hat entscheidend zur Rezeption des neuen deutschen Films in Frankreich beigetragen und die Identität der nachgeborenen deutschen Filmemacher beeinflusst.

Jüdinnen, die sich in den zwanziger Jahren dem Sozialismus als politischer Utopie zugewandt hatten, mischen sich nach dem Krieg weiterhin politisch, allerdings kaum noch parteipolitisch ein. Die Erfahrung der Judenverfolgung und -vernichtung als ideologische Signatur des totalitären Systems der Nationalsozialisten hat zudem den Akzent ihrer politischen Arbeit verschoben. Lisa Fittko hat sich nach ihrer Flucht aus Europa der amerikanischen Friedensbewegung angeschlossen und ist in jüdischen Belangen in Chicago aktiv. Ruth Fabian, die als Anwältin eigentlich den Arbeiterfrauen helfen wollte, und der nach 1945 das Wissen abhanden gekommen war, »wie man eine bessere Welt aufbaut«, vertritt in Paris als

Mitarbeiterin der deutsch-österreichischen Emigrantenorganisation »Solidarité« die Interessen der Überlebenden in Frankreich und wirkt noch lange als französische Delegierte der *United Restitution Organisation*.

Auch bei Künstlerinnen tritt eine Akzentverschiebung ihrer Arbeit ein. Aus der nach 1945 zum Judentum konvertierten, seit 1989 in Jerusalem lebenden Tänzerin Hella Bacmeister-Tulman wurde eine Körpertherapeutin. Im Lager hatte sie zu ihrer eigentlichen »Bestimmung« gefunden: Kranke mit unkonventionellen Methoden zu heilen. Beeinflusst schon in den zwanziger Jahren von fernöstlichem Denken, das sie zunächst zum Ausdruckstanz geführt hatte, entwickelt sie eine Vorstellung von der Energiezirkulation im menschlichen Körper, die sie in ihrem Buch *Le mouvement de vie* festgehalten hat. Die ersten Patientinnen sind die durch Exil- und Lagererfahrung psychisch und physisch zerstörten Jüdinnen und Juden in Frankreich.[29]

Die Fotografin Ilse Bing war in den dreißiger Jahren sehr erfolgreich, konnte aber nach dem Krieg in New York nicht mehr an ihre frühere Arbeit anknüpfen. »In den dreißiger und den frühen vierziger Jahren lebten wir in unserer Umgebung. Wir waren in der Mitte. Und die Welt war um uns herum. Durch die Erfahrung des Weltkrieges und der Atombombe wurden wir plötzlich in den Kosmos hinausgeschleudert. Und das zeigt sich auch in meinen Bildern. Meine Fotos aus den dreißiger Jahren sind so, dass der Betrachter das Gefühl hat, er könnte in das Bild hineingehen, als handle es sich um einen offenen Raum. Meine Bilder aus späterer Zeit sind anders. Die Dinge existieren in sich selbst, sie werden nicht in Verbindung mit anderen Dingen gezeigt. Es gibt einen Abstand zu ihnen. Sie existieren nur für sich, ohne mir zu gehören. Wir sind heute nicht mehr im Mittelpunkt der Welt. Wir können uns nicht mehr an der Achse festhalten. Wir können uns nur noch an uns selbst festhalten.«

Anmerkungen

1 *Le Populaire*, 14.5.1940, zitiert nach Barbara Vormeier: Dokumentation zur französischen Emigrantenpolitik (1933-1944). In: Hanna Schramm: Menschen in Gurs. Worms 1977. S. 227.

2 Gespräch der Verfasserin mit Ruth Fabian in Paris, August 1990. Zum Lebenslauf von Ruth Fabian vgl. Gabriele Mittag: Das Gedächtnis des Exil. In: Europäische Ideen. 1995, Heft 95, 4-9.

3 Kurzbiographien von Ingo de Croux und allen anderen in diesem Text genannten Emigrantinnen befinden sich in dem von mir 1991 herausgegebenen Ausstellungskatalog: Gurs – Deutsche Emigrantinnen im französischen Exil (Berlin), sowie in meiner Dissertation »Es gibt Verdammte nur in Gurs«. Literatur, Kultur und Alltag in einem französischen Internierungslager 1940-1942. Tübingen 1996. S. 274-299.

4 Gespräch mit Hedda Schatzki, Palo Alto, Januar 1991. »Hedo's story. Memoirs of a Newspaper Artist« lautet der Titel ihrer unveröffentlichten Erinnerungen.

5 »Boches ici, Juifs là-bas« lautet auch der Titel des 1997 in Frankreich erschienenen Exil-Briefwechsels der Familie Marum. Vgl.: Elisabeth Marum-Lunau (der 1941 die Flucht von Frankreich nach New York gelang): Correspondance d'exilés du IIIᵉ Reich. Presentée par Jacques Grandjonc. Aix-en-Provence 1997.

6 Vgl. das Kapitel Zwischen Fiktion und Zeitzeugenschaft – Romane aus Gurs, in: Mittag: Verdammte. 1996. S. 157-166.

7 Ebenda, S. 265. Zu Thea Sternheim vgl. auch: Gabriele Mittag: Angebeteter Rüpel, stinkendes Schlachthaus. Der Freiburger Kore Verlag veröffentlicht die Erinnerungen der Schriftstellerin, Mäzenatin und Kulturvermittlerin Thea Sternheim. In: Freitag, 23.8.1996.

8 Gespräch mit Ilse Bing, New York, Februar 1991. Vgl. Gabriele Mittag: Leben in der Mitte: Besuch bei der Fotografin Ilse Bing. In: *Tagesspiegel*, 26.5.1991. Ilse Bing verstarb 1998. Vgl. den Nachruf in: Freitag, 27.3.1998.

9 Gespräch mit Lisa Fittko, Chicago, Februar 1991. Vgl. Lisa Fittko: Mein Weg über die Pyrenäen. München 1985.

10 Briefliche Auskunft von Lili R. Andrieux, San Diego, Oktober 1992.

11 In: Edwin Landau, Samuel Schmitt (Hg.): Lager in Frankreich. Überlebende und ihre Freunde. Zeugnisse der Emigration, Internierung und Deportation. Mannheim 1991. S. 129.

12 Leo Baeck Institute, New York, ME 48. Die rund 100 Zeichnungen von Lili R. Andrieux aus der Lagerzeit befinden sich heute im Holocaust Museum in Washington.
(»Eines Tages kam ein merkwürdig aussehendes Mädchen in unsere Baracke und fragte Lisa, ob sie ihr erlauben würde, sie zu zeichnen. Sie trug sehr hohe, schäbige Stiefel, einen besonders scheußlichen Regenmantel mit einem auffallenden Hut, riesige, weite Hosen, die locker um ihre

Beine schlugen. Sie war recht kräftig und hatte ein kindliches Gesicht, umrahmt von dunkelblonden kurzen Haaren. Zwei Stunden lang zeichnete sie Lisa ... Danach zeigte sie uns einige schöne Sachen, die sie gemacht hatte, und erzählte von Entwürfen, die sie für Wandteppiche verwendete und die mich auf die Idee brachten, ähnliche Muster für Abendkleider zu benützen ... Es endete damit, dass wir ein wunderschönes Büchlein mit Abendkleidern zusammenstellten, für das wir ihre Ideen umsetzten.«)

[13] Elisabeth Young-Brühl: Hannah Arendt. Leben und Werk. Frankfurt am Main 1986.

[14] Die unveröffentlichten Erinnerungen:»Rückblick, Erinnerungen und Gedankensplitter einer alten Mannheimerin«, von Ida Jauffron-Frank befinden sich im Stadtarchiv Mannheim.

[15] Vgl. Serge Klarsfeld: Vichy-Auschwitz. Die Zusammenarbeit der deutschen und französischen Behörden bei der »Endlösung der Judenfrage«. Aus dem Französischen von Ahlrich Meyer. Nördlingen 1989. S. 37. Vgl. Ehrhard R. Wiehn: Oktoberdeportation 1940. Konstanz 1990; außerdem: Paul Sauer: Die Schicksale der jüdischen Bürger Baden-Württembergs während der NS Verfolgungszeit 1933-1945. Stuttgart 1969. »... es geschah am hellichten Tag!« Die Deportation der badischen, pfälzer und saarländischen Juden in das Lager Gurs/Pyrenäen. Hrsg von der Landeszentrale für politische Bildung Baden-Württemberg. Stuttgart 2000.

[16] In: Dorothee Freudenberg-Hübner und Erhard Roy Wiehn (Hg.): Abgeschoben. Jüdische Schicksale aus Freiburg 1940-1942. Briefe der Geschwister Liefmann aus Gurs und Morlaas an Adolf Freudenberg in Genf. Konstanz 1993. Robert Liefmann starb kurz nach der Entlassung aus dem Lager in Südfrankreich, die beiden Schwestern konnten sich in die Schweiz retten. Bereits 1966 erschienen in Bern ihre Erinnerungen: Helle Lichter auf dunklem Grund.

[17] Die Gedichte sind abgedruckt bei: Martin Ruch: Familie Cohn. Tagebücher, Gedichte, Briefe einer jüdischen Familie aus Offenburg. Offenburg 1992.

[18] Die »Sammlung Kasser« wurde zwischen 1990 und 1993 an verschiedenen Orten Europas ausgestellt. Sie umfasst auch Werke von Künstlerinnen. Vgl. Gurs – ein Internierungslager in Frankreich 1939-1943. Zeichnungen, Aquarelle, Fotografien. Viborg 1989.

[19] Zu geschlechtsspezifischen Aspekten der künstlerischen und literarischen Tätigkeiten in Gurs vgl. Gabriele Mittag: Die Sünde und Schande der Christenheit hat ihren Kulminationspunkt erreicht. In: Exilforschung. Ein internationales Jahrbuch, Band 17/ 1999. München 1999. S. 69-79.

[20] Gespräch mit Elsbeth Kasser im Oktober 1990 anlässlich der erstmaligen öffentlichen Präsentation ihrer jahrzehntelang aufbewahrten und der Öffentlichkeit nicht zugänglichen Sammlung von Kunstwerken und Zeugnissen in Mannheim.

[21] Eine umfassende Darstellung der Kunst in den französischen Internierungslager fehlt bis heute. Einen Gesamtüberblick über die Kunst unter der Vichy-Regierung gibt Michèle C. Cone: Artists und er Vichy. A Case of Prejudice and Persecution. Princeton/New Jersey 1992. Die umfangreichste Darstellung der »Deutschsprachigen bildenden Künstler im Internierungs- und Deportationslager Les Milles 1939-1942« gibt Angelika Gausmann, Paderborn 1997. Über das Fraueninternierungslager Rieucros und Brens (1939-1944) vgl. Mechtild Gilzmer: Fraueninternierungslager in Südfrankreich. Riencros und Brens 1939-1944. Berlin 1994.

[22] In einem Brief vom Oktober 1990 teilte mir Elisabeth Horowitz, die nach 1945 Französin wurde, mit, dass sie auf meine Fragen nicht eingehen möchte, weil sie an diese Zeit nicht erinnert werden möchte.

[23] Zitat aus ihren unveröffentlichten Memoiren. Trotz jahrelanger Versuche der Autorin dieser Zeilen, für diese Erinnerungen einen Verleger in der Bundesrepublik zu finden, ist dies nicht gelungen. Wo sich dieser Text seit dem Tod von Lili R. Andrieux befindet, ist ungeklärt. Eine Kopie befindet sich in meinem Privatbesitz.

[24] Vgl. Peter Pan (alias Alfred Nathan): Lachen trotz Tod und Teufel. Gesänge hinter Stacheldraht. Kriegsnotizen eines Kabarettisten. Leipzig 1962.

[25] Ebenda, S. 25.

[26] Auskunft Else Schönberg, Paris. Gespräch im September 1990 in Paris.

[27] Ebenda, S. 125.

[28] Vgl. Anmerkung Nr. 4.

[29] Vgl. Gabriele Mittag: Zwischen Leben und Tanz. Auf den Spuren der Künstlerin Hella Tarnow – Engagement für den Frieden in Israel. In: *Tagesspiegel*, 13.8.1989. Vgl. Hella Bacmeister-Tulman und Paloma Tulman: Le mouvement de vie. Paris 1985.

Monika Schmidt

»Das sind Sachen, von denen man sich nicht befreien kann.«
Margit Schultz. Erinnerungen an Auschwitz und Peterswaldau

»Konzentration Juden aus Raum nördlich Budapest – von Kaschau bis Reichsgrenze – Zone III am 10. Juni 1944 abgeschlossen. Transporte laufen vom *11.-16. Juni mit 21 Zügen.*«[1] So informierte Edmund Veesenmayer, der deutsche Gesandte und Generalbevollmächtigte in Ungarn, das Auswärtige Amt in Berlin am 13. Juni 1944 über den Stand der laufenden Deportationen der ungarischen Juden nach Auschwitz. Margit Schultz befand sich mit ihren Eltern und fünf Geschwistern in einem dieser Züge. Zweieinhalb Wochen später meldete Veesenmayer: »I.) Abtransport Juden aus Zone III planmäßig mit 50 805 abgeschlossen. Gesamtziffer aus Zonen I-III 340 162. II.) Konzentrierung in Zone IV und Abtransport mit 41 499 planmäßig abgeschlossen. Gesamtziffer 381 661«[2]. Zone III bezeichnete nach der deutschen Einteilung in Operationsgebiete für die Umsetzung der »Endlösung der Judenfrage« den Nordwesten Ungarns.

Größere jüdische Gemeinden gab es vor allem in den Städten wie Galanta[3], östlich von Bratislava gelegen, der Heimatstadt von Margit Schultz. Sie lebte dort in einem religiösen, bürgerlichen Elternhaus und war Lehrerin an der jüdischen Volksschule.

Als am 19. März 1944 die Deutschen das verbündete Ungarn besetzten, traf mit den Besatzungstruppen auch ein Sondereinsatzkommando der »erfahrensten Deportationsexperten«[4] des Reichssicherheitshauptamtes in Budapest ein, das unter der Leitung Adolf Eichmanns die Deportationen der ungarischen Juden durchführen sollte. In Kooperation mit der teilweise neu gebildeten ungarischen Regierung begannen die Vorbereitungen. Das Vorgehen bestand in der zonenweisen Ghettoisierung der jüdischen Bevölkerung in den Städten, dann der »Konzentration« in der Nähe von Eisenbahnlinien und schließlich der Deportation. Zu Ghettos wurden jüdische Viertel, stillgelegte Fabriken oder auch nur Waldstücke, die von ungarischen Gendarmen bewacht wurden. Es fehlten Nahrungsmittel und sanitäre Einrichtungen, die Internierten waren Plünderungen und brutalen Misshandlungen ausgesetzt. An den Sammelpunkten, häufig Ziegeleien, herrschten noch katastrophalere Bedingungen als in den Ghettos. Für die Deportationen wurden trotz des nicht gedeckten militärischen Transportbedarfs täglich vier Züge mit je 45 Güterwaggons bereitgestellt.[5] In jeden Waggon wurden 70 bis 90 Menschen gezwängt. Bis Kassa, nahe der slowakischen Grenze, begleitete die ungarische Gendarmerie die Deportationszüge, dann übernahm sie die SS oder die deutsche Ordnungspolizei.[6] In Kassa sollen die verriegelten Waggons das einzige Mal während der mehrtägigen Fahrt in der Frühsommerhitze geöffnet worden sein, um Tote aus den Waggons zu holen.[7]

Die Gefangenen des Ghettos von Galanta, 1100 jüdische Einwohner und 600 Juden aus der Umgebung, wurden in Komárom und in der Ziegelei Kurzweil in Érsekujvár »konzentriert«.[8] Am 11. Juni fuhren die ersten von 23 Deportationszügen aus dieser Zone nach Auschwitz ab.[9]

Insgesamt wurden vom 15. Mai bis zum 9. Juli 1944 über 437 000 ungarische Juden in 147 Güterzügen deportiert.[10] Lediglich Budapest (Zone VI) blieb infolge internationaler Proteste zunächst verschont.[11] Die gesamte Zahl der im Holocaust ermordeten ungarischen Juden wird auf mindestens

550 000 geschätzt.[12] Der Historiker Randolph Braham resümiert, dass weder die Deutschen ohne die staatlichen Instrumente Ungarns ihre Ziele erreicht hätten, noch die ungarischen Ultrarechten ihre ideologischen Ziele ohne die deutsche Besetzung hätten realisieren können.[13]

Hauptscharführer Otto Moll traf in Auschwitz-Birkenau die Vorbereitungen für die Ankunft der ungarischen Juden. Für die größte Vernichtungsaktion des Lagers wurden die Gaskammern und Krematorien überholt, das Gleis bis in das Lager hinein nahe der Gaskammern verlängert und dort auf zwei Gleise verbreitert, das in den Krematorien arbeitende Sonderkommando von 224 auf 860 Häftlinge (teilweise aus den ersten ankommenden ungarischen Transporten) und das »Kanada«-Kommando, welches den mitgeführten Besitz und die Kleidung der Deportierten sortierte, auf etwa 2 000 Häftlinge vergrößert.[14]

Bei den Selektionen der Deportierten aus Ungarn ließ man nur einen kleinen Teil, die Jüngeren und Gesunden, am Leben, um sie später als Arbeitskräfte der Organisation Todt für gigantische Baumaßnahmen oder der Rüstungsindustrie zuzuteilen. Als so genannte Depot-Häftlinge wurden sie in der üblichen Prozedur in das Lager aufgenommen, jedoch nicht mit einer Auschwitznummer tätowiert. Die Frauen wurden in den Lagern B II c und B III als Durchgangslager untergebracht; B III, im Lagerjargon »Mexiko« genannt, bestand aus einigen unfertigen Baracken.

Aus Auschwitz wurden – soweit bekannt zweimal, Ende Mai und Ende August/Anfang September – ungarische Frauen in das Frauenlager Peterswaldau[15], einem Außenlager des Konzentrationslagers Groß-Rosen, gebracht, um in einer Zünderfabrik Zwangsarbeit zu leisten. Peterswaldau war mit etwa 1 500 Häftlingen eines der größten Frauenlager von Groß-Rosen.[16] Als Unterkunft diente zunächst ein leer stehendes Schloss und dann die ehemalige Weberei Zwanziger.

Die Häftlinge waren polnische Jüdinnen aus den Zwangs-
arbeiterlagern der »Organisation Schmelt« und ungarische Jüdinnen aus Auschwitz.

Die Frauen hungerten, froren, wurden geschlagen und bei
der Arbeit gehetzt; sie waren sehr geschwächt und hatten ungeheure Angst. Das Arbeitsspektrum reichte von diffizilen
Einstellarbeiten mit der Lupe, einer Art Fließbandarbeit dicht
gedrängt an langen Tischen, bis zur unfallträchtigen Bedie-
nung großer Maschinen und dem Hantieren mit Giftstoffen in
der Zinkerei. Die Frauen standen unter permanenter Beobachtung. In den besonders sensiblen Abteilungen war ständig
ein Wehrmachtsvertreter anwesend. Sie durften nicht aufbli-
cken und nicht sprechen. Jeglicher Arbeitszeitverlust der
Häftlinge sollte vermieden werden. Strafen aufgrund von Meldungen der Meister an die SS wurden später im Lager, häufig
während des Appells, ausgeführt; dort waren die Frauen erst
recht der Willkür der SS ausgesetzt. Zynismus und Ignoranz
seitens des Betriebspersonals in der Fabrik waren die Regel.
Äußerst seltene Ausnahmen, Beispiele eines eher neutralen,
noch nicht einmal helfenden Verhaltens, wurden sehr genau
wahrgenommen und prägen bis heute positiv die Erinnerung.
Diese besondere Bedeutung konnten Ausnahmen lediglich
vor dem Hintergrund der Alltäglichkeit von Misshandlungen,
Gleichgültigkeit, Willkür und Unmenschlichkeit oder anders
gesagt, nur auf der Folie der Negation der eigenen Person erhalten. Hierin liegt die eigentliche Aussage dieser als Ausnahmen erfahrenen Verhaltensweisen und der eigentliche Grund
für diese Gewichtung in der Erinnerung.

Der folgende Bericht von Margit Schultz ist eine überarbei-
tete und gekürzte Fassung eines Interviews.[17] Ihre Schilderung
ist die erzählbare Oberfläche dessen, was sie in den Lagern erlebte, einer Wirklichkeit außerhalb dessen, was als Menschlichkeit bezeichnet wird. Allein diese Erzählung kostete Margit Schultz große Kraft und Schmerzen.

Ihre Erinnerungen sind differenziert und präzise. Ihre Beschreibung des Außenlagers Peterswaldau ist durch die in Auschwitz erfahrene Entmenschlichung beeinflusst. Wiederholt zieht sie unmittelbare Vergleiche zwischen Auschwitz und Peterswaldau. Sie beschreibt aber auch Situationen der Entwürdigung als Bedingungen des Außenlagers und vor allem der Zwangsarbeit. Wie Margit Schultz selbst sagt, sei sie nach Auschwitz wie betäubt gewesen. Ihrer Darstellung von Auschwitz wird hier breiterer Raum gegeben.

Die Zwangsarbeit, oder zutreffender Sklavenarbeit, jüdischer KZ-Häftlinge bleibt unaufhebbar mit einem Davor und Danach verknüpft. »Nach rechts« geschickt und damit als »arbeitsfähig« eingestuft zu werden, dann viele Wochen Auschwitz zu durchleben und zu wissen oder nur zu ahnen, was mit den Angehörigen geschehen war, ist das erste Kapitel des Einsatzes der ungarischen Juden als Arbeitskräfte in der deutschen Rüstungsindustrie. Als Überlebende übrig geblieben zu sein, die persönlichen Erinnerungen, den Verlust der Angehörigen ohne einen Ort der Trauer und die Zeugenschaft des Holocaust in sich zu tragen, ist das dritte Kapitel der überlebenden jüdischen Zwangsarbeiterinnen und Zwangsarbeiter der deutschen Rüstungsindustrie.

»Ich war eine Lehrerin. Vielleicht war ich auch deswegen so, alles hat mich so berührt und wenn ich davon spreche, vergesse ich die Worte, es regt mich sehr auf. Ich bin 1918 geboren, das heißt, ich war sechsundzwanzig, sechsundzwanzig/siebenundzwanzig. Es ist ein Wunder, dass ich doch achtzig geworden bin, und ich bin noch da, nach diesen Geschehnissen. Ich habe hier keine Gelegenheit mit jemandem deutsch zu sprechen. Ich lese ein bisschen, aber das ist alles. Meine Mutter war eine Wienerin, zuhause sprachen wir deutsch, ungarisch und tschechisch in den Schulen. Alles das war einmal.

Das [sie deutet auf ein Bild an der Wand] waren die Eltern von meinem seligen Mann, der lebt schon neun Jahre nicht mehr, und das waren seine Eltern. Er hat sie so geehrt, das Bild geschätzt. Auch nach seinem Tod habe ich es weiter auf der Wand gelassen. Er war verheiratet, er hat dort im Gas seine Frau und Kinder verloren. Er war im Arbeitslager und wurde im KZ Mauthausen befreit und war krank. Er ist wie alle nach Hause gekommen, auch in die Slowakei. Und zu Hause lernten wir uns kennen, ich war nicht verheiratet, und heirateten, und sind schon zusammen heraus, illegal nach Palästina ausgewandert.

Deportation

Die Verfolgung ging rapid schnell, schnell. Ende April, Anfang Mai mussten wir ins Ghetto. Wir wurden aus unserem Haus herausgetrieben. Eine gewisse Gasse, in der die jüdische Schul, das Gebetshaus, lag, wurde das Ghetto. Wir, die Geschwister – die Brüder waren eingerückt, sie waren im Arbeitslager[18] – mit den Eltern, waren dort im Ghetto. Wir durften nur bestimmte Sachen mitnehmen, das Minimum, und es gab sehr wenig Essen. Anfang Juni wurden wir, die ganze Stadt [die jüdische Gemeinde], nach Érsekujvár, Nové Zamsky [tschechischer Name für Érsekujvár], übertragen. Dort brachte man uns in einer Ziegelfabrik unter, jede Familie in einem Winkel – Ziegelfabrik, das hieß nur ein Dach mit Säulen und ohne Wände. Von dort wurden wir deportiert. Die Waggons sind gekommen und am 11. Juni hat man uns einwaggoniert. Es waren Wagen für Vieh. Auf jedem Waggon stand ›sechs Kühe‹, ›für sechs Kühe oder sechs Pferde‹, und wir wurden dort hineingestopft, fünfundsiebzig Menschen. In einem Waggon waren achtzig. Das war etwas Schreckliches, wir waren wie Sardinen. Der Zug, der Waggon, bewegte sich, und wir wurden drei Tage noch in Ungarn herumgeschoben, hin und her, hin und her, ohne Essen und ohne Wasser zu bekommen. Erst nach drei Tagen in Kassa, das war die letzte Station in Ungarn, bekamen wir alle einen Kübel Wasser, der ganze Waggon, fünfundsiebzig Menschen. Inzwischen hatten sehr viele den Verstand verloren. Und es waren schon tote Kinder im Waggon. Neben mir war ein kleines Kind. Ich habe zugesehen, wie aus ihm, aus seinem Körper Wunden herauskamen, und es langsam, langsam starb. Das war der dritte Tag. Am frühen Abend hat sich der Zug bewegt und fuhr die ganze Nacht schnell, schnell über die Slowakei, wie ich später erfahren habe.

Auschwitz

Wir kamen in dem Vorort von Auschwitz, in Birkenau, an. Es war noch früh. Der Waggon, der Zug blieb stehen, die Türen der Waggons wurden geöffnet und Häftlinge in gestreiften Kleidern kamen und schrien: ›Schnell alle heraus, schnell, alles dort lassen im Waggon und schnell heraus, herausspringen.‹ Und Musik spielte. Wenn ich daran denke, ärgert mich das am meisten, das Orchester, das dort spielte. Wir sind in Scharen heraus, weil man sonst sehr schlug, und man hat geschrien, geschrien: ›Alle schnell, schnell in Fünferreihen, separat die Männer und separat die Frauen, und alle in Fünferreihe, Fünferreihe‹, das musste in Minuten gehen, und ›schnell, schnell, schnell gehen, die Fünferreihen, schnell gehen‹. Da also standen wir, die Mutter und vier Schwestern, und der Vater mit dem kleinsten Bruder und mit dem zweiten. Drei Brüder waren in Ungarn in Arbeitslagern. Dann trieb man uns weiter und weiter und auf einmal – eine Gabelung. Die Wege teilten sich. In der Mitte der Wege, schon in Auschwitz, ist Mengele gestanden, hat ein Lied gepfiffen und nur mit der

Hand gewiesen, dass die Mutter mit der einen Schwester auf die eine Seite ging, und wir drei Schwestern auf die zweite Seite, und schnell, schnell weiter, um schon wieder Fünferreihen zu machen und einen Weg weiter zu laufen.

Die jungen Mütter mit den Kindern und die älteren Frauen und überhaupt die kleinen Kinder, die hat man alle auf die andere Seite geschickt. Keiner wusste, keiner, was das bedeutet. Wir haben überhaupt nichts gewusst. Zuerst waren wir doch sehr müde, drei Tage in dem Waggon eingesperrt zu sein, ohne Trinken, ohne Essen, und es war schwül, es hat gerochen. Nach drei Tagen gleich ›heraus, heraus, heraus‹, und ich habe meinem Vater nicht einmal gewunken. Dort im Waggon saßen wir zusammen in einem Winkel, was soll ich da weiter erzählen?

Uns, die jungen Frauen in meinem Alter, führte man dann in ein Bad. Wir mussten uns ausziehen, alle Kleider und alles von uns herunternehmen, und wieder unter Geschrei und unter Schlägen, ›weiter, weiter, weiter‹, schor man uns alle Haare ab, vom Kopf und auch vom Körper, und wir bekamen eine Dusche von drei Minuten. ›Schnell, schnell, schnell, alles schnell‹, es wurde geschrien und geschlagen, ›schneller‹. Wir haben doch getrachtet, nicht die Schläge zu bekommen. Und dann bekamen wir jede ein Kleid, selbstverständlich nicht die richtigen Maße. Ich weiß nicht einmal, was meines für ein Kleid war. Aber die eine Schwester, das weiß ich, sie hatte einmal rote Haare, und sie bekam ein grünes Kleid, ein kurzes grünes Kleid, und sie hat so schrecklich ausgesehen. Sich hat man doch nicht gesehen, aber die Schwester habe ich gesehen. Ich hätte sie nie neben mir erkannt, nur an dem grünen Kleid. Auf den Rücken bekamen wir mit einer Farbe einen roten Streifen auf das Kleid. Unterwäsche haben wir keine bekommen, nicht eine Hose und nicht eine Kombination, gar nichts, nur ein Kleid, und darauf dann diesen Streifen mit einer Farbe. Ich weiß nur, dass wir, jede, von dieser Farbe Wunden bekamen, weil das durch das Kleid ging. Das sind solche Sachen, unter denen wir schrecklich litten. Dass wir keine Pflege bekamen, und der Schmutz, und dass wir keine Nahrung bekamen, tat seines noch dazu, so dass der Eiter und die Infektion noch tiefer in den Körper gehen konnte. Die erste Zeit ließ man uns die eigenen Schuhe, Strümpfe ließ man uns nicht, nur die Schuhe. Also sind wir dann weiter mit den eigenen Schuhen gegangen. Und dann trieb man uns weiter, so kamen wir an, schon angezogen.

Das war am 14. Juni, drei Tage waren wir in den Waggons gewesen und dann hat man uns in das Lager getrieben, wo wir ungefähr drei Monate waren, aber ich weiß es nicht ganz genau. Es hieß B III und man nannte es ›Durchgangslager‹. Dort spekulierte man noch mit uns, was mit uns zu machen sei, es war noch nicht entschieden. Es waren die im Alter von achtzehn, wie jemand aussah, gut und kräftig, die man am Leben ließ.

Das Leben in Auschwitz, im Lager, war schrecklich. In einer Baracke waren wir tausendfünfhundert Frauen zusammen, wie Sardinen gestopft. Wir schliefen auf dem Boden in einer ›SS-Figur‹, eine neben der anderen, und konnten uns nicht rühren. Selbstverständlich hatten wir keine Decke und nichts unter uns, wir lagen nur in dem Kleid, das wir anhatten. Die Schuhe mussten wir ausziehen, weil die nächste Reihe es nicht erlaubte. Manchmal rührt man sich im Schlaf, ohne dass man es will. Also legten wir die Schuhe unter die Füße und schliefen so die paar Stunden. Ich, zum Beispiel, habe sehr viele Schläge auf den Kopf bekommen und weinte nur immer: ›Rühr mir meinen Kopf nicht an.‹ Aber der Fuß von der nächsten in der nächsten Reihe, was konnte man machen, sie hat immer meinen Kopf gestoßen. Man kann das nicht erzählen.

Die Sterne waren noch oben am Himmel, da weckte man uns – ›auf‹ – mit Geschrei, mit Schlägen, ›alles raus, alles raus

aus der Baracke‹. Wir stellten uns neben der Baracke auf, ›in Fünferreihe‹ und ›alles bald, schnell, schnell‹. Dort standen wir fünf Stunden, aber so wie Soldaten, die ganze Zeit. Das war auch etwas Schreckliches. Es war schrecklich kalt in der Nacht, und während wir standen, wurde es heiß, die Sonne ging auf und es wurde sehr heiß. Wir mussten stehen bis die SS-Leute kamen, um uns abzuzählen. Die Zahl des Lagers musste stimmen, mit den Toten, mit den Kranken.

Und jeden Tag waren Tote. Vis-à-vis von unserem Block war der Block sechs. ›Das‹, so sagte man, ›ist der Revierblock‹. Von dort hat man die Toten jeden Tag auf das Auto hinaufgeschmissen. Und die, die man als krank befand, sind dann alle nackt, alle ganz ohne Bekleidung, auf das große Auto, einen Lastwagen, heraufmarschiert. Das zu sehen: meine Freundinnen, meine Bekannten, unsere Ärztin von der Stadt, eine herrliche Frau, eine brave Frau. Sie war eine sehr gute Freundin meiner Familie, meiner Eltern, und ich sah auch, wie sie hinaufgeht, auf das Auto. Das sind Sachen, von denen man sich nicht befreien kann.

Und dann zählte man uns ab. Erst hat uns die jüdische Lagerälteste gezählt und noch einmal gezählt, und noch etwas fehlte, weil es fast jede halbe Stunde Tote gab, die gegangen sind. Wir waren von einem Zaun, gefüllt mit elektrischem Strom, umzäunt, und wer wirklich nicht mehr weiter konnte, die ist so zu dem Zaun gegangen und war tot. Die brachte man alle dann hin, damit die Zahlen stimmten. Es kamen Männer, die sich auf die Sache verstanden, und die holten sie.

In Auschwitz hatten sie die Jüdinnen, die sollten uns schlagen. Die SS hatte gewöhnlich Handschuhe an, sie kamen nur, um uns abzuzählen. Sie sperrten das Lager ab, und dort waren die Jüdinnen, die Stubenältesten und die alle. Die spreche ich frei, weil sie so gelitten haben, und sie hatten keinen. Sie waren Mädchen aus Polen und aus der Slowakei. Sie hatten kein menschliches Aussehen und keine menschliche Stimme mehr, sie waren wirklich wie Tiere. Die spreche ich frei, hundertprozentig, die haben so viel gelitten. Die SS gab nur die Befehle und wir haben doch sicher alles gemacht, dort waren wir nicht normal.

Und es war schrecklich, dass alles offen sein musste. Es gab zum Beispiel kein Klo. Es gab solche Holzkisten, draußen neben jeder Baracke, auf die man sich draufsetzen musste. Jeden Nachmittag kamen Häftlinge und tauschten sie um, nahmen die vollen und brachten die leeren.

In der Früh nach dem Zählappell, es hieß Zählappell, sind die SS weg vom Lager. Wir bekamen ein Getränk, etwas, einen Tee, in einem Topf für zehn Reihen von Frauen, also zehn mal fünf. Es waren die Töpfe, die wir in den Waggons mitgebracht hatten, nicht unsere, die waren auch sortiert worden – und jede trank ein bisschen davon, eine nach der anderen. ›Gib schon, du hast schon zu viel geschluckt, du hast schon zu viel, gib schon weiter, gib schon.‹ Und dann waren wir frei bis zum Mittag. Wie viele Stunden, wie viel Zeit – hatten wir keine Ahnung. Wir trachteten, neben der Baracke im Schatten sitzen zu können, immer suchten wir die Seite, an der die Sonne nicht schien. Und dann bekamen wir Mittag. Ein paar starke Frauen wurden ausgesucht, die gingen – vis-à-vis vom Lager war ein Tor, dort kochte man, von dort brachten wir solche großen Kübel mit Essen. Das war eine Suppe, unser Hund hätte es nicht essen können. Und wiederum wurden die Töpfe verteilt, wir mussten uns in Fünferreihen aufstellen und bekamen etwas von der Suppe; wir haben sie auch getrunken. Und wieder hatten wir zwei, drei Stunden Pause. In die Baracke durften wir am Tag nicht hineingehen, wir mussten draußen sein.

Manchmal nahmen wir kleine Steinchen und brachten sie von der einen Ecke des Lagers zu der anderen, bis zum Tor. Wir wollten uns ein Programm machen. Man nahm so ein kleines, kleines Steinchen und trug es hin und legte es herunter, und man hob ein zweites auf und machte noch einen Spazierweg im Lager. Das haben wir selbst gemacht, wer etwas tun wollte, damit wir nicht verrückt würden vom Nichts-Machen. Dort war nichts, keine Bäume, nichts, nur die Baracken. Es waren zehn Baracken, fünf und fünf auf jeder Seite.

Und am Nachmittag und Abend waren wir wieder beim Zählappell. Zweimal am Tag wurden wir abgezählt. Nach dem Zählappell am Nachmittag, der ging schon ein bisschen schneller, bekamen wir das Brot und zum Brot etwas, eine Schnitte Wurst oder einen Löffel Käse. Weißer Käse auf das Brot, das war unser Abendbrot. Das Brot war sehr dünn und sehr wenig. Unser Gebet, wir haben auch gedichtet, war, ›wann werden wir, ob wir werden noch einmal satt sein können von Brot‹. Ich kann nicht ein Stückchen Brot wegschmeißen. Wir aßen das Stückchen Brot auf. Mit schrecklichem Geschrei und mit Schlägen trieb man uns in die Baracke hinein, wir trachteten den Schlägen auszuweichen. Gleich legten wir uns nieder und schliefen.

Wenn es regnete, dann regnete es wie draußen. Dann standen wir in der Mitte der Baracke. Nur dort in der Mitte regnete es nicht. Wir standen. Ich erinnere mich, ich bin nämlich einmal – es regnete drei Tage und so viele sind vor Ohnmacht, vor Müdigkeit gestürzt – ohnmächtig gewesen, gefallen. Wir hatten schreckliche Angst davor, weil wir wussten, wenn sich jemand krank meldet oder wenn man sieht, dass sie krank ist, kommt das Auto. Alles war voll mit Wasser, es war schrecklich. Bei solchen Gelegenheiten sprangen wir heraus aus dem Fenster, dort war kein Glas im Fenster, und wir machten eine Grube neben der Baracke, und dort wuschen wir uns eine nach der anderen ein bisschen den Körper. In Auschwitz sahen wir doch nur Wasser, wenn es regnete, aber nicht zum Trinken und nicht um sich zu waschen.

Die Periode hatten wir nicht, die ganze Zeit nicht. Nach der Befreiung wurden wir behandelt. Und es ist ein Wunder, wenn wir noch Kinder bekommen haben, ein großes Wunder. Sehr viele Frauen haben geheiratet und keine Kinder mehr bekommen. Im Winter, zu Weihnachten [1945] zu, wir bekamen zu essen und da wurden wir wieder, und die Periode fing an. Durch die Schwäche ist manchmal auch der Urin herausgeflossen. Körperlich waren wir sehr heruntergekommen, sehr abgemagert.

Das war auch etwas Schreckliches, es war eine Episode. Man führte uns alle drei Wochen in ein Bad, und dort war eine Dusche. Zuerst mussten wir das Kleid ablegen, das wir anhatten, und man sagte, dass man es jetzt zur Desinfizierung gebe. Drei oder wie viele Minuten waren wir unter einer Dusche, und auf der anderen Seite ging eine nach der anderen heraus, dreihundert waren wir auf einmal. Wir kamen heraus und jede bekam wiederum ein Kleid. Ich ziehe das Kleid an. Es war weiß, aus einer dünnen Seide, ich erinnere mich noch, es war weiß mit schwarzen Punkten, und es war plissiert mit zwei Plissee. Es war einmal ein sehr elegantes Modell gewesen, denke ich, im Privatleben. Und es war wahrscheinlich durch die Desinfizierung, die hatte es nicht vertragen, nur Stückchen von dem Stoff. Und ich zog es an, die Brust war draußen und ich war ganz nackt in dem Kleid. Und ich drehe mich, und weil alles ›schnell, schnell, schnell‹ sein musste, geschlagen und ›schnell‹ geschrien wurde, sagte ich: ›Sieh, ich bin ganz nackt mit dem Kleid.‹ Und da stand dort ein SS-Mann, und der schlug mich so mit der Hand an die Brust, hat mit so einer großen Hand so in die Brust reingeschlagen, dass ich von seinen Fingern Wunden bekam. Weil ich nackt war, spritzte gleich alles Blut von mir. Und dann bin ich gefallen und musste auch die Fetzen noch abgeben, und so wurde ich ganz nackt. Ich marschierte mit der Truppe zum Saal zurück, und am siebten Tag, das war am Samstagnachmittag nach dem Zählappell, kam eine Freundin zu mir und brachte mir ein braunes Kleid, das sie von einer Toten abgezogen hatte. Ein Kleid. Sie brachte es mir selbstverständlich unter ihrem Kleid versteckt herüber, man durfte so etwas nicht bemerken. So brachte sie mir das Kleid, damit ich mir doch etwas anziehen konnte. Das Glück und so ein Geschenk hatte ich nie mehr im Leben, wie es das Kleid war. Es war schrecklich, es war zuerst Todesangst, dass man mich nackt sieht, weil die Verrückten, das war das erste Zeichen, zogen sich aus. Ein Mensch ist ein Tier, nur der Verstand unterscheidet ihn, der Körper ist ein Tier. Ich war dann glücklich mit dem Kleid. Es war auch ein bisschen groß, lang. Ich war froh, in der Nacht waren die Füße mit dem braunen Kleid ein bisschen zugedeckt. Es hatte sicher einer sehr alten Frau gehört, weil es so lang und breit war, und ich war so glücklich mit dem Kleid. Kann man so etwas vergessen? Die Schwestern schützten mich immer, ich sollte rückwärts und nicht vorne stehen, man sollte mich nicht gleich bemerken. Ich hatte schreckliche Angst. Es war eines der großen Wunder, dass der liebe G'tt mich geschützt hat, dass man mich nicht bemerkte.

Wir waren so nahe bei der Gaskammer und der Vernichtung und wir wussten nicht, was dort geschieht. Meine Eltern wurden dort verbrannt, und meine Geschwister, die Kinder von meinen Geschwistern. Und dort wurde es so in Stille gehalten, so lang wussten wir nichts. In diesem Lager waren wir fünfzehntausend Frauen, es waren zehn Baracken, fünfzehntausend Frauen, und wir haben nicht gewusst, was dort alles geschieht. Wir wussten nur, wen man mit dem Auto wegfuhr, die sahen wir nie mehr. Und dann ahnten wir, weil man die Toten wie ein Stückchen Holz hinaufschmiss und dann die Übrigen nackt hinaufmarschierten, also ahnten wir, das kann nicht gut sein. Aber genau haben wir es nicht gewusst. Die Kamine sahen wir Tag und Nacht, und spürten sie. Es ist ein schrecklicher Geruch, wie wenn sich jemand die Nägel verbrennt, das ist ein schrecklicher Geruch.

In einer Nacht wachten wir von einem großen Geschrei auf. In den Baracken waren doch auch keine Fenster, es gab die Öffnungen der Fenster, aber kein Glas. Und wir wachten von einem großen Geschrei auf und liefen hinaus, sprangen hinaus aus den Fenstern, und da sahen wir, da hat man das Zigeunerlager angezündet, das war auch nahe bei uns.[19] Das war auch etwas Schreckliches. Und dieser Geruch, immer der Geruch von den Körpern, wie sie die verbrannten. Warum vergisst man so etwas nicht? Der Film dreht sich immer vor mir und alles das kann man nicht erklären, kann man nicht vergessen.

Sehr viele Freunde und Verwandte haben wir dort in Auschwitz gelassen, die sahen wir dann nie mehr, und das war alles so im Geheimen. Ich habe dort eine Frau getroffen, die war eine Bekannte von mir aus der Slowakei, und ich sagte: ›Sag mir‹, sie war eine Stubenälteste, und ich fragte sie ein bisschen: ›Sag, was sind dort die zwei Kamine? Und Tag und Nacht der Rauchfang und alles voll mit Ruß?‹ Dieser Rauch war schrecklich zum Atmen. Sagte sie: ›Das ist das H-Lager‹, unser Lager hieß B III, ›das ist das H-Lager‹. Und später begriff ich, hatte ich die Erklärung, das ›Himmel-Lager‹, ja, das ist das ›H-Lager‹.

Und dann, wir waren eine lange Zeit in Auschwitz, kam ein Befehl und man schickte uns hinüber in eine zweite Baracke. Dort war dann ein Zählappell und Mengele kam. Beim Appell musste jede das Kleid vom Körper herunterschmeißen, und er ist vor uns gegangen und hat jede angeschaut. Und deren Körper noch in Ordnung war, die nahm man zu der Gruppe. Damals hatte man schon ein paar Mal Gruppen genommen. Man hat nicht gesagt, wohin. Und dann hat man uns drei Schwestern, wir waren immer zusammen, immer nebeneinander, zu der Gruppe genommen.

Bei mir war noch ein Wunder geschehen, weil ich einmal mit einer Peitsche einen Hieb auf das Knie bekommen hatte und das war dann voll mit Eiter. Behandelt hat man es nicht, und die wenige Nahrung, da infizierte es sich noch mehr. Und wir bekamen auch ringsherum Wunden mit Eiter. Wir gaben den Wunden einen Namen, ›Auschwitz-Wunden‹. So ein Hieb mit der Peitsche musste keinen Grund haben, das gab es auch ohne Gründe. Mit einer Peitsche, ›patsch‹, so hingehauen, und meinen armen Knochen am Bein hatte ich ganz offen. Es war ein Wunder, dass man mich auch zu der Gruppe nahm, weil die Wunde noch offen war.

Und dann führte man uns weg. Die zwei anderen von uns fünf in der Reihe hat man noch am selben Tag auf das Auto geschickt, und uns drei zu der Gruppe. Man führte uns dann in ein Lager und in noch ein Lager. Drei Tage dauerte es – noch einmal untersucht und noch einmal gebadet und noch einmal frisch die Haare abgeschoren. Damals war das Haar am Kopf schon ein bisschen gewachsen, es war schon so zwei Zentimeter lang. Und wiederum hat man uns ganz abgeschoren. Und dann, jede bekam ein ganzes Brot und etwas dazu, wurden wir zu einem Zug geführt und sind nach Peterswaldau gefahren. Wir kamen erst in der Nacht an, es war schon finster. Wir waren nicht alle aus Galanta, ein paar waren aus Galanta, wir waren ein paar Freundinnen dort.

Zwangsarbeit

Wir kamen dann nach Peterswaldau, und dort begrüßte uns die Judenälteste sehr schön, das heißt, es wurde gleich zum Trinken gegeben, und jede bekam eine Schüssel, um sich ein bisschen abzuwaschen. Das war eine Sensation. Und dann fragte man noch und dies alles. Die Kolonne, die Frauen gingen zur Arbeit, und uns ließ man in der Gruppe von fünfundsiebzig in die Betten und wir schliefen bis Mittag. Man weckte uns und wieder, wir bekamen eine Suppe, das erste Mal einen eigenen Löffel, mit einer Schüssel. Wir lachten uns an, eine die andere, und sagten: ›No, jetzt sind wir schon von der Hölle im Paradies, weil wir essen wiederum mit einem Löffel.‹

Dann fragte man jede aus, was sie vor der Deportierung gemacht hat, und teilte uns zur Arbeit ein. Und wir fingen gleich in der Nacht an zu arbeiten, die Nachtschicht. So hatten wir dann das Glück, alle drei zur Zündspitz eingeteilt zu sein, wir saßen nicht nebeneinander, aber alle drei machten wir dann Nachtarbeit.

Die Nachtschicht ging von sieben bis sieben, aber erst standen wir immer beim Zählappell. Und man führte uns auch in Fünferreihen, es war ein ganz weiter Weg vom Lager bis in die Fabrik dort in Peterswaldau, ganz weit, aber wie weit hatten wir doch keine Möglichkeit zu wissen. Über einen Teich [jidd., Fluss], über eine kleine Brücke gingen wir herüber. Wir marschierten immer mit der Wache der SS, und auch jüdische ›Schieberinnen‹ passten auf uns auf, und wir mussten singen. Wir kamen in den Hof zu der Fabrik und wurden wiederum abgezählt. Wenn wir ankamen, kam die erste Kolonne aus der Fabrik heraus, und wir sind herein. Man zeigte uns gleich, was wir zu arbeiten haben. Ein Meister zeigte jeder Einzelnen, wie und was, und sagte, dass wir die Zahl fertig machen müssen. Erst fragte man, ob wir Deutsch sprechen, und wenn nicht, dann brachte man einen Dolmetscher, jemanden, ich hatte es nicht nötig. Das waren zweitausend Stücke, und wir fingen an zu arbeiten.

Ein paar Monate, zwei Monate oder drei Monate, gleich am Anfang, als wir nach Peterswaldau gekommen waren, arbeiteten wir nachts zwölf Stunden. Wir mussten sehr schwer und schnell arbeiten. Und wir waren sehr schwach, weil die Nahrung sehr wenig war, und magerten sehr ab, das war eine der schwersten Sachen.

Die Arbeit, das gewisse Maß, musste stimmen, dann kam es zu einer anderen Hand und es musste alles stimmen. Das war ein sehr heikles Teil, das war ein Teil der Uhr von der Bombe. Wir wussten ›Zündspitz‹, fertig. Keine hatte jemanden zu fragen, und wir waren nach Auschwitz sehr abgestumpft, wir hatten nicht, wie soll ich das erklären, nicht das Interesse, zu gar nichts. Wir wussten, das heißt ›Hoffmann-Saal‹, weil der

Ingenieur Hoffmann hieß. Er hatte ein sehr intelligentes, sehr gutes Aussehen, er ging auch herum. Der Hoffmann war so zwischen fünfzig und sechzig, wie ich zurückdenke, ein ernster Mensch, aber er sprach nie etwas, nie hörten wir ein Wort von ihm. Er kam manchmal hin und guckte die Maschine an und nahm einen von den Nägeln heraus und probierte und ging ohne ein Wort weiter, kontrollieren – da war eine Holzschachtel, und die war voll.

Zündspitz, das waren solche Nägel, zwei Zentimeter lang, in der Mitte der Kopf, wie von einem Nagel der Kopf am Ende. Und von dem musste ich ein Stückchen abfräsen, da bekamen wir jede einen Apparat, um jedes Stückchen zu messen, ob es richtig war, wenn es nicht richtig war, mussten wir die Vorarbeiterin rufen, um die Maschine zu richten. Das hat gespritzt, gespritzt, das Öl, das Tri, das spritzte immer – auf das eine Kleid, und die Splitter von dem Eisen. Das war doch sehr starkes Metall, und das wurde gefräst und davon waren es die Splitter. Das mussten wir jeden Samstagmittag sauber machen, die ganze Maschine reinigen, die Splitter von der ganzen Woche herausnehmen. Das Kleid mussten wir dann auswaschen, in der Kälte in der Nacht, hingen es an dem Bett auf, dass es trocknete, in der Früh war das gewöhnlich noch nicht …, einmal war es trocken und einmal war es nicht trocken in der Früh. Dann zogen wir uns das nasse Kleid an, weil wir keinen anderen Ausweg hatten. Aber wir mussten uns da sehr sauber halten, weil das Öl spritzte und weil es dann am ganzen Körper brannte. Wir hatten auch keine Wäsche, nur eine Hose, eine kurze, ein Höschen, und doch hatten wir schon etwas unter dem Kleid. Wir trachteten zu arbeiten, dass wir zu essen bekommen, und doch hatten wir ein Leben mit einem Programm, das war schon ganz etwas anderes als Auschwitz. Auschwitz, das war doch eine Hölle, davon ist überhaupt nicht zu reden.

Die SS war schrecklich, die war die Wache. Und jeden Tag gingen die hohen Offiziere dort durch den Saal durch. In dem einen Saal arbeiteten wir, zweihundert Frauen, und wir bekamen immer schrecklich Angst, wenn die hereingingen, kamen, und wir arbeiteten, fleißig mussten wir arbeiten, wir sollten fertig werden. Sie gingen durch den Saal durch, noch einmal, und guckten, guckten da, dort, wir zitterten immer, fast jeden Tag, in der Nacht nicht. In der Nacht war es leichter, die Wache war nicht so streng, aber die Arbeit war schwerer, weil die ganze Nacht durchzuarbeiten, wir waren schon sehr schläfrig und sehr müde, das ermüdete viel mehr.

Die SS-Frauen schlugen uns sehr, immer, sie spazierten dort, gingen herum und die Wache stand, saß bei der Tür. Und wenn jemand dringend musste, wir waren doch Menschen, junge Frauen, wir mussten herausgehen. Wir baten sie sehr: ›Wir müssen auf die Toilette.‹ Da gab sie uns eine Ohrfeige und dann: ›Hau dich ab, du Saujüdin‹, und dann kam sie heraus, ein paar Mal gucken, ob wir richtig schnell wieder zu der Arbeit hereingehen. Das sind Erinnerungen. Die Karte, die wir hatten, hieß ›Scheißkarte‹, slicha, pardon, und ähnlich wie im Autobus, wie in der Elektrischen, wurde ein Loch gemacht, dass wir schon draußen waren, einmal vormittags und einmal nachmittags.

Es waren dort deutsche Vorarbeiter. Ich hatte zufällig auch eine Zeit eine ältere Frau, die die Vorarbeiterin war, und sie war sehr, ganz nett, aber es war doch streng verboten, mit Juden zu sprechen, kein privates Wort, nur ›Saujud‹ und ›schnell, schnell‹ und so Ähnliches. Man hat uns, die Juden, die jüdischen Häftlinge, doch nicht als Menschen betrachtet. ›Saujuden‹ und ein Stoß oder eine Ohrfeige, das kann man auch nicht erzählen.

Dort waren auch politische Gefangene, die auch Vorarbeiter waren. ›Meister‹ haben wir sie genannt: ›Herr Meister, etwas hat an der Maschine nicht geklappt, Herr Meister.‹ Wir meldeten, was ist, die sind dann gekommen, um die Maschinen zu richten. Die politischen Gefangenen waren separat. Sie waren nicht so schlecht wie die SS, aber wir sprachen nichts Privates und hatten auch nicht die Gelegenheit dazu und trauten uns nicht, nicht er und nicht wir.

Da war ein alter Ingenieur, der war sehr nett, ein ganz alter Mann, ich kann mich erinnern, der war ohne Zähne, er war sehr, sehr nett zu uns. Ich meine, er machte nichts Schlechtes und schrie nicht mit uns, aber nichts, nichts Persönliches, er war nur nicht schlecht, und das war schon etwas.

Wenn bei der Kontrolle etwas nicht stimmte, dann schrie man, und drohte, dass sie nicht zu essen bekommen wird und man sie nach Auschwitz zurückschicken wird. Die strengste Strafe war, man wird sie nach Auschwitz zurückschicken. Wir wussten, zuerst ist die Arbeit. Ich konnte keine Pause machen, auch aus Gründen, weil ich meine Arbeit, mein Quantum, fertig machen musste, und dann noch hätte jemand gesehen, dass ich nicht arbeite, G'tt behüte! Ich wusste nur, was mit mir geschieht. Es war pünktlich gemacht oder man bekam nicht zu essen, das war eine große Strafe, oder Schläge – vor uns, direkt bei der Arbeit –, das waren die zwei Strafen. Und nichts zu essen zu bekommen ..., das war so das Minimum, das Essen, mit dem Stückchen Brot am Abend. Und ich hatte zufällig ein Messer. Für zwei Stück Brot, das Brot von zwei Tagen, kaufte ich ein kleines Messer. Ich habe es noch, ein Andenken. Und zwei Tage Brot, das hieß ein halbes Leben. Wir bekamen dazu ein Stückchen Margarine, das war so wie eine halbe Zündholzschachtel, oder einen Löffel Marmelade oder eine Schnitte Salami, immer abwechselnd. Das war das Abendbrot, und dort in Peterswaldau bekamen wir zu trinken, jede hatte einen Topf, einen Becher, so etwas.

Das Brot, das hätte 200 Gramm sein sollen, aber es war voll mit Schimmel, bekamen wir im Lager, und in der Fabrik bekamen wir um zwölf Uhr eine warme Suppe. Es gab einen Esssaal, noch einen Stock höher, meine Arbeit war im zweiten Stock, es läutete, und wir gingen hinauf und bekamen eine

Suppe. Ich glaube, das war immer dasselbe, je nach dem Glück, ob mehr Inhalt drin war, oder weniger, da guckten wir schon so, wie es schon kommen wird, je nach dem Glück.

In der Zinkerei, das weiß ich, dort gab man ein bisschen Milch, ein Glas Milch, ich weiß nicht, ob jeden Tag oder nur einmal in der Woche, weil es eine sehr gefährliche Arbeit war. Und davon brachte mir die Freundin manchmal einen Schluck zu trinken, von dem Glas Milch.

Die wurden krank, mehrere, ich weiß nicht, wie viele, aber ich weiß trotzdem, sie wurden krank, so habe ich es gehört. ›Latrinennachrichten‹, sagten wir, ›das sind Lager-, Latrinen-nachrichten‹. Ob es nur Phantasien oder auch wirkliche Sachen waren, das wussten wir alles nicht. Wenn wir uns ein bisschen doch normal unterhielten, doch einmal uns ein bisschen das er-zählten und jenes erzählten, und da wussten wir nie die Wahr-heit, ob das richtig ist oder nur ein bisschen Phantasie.

Die Schuhe, die ich anhatte, mit denen ich nach Auschwitz gekommen war, sind einfach kaputt gegangen und von den Füßen abgefallen, und da war ich ganz ohne Schuhe. In Auschwitz hatte ich noch Schuhe, in Peterswaldau waren die so kaputt, dass sie auseinander fielen. Erst band ich sie an die Füße an und so, aber sie zerfielen dann ganz, und da stahl ich nur immer ein Stückchen von den Fetzen, die wir bekamen, um die Maschine zu reinigen, und mit denen wickelte ich die Füße ein, und so marschierte ich mit den Fetzen an den Fü-ßen, und ein Stückchen band ich wiederum auf den Kopf, weil es regnete, es schneite und es mir sehr kalt war.

Das waren Gebirge und das wurde ganz schnell Winter. Die alte Frau, sie war sehr nett, das hat mich so gerührt, wie sie mich ansprach und mit ›Sie‹ ansprach, weil wir nur so ›du‹ ge-wöhnt waren, und sie: ›Warum weinen Sie denn?‹ Ich habe es nicht vergessen. Ich zeigte ihr die Teiche unter den Füßen. Es war der lange Weg, das war viel Schnee und Kot und alles ging auf, weil es dort in der Fabrik warm war. Es war warm, sonst hätten wir nicht arbeiten können, in der Kälte. Und der ganze Schnee löste sich auf und wurde ein ganzer Teich unter den Füßen. ›Weinen Sie nicht, es wird Ihnen einmal besser auch gehen‹, so herzig war sie, eine ältere Frau, so um die fünfzig, über fünfzig, eine magere, sehr nette Frau. Sie war die Vorarbeiterin.

Da waren schon sehr viele Frauen ohne Schuhe. Und ich glaube nach Weihnachten, aber ich weiß es nicht mehr genau, bekamen wir Holzschuhe. Und die haben mir die Füße ruiniert, ohne Schuhe war es noch besser, noch leichter, als in den Holzschuhen. Noch heute leide ich an den Zehen durch die Holzschuhe. Es war doch kein Ausweg.

Sie können das fassen, was es war, dass sie mit mir als Mensch gesprochen hat? Das einzige Mal. Die fürchteten sich doch auch vor der SS – ich habe die Erklärung. Nur eine Freundin sagte, dass sie auch einmal eine Gelegenheit hatte, mit einer Vorarbeiterin zu sprechen, und sie hatte gesagt: ›Ihr habt doch keine Hörner. Was ist mit euch, was habt ihr gemacht?‹ Wir waren doch ohne Haare, nur den Gefangenen schneidet man doch die Haare ab. Ich vergesse, die Worte verliere ich, wenn ich so spreche. Das genierte uns auch sehr, dass wir ohne Haare waren. Sagte sie: ›Was habt ihr gemacht? Was sind eure Sünden, dass ihr abgeschoren seid und ohne Haare?‹ Hätten wir uns die Haare abgerissen? Das kann man nicht erklären.

Es kam vor, nicht nur ein Mal, dass jemand ein paar Schläge bekam, das kam oft vor. Das war keine Sensation. – Das war eine Sensation, wenn jemand mich ansprach und per ›Sie‹ ansprach. – In Peterswaldau, das war bei der Arbeit, bei der Nachtschicht, wirklich eine schöne Frau, eine herrlich schöne Frau, eine junge, sie hat geschlagen. Es war schrecklich, so etwas zu hören: ›Ich muss dich schlagen, weil du schön bist‹, weil wir alle nicht sehr schön waren, ohne Haare und abgeplagt, und neben dem, dass wir jung waren, weil die Älteren hat man doch nicht am Leben gelassen, nur die jungen Frauen. Und sie sagte: ›Ich muss dich schlagen, weil du zu schön bist, weil du schön bist.‹ Eifersucht, auch gegen uns, eine Eifersucht, eine ganz gewöhnliche Eifersucht, weil es doch keinen Grund gab. Wir standen bei der Maschine und arbeiteten, und kein Grund, keine Möglichkeit war, etwas gegen sie zu haben, zu stehen oder zu machen oder eine Konkurrenz zu ihr zu haben. ›Ich muss dich schlagen, weil du sehr schön bist.‹ Das war in der Fabrik in der Nacht, bei der Nachtschicht, bei Tag konnte es so etwas nicht geben, weil in der Nacht die Arbeit ein bisschen lockerer war, nicht so streng wie bei Tage. Sie war eine Vorarbeiterin, aber ich hatte sonst keine Ahnung von ihr, sie war eine schöne junge Frau. Und wir lachten immer über sie, unter uns, so etwas Blödes zu sagen, zu uns, die wir so ausschauten, wirklich wie Affen und nicht wie Menschen, wir sahen doch nicht wie Frauen aus. Das ist Sadismus, direkt, das ist schon das Maximum von Sadismus. Das ist die Grenze von Schlechtigkeit, von Sadismus. Und wie waren wir schön? Wir waren ohne Haare und wir sahen doch alle schrecklich aus und hungrig und mager – sagt sie: ›Ich muss, ich muss sie schrecklich schlagen, weil sie sehr schön ist.‹ Es gibt keine Erklärung.

Die Frauen waren viel schlimmer als die Männer, die Frauen waren schrecklich, die SS-Frauen. Das war so etwas Böses, das war so etwas, das kann man nicht erklären, wie schlecht die waren. Sie schlugen schrecklich stark, in Peterswaldau. Überhaupt waren das solche hohen Frauen, eine Schwarze und eine Blonde, sie schlugen schrecklich. Die standen in der Tür, bei der Tür am Anfang vom Saal und am Schluss, und schrecklich, dort mussten wir zur Toilette herausgehen. Sie schlugen schrecklich, ins Gesicht, die Schwarze noch mehr.

Beim Appell, das musste sehr stimmen, und überhaupt nach dem Aufstehen, sonst gab es dort Ohrfeigen, es gab oft Schläge beim Appell. Das Appell-Stehen war etwas Schreckliches. Wenn sich jemand ein bisschen rührte und nicht stand wie ein Monument, dann gab es Schläge, Schläge, schrecklich starke Schläge, mit der Hand, mit den Füßen, mit einer Peitsche gewöhnlich. In Peterswaldau waren nur Frauen, in Auschwitz haben wir nur Männer gesehen, manchmal kam auch eine Frau mit, die uns abzählte, in schrecklicher Angst standen wir immer beim Abzählen. Und die SS ging auch mit Hunden, wir hatten sehr Angst vor den Hunden. In Peterswaldau waren weniger Hunde, aber manchmal beim Gehen, beim Marschieren, manchmal, aber nicht immer, in Auschwitz mehr.

Einmal, auf dem Weg nach Hause sah ich Blumen und ich marschierte nicht und sang nicht. Wir mussten beim Marschieren zur Arbeit und zurück nach Hause singen und wir gingen immer nur auf der Landstraße, wir durften nicht auf das Trottoir treten, und mussten in Fünfer-Reihen marschieren wie Soldaten. Und ich guckte auf die Blumen. Ich weiß nicht, was er in mir sah, auf einmal haut er mich. Ich weiß nicht, wie er bemerkte, dass ich auf die Blume guckte. Ich wurde geschlagen, nicht so sehr oft, ein paar Mal, weil ich doch trachtete, keinen Grund zu geben. Ganz ohne Grund, weil ich zufällig auf die Blume, auf den Zaun guckte.

Das Lager war, sagte man, ein Schloss, in Peterswaldau sagte man ›das Schloss‹. Erst war das Schloss. Von dort gingen wir dann in das neue Gebäude, in das neue Lager hinüber. Das war einmal eine Weberfabrik, so habe ich gehört. Sehr hohe Zimmer waren das, in einem Saal schliefen wir etwa hundertzehn, hundertzwanzig Frauen, und es war sehr, sehr hoch. Ich weiß, die Fenster, solche dünnen Fenster waren dort, und die waren ohne Glas, das war offen. Dort waren mehrere Stuben, große Säle mit den Betten, etwas anderes war dort nicht, nur die Betten, und es gab kleine Zimmer, aber ich bin nicht herumspaziert, dazu hatten wir keine Möglichkeit und kein Interesse. Es war ein Schalter, kamen wir vom Zählappell herein, bekamen wir bald unsere Schüssel Essen, der Löffel war immer bei uns in der Tasche, das war unser größter Diamant. Man sperrte uns da von draußen ab, das Lager[gebäude], und die Wache war am Tor, aber die Juden waren von draußen abgesperrt. Man hatte Angst, dass wir davonlaufen. Wohin wären wir gelaufen? Ohne Kleidung, ohne Haare.

Und in der Früh mussten wir Bettenbau machen. Seitdem habe ich immer gesagt, ein bisschen mit Lächeln, ein bisschen, ›Bettenbau‹. Das Bett musste in der Früh immer richtig in Ordnung gebracht sein. ›Bettenbau‹, das muss genau sein, die Decke zusammenlegen, die Ecken richtig und genau, alles Dinge, das kontrollierte man immer. Und der Stubendienst, das waren zwei Mädchen, die mussten die Eimer hinaustragen, weil dort in der Nacht Konservendosen waren. Wir durften nicht heraus, wir konnten doch nicht heraus, die Toiletten waren draußen im Hof, und am Abend war doch das Gebäude von draußen zugesperrt. Wir hatten in jeder Stube drei, vier Stück solcher Dosen. Wir trachteten sehr, ein bisschen Stubendienst zu machen, dass wir noch ein Stückchen Brot bekommen sollten, oder etwas. Ein einziges Mal hatte ich das Glück, das waren solche Sachen.

Und wir hatten eine jüdische Frau, die war die Lagerälteste, ihr haben wir viel zu verdanken, sie passte sehr auf, dass wir sauber sein sollten. Als es kalt war, mussten wir uns waschen, und es war für uns auch eine Gnade, dass wir uns waschen konnten. Es gab eine Waschbaracke auch ohne Fenster, wie Fenster ohne Glas, und da waren Eiszäpfchen. In Auschwitz wuschen wir uns nicht, wir litten sehr darunter, auch als Frauen. Von der Periode war doch nicht die Rede, aber doch waren wir Frauen und es fehlte uns sehr, wir waren doch Frauen von zu Hause her, wir waren die Hygiene gewöhnt.

Dort in dem Lager hatten wir die Holzbetten, drei Stock hoch. Das war sechzig Zentimeter breit und hundertsiebzig lang. Wir konnten uns nicht ganz ausstrecken. Aber doch hatte jede von uns eine Decke und ein bisschen Stroh auf den Brettern, dies je nach Glück wiederum. Und manchmal legten wir uns zusammen, zwei Frauen, damit wir mit einer Decke die hohen Fenster zudecken konnten, weil es schrecklich kalt war. Im Winter war es sehr kalt, es waren doch Gebirge dort, und wir schliefen oft zu zweit im Sechzig-Zentimeter-Bett, und das war schrecklich, wir konnten nicht schlafen, das war sehr, sehr eng, aber doch wollten wir etwas über die Fenster geben, der Wind und der Schnee sollten nicht herein.

Wir waren alle sehr schwach, aber wir haben die Moral nicht verloren und wir hofften immer, und wenn wir ein bisschen frei hatten, unter uns zu sprechen, sagten wir: ›Wir werden leben. Wenn wir am Leben bleiben, werden wir das machen und jenes machen.‹ Wir dachten uns immer, ›ob wir noch einmal werden normal leben können, noch sich anziehen und sich benehmen können wie ein Mensch und ob wir werden essen können?‹ Weil der Magen doch immer leer war, und ein Mensch ist auch ein Tier, man soll es nie spüren, nie. Wir wissen, was Hunger heißt, weil es schmerzt, hungrig zu sein, das schmerzt sehr. ›Ob wir noch einmal mit Messer und Gabel werden essen können?‹ Und dann sprachen wir unter uns von den Feiertagen – was war da an den Feiertagen? Das und jenes – und ob wir das noch einmal sehen, noch einmal haben werden. Und wir trachteten unter uns doch die Erinnerungen auszutauschen und ein bisschen zu schmusen [jidd., sprechen], wir sollen die Sprache nicht verlernen. Es war eine Polin, die sang so schön. Wir nannten sie unter uns ›das Pferd‹, so eine große Gestalt war sie, noch jung, aber breite Beine, und sie wohnte im dritten Stock. Wir hatten immer Angst, wenn sie hinaufging, auf den dritten Stock kroch, vom Bett nebenan von mir, dass die Bretter brechen werden, wenn sie hinaufkriecht. Und nur nachdem das Licht aus war, fing sie an zu singen, sie hatte eine herrliche Stimme, und dann sagten wir: ›So eine miese [jidd., hässliche] Frau, so eine Gestalt, wie kann sie so schön singen?‹

Wir führten kein Gesellschaftsleben, dazu war keine Zeit und keine Lust und keine Möglichkeit: zwölf Stunden, direkt zwölf Stunden die Arbeit, und der Zählappell und der Weg von der Fabrik bis ins Lager und dort wiederum zum Zählappell zu stehen, und das war sehr viel. Uns blieb dann kaum etwas Zeit zum Schlafen, und wir mussten, wir mussten schlafen. Da war keine Zeit für private Sachen, und es interessierte uns auch nicht, ganz einfach gesagt, traurig. Wir haben keine neuen Freundschaften geknüpft, es war nicht interessant, und es gab auch keine Möglichkeit. Mit meinen Schwestern, wir trachteten, immer in derselben Reihe zu stehen, immer, was nur möglich war, zusammen zu sein.

Wir hatten auch die Häftlingsnummern eine nach der anderen. Da trugen wir eine Nummer, das war eine Häftlingsnummer, sonst hatten wir keine Namen, nur die Nummer, auf der linken Seite war sie auf das Kleid genäht. Das war 53534 – meine Nummer. An die erinnere ich mich noch. Ich möchte es gerne vergessen. Meine ältere Schwester hatte 33 am Ende und die jüngere Schwester 5, und ich war die mittlere, ich war 34. Auf dem Kleid musste die Nummer von der Häftlingsnummer sein. Dort hatten wir keine Sterne.

Im Frühjahr bekam ich eine Jacke, den ganzen Winter ging ich nur mit dem Kleid, ohne Jacke, ohne einen Mantel. Es war schon gut nach Weihnachten, da brachte man Sachen aus Auschwitz, von der Bekleidung, die wir dorthin mitgebracht haben, und jede bekam einen Mantel, ohne zu probieren. Ich bekam eine kleine Jacke und am Rücken war ein jüdischer Stern ausgeschnitten. Eine Freundin von mir fand ihren Mantel, mit dem sie nach Auschwitz gefahren war, und sie bekam ihn. Wir erkannten Sachen, welche von der Gruppe, nicht ich persönlich, aber welche erkannten ihren eigenen Mantel, eigene Sachen, und die waren alle benützt. So wussten wir, dass sie von Auschwitz kamen.

Es gab eine Krankenstube, ich war nicht dort, nicht einmal war ich auf der Krankenstube. Ich war krank, ich war erkältet und hatte Fieber, aber wir trachteten, sich nicht krankzumelden, das erzählte eine der anderen schon in Stille – war es nur möglich, sich nicht krankzumelden. Die, die sich krankmelde-te, die führte man gewöhnlich weg und sie wurde nie mehr ge-sehen, und da trachteten wir – eine der anderen ein bisschen auf die Wange geschlagen – man soll nicht blass sein und nicht sich krankmelden. Wir litten, und der liebe G'tt hat uns gehol-fen, sich nicht krankzumelden. Aber ich weiß, es gab eine Ärztin und es gab eine Krankenschwester, eine Assistentin. Beim Zählappell mussten sie sich auch jeden Tag im Lager auf-stellen, und so wusste ich, dass sie die Ärztin ist und sie die As-sistentin. Wer zusammenbrach, die nahm man auf die Kran-kenstube. Entweder kam sie zurück oder nicht. Von der Maschine durfte keine weg, wir waren nicht so wie im Privat-leben, man geht hin, man will helfen, nein, wir mussten bei der Arbeit sein, und dann nur unter uns nach der Arbeit so, ›was ist passiert?‹. Es wusste jemand nur, wenn jemand direkt neben der saß, sonst war keine Möglichkeit, etwas zu sehen oder zu erfahren oder sich zu interessieren. Eine, sie hieß Su-sa Schultz, Susanna, sie bekam immer hohes Fieber, und man nahm sie auf die Krankenstube, die hat man nie mehr gesehen, und ihre Schwester weinte immer, ›wer weiß, was mit ihr ist‹, und sie ›kann nicht zu ihr‹. Aber man erfuhr nie, was mit ihr geschehen ist, man denkt es.

Die letzte Zeit, die letzten paar Monate arbeiteten wir auch am Sonntag oder man nahm uns nach Reichenbach, um die Trümmer zu räumen. Dort war alles abbombardiert. In Peterswaldau ist nicht eine Bombe heruntergefallen, aber fünf Kilometer weiter war die große Stadt Reichenbach, die war ganz abbombardiert, und dahin führte man uns, die Trümmer wegzuräumen. Am Schluss war öfter Luftalarm, in der Firma. Im Lager nicht ein einziges Mal, aber bei der Arbeit war das mal, man bombardierte Reichenbach, und da war immer Alarm. Und da sagte man über Lautsprecher zu uns, was wir zu machen haben – alles abschalten und dort lassen und he-runter in die Waschbaracke laufen – dort wurden wir von draußen eingesperrt. Und die deutschen Meister gingen auch herunter, wahrscheinlich in die Bunker, die hatten dort einen Bunker, das erzählte man auch nur so, gesehen habe ich es nicht. Diese Waschbaracke war überhaupt kein Schutz, das war ein Gebäude zugebaut zur Fabrik, dort wuschen sich die deutschen Arbeiter und zogen sich um, und dort waren wir eingesperrt. Aber dort fiel nicht eine einzige Bombe, es war Alarm, aber keine Bombe fiel. Wir hatten Angst, weil es doch eine Munitionsfabrik war, wir wussten mit der Zeit doch, dass es eine Munitionsfabrik ist.

Wir sahen, dass sie [die Deutschen] sehr nervös sind, das bemerkten wir, aber die Arbeit ging noch weiter, wir arbeiteten noch. Zum Schluss, im Mai, war es nicht mehr so streng und wir wussten, etwas ist in der Luft, wir spürten, etwas wird sein. Was sein würde, wussten wir nicht, weil eben überall in unserem Lager, ringsherum, Minen waren. Man machte einen Appell und hielt einen Vortrag, dass, wenn wir nicht fleißig arbeiten werden, also nicht unsere Arbeit schaffen würden oder wir an etwas anderes denken würden, dass wir dann mit einem Knopfdruck alle tot sind. Und jüdische Männer legten vor unseren Augen beim Appell Minen, nur jüdische Männer, weil sie waren in den gestreiften Anzügen, da wussten wir schon, dass das jüdische Häftlinge sind. Wir standen beim Appell und mussten zusehen, dass wir im Lager jede Minute, in einer Sekunde alle tot sein konnten.

Am siebten Mai hörten wir auf zu arbeiten, am siebten Mai waren wir noch in der Fabrik und mussten die Maschinen, die Motore abmontieren, dann wurden wir noch mit der SS-Wache ins Lager zurückgeführt, noch mit der Wache, und da hörten wir im Lager schon, dass etwas passieren wird, aber was wussten wir nicht, und wir wurden eingesperrt, wir waren doch immer in das dortige Lager gesperrt. Und da stellten sich ein paar Frauen auf, das waren polnische Jüdinnen, die sagten uns, wir sollen sehr still sein, und wir sollen nicht zu den

Fenstern gehen, weil es wahrscheinlich das Ende vom Krieg ist, aber wir müssen sehr, sehr still sein und uns zurückziehen, nicht an die Fenster, nicht an die Öffnungen gehen, überhaupt nicht aus dem Gebäude herausgehen. Also gingen wir nur heraus, wenn wir auf die Toilette mussten. Und wir sollten schön ruhig abwarten, was sein wird. Das waren wirklich Todesängste, wir hatten sehr Angst, aber bekamen keine Nachrichten, wir warteten nur richtig ab, das war der achte Mai.

Und am neunten Mai kamen auf einmal ein paar Frauen in unsere Stube herein: ›Das Tor ist offen, es wurde geöffnet und die Wache, die deutsche Wache ist fort, die SS-Wache, und es ist Schluss vom Krieg.‹ Das erfuhren wir erst am neunten Mai. Und da liefen wir schnell heraus. Die erste Sache war, wir traten so auf das Trottoir, weil es strengstens verboten war – ein Jude darf nicht auf das Trottoir treten, wo die Arier herumgehen. Und da machten wir so, tanzten auf dem Trottoir, ›das dürfen wir jetzt schon‹. Und dann tanzten wir dort ein bisschen und waren sehr froh, und auf einmal sahen wir das russische Militär kommen, die russische Armee hereinmarschieren, und wir freuten uns sehr und waren draußen, gingen in der Stadt herum, tanzten auf der Gasse.

Und dann, nach zwei Tagen, bekamen wir mehr zu essen und man brachte vieles, Verschiedenes, Fleisch schlachtete man dort ab und kochte in der Küche, und wir bekamen zu essen und noch einmal zu essen. Und wir waren so außer sich, wir wussten nicht, was da noch sein wird. Und da sagte man, das Rote Kreuz wird kommen und es wird schon mit uns etwas geschehen, wir werden nach Hause genommen, jede wohin sie will. Aber es vergingen, ich glaube, fünf Tage, und es war schon so Unordnung und so Schmutz und wir hatten schreckliche Angst. Und da waren Frauen, die sagten, ›was werden wir da warten, bis das Rote Kreuz kommt, jetzt sind wir frei‹. Begaben wir uns auf den Weg, irgendwohin, ich weiß nicht, wohin. Wir verschafften uns eine Landkarte, wir sahen, wo wir waren, wo wir sind, erst damals erfuhren wir, wo wir eigentlich sind, und guckten auf die Landkarte, sahen den Weg und gingen einfach, gingen. Normal waren wir doch nicht ganz.

Nach der Befreiung sahen wir dort in Peterswaldau keine Leute, die waren geflüchtet, hatten vor den Russen Angst. Die Häuser waren zugesperrt und keine Deutschen waren dort. Alle waren weg, wir sahen keinen Menschen. Das Lager war dort und wir hatten so schrecklich Angst, und die eine Freude, dass wir dann mehr zu essen hatten, wie ich sagte: ›Der Mensch wird ein Tier‹, und wir wollten nur schon weg von dem Platz, das war unsere Sorge, ›weg von dem Platz‹.

Überleben

Nach der Befreiung waren wir sehr lange am Weg, wir gingen zu Fuß, wir waren so naiv, hatten keine Ahnung, was für Landstraßen das sein würden, und das war alles nach dem Krieg bombardiert. Wir waren dreizehn Mädchen, wir hatten keine Kräfte, hatten als Frauen Angst vor den Soldaten und waren am Weg, ›wir müssen nach Hause gehen‹. Wir glaubten, dass wir jemanden finden, unsere Eltern noch nach Hause kommen würden und es weiter ginge, das Leben, wie es gewesen war. Und auf dem Weg hatte ein Fenster schöne Vorhänge aus hellblauem Stoff, und meine selige Schwester, sie riss es ab. ›Davon machen wir uns Schürzen. Wir sollen doch etwas Anständiges anhaben, wenn wir nach Hause kommen.‹ Und an einem zweiten Fenster dort war etwas, ich erinnere mich nicht mehr genau, eine Seide, so eine große Seide – rissen wir die auch ab. ›Das wird gut sein für die Mutter, für einen Schal um in die Synagoge zu gehen zu den Feiertagen.‹ Wir wussten so nicht, wir dachten, sie lebt, und es wird wieder gut sein – für die Feiertage einen Seidenschal.

Und wir kamen nach Oppeln, von dort konnten wir schon nach Galanta schreiben: ›Wir sind am Weg, wir sind am Leben.‹ Das war das Sprichwort. ›Wir sind am Leben, wir sind am Weg nach Hause zu.‹ Wir hatten ein neu gebautes Haus, in siebenunddreißig haben wir es gebaut, das heißt das Haus war sieben Jahre alt. Und das haben sie als Pferdestall genützt, die Fenster und die Türen ausgebrochen. Erst, so erzählt man dort, erst wohnte eine Familie dort. Man hat uns auch alles gestohlen, alles war doch frei, man hat alles gestohlen, alles geplündert. Sieben Stiegen waren hinaufzugehen, ein allein stehendes Haus mit einem großen Garten, großen Hof.

Und nach einem Monat erfuhren wir dort, was richtig mit unseren Eltern geschehen war, die hat man noch denselben Tag ins Gas geschickt, das ist auch eine sehr, sehr schwere Sache, jemanden nicht zu haben und nicht begraben zu wissen, dass wir sie nicht begraben haben, das ist schrecklich. Wir trauern um sie, bis zu unserem Tod.

Und ich war nach dem Krieg nicht im Stande, eine Stelle als Lehrerin anzunehmen, weil ich seelisch sehr abgekommen war. Es war ein Wunder, dass ein Mann mich geheiratet hat, wie mein Gemüt war, bis heute. Er hat auch dieselben seelischen Wunden mit sich getragen, weil die Frau hat man dort umgebracht, verbrannt, und die Kinder verbrannt, nur dass wir gern neue Kinder bekommen haben, das war doch sein Glück und unser Glück, meines auch. Geheiratet und die Kinder sind groß geworden.

Für die Kinder war das sehr schwer, aber sie haben mich verstanden und sie verstehen mich heute noch mehr, und ich lasse sie ihr Leben leben; ›ihr sollt machen, was euch gefällt und was ihr wollt, aber meine Seele ist so, ist voll.‹ Mit dem Alter fing ich dann an zu sprechen. Als kleine Kinder sagte ich ihnen nichts, erzählte nichts, ich hatte sie viel zu gerne und wollte sie von der Geschichte verschonen. Und dann später, später erzählte ich, selbstverständlich. Sind doch intelligente Kinder, meine Kinder. Und manchmal am Freitagabend, bei uns ist Feiertag, und so manchmal kamen die Tränen, und da fragten sie immer: ›Nu, Mama, jetzt, wo, wo spazierst du jetzt?‹ Immer sagten sie, ›an was denkst du jetzt?‹, das sahen sie immer an mir, bemerkten sie immer, ›jetzt bist du nicht mit uns‹, ›wo gehst du jetzt herum?‹, ›was gerade ist jetzt mit dir?‹ Das war auch schrecklich. Es verfolgt mich, es lässt mich nicht in Ruhe.

Mein Mann erzählte mehr. Warum? Weil er oft mit Tränen war, dass seine Kinder, die ersten Kinder, wären schon viel größer, und er erzählte viel mehr. Ich verschonte sie, wenn es möglich war. Das waren Sachen, die ich für die Kinder nicht sagen wollte und vor was ich sie verschonen wollte. Und er war noch mehr sentimental als ich, ich war vielleicht noch stärker als er, er weinte oft mit Tränen und erzählte die Geschichten ohne Ende, ohne Ende. Er erzählte mir, wer seine Frau war und wie die Kinder aussahen, und gewiss, seinen jüngsten Sohn kannte er nicht einmal, hat er nicht einmal gesehen, seinen jüngsten Sohn.

Und beim Namengeben hatten wir doch die Namen von den Vätern und gaben die Namen von den Vätern und von den umgekommenen Brüdern. Es verfolgt uns ohne Ende, ohne Pause.

Dort in Auschwitz war ein Orchester, das war schrecklich. Ich selbst spielte eine Violine, ich verstand ein bisschen von Musik, und es war ein Orchester von ein paar hundert Menschen, die größten Musikanten, jüdische, von Europa, von überall. Das zu sehen, ein Orchester zu sehen, ist mir auch schrecklich vor den Augen geblieben. Und das Singen beim Marschieren, wir sind hungrig und es ist uns kalt und ohne Schuhe im Schnee zu marschieren, und da mussten wir singen, hatten wir denn Lust zu singen, das war alles Zwang. Vielleicht war ich viel zu empfindlich. Bei Musik stelle ich das Radio ab, ich kann nicht, ich kann keine Musik hören.

Das war auch eine Sünde von Hitler, dass ich nie mehr Musik hören und nicht singen konnte, und nicht meine Violine spielen.

Ich habe drinnen meine Bibliothek, ich kaufe viele Bücher, weil es mich immer interessiert, was ein anderer schreibt. Was ich überlebt habe, das weiß ich. Dort waren junge Kinder, junge Mädels, die dreizehn Jahre, vierzehn Jahre waren. Ich war doch ein erwachsener Mensch. Aber wie das zu Hause, wie es ihnen schrecklich fehlte, das zu Hause, die Mutterliebe und alles. Mir hat es auch gefehlt, mir auch, ich bin in dem Waggon zusammen mit meinen Eltern weggefahren, und nie mehr habe ich sie gesehen. Sicher, es schmerzt schrecklich, und es tut weh. Aber die jungen Kinder, solche dreizehnjährigen Mädchen, das war ganz etwas anderes, das tat mir so weh, schrecklich, außer meinen eigenen Schmerzen und Leiden, das hat mir schrecklich wehgetan. Wenn ich mit den Kindern sprach, die in solcher Jugendheit schon das alles erleiden mussten, und dann, die Zeit vergeht mit nichts und die sind jung geblieben. Hier in Jerusalem traf ich noch immer eine Frau, die war so sehr jung, auch sie hat im Hoffmann-Saal gearbeitet, von dort kenne ich sie. Und immer denke ich, die sind ein Stückchen Kind geblieben, weil sie den Übergang nicht haben, nicht mit den Eltern waren. Das war schrecklich.

Die Nerven werden mir steif, wenn ich davon überhaupt anfange zu erzählen. Meine Kinder haben Mitleid mit mir. ›Mama, lass es gehen‹, weil sie sehen, wie ich mich aufrege, wenn ich anfange zu erzählen. Aber ich bin trotzdem in Schulen gegangen, um für die Jugend zu erzählen. Heute gehe ich nicht mehr. Man will noch, dass ich gehe, es regt mich sehr auf. Unsere Generation, wir sind fast alle schon in diesem Alter, wir gehen weg, einer nach dem anderen, und dann wird man glauben, das war nur eine Geschichte, das war nur ein Märchen.«

Anmerkungen

[1] Veesenmayer an Auswärtiges Amt, geheimes Telegramm vom 13.6.1944, Staatsarchiv Nürnberg (StA Nbg), NG-5619.

[2] Veesenmayer an Auswärtiges Amt, offenes Brieftelegramm vom 30.6.1944, StA Nbg, NG-2263.

[3] Nach der letzten Volkszählung vor dem Holocaust von 1941 zählte die Kleinstadt Galanta 1216 jüdische Einwohner, 23,9 Prozent der Bevölkerung. Vgl. Randolph L. Braham: The Politics of Genocide. The Holocaust in Hungary. New York 1994. S. 135 f.

[4] Raul Hilberg: Die Vernichtung der europäischen Juden. Frankfurt/M. 1990. S. 887.

[5] Vgl. Braham, S. 669 f.; Hilberg, S. 902.

[6] Vgl. Braham, S. 781; Hilberg, S. 913.

[7] Vgl. Jenö Lévai: Eichmann in Ungarn. Dokumente. Budapest 1961. S. 120.

[8] Vgl. Braham, S. 689, 691 ff.

[9] Vgl. Braham, S. 698.

[10] Vgl. László Varga: Ungarn, in: Dimension des Völkermords. Die Zahl der jüdischen Opfer des Holocaust, hrsg. v. Wolfgang Benz. München 1996. S. 344.

[11] Vgl. Varga, S. 345 ff.

[12] Vgl. Varga, S. 351.

[13] Vgl. Braham, S. XXIX f.

[14] Vgl. Braham, Bd. II, S. 780 f.

[15] Etwa 60 Kilometer südlich von Breslau gelegen, der heutige polnische Ortname ist Pieszyce.

[16] Für weitere Informationen über das Lager Peterswaldau siehe Monika Schmidt, Zwangsarbeit und Lagerhaft als lebenslanges Trauma. Erfahrungen in Langenbielau und Peterswaldau, in: Dachauer Hefte 15 (1999), S. 174-195.

[17] Professor Wolfgang Benz und ich führten das Interview mit Frau Schultz im April 1998. Original des Interviews: Zentrum für Antisemitismusforschung, Berlin.

[18] Drei ihrer Brüder waren seit 1940 zur Zwangsarbeit in Arbeitsbataillonen der ungarischen Armee eingezogen. Einer von ihnen kehrte nicht zurück.

[19] Am 2. August wurden die Männer, Frauen und Kinder des Zigeuner-Familienlagers B II e in den Gaskammern ermordet und die Leichen in der Grube neben dem Krematorium verbrannt. Die Frauen im Lager B III sahen vermutlich das Feuer der Grube.

Sara Benatar, Anne Cohen, Giovanna Hasson,
Laura Hasson

Die Odyssee der Frauen von Rhodos

Aus dem Italienischen von Juliane Wetzel

Auf der griechischen Insel Rhodos, die seit 1912 de facto und seit 1923 auch offiziell zum italienischen Staatsverband gehörte, lebten etwa 2 000 Juden. Sie waren, solange Rhodos im italienischen Einflussgebiet war, unbehelligt geblieben; nach dem Sturz Mussolinis kam die Insel jedoch im September 1943 unter deutsche Besetzung, und im Juli 1944 trafen zwei SS-Offiziere ein, um mit dem deutschen Befehlshaber über die ostägäischen Inseln, Generalleutnant Kleemann, die Deportation der Juden von Rhodos einzuleiten. Die Unruhe unter den deutschen Wehrmachtsangehörigen beschwichtigte der General mit einem Befehl, in dem es hieß, die »Judenfrage« könne unmöglich vom begrenzten soldatischen Standpunkt aus beurteilt werden, Erörterungen darüber seien »im Interesse der eingeleiteten Maßnahmen zu unterlassen. (Nürnberger Dokument NOKW 1801.) Die Todesrate der griechischen Juden und insbesondere der von den Inseln Deportierten war extrem hoch. Sie litten nicht nur besonders unter dem Klima, sondern hatten in Auschwitz auch größere Sprachschwierigkeiten als die meisten anderen Gruppen. Dass der Zustand der griechischen Juden nach dem Transport besonders desolat war (der Prozentsatz der Arbeitsfähigen betrug bei ihnen nach Ankunft in Auschwitz durchschnittlich nur 15 Prozent), wodurch entsprechende Verluste bedingt waren, bestätigte später auch Rudolf Höß*

---

* Vgl. Kommandant in Auschwitz. Autobiographische Aufzeichnungen von Rudolf Höß, eingel. u. kom. v. Martin Broszat. Stuttgart 1958. S. 159.

Am 20. Juli 1944 um 7 Uhr früh befahlen die Deutschen, die Rhodos besetzt hatten, allen männlichen Juden, sich bei der deutschen Kommandostelle zu melden. Obwohl zunächst angegeben wurde, man würde sie aus Gründen des Arbeitseinsatzes zusammenziehen, ließ man sie alle verhaften. Kurze Zeit später erging derselbe Befehl auch an die Frauen: Wenn nur eine einzige sich nicht bis zum 21. Juli, 10 Uhr meldete, würden alle Juden erschossen werden. Ein gewisser Oberleutnant Costa – selbst Jude – ließ wissen, dass die Deutschen befohlen hätten, alle Wertgegenstände seien mitzunehmen: sie könnten später dazu dienen, das zu kaufen was zum Überleben nötig war.

Auf Rhodos selbst wurden die Häftlinge gemeinsam drei Tage lang in den Büroräumen des Luftwaffenkommandos eingesperrt, und man brachte ihnen weder etwas zu Essen noch zu Trinken. Anschließend wurden die Häftlinge zum Hafen gebracht, um von dort verschifft zu werden. Während der Überfahrt mussten sie mit gesenktem Kopf umherlaufen und durften unter keinen Umständen hochblicken. Jeder der das gewagt hätte, wäre auf der Stelle erschossen worden. Dann wurden alle zusammen (Männer, Frauen und Kinder) im Kohlenladeraum des Schiffes eingeschlossen: Sie waren derartig eingepfercht, dass sie noch nicht einmal die Möglichkeit hatten, sich zu setzen. Schließlich durften die Frauen an Deck schlafen. Trotz des Regens bevorzugten sie diese Möglichkeit, weil man im schmutzigen Laderaum fast erstickte.

Kurz vor der Abreise wurde den Häftlingen von einer Gruppe italienischer Schwestern geholfen, die ihnen einreden wollten, dass alles bald ein gutes Ende nehmen würde. Die Reise von Rhodos nach Piräus dauerte zehn Tage. Während der ersten drei Tage wurde nichts zu essen verteilt, aber in Leros (Lero) ließ der Wehrmachtskommandant aus dem Vorrat ausreichend Nahrungsmittel verteilen, von denen einige noch in Piräus beschlagnahmt worden waren.

Auf dem Weg von Piräus nach Chaidari wurden die Frauen gezwungen, sich unter den Augen der SS-Leute vollkommen nackt auszuziehen: Wenn sie aus Scham zögerten, dem Befehl Folge zu leisten, wurden sie grausam geschlagen. Man kontrollierte, ob sie Gold oder Schmuck am Körper versteckt hatten. (In der Zwischenzeit hatte man ihnen bereits alles weggenommen, was sie aus Rhodos mitgebracht hatten, Zigaretten, Geschirr und sogar die Unterwäsche.) Schließlich sperrte man alle – Frauen und Männer getrennt – in eine Kaserne. (Die Männer ließ man den ganzen Tag über in der heißen Julisonne im Freien auf die Kontrollen warten.)

Einige Räume, in denen die Männer gefangen gehalten wurden, besaßen kein Wasser und die Deutschen dachten auch nicht daran, welches bringen zu lassen. Der Durst war derartig groß, dass fünf Männer daran starben. Um sich gegenseitig zu helfen, schlugen diejenigen Männer, die in solchen Räumen mit Wasserversorgung untergebracht waren, ein Loch in die Mauer, führten eine Art Rohr ein und da sie über keinen Behälter verfügten, füllten sie den Mund mit Wasser und spuckten es in das Rohr. Jene auf der anderen Seite saugten es dann auf. Die Deutschen machten sich ein übles und scheußliches Vergnügen daraus, dem alten Vater von Laura Hasson Benzin ins Gesicht zu gießen; es drang ihm in die Augen und verursachte eine Entzündung, die einige Tage anhielt.

Als ob sie nicht schon genug zu leiden hätten, wurden den Deportierten auch noch die Schuhe ausgezogen, wenn sie in gutem Zustand waren. Man schlug dauernd auf sie ein, als sie den Dampfer betraten, dann auf dem Fußmarsch und schließlich als sie die Lastwagen bestiegen. Auch Frauen und Kinder erhielten aus purem Sadismus mit der Peitsche Schläge ins Gesicht.

Von Rhodos waren sie mit einer Gruppe von 1 800 Menschen gestartet. Weil man auch die Schwerkranken mitgenommen hatte, starben etwa 10 Personen auf der Reise, weitere 50, unter denen sich auch Mütter mit Kindern befanden, in Piräus bzw. in Chaidari aufgrund der dauernden Schläge. Von der gesamten jüdischen Gemeinde auf Rhodos hatte man niemanden zurückgelassen. Als man sie in den kleinen Räumen einsperrte, fragte Laura Hasson einen SS-Mann, ob sie ihrem Vater etwas zu essen bringen dürfe. Der SS-Mann antwortete, dass alles möglich sei, wenn das Mädchen nur nett zu ihm sei. Ähnliche Angebote erhielten nicht nur Laura, sondern auch die anderen Mädchen nicht nur einmal.

In Chaidari sagte ihnen die SS, nachdem alle im Hof nach Wasser schrien, sie könnten alle zu einem Brunnen in der Nähe gehen und sich welches holen. Alle rannten hin, aber als drei oder vier Personen um den Brunnen herumstanden, fing die SS an, mit Schlagstöcken und Lederriemen auf die Köpfe der Herbeilaufenden – auch wenn es Frauen oder Kinder waren – einzuschlagen und sie so zurückzudrängen. Die SS betrachtete das als eine Art Spiel, und um sich zu vergnügen, wiederholte sie es am selben Tag noch mehrmals.

In Athen mussten die Deportierten nochmals drei Tage zubringen. Sie wurden dort vom Roten Kreuz verpflegt. Dann brach man mit dem Zug in Richtung Auschwitz nach Polen auf. Gereist wurde in Viehwagen zu je 70 Personen; Männer und Frauen gemischt. Die einzelnen Waggons waren auf Veranlassung des Roten Kreuzes mit Vorräten und zwei Wasserbehältern ausgestattet. Während der über 15-tägigen Reise wurde es den Häftlingen nur drei- oder viermal gestattet, die Waggons zu verlassen. Sie mussten alle – vor den Augen der anderen – ihre Bedürfnisse in Konservendosen verrichten, die anschließend durch das Fenster entleert wurden.

Als sie in Auschwitz angekommen waren, führten die SS-Ärzte die Selektionen durch: die jungen Arbeitsfähigen auf die eine Seite – die Alten, Kinder und Mütter mit Kindern auf dem Arm auf die andere Seite. Jene Gruppe der »Unwerten« wurde irgendwohin geführt und vernichtet. Auf diese Weise starben auch jene jungen Leute, die ihre Eltern nicht allein lassen, Männer, die ihre jungen Frauen mit den Säuglingen nicht verlassen und Mütter, die sich nicht von ihren Kindern trennen wollten.

Laura Hasson trug auf dem Arm ihren kleinen Neffen. Auf dem Bahnhof in Auschwitz flüsterte ihr ein Grieche aus Saloniki zu: »Gib das Kind einer anderen Frau, aber schau genau, ob es eine Alte ist!« Laura verstand nicht, was der Grieche ihr sagen wollte, und gab stattdessen das Kind seiner Mutter zurück, ihrer zwanzigjährigen Schwägerin …

Die Mädchen wurden schließlich in eine völlig verdreckte Baracke, die obendrein noch mit Exkrementen besudelt war, geführt. Sie mussten sich abermals vor der SS und den anderen Häftlingen ausziehen und durften nur ein Stück Seife und die Zahnbürste mitnehmen. Völlig nackt führte man sie in einen anderen Raum, wo weibliche Barbiere sie am ganzen Körper rasierten. Im Nebenzimmer wurden sie dann mit einem in Petroleum getränkten Lappen desinfiziert, was die gerade erst rasierte Haut besonders reizte. Anschließend mussten sie sich duschen, bekamen aber nichts zum Abtrocknen. Man gab ihnen jeweils ein zerrissenes Kleid, ohne dass auf Länge oder Größe Rücksicht genommen wurde. Wenn sie fragten, ob sie das ihre in ein passenderes Kleid umtauschen dürften, schlugen ebenfalls internierte Zigeunerinnen auf sie ein. Sie erhielten keine Unterwäsche: das einzige Kleid musste gleichzeitig auch als Unterhemd und Unterhose, als Taschentuch und als Handtuch dienen. Aus den Desinfektionsräumen kamen sie um 4 Uhr nachts heraus. An den Füßen trugen sie Holzschuhe, mit denen sie in die bereits restlos überfüllten Baracken laufen mussten. Es gab dort keine Betten, sondern Holzbretter. Auf einem Raum von nicht einmal zwei Metern mussten zwölf Menschen Platz finden. Die Bretter waren dreistöckig übereinander angeordnet und derartig schlecht verankert, dass sie auf die Darunterliegenden herunterfielen.

Ein jüdischer Häftling hatte ihnen gesagt: »Ihr leidet, aber die Alten werden nicht leiden.« Ein italienischer Jude aus Rom hatte sie gewarnt: »Niemals sagen, dass ihr krank seid. Auch wenn ihr 40 Grad Fieber habt, niemals.« Sie verstanden schon bald den Sinn dieser Worte.

Sie blieben zweieinhalb Monate in Auschwitz: Jeden Morgen mussten sie stundenlang kniend mitten auf der Blockstraße verharren. Unter dem Blockpersonal blieb eine polnische Jüdin, eine gewisse Magda, genannt die »Wilde«, unvergessen wegen ihrer Grausamkeiten. Sie schlug mit einer Reitpeitsche auf den Kopf, ins Gesicht und auf die Finger. (Das Personal bestand aus Polinnen und Ungarinnen.) Im Arbeitseinsatz mussten sie Dachziegel transportieren. Auf einer Strecke von 2 bis 3 Kilometern mussten bei jeder Fuhre 15 Kilo getragen werden. Wären nicht die Kälte, die schlechte Ernährung und die nassen Ziegel gewesen, hätte man es ertragen können. Manchmal mussten sie auch Fässer transportieren oder andere schikanöse Arbeiten verrichten.

Jeglicher Kontakt mit anderen Internierten war ihnen verboten. Auch wenn es sich um Nachbarn handelte, durfte man sich weder gegenseitig helfen noch trösten. Eine junge Ungarin war auf der Stelle erschossen worden, als man sie dabei erwischte, während sie mit ihrer Mutter in einem benachbarten Lager sprach.

Und so sah die Ernährung aus: Morgens zwei Kanister mit dem so genannten »Kaffee« für 800 Personen, d.h. nicht jede bekam etwas davon. Mittags wurde eine Art Appell veranstaltet, um die Suppe zu verteilen. Allerdings konnte das zu den unterschiedlichsten Tageszeiten passieren: um neun Uhr morgens oder um fünf Uhr nachmittags. Man wusste nie, wann die Verteilung stattfand. Ein Liter Suppe musste für fünf Personen reichen. Niemand besaß einen Löffel, so mussten alle schluckweise aus dem gleichen Napf trinken. Aus diesem Grund kam es immer wieder zu Zwischenfällen und schweren Auseinandersetzungen. Die Suppe war derart ekelhaft, dass sich keine der hier unterzeichnenden Frauen in der Lage fühlte, sie in den ersten drei Tagen zu essen. Alle jene Frauen, die in der Küche beschäftigt waren, bestätigten, dass eine SS-Frau aus dem Sanitäts-Bereich – vermutlich eine Schwester – täglich in den für die Deportierten bestimmten Suppenkessel ein chemisches Mittel gab, das der Suppe einen säuerlichen Geschmack verlieh und sowohl im Mund wie auch im Magen und in den Därmen ein brennendes Gefühl verursachte. Zudem löste es einen kräftigen Juckreiz auf dem Bauch aus, der sich in Schwellungen und roten Flecken, die wie lange gerade Schrammen aussahen, äußerte.

Jeden zweiten Tag besuchte eine SS-Ärztin die Frauen in der Baracke, ließ sie die Kleider ausziehen (sie trugen keine Unterwäsche) und kontrollierte die Schwellungen und Flecken. Diese Erscheinungen traten bei allen Internierten – allerdings nicht gleichzeitig – auf. Bei allen Frauen aber verursachte das Mittel den sofortigen Stop der Menstruationen. Nahezu alle Frauen hatten zudem im Mund richtige Löcher und auf der Zunge tiefe Risse. Bei manchen äußerte sich das sogar derart schlimm, dass sie nicht mehr essen wollten und dann daran starben. Das betraf jene, bei denen sich die Löcher bereits im Rachenraum ausgebreitet hatten und das Schlucken verhinderten.

Diejenigen Frauen, bei denen Schwellungen und Flecken auftraten, wurden in das Krankenrevier eingewiesen. Dort mussten sie sich einem Test unterziehen. Alle gingen gerne hin, weil sie auf diese Art und Weise einige Tage nicht arbeiten mussten. Erst jetzt, nachdem sie 10 Wochen lang die mit dem Pulver versetzte Suppe nicht mehr gegessen hatten, war bei zwei der hier unterzeichnenden Frauen die Menstruation wieder zurückgekehrt. Bei den anderen beiden aber noch nicht, obwohl es sich um Frauen zwischen zwanzig und dreißig Jahren handelt. Sie glauben, dass der Versuch der SS-Sanitäter, bei ihnen eine nichtoperative Sterilisation durchzuführen, nur deshalb keinen Erfolg hatte, weil sie nur zweieinhalb Monate in Auschwitz-Birkenau waren und weil sie außerdem bewusst so wenig wie möglich von der Suppe aßen. Sie zogen eher die rohen Kartoffeln vor, die sie aus den Vorratswaggons stahlen. Giovanna Hasson erklärte, dass sie, als sie aus dem Krankenlager kam, Kartoffelschalen aß – so groß war der Hunger. Das Gleiche taten auch die anderen: Sie verschlangen ungewaschene Kartoffelschalen. Gerade weil viele rohe Kartoffeln und ungewaschene Schalen aßen, war die verbreitetste Krankheit im Lager die Ruhr. Sie trat in derart schlimmer Form auf, dass sie häufig nicht kurierbar war und daher zum Tode führte.

Während der ganzen Zeit, in der sich die hier unterzeichnenden Frauen in Haft befanden, wurden ihnen die Haare nur einmal ganz abgeschnitten. Nur wenn sie voller Läuse waren, rasierte man sie nochmals am ganzen Körper und desinfizierte sie. Auch Unterwäsche erhielten sie nur einmal und zwar bei der Abfahrt von Polen in Richtung Deutschland. Die Unterwäsche wurde nie mehr gewechselt. Der SS-Arzt Dr. Blanka, der von der Sanitätsbehörde der Lager eingesetzt war, begleitete die Frauen bei ihren »Wallfahrten«. Er führte die Selektionen im Freien durch. Die Frauen mussten barfüßig ohne Mantel bei mehreren Graden unter Null im Schnee und Eis stehen. Auf diese Weise stellte er fest, ob sie noch kräftig genug waren. Wenn sie blass und ohnmächtig wurden, kamen sie auf die Transportlisten. Das geschah auch den vier Frauen, die hier berichten. Sie befanden sich bereits im Stadium völliger Erschöpfung.

Man brachte sie nach Deutschland in das »Lager 2« in Kaufering. Dort blieben sie 6 Wochen. Ihre Arbeit bestand entweder darin, den Schnee in einen Bretterverschlag zu schaufeln, oder sie mussten Karren mit dahinvegetierenden Menschen schieben, Tellerwaschen in der Küche, bisweilen auch der SS zu Diensten stehen oder die Aborte sauber machen. Wenn sie zu einer Arbeit außerhalb des Lagers eingeteilt waren, mussten sie sowohl für den Hinweg als auch für den Rückweg 8 km zu Fuß zurücklegen. Um 4 Uhr morgens wurden sie geweckt und um 6 Uhr abends kehrten sie in die Baracken zurück.

Dieses »Lager 2« war ein wirkliches Inferno. Es gab keine »Brotzeit« (d.h. eine Unterbrechung der Arbeit, um das zusätzliche Stück Brot zu essen, das manchmal an diejenigen, die arbeiteten, verteilt wurde.) Die Baracken waren entsetzlich, halb unterirdisch und ohne Stockbetten. Die Frauen schliefen auf einem ebenerdig angelegten sehr langen Bohlenbelag, auf dem etwas Stroh ausgebreitet lag. Die Zimmerdecke war derart niedrig, dass man auf dem Bohlenbelag nicht sitzen konnte. Andererseits hatte man aber auch wegen des stark abfallenden Dachs nicht mehr als 10 cm Platz für die Füße. Es waren keine Baracken, sondern Hundehütten und obendrein waren sie noch völlig verdreckt. Trotzdem gelang es den Frauen, sich mehr oder weniger sauber und ohne Läuse zu halten, weil sie sich bei den Männern im Tausch gegen Brot Seife beschafften. Eben deshalb waren die Männer dreckig und voller Läuse. Auch hier führte man die Appelle immer im Freien durch. Nicht allen Arbeitskommandos stand mittags eine Suppe zu und leider schloss man gerade jene von den Zuteilungen aus, die die schwerste Arbeit verrichten mussten. Das kam sowohl in den schlimmeren als auch in den besseren Arbeitskommandos vor, ganz nach Belieben und nicht aufgrund irgendeiner besonderen Strafe. Die Internierten besaßen weder Schuhe noch Mäntel oder Kleider. Sie versuchten sich daher mit Fetzen aus Decken vor der Kälte zu schützen. Wer nicht einem Arbeitskommando angehörte, erhielt nur einmal täglich eine Suppe. Manche Arbeitskommandos verdankten es besonders glücklichen Umständen, wenn sie zweimal am Tag eine bekamen: mittags und abends und zusätzlich noch ein Stück Brot und Marmelade oder Salami oder etwas anderes.

Vom »Lager 2« wurden die Frauen in das »Lager 8« verlegt. Um sich dorthin zu begeben, mussten sie etwa 20 km zu Fuß zurücklegen. Als sie im Lager angekommen waren, stellten sie fest, dass es vollkommen leer war, und sie hatten zwei Tage lang nichts gegessen. Es handelte sich um etwa 800 Neuankömmlinge. Auch die Kleiderkammern waren absolut leer, sodass sie nicht einmal Decken für die Nacht bekamen. Ab dem dritten Tag erhielt jede einen halben Liter Suppe und niemand musste arbeiten. Sie blieben 14 Tage dort. Dann mussten sie in das »Lager 7« umziehen, wo sie etwa 4 Monate blieben. Es war das beste von allen. Das Lager stand wegen Flecktyphus unter Quarantäne und so blieben ihnen die Torturen der Zwangsarbeit erspart. In diesem Lager erhielt außerdem jede, zum ersten Mal seit sie interniert waren, einen ganzen Liter Suppe.

Danach kamen sie in das »Lager 11«, ein wirklich entsetzliches Lager: Wecken um 4 Uhr früh, 18 km Fußmarsch bis nach Oberigling, wo sie Schutt wegräumen mussten. Den ganzen arbeitsreichen Tag lang erhielten sie absolut nichts zu essen. Die Brotration (ein Achtel eines Brotlaibes oder ein Viertel, wenn das Brot Spuren von Schimmel zeigte) mit der üblichen zusätzlichen Margarine (ein Streifen so groß wie ein Stückchen Kreide) oder etwas von der seltsamen Salami aus dem Lager wurde am Morgen während der Arbeit, etwa gegen 10 oder 11 Uhr, ausgegeben. Es gab den ganzen Tag über nichts anderes, obwohl das Schutträumen vor allem für Frauen eine ausgesprochen schwere Arbeit war. Am Abend, wenn sie zurückkamen, gab es eine Suppe. Dieses Hungerlager war das Schrecklichste von allen und die Sterblichkeitsrate erwies sich als besonders hoch. Zum Glück blieben sie nur etwa 10 Tage, weil die amerikanischen Truppen näher kamen. Das Lager wurde daher geräumt und in Brand gesteckt. Dadurch sollte vermieden werden, dass den Amerikanern Beweise über die schrecklichen Vorgänge in diesen Baracken in die Hände fallen könnten.

Die Frauen wurden in bereits krankem Zustand in das »La-

ger 1« gebracht. Andere Frauen verlegte man irgendwo anders
hin. Ihre Spuren verloren sich. In diesem »Lager 1« blieben sie
insgesamt 3 Tage. Dann verlud man sie auf offene Güterwaggons. Während der nächtlichen Fahrt regnete und hagelte es.
Plötzlich schien es so, als wäre der Zug ganz in der Nähe der
heranrückenden amerikanischen Truppen. Die SS-Mann-
schaft verließ den Zug und floh. Der Zug aber blieb auf den
Gleisen neben einem Munitionstransport stehen. Während
der Fahrt war der Zug mehrmals bombardiert und beschossen
worden: bei den Luftangriffen starben fünf Frauen und viele
wurden verletzt. In jenen Waggons, in denen sich die Männer
befanden, war die Zahl der Toten und Verletzten noch wesentlich höher. Auch als der Zug stillstand, hagelte es unaufhörlich, aber die Frauen waren so schwach, dass sie sich weder in
der Lage fühlten, den Wagenschlag aufzubrechen noch über
die Wagenwand zu klettern. Aber die Männer halfen ihnen. Sie
erzählten, dass der Nachbarzug von dem fliehenden SS-Wach-
personal in Brand gesteckt worden sei, um einerseits zu vermeiden, dass er den herannahenden Truppen in die Hände fie-
le und andererseits auf diesem Wege die Deportierten zu
vernichten. Zu Tode erschreckt warfen sich die Frauen unter
die Waggons und beschlossen, über die Wiesen in Richtung
Wald zu fliehen oder sich im nahe gelegenen Milchhof zu verstecken. Es war noch Nacht. Während sie flohen, hörten sie
das Getöse einer Explosion: Der Munitionszug war in die
Luft gegangen. Sie sahen vor sich den hellerleuchteten Himmel über Landsberg, das durch die Luftangriffe brannte.

Um nicht den Deutschen wieder in die Hände zu fallen,
schlug Sara Benatar vor, in Richtung des Kanonenfeuers zu
laufen. Nach dem Krach der Explosion zu urteilen, konnte die
Front nicht weit entfernt sein. Aber während sie auf die Front
zuliefen, trafen sie auf die sich zurückziehenden Deutschen,
die zu Fuß und mit Kraftfahrzeugen unterwegs waren. Die
deutschen Militärs begannen auf die Flüchtenden zu schießen,

um sie in Richtung Eisenbahn zurückzudrängen. Viele Frauen und Männer, die dem Rat von Sara Benatar gefolgt waren, brachen unter den Schüssen der Deutschen zusammen.

Auch die Straße war übersät von Leichen. Einige waren bei den Luftangriffen gestorben, die anderen Unglücklichen hatten nicht mehr die Kraft gehabt, den Waggon zu verlassen oder sich vom Zug zu entfernen. Sie wurden entweder bei der Explosion des in der Nähe stehenden anderen Zuges oder in den Waggons von den Flammen getötet. Andere, die sich unter die Waggons geworfen hatten, starben auf den Schienen. Sie wurden in demselben Augenblick, als sich der Zug in Bewegung setzte, überrollt. Wieder andere, die von den Deutschen zurückgedrängt worden waren, fielen bei dem Versuch, wieder in den Wagen zu klettern, hin und hatten nicht mehr die Kraft aufzustehen.

Einigen der stärkeren Männer gelang es, sich einer erneuten Verhaftung zu entziehen, weil sie sich im Wald hinter den Bäumen und Sträuchern verstecken konnten.

Kaum war ein Teil der Deportierten wieder in den Waggons, wurde der Zug in Bewegung gesetzt und zerquetschte jene, die, weil sie sich schlecht festgehalten hatten, hinfielen, oder jene, die auf den Gleisen liegen geblieben waren.

Die wenigen überlebenden Frauen kamen am 28. April 1945 nach Dachau. Sie waren die ersten deportierten Frauen, die einen Fuß in dieses Männerlager setzten. Am nächsten Tag, dem 29. April, wurde das Lager um 17 Uhr von den amerikanischen Truppen befreit.

Ruth Bondy

Frauen in Theresienstadt und im Familienlager in Auschwitz-Birkenau

Aus dem Englischen von Anna Kaiser

Zyklon B machte keinen Unterschied zwischen Männern und Frauen; derselbe Tod raffte alle dahin. Da alle Juden das gleiche Schicksal erwartete, ging ich mit starken Vorbehalten an das Schreiben dieses Beitrages heran: Warum sollte ich mich auf Frauen konzentrieren? Jegliche Unterteilung des Holocaust und seiner Opfer nach Geschlecht kam mir anstößig vor. Die Frage des Geschlechts schien zu einer anderen Generation, einem anderen Zeitalter zu gehören. Andererseits wollte ich aber nicht, dass die Geschichte der Frauen von Theresienstadt übergangen würde. Und so übernahm ich diese Aufgabe im Namen der Frauen von Theresienstadt. Ich begann, zunächst für mich selbst, zu untersuchen, in welcher Weise sich das Leben von Frauen im Ghetto von dem von Männern unterschied und wie sich dieser Unterschied erklären ließ – falls es eine Erklärung gab.

Das Ghetto Theresienstadt – Terezín auf Tschechisch – stellt sowohl einen Bruch als auch eine Fortführung im Leben der tschechischen Juden dar. In normalen Zeiten war der Mann der Versorger der Familie gewesen: Verheiratete Frauen, selbst jene, die als Alleinstehende einen Beruf oder ein Handwerk erlernt hatten, waren Hausfrauen oder arbeiteten im Familienbetrieb mit; nur sehr wenige waren außer Hauses berufstätig. Der relativ hohe Prozentsatz (40%) von Frauen, die bei ihrer Ankunft in Terezín angaben, einen Beruf zu haben, resultiert aus den Umschulungskursen, die von den Jüdischen Gemeinden angeboten wurden, um die Gemeindemitglieder auf die

Emigration oder auf die veränderten Lebensumstände im Protektorat nach der deutschen Besetzung der westlichen Tschechoslowakei im März 1939 vorzubereiten.[1] Einige der Neuankömmlinge glaubten vielleicht auch, es sei zu ihrem Vorteil, einen Beruf anzugeben, wie dürftig ihre Kenntnisse auch waren.

In den zweieinhalb Jahren vor ihrer Deportation nach Terezín durchlebten Frauen wie Männer tiefe Krisen, wenn auch aus unterschiedlichen Gründen. Die Männer verloren ihre Arbeit und damit gleichzeitig ihre ökonomische Sicherheit und ihren Status; dazu verdammt, entweder untätig zu Hause zu sitzen oder in Arbeitskolonnen Schnee zu schaufeln und Straßen zu bauen, fühlten sie sich degradiert. Die Frauen hingegen mussten mit einer neuen, wachsenden Arbeitslast fertig werden: Als Angehörige des Mittelstandes hatten die meisten jüdischen Familien in Prag tschechische Haushaltshilfen. Ab dem Frühjahr 1939 konnten Juden es sich nicht mehr leisten, »Arier« zu beschäftigen – davon abgesehen, dass ihnen dies ohnehin verboten war. Nun musste die Frau des Hauses die Kohlefeuer anzünden, die Wäsche waschen, mit den kargen Rationen, die Juden zustanden, das Essen kochen und Kleidung für die Familie nähen oder stricken, indem sie Altes wieder verwertete.

Noch härter war es für die Frauen, sich von ihrem Heim und den liebevoll gepflegten Möbeln trennen zu müssen. Der Abschied fand häufig in zwei Etappen statt: Zuerst zog die Familie in ein einziges Zimmer in einer Wohnung um, die sie mit mehreren jüdischen Familien teilte; ab Oktober 1941, als die ersten Transporte ins Ghetto Lodz abfuhren, folgte eine drastische Reduzierung sämtlicher Besitztümer. Pro Person durften nur fünfzig Kilogramm Lebensmittel, Kleidung und andere Güter auf den Transport mitgenommen werden. In Vorbereitung auf das Unbekannte backten die Frauen Zwieback, schwitzten Mehl in Fett an, kochten Milch und Zucker zu Brei, tauschten weiße Laken gegen farbige und machten sich endlos Gedanken darüber, was man unbedingt einpacken müsse. In Missachtung des strengen Verbots gaben manche einen Teil ihres Besitzes nichtjüdischen Freunden (oder solchen, die sie dafür hielten) zur Aufbewahrung; wenige zerstörten mit Absicht, was sie nicht mitnehmen konnten. Viele Frauen räumten aus Gewohnheit und in der heimlichen Hoffnung ihre Wohnungen auf, sie eines Tages so wieder zu finden.[2]

Verheiratete Frauen litten stärker unter dem Verlust des Heims mit all seinen geliebten Dingen, ein Trauma, das sie auch noch im Ghetto belastete: Wenn sie mit anderen Frauen beim Kartoffeln schälen oder Glimmer spalten zusammensaßen, redeten sie immer wieder über ihre zurückgelassenen Schätze. Manchmal klammerten sie sich an ein Überbleibsel aus der Vergangenheit – eine Taschenuhr, eine Elfenbeinbrosche –, als sei es ein Leitfaden, der sie nach Hause zurückführen könnte. Selbst während weiterer Deportationen konnte nichts sie von einem solchen Erinnerungsstück trennen – bis sie am Ende nackt da standen.[3]

Frauen versuchten häufiger als Männer, ihren Schlafplatz in den dreistöckigen Betten in ein Ersatzheim zu verwandeln, indem sie die Matratze mit einem farbigen Laken bedeckten, Fotos an die Rückwand hingen oder eine Serviette über das Brett legten, auf dem ihre Habseligkeiten untergebracht waren.[4] Das Ghetto in Richtung des gefürchteten Ostens zu verlassen bedeutete, erneut ein Heim zu verlieren.

Die beiden Transporte des »Aufbaukommandos«, die die Illusion weckten, ein Ghetto auf tschechischem Grund würde ein Asyl für Juden bis zum Kriegsende sein, sollten die Voraussetzungen für die Unterbringung von achtzigtausend Juden schaffen, die im Protektorat in der Falle saßen, seit im Frühjahr 1941 jegliche Emigration eingestellt worden war. Dem Aufbaukommando gehörten ausschließlich Männer an –

Handwerker, Ingenieure, Arbeiter; viele von ihnen waren Mitglieder der *Hechalutz*-Bewegung, jener zionistischen Jugendorganisation, die sie auf die Auswanderung nach Palästina vorbereitete. Der überzeugte Zionist und ehemalige Leiter des Prager Palästina-Büros Jakob Edelstein wurde zum Judenältesten des neuen Ghettos bestimmt.[5] Nach einiger Überredung ließ er sich dazu bewegen, vier Frauen in seinen vierundzwanzigköpfigen Mitarbeiterstab zu berufen: seine treue Sekretärin Pepi Steiff; die Sekretärin seines Stellvertreters; die Anwältin Edith »Ditl« Orenstein, die sich bei der Organisation illegaler Einwanderung nach Palästina engagiert hatte; sowie die Ärztin Dr. Ruth Hoffe.[6] Die beiden Letzteren wurden nicht nur wegen ihres beruflichen Wissens berücksichtigt, sondern auch, weil sie die Lebensgefährtinnen zweier Mitglieder des Stabes waren.

Während der gesamten dreieinhalb Jahre seines Bestehens waren alle zwölf Mitglieder des Judenrats von Theresienstadt Männer, ebenso die Vorsitzenden der verschiedenen Ausschüsse – Wirtschaft, Transport, Gesundheit, Jugendpflege, usw. Selbst in der Hamburg-Kaserne, in der die meisten Frauen untergebracht waren, hatten Männer das Sagen.[7] Die einzige Abteilung unter Leitung einer Frau war der Frauenarbeitseinsatz, für den Ditl Orenstein verantwortlich war. Die Ghetto-Polizei, die nicht grausam und verhasst wie in anderen Ghettos war, setzte sich ausschließlich aus Männern zusammen, die meistens früher in der Armee gedient hatten.

Im Gegensatz zu den Versprechungen der Deutschen begannen die Massentransporte einzutreffen, bevor das Ghetto auf die Aufnahme so vieler Häftlinge vorbereitet war. Bei ihrer Ankunft fand Ditl Orenstein die Frauen niedergeschlagen, verstört und verzweifelt über die schrecklichen Bedingungen vor: Sie mussten im eisigen Winter auf dem nackten, feuchten Boden schlafen und hatten keine Heizung und die sanitären Anlagen waren schwer erträglich. Darüber hinaus hatte die deutsche Kommandantur verfügt, dass Frauen und Kinder getrennt von Männern unterzubringen seien. Diese Verordnung rief enorme Wut und bittere Enttäuschung bei den Frauen hervor, da sie angenommen hatten, gemeinsam mit ihren Familien in der »Judenstadt« wohnen zu können. Die Frauen verlangten, den SS-Kommandanten zu sprechen – vergeblich. Sie wurden in Baracken eingesperrt und bekamen jeden Kontakt zu Männern untersagt. Zunächst verweigerten sie die Arbeit.[8] Ditl Orenstein und ihren Helfern gelang es schließlich, einige Frauen dazu zu überreden, freiwillig zu arbeiten. Später wurde auch für alle Frauen zwischen vierzehn und sechzig Jahren eine Arbeitspflicht eingeführt; nur Mütter von Kleinkindern und Behinderte waren von dieser Regelung ausgenommen. Die Neuankömmlinge, Männer wie Frauen, wurden in Hundertschaften eingeteilt, in denen sie nach Bedarf manuelle Tätigkeiten verrichteten, bis sie eine feste Beschäftigung erhielten.

Die Einwohnerzahl von Theresienstadt schwankte monatlich, ja wöchentlich. Transporte trafen ein, andere fuhren Richtung »Osten« ab – ein Euphemismus, von dem man noch nicht wusste, dass er Vernichtung bedeutete. In dem gesamten Zeitraum von Mai 1942, als die Transporte mit alten Menschen aus Deutschland und Österreich ins Ghetto strömten, bis zur Befreiung überstieg die Zahl der Frauen allerdings immer die der Männer. Aufgrund ihrer höheren Lebenserwartung trafen mehr alte Frauen als Männer ein; außerdem wurden Männer häufig getrennt in so genannte Arbeitslager eingewiesen. Am 31. Januar 1944 machten Frauen 60 % der Ghetto-Bevölkerung aus; ihr Durchschnittsalter lag bei fünfzig Jahren.[9]

Die traditionelle Arbeitsteilung bestand im Ghetto fort: Von den 11 000 berufstätigen Frauen (etwa 85 % der weiblichen Bevölkerung) waren 2 600 als Reinigungskräfte oder Ähnliches beschäftigt;[10] mehr als 2 000 waren Krankenschwestern, Kindermädchen oder Lehrerinnen; 1 300 arbeiteten als

Schreibkräfte; und 2 000 waren in der Wäscherei, in Näh- und Flickstuben oder in der Landwirtschaft eingesetzt. Im April 1942 wurden etwa 1 000 Frauen, unter Protest einiger der Ehemänner, für sechs Wochen in den Wald von Křivoklát geschickt, um Schößlinge zu pflanzen. Dies war die einzige weibliche Arbeitskolonne, die das Ghetto verlassen durfte. Als das erste Angebot an Frauen erging, in der Hauptschreinerei zu arbeiten, stieß der Gedanke an Frauen in »Männerberufen« zwar zunächst auf Ablehnung, schließlich entstanden aber zwei feste weibliche Einheiten – eine, die Bretter beförderte, und eine, die Betten und Pritschen baute. Sämtliche schweren körperlichen Tätigkeiten wie Lade-, Transport- und Bauarbeiten sowie Wasser- und Abwasserinstallationen wurden von Männern verrichtet.[11] Als im Mai 1943 – im Vorfeld eines angekündigten Besuchs durch das Internationale Rote Kreuz – eine Ghetto-Währung eingeführt wurde, lagen die Löhne der Frauen um 30% niedriger als die der Männer.[12] (Das »Geld« besaß allerdings nur nominellen Wert; die eigentlichen Zahlungsmittel waren Lebensmittel und Zigaretten.)

Die Arbeitsteilung zwischen den Geschlechtern spiegelte nicht nur die jüdische Vergangenheit, sondern auch die deutsche Gegenwart wider: Das SS-Kommando in Theresienstadt bestand ausschließlich aus Männern; Frauen waren in der Regel nur als Schreibkräfte beschäftigt. Die einzigen deutschen Frauen im Ghetto, die man in Uniform sah, waren die *Berušky* (»Marienkäfer« im Ghetto-Jargon), die die Frauenunterkünfte nach Schmuggelwaren wie Geld, Zigaretten, Medikamenten, Taschenlampen oder Elektrogeräten durchsuchten. Diese Frauen kamen aus der benachbarten Stadt Leitmeritz und standen auf der untersten Stufe der deutschen Hierarchie. Einige von ihnen wurden sogar dafür bestraft, dass sie Ghetto-Insassen bestohlen hatten.[13]

Die jüdischen »Prominenten« – ehemalige Minister der Regierungen von Frankreich, der Tschechoslowakei oder Sachsens, pensionierte hochrangige Offiziere der deutschen und österreichischen Armee, weltberühmte Wissenschaftler – erhielten bessere Unterkunft und Verpflegung, wurden von der Arbeit befreit und blieben in der Regel vor allem von der Deportation in den Osten verschont. Frauen wurden hauptsächlich auf Grund des Status ihrer Männer als Prominente eingestuft: Als solche galten die Witwe eines SA-Obergruppenführers, die Witwe eines dänischen Flottenkommandeurs, die Mutter zweier unehelicher Söhne von Hohenzollern- Abstammung und die Enkelin von Bismarcks Finanzberater Bleichröder als »Prominente«, ebenso wie Else Bernstein, eine Enkelin des Komponisten Franz Liszt, und die Schwiegermutter von Gerhart Hauptmanns Sohn, selbst eine bekannte Schriftstellerin.[14] Doch die Berühmtheit von Kafka und Freud reichte in den Augen der Deutschen nicht aus, um deren Schwestern vor dem Tod zu bewahren; sie kamen in Theresienstadt und in den Vernichtungslagern im Osten ums Leben.

Trude Neumann, die jüngste Tochter des Gründers der zionistischen Bewegung Theodor Herzl, starb in Theresienstadt am 17. März 1943. Ihre schriftlichen Mitteilungen an die Ghetto-Führung (»Ich, die jüngste Tochter des verstorbenen Gründers des Zionismus, möchte die örtlichen Zionisten von meiner Ankunft in Kenntnis setzen und sie um ihre Hilfe bitten«), an die Krankenschwestern (»Frau Neumann-Herzl kann das schmutzige Nachthemd und Bettzeug nicht ertragen«) und die Notizen, die sie an sich selbst schrieb, sind ein Indiz für die Geisteskrankheit, die sie vor ihrer Einweisung ins Ghetto erlitt, sowie die Qualen, die sie dort durchmachte.[15] Jene Papierfetzen wurden von der Altenschwester Trude Groag gerettet, deren eigene, im Ghetto verfassten Gedichte das Leiden der kranken, einsamen, verängstigten alten Frauen zum Ausdruck bringen, die in dem Glauben, in ein Altenheim nach »Bad Theresienstadt« geschickt zu werden, in das zusammengepferchte Ghetto kamen. Hilflos, hungrig und krank vor Sehnsucht nach ihren weit entfernten Kindern starben sie zu Tausenden.[16]

Die Juden des Protektorats kamen mit ihren Familien ins Ghetto, doch nur die Mitglieder der Leitung und die Prominenten genossen das Privileg, mit ihren Angehörigen in einem kleinen Raum zusammenleben zu dürfen. Eine Art von Familienleben entstand nach Juni 1942, als die letzten tschechischen Einwohner evakuiert wurden und die gesamte Stadt ein Ghetto wurde. Die Insassen durften sich frei auf der Straße bewegen und sich gegenseitig in ihren Unterkünften in den Kasernen und geräumten Häusern besuchen. Familien, Paare und Freunde trafen sich gewöhnlich in den wenigen Stunden zwischen dem Ende des Arbeitstags und dem Beginn der nächtlichen Ausgangssperre. (Die Ausgangssperre verschob sich entsprechend der Jahreszeit oder auf Grund kollektiver Bestrafungsaktionen, begann jedoch in der Regel um acht Uhr abends.) Die tägliche Zusammenkunft wurde für viele zum Mittelpunkt des Lebens.

Laut einer in den Tagesbefehlen veröffentlichten Verfügung mussten Frauen ihr Haar kurz schneiden, und das der Männer durfte nicht länger als drei Millimeter sein. Allerdings wurde diese Anordnung ebenso wie das Verbot, Lippenstift zu benutzen, niemals streng befolgt.[17] Jede Frau, die ein so kostbares Gut wie Make-up gerettet hatte, verwendete es sparsam und nur zu besonderen Anlässen.[18]

Die Frauen trugen ihre eigene, von zu Hause mitgebrachte Kleidung, selbst wenn diese mit der Zeit zu weit oder schäbig wurde. So lange die Frauen geistig und körperlich bei Kräften blieben, legten sie Wert auf ihr Äußeres. Alice Hansel-Haas, die energische, elegante Vorsteherin einer der Putzkolonnen, machte sich nach der Amputation einer von Krebs befallenen Brust Sorgen, ob sie je wieder einen Badeanzug tragen könnte und ob sich ihr Mann an die Veränderung gewöhnen würde. Einige Tage später sah man ihre Schwägerin in dem

Flauschmantel und mit der Umhängetasche von Frau Haas, deren Sorgen für immer vorbei waren.[19]

Ebenso wie in allen Konzentrationslagern setzte auch im Ghetto bei den meisten Frauen als Folge von Unterernährung und psychischem Schock zumindest vorübergehend die Menstruation aus; andere Frauen litten unter unregelmäßigen Blutungen. Im Gegensatz zu der Auffassung, dass das Ausbleiben der Menstruation zu Depressionen und Ängsten wegen einer möglichen zukünftigen Unfruchtbarkeit führte, wurde es nach meiner eigenen Erfahrung und Beobachtung eher mit Erleichterung aufgenommen.[20] Es gab weder Binden noch Watte, und Baumwollservietten oder gefaltete Stoffreste absorbierten schlecht und waren schwer zu waschen. Allerdings wusste man ohne Menstruation nie sicher, ob man schwanger war.[21]

Zunächst wurde es Frauen, die bei ihrer Ankunft im Ghetto schwanger waren, noch erlaubt, ihr Kind zu gebären; im Juli 1943 erging jedoch der Befehl zur Zwangsabtreibung. Die Eltern mussten der Abtreibung schriftlich zustimmen.[22] Die Zimmerältesten wurden angewiesen, jeden ihnen bekannten Fall von Schwangerschaft zu melden. Von nun an geborene Babys wurden zusammen mit ihren Eltern mit dem nächsten Transport in den Osten geschickt. »Sie töten Säuglinge im Leib ihrer Mütter«, schrieb Egon »Gonda« Redlich, der Vorsitzende der Jugendabteilung, in sein Tagebuch.[23] Nachdem ein jüdischer Arzt der Frau und dem Neugeborenen eines SS-Offiziers das Leben gerettet hatte, durften Gondas Frau Gerti und mehrere andere jüdische Frauen ihre Schwangerschaften austragen; Gerti brachte am 16. März 1944 einen gesunden Sohn zur Welt. Als Gonda, seine Frau und das Baby im September einem Transport in den Osten zugeteilt wurden, erstanden sie einen Kinderwagen für die Reise, die sie auf direktem Weg in die Gaskammern von Birkenau führte. Manche schwangeren Frauen zogen es vor, in den Osten geschickt zu werden, statt einer Abtreibung zuzustimmen. Rund 230 Säuglinge wurden im Ghetto von Theresienstadt geboren; etwa 25 überlebten (darunter Dr. Michael Wiener, der bis 1994 Chef des Sanitätskorps der israelischen Armee war).

In Terezín gab es ein Heim für Säuglinge und Kleinkinder – in der Mehrzahl Waisen oder Kinder, die ohne Eltern ins Ghetto gebracht wurden. Im Ghetto wohnten auch Mütter, die ihre Babys bei ihren nichtjüdischen Ehepartnern hatten zurücklassen müssen. Einer dieser Mütter, Fišerova, gelang es, trotz mangelhafter eigener Ernährung die schwächsten Säuglinge fast zwei Jahre lang zu stillen und ihnen damit das Leben zu retten.[24] Im Gegensatz dazu berichtet Gondas Tagebuch von einer stillenden Mutter, die ihren Überschuss an Milch lieber ihrem Mann als einem mutterlosen Säugling gab.[25] Die Waisen litten größeren Hunger als andere Kinder, da es die Mütter immer irgendwie schafften, ihren Kindern zusätzliches Essen zukommen zu lassen, häufig auf Kosten ihrer eigenen Ernährung.[26]

Als die Transporte im Oktober 1941 begannen, heirateten Hunderte junger Paare in aller Eile, in der Hoffnung, dass sie als Verheiratete gemeinsam deportiert würden. Im Ghetto konnten zwar keine legalen Eheschließungen durchgeführt werden, es fanden jedoch Hochzeiten nach jüdischem Brauch statt. Außerdem ließen sich einige unverheiratete Paare als verheiratet registrieren, weil sie hofften, auf diese Weise dasselbe Schicksal zu teilen: entweder gemeinsam im Ghetto zu bleiben, falls ein Partner durch eine Arbeit vor der Deportation geschützt war, oder zusammen in den gefürchteten Osten geschickt zu werden.[27]

Die Liste der Berufe und Tätigkeiten, die vor Deportation schützten, änderte sich mit den Jahren: Bis September 1943 waren die Mitglieder des Aufbaukommandos sicher, bis 1944 wurden keine praktizierenden Ärzte oder Krankenschwestern in die Transporte eingeschlossen. Eine Gruppe junger Frauen blieb aufgrund ihres Einsatzes in der Landwirtschaft verschont. Ebenfalls von der Deportation ausgenommen waren die meisten Frauen, die in den Werkstätten arbeiteten, in denen aus Glimmer Isoliermaterial für die Kriegsindustrie hergestellt wurde.[28]

Während es die meisten Mädchen und jungen Frauen vermieden, über Essen zu sprechen, wenn sie hungrig waren, »kochten« ehemalige Hausfrauen stundenlang, indem sie sich gegenseitig erzählten, wie sie Pilzsoße mit Sahne zuzubereiten pflegten, oder indem sie über die empfehlenswerte Menge von Eiern für Klöße debattierten. Einige schrieben Rezepte auf, deren Zutaten wie Grüße aus einer anderen Welt klangen.[29] Zusätzlich zu den Erinnerungen gab es in Theresienstadt eine rege Kochtätigkeit. Die Gemeinschaftsküchen in den Kasernen lieferten morgens eine schwarze Brühe und mittags eine graue Suppe und zwei, drei ungeschälte Kartoffeln. Die abendliche Brotration wurde in den Unterkünften ausgeteilt. Diese Mahlzeiten bewahrten die Bewohner von Theresienstadt vor dem unerträglichen Hunger, der in den Ghettos in Polen herrschte, und gewährleisteten für jeden ein Minimum an Ernährung, wenn die Rationen auch nicht groß genug waren, um ein Gefühl der Sättigung zu erzeugen. Als Ergänzung zu den Gemeinschaftsküchen gab es in den Kasernen und Schlafsälen der Frauen »Wärmeküchen«: mit Kohle beheizte Öfen, auf die die Frauen kleine Töpfe stellen durften, die meist eine selbst gemachte Suppe enthielten; deren Zutaten bestanden aus den schwindenden, von zu Hause mitgebrachten Vorräten, beim Schälen gestohlenen Kartoffeln und Strünken aus dem Gemüsegarten, die nach der Ablieferung des Ertrags an die deutsche Kommandantur übrig blieben. An Geburtstagen wurde bitteres, dunkles Brot in »Kaffee« eingeweicht und etwas Zucker, Margarine und Marmelade zugefügt; zumindest von seiner braunen Farbe her ähnelte dieses Gemisch einem Schokoladenkuchen.[30] Ein Büchlein, das anlässlich des einjährigen Bestehens der Hamburger Kaserne geschrieben wurde, vermeldete stolz, dass in den drei Wärmeküchen der Kasernen Platz für bis zu eintausendachthundert Töpfe pro Tag sei.[31]

Die Menschen waren in der Tat stolz auf die Arbeit, die sie für das Allgemeinwohl leisteten – ohne Überwachung durch die SS, die sich im Ghetto kaum blicken ließ. Wenn die SS auftauchte, mussten die Männer ihren Respekt bezeugen, indem sie ihre Mützen abnahmen, die Frauen, indem sie sich verbeugten.[32] Von den Männern wurde bei der Einhaltung derartiger Vorschriften eine strengere Disziplin verlangt als von Frauen.

Die Urteile, die die Ghetto-Gerichtshöfe wegen Diebstahls, Bestechlichkeit, Beleidigung und anderer interner Vergehen fällten, sowie die Strafen, die das SS-Kommando für Delikte wie das Einschmuggeln von Waren, die Kontaktaufnahme zur Außenwelt oder den Besitz von Geld oder Zigaretten verhängte, wurden täglich in den Tagesbefehlen veröffentlicht. Sowohl bezüglich der Gesamtzahl als auch des prozentualen Anteils wurden weit mehr Strafen gegen Männer als gegen Frauen verhängt. (Das Verhältnis war etwa vier verurteilte Männer zu einer verurteilten Frau.)[33] Diese Differenz mag daraus resultieren, dass tschechische Gendarmen gegenüber Frauen, die eine Gurke oder ein paar Spinatblätter in ihrer Kleidung schmuggelten, im Allgemeinen nachsichtig waren. Vielleicht hatten Männer, besonders jene in der Transportabteilung, aber auch mehr Gelegenheit zu stehlen oder wagten es eher, sich den Befehlen der SS zu widersetzen. (Diebstahl von Gemeineigentum aus der Küche oder dem Kohlelager wurde moralisch toleriert, während das Stehlen bei Mitbewohnern als verabscheuungswürdig galt.) Die von der SS zu Haftstrafen Verurteilten, wurden entweder in die »Kleine Festung«, das örtliche Gestapo-Gefängnis, eingewiesen, wo die meisten jüdischen Häftlinge zu Tode gefoltert wurden, oder mit dem nächsten Transport in den Osten geschickt.[34]

Einige jüdische Männer fühlten sich den Frauen in der Bewältigung des Ghetto-Alltags überlegen. Fritz Wohlgemut, der Verantwortliche für die Essensausgabe (Menagendienst) in der Hamburger Kaserne, schrieb zum Beispiel: »Frauen sind es nicht gewöhnt, Disziplin einzuhalten, und deshalb bleibt es oft dem Menagendienst überlassen, sie zu erziehen, den Frauen klar zu machen, dass sie sich ihr Essen nicht abholen können, wann immer es ihnen beliebt, sondern nur, wenn ihr Raum an der Reihe ist.«[35] In vieler Hinsicht waren die Männer allerdings auf die Frauen angewiesen: Die täglichen Treffen am Spätnachmittag fanden gewöhnlich in den Frauenunterkünften statt. Die Frauen bereiteten zusätzliches Essen zu, falls etwas vorhanden war, stopften die löchrigen Socken der Männer, flickten abgetragene Kleidung, wuschen (meist in kaltem Wasser und ohne Seife) Unterwäsche und Socken der Männer und suchten nach Läusen und Flöhen. Generell litten Männer, bei gleicher Ration, mehr unter Hunger, Frauen mehr unter Schmutz und Ungeziefer. Wegen der schrecklichen Überbevölkerung wurden Wanzen und Flöhe die elfte Heimsuchung von Terezín. (Wo vor dem Krieg siebentausend Menschen gelebt hatten, wohnten nun bis zu sechzigtausend.)[36] Die Wanzen waren gegen sämtliche Reinigungs- und Desinfektionsversuche immun. Alle Frauen beschreiben in ihren Erinnerungen an Theresienstadt den Krieg gegen Schmutz und Insekten. Im Sommer, wenn die Wanzen in den Bettkojen besonders aktiv waren, schliefen viele Frauen im Freien auf dem Boden. In manchen Räumen mussten sich die alten Frauen täglich von Kopf bis Fuß waschen, wobei eine die andere kontrollierte; die Fußböden wurden jeden Morgen gefegt. Das Brot wurde in ehemaligen Leichenwagen transportiert und von Arbeitern mit schmutzigen Händen und fleckigen Mänteln hereingebracht. Hedwig Ems, die im Alter von einundsiebzig Jahren nach Theresienstadt kam, wischte ihr Brot immer mit einer Serviette ab, womit sie es zumindest symbolisch säuberte.[37]

Der von Kommunisten, Zionisten und tschechischen Nationalisten organisierte Untergrund in Theresienstadt besaß keine Waffen und traf niemals konkrete Vorbereitungen für einen Aufstand. Bei den alltäglichen Untergrundaktivitäten – Geheimtreffen, Einschleusen von Schmuggelware, illegale Erziehung der Kinder – waren die Frauen gleichwertige Partner, wenn die Männer auch mehr Gelegenheit hatten, außerhalb des Ghettos zu arbeiten und Kontakt zur Außenwelt aufzunehmen.

Die einzige im Ghetto aktive Frauenorganisation war WIZO (*Women's International Zionist Organization*). Auf Initiative von Klara Caro, der im Sommer 1942 ins Ghetto eingewiesenen Frau des Kölner Rabbiners, trafen sich jeden Samstagnachmittag etwa zwanzig Frauen, hauptsächlich um Vorträge über zionistische Themen zu hören. Im Lauf der Zeit wuchs die Zahl der Teilnehmerinnen auf zweihundert.[38] Die führende Persönlichkeit unter den Ghetto-Frauen war die im Juli 1943 eingetroffene Hannah Steiner, Gründungsmitglied von WIZO in der Tschechoslowakei und ehemalige Leiterin der Auswanderungsabteilung in der Jüdischen Gemeinde von Prag. Die tatkräftige, optimistische Hannah Steiner gab die Hoffnung nicht auf, dass es ihr und ihrem Mann als Besitzern gültiger Auswanderungspapiere doch noch gelingen würde, nach Palästina auszureisen – bis ihr Tod in Birkenau das Gegenteil bewies.[39]

Laut Klara Caro zeigten gutherzige, großzügige Menschen in Unglückszeiten noch mehr Größe, während engstirnige, kleinliche Menschen noch kleinlicher wurden. In zahlreichen von Frauen aufgezeichneten Erinnerungen finden sich Belege für Solidarität, gegenseitige Hilfe, Freundschaft, Aufopferung und Gemeinsamkeit selbst unter härtesten Bedingungen.[40] Andere wiederum behaupten das Gegenteil: »Man sollte meinen, dass das gemeinsame tragische Schicksal zu gegenseitiger Unterstützung und ehrlichen Beziehungen führen würde, doch das Gegenteil trifft zu – wenn auch nicht immer. Die Überfüllung, die Verzweiflung, der Hunger, die Krankheiten, die Kälte, das Sterben überall machen die Leute böse, ungeduldig und tyrannisch.«[41] Unterschiedliche Meinungen finden sich auch in Bezug auf das Verhältnis zwischen den Frauen aus Deutschland und den tschechischen Frauen, die im Ghetto besser gestellt waren. Einerseits gibt es Beschwerden von Frauen aus Deutschland über hartherziges, arrogantes Verhalten seitens der tschechischen Frauen; andererseits werden sie für ihre Freundschaft und hingebungsvolle Krankenpflege gelobt.[42] Ich wage zu behaupten, dass die Solidarität unter den Frauen überwog.

In den ersten Monaten nach Gründung des Ghettos wurden Kinder unter zwölf Jahren bei ihren Müttern untergebracht, doch das Zusammenleben mit Hunderten von Frauen jeden Alters wirkte sich störend auf sie aus. Deshalb wurden in den Kasernen Kinderzimmer eingerichtet, und nachdem die letzten freien Bewohner Terezín im Juni 1942 verlassen hatten, entstanden Kinderheime. Die Mütter wurden nicht gezwungen, ihre Kinder in die Heime umziehen zu lassen, waren im Allgemeinen jedoch froh über diese Möglichkeit, weil sie hofften, dass es für die Entwicklung der Kinder besser sei – was sich als richtig erwies. In den Heimen waren die Lebensbedingungen erträglicher, selbst wenn die Kinder in demselben Raum schlafen, essen, lernen und spielen mussten, der zuvor nur für fünf Stunden pro Tag als Klassenzimmer gedient hatte. Die Kinder erhielten kleine Extrarationen und eine gewisse Grunderziehung, und sie hatten Freunde und Gesellschaft. Die meisten Kinder mochten die Heime, wenn manche sich nachts auch einsam fühlten und Bettnässen hie und da vorkam. Da die meisten Mütter zusammen mit ihren Kindern umkamen, fand ich keine Aufzeichnungen darüber, wie sich die nächtliche Trennung auf Mütter auswirkte. Neben dem täglichen Kontakt am Nachmittag fanden manche Mütter Arbeit in den Heimen, so dass sie ihren Kindern nahe sein konnten. Andere bemühten sich um »lukrative« Stellen (in der Landwirtschaft, in den Küchen oder auf der Post), wo sie an zusätzliche Nahrungsmittel für ihre Kinder herankamen.

Einige Bücher über Theresienstadt, (meist in den Vereinigten Staaten veröffentlicht) unterstellen, dass Sex eine bedeutende Rolle im Leben der Häftlinge spielte.[43]

An diesem Punkt erlaube ich mir, aus eigener Erfahrung zu sprechen, als jemand, der im Alter von achtzehn Jahren ins Ghetto kam und dort eineinhalb Jahre mit gleichaltrigen Mädchen zusammenwohnte. Die Unterernährung und die tägliche Anspannung schwächten den Sexualtrieb erheblich. Junge Paare sehnten sich hauptsächlich nach körperlicher Nähe, nach einer Umarmung, nach Wärme und Trost. Außerdem gab es im Ghetto so gut wie keine Privatsphäre: Ein Paar konnte zwar in einem überfüllten, beleuchteten Raum unter einer Decke in der Koje einer der Partner für kurze Zeit zusammenliegen, doch falls es zum Geschlechtsverkehr kam, musste dies meistens schnell, leise, völlig bekleidet und unter unromantischen Umständen geschehen.

Anders verhielt es sich bei wohlgenährten jungen Männern wie Köchen, Metzgern und Bäckern. Nicht nur, dass ihr Sexualtrieb weitgehend intakt war, sie konnten sich auch ein privates Fleckchen und hübsche Mädchen leisten. In dieser Beziehung ähnelte die Situation jener in der Außenwelt, mit dem Unterschied, dass die wertvolle Handelsware im Ghetto nicht Diamanten, Gold oder Geld, sondern Essen war. Und was noch mehr zählte: Inhaber wichtiger Stellen konnten ihre engsten Angehörigen und Freunde – bis zu dreißig Personen – vor den Transporten in den Osten schützen, zumindest bis zum Herbst 1944, als fast alle von ihnen mit ihren Familien in die Gaskammern geschickt wurden. Es bestand kein Bedarf an bezahlter Prostitution; Männer in entsprechender Position fanden immer eine Geliebte, selbst wenn sie alles andere als gut aussehend waren.[44] Lesbische Beziehungen existierten im Ghetto kaum; die meisten jungen Mädchen in meinem Alter, einschließlich mir selbst, waren in puritanischen Elternhäusern aufgewachsen und wussten nicht mal, was das Wort »lesbisch« bedeutete.[45]

Manche Ehen wurden im Ghetto stabiler – teilweise vielleicht wegen der getrennten Unterkünfte, die Alltagsstreitigkeiten verhinderten und die tägliche kurze Begegnung zu einem besonderen Anlass machten. (Gonda Redlich indessen schreibt in seinem Tagebuch über die Schwierigkeit, mit seiner Frau in einem winzigen, beengten Raum zusammenzuleben.)[46]

Das Selbstbewusstsein der Frauen wurde durch die von ihnen geleistete Arbeit gestärkt, so dass die Beziehungen zwischen Ehepartnern gleichberechtigter wurden oder sogar ein Rollentausch stattfand und die Frau zur Dominierenden und Versorgerin wurde. Aber nicht alle Ehen hielten den Belastungen des Ghetto-Lebens stand; Frauen wie Männer fanden neue Partner, bis sie alle mit den Transporten verschwanden.[47] Viele Leute verspürten den Drang, das Leben bis zum letzten Tropfen auszukosten, so lange wie möglich.

Unterernährung, Überfüllung und mangelhafte Hygiene machten die meisten Ghetto-Bewohner anfällig für eine niemals endende Kette von Krankheiten. Die hohe Zahl von Sterbefällen unter Frauen – zwischen dem 24. November 1941 und dem 31. Juli 1944 waren 19 878 von insgesamt 32 647 Toten Frauen – spiegelt nur den hohen Anteil von Frauen in der Gesamtbevölkerung und im Ghetto wider. Im Allgemeinen waren Krankheit und Tod unter Frauen wie Männern gleich verbreitet. Die größere Widerstandsfähigkeit von Frauen war in Theresienstadt noch nicht so ausgeprägt wie später in Auschwitz.

Die Selbstmordrate (vor Juli 1944 begingen 171 Männer und 259 Frauen Selbstmord) war in Terezín zwar höher als in der

Bevölkerung der Umgebung, jedoch relativ gering angesichts der Lebensumstände. Zusätzlich zur aktiven Form der Selbsttötung – durch Erhängen, Vergiften oder aus dem Fenster springen – gab es eine passive, indem man einfach seinen Lebenswillen verlor. So lange die Frauen noch die Hoffnung hatten, dass sie nach dem Krieg vielleicht von jemandem gebraucht würden, klammerten sie sich ans Leben.[48]

Die ständige Furcht, dass durch einen Transport in den Osten auch noch die letzten Reste von Familienleben zerstört werden könnten und es zu einer endgültigen Trennung kommen könnte, verfolgten das Ghetto. Die erste Reaktion auf den anberaumten Transport eines geliebten Menschen war, sich ihm freiwillig anzuschließen. (Nur Eltern von Kindern unter sechzehn Jahren hatten das »Privileg«, automatisch gemeinsam mit ihren Kindern deportiert zu werden.) Söhne und Töchter begleiteten freiwillig ihre Eltern, Brüder ihre Schwestern, Geliebte einander.[49] Die wenigen, die im Ghetto zurückblieben, fühlten sich schuldig und litten unter Gewissensbissen:

> Morgen gehen fünftausend fort
> wir bleiben zurück, beschämt und klein ...[50]

Die Nazis beuteten dieses Zusammengehörigkeitsgefühl während der Massentransporte im Herbst 1944 schamlos aus: Zuerst gaben sie vor, viertausend kräftige Männer in ein neues Arbeitslager zu schicken. Einen Tag nach deren Abreise erhielten die Frauen das Angebot, freiwillig zu folgen, um mit ihren Männern und Söhnen wieder vereint zu werden. Hunderte von Frauen strömten in die Magdeburger Kaserne, den Sitz der Ghetto-Verwaltung, um sich zu melden. Sie und ihre Kinder wurden auf direktem Weg in die Gaskammern befördert. Zu den Opfern gehörten die Dichterin Ilse Weber und ihr zehnjähriger Sohn. Fritzi Zucker, die Frau von Otto Zucker (einer zentralen Persönlichkeit im Ghetto), hörte auf der

Rampe neben dem Zug, wie der Ghetto-Kommandant Rahm zu einem SS-Transportbegleiter sagte: »Dies ist Frau Zucker. Es liegt in Ihrer Verantwortung, dafür zu sorgen, dass sie heute Abend in den Armen ihres Mannes ist.«[51] Zu jenem Zeitpunkt war Otto Zucker bereits Asche. Fritzi, die in Terezín in einem der Kinderheime als Hausmutter gearbeitet hatte, ereilte dasselbe Schicksal. Auch Hedwig Eppstein, die Frau des zweiten, im Geheimen erschossenen Judenältesten, war davon überzeugt, ihren Mann wiederzutreffen. Sie verließ das Ghetto am 28. Oktober 1944 mit dem letzten Transport, der in Auschwitz vergast wurde.[52]

Nachdem siebzehntausend Menschen das Ghetto mit den Transporten vom Herbst 1944 verlassen hatten, war Terezín eine Stadt der Frauen. Die einzigen noch verbliebenen Männer waren solche, die besondere Positionen innehatten, alle dänischen Juden und andere, die in den Augen der Deutschen wichtig waren. Die Frauen übernahmen die Arbeiten, die vorher von Männern verrichtet worden waren, einschließlich schwerer körperlicher Arbeiten wie das Entladen von Kohlen und Kartoffeln.[53] Im November 1944 befahlen die Deutschen den Frauen und Kindern, die Asche aller Toten des Ghettos (fast 30 000), die zuvor in nummerierten Urnen aufbewahrt worden war, in die Eger zu kippen, um die belastenden Beweise zu vernichten.

Frauen beeinflussten das Leben von Theresienstadt sowohl durch ihre bloße Gegenwart als Ehepartner, Mütter, Schwestern, Geliebte und Freundinnen als auch durch Dienstleistungen, die anderen halfen, wie im Bereich der Krankenpflege und der Kinderfürsorge. Außerdem spielten sie eine wichtige Rolle im kulturellen Leben. Auf Grund der voneinander getrennten Unterkünfte organisierten Männer und Frauen zunächst separat kulturelle Aktivitäten, wenn auch aus dem gleichen Bedürfnis heraus. Ab Juni 1942 arbeiteten Männer und Frauen im Ausschuss für Freizeitgestaltung zusammen.

Eine Gruppe professioneller Maler, alle männlich, hatte im Zeichenraum der technischen Abteilung Zuflucht gefunden, was ihnen ermöglichte, die Wirklichkeit des Ghettos heimlich in Bildern festzuhalten. Malerinnen wie Amalia Seckbach, Malvina Šálková und Charlotta Burešová malten in erster Linie für sich selbst, ohne jede Erwartung, dass ihre Arbeiten jemals außerhalb des Ghettos anerkannt oder auch nur gesehen würden. Die aus Wien stammende Friedl Dicker-Brandeis – vor ihrer Einweisung ins Ghetto eine namhafte Malerin – ist heute die Bekannteste jener Künstlerinnen, dank des Unterrichts, den sie in den Kinderheimen gab. Von den Hunderten von Kindern, denen Malen Stunden des Glücks bescherte, überlebten nur wenige, aber ungefähr sechstausend ihrer Zeichnungen konnten gerettet werden; sie sind ein Zeugnis der schöpferischen Kraft von Friedl Dicker-Brandeis, die im Alter von sechsundvierzig Jahren in Auschwitz ums Leben kam.[54]

Frauen waren ein wesentlicher Bestandteil des reichen kulturellen Lebens im Ghetto – als Opern- oder Kabarettsängerinnen, Schauspielerinnen, Regisseurinnen und Musikerinnen.[55] Die Proben und Vorstellungen, die nach der achtstündigen Arbeitszeit stattfanden, erforderten sehr viel körperliche Kraft, gaben jedoch auch Kraft, indem sie den Teilnehmern die Möglichkeit boten, die Alltagswirklichkeit zu vergessen, professionell zu arbeiten und vom Talent eines begabten Dirigenten oder anspruchsvollen Regisseurs zu lernen.

Männer und Frauen, Jugendliche und Kinder schrieben Gedichte oder zumindest Verse über die Absurditäten, die Leiden und die kleinen Freuden des Ghetto-Lebens. Hunderte der von Frauen geschriebenen Gedichte blieben erhalten (u.a. von Gerty Spiess, Ilse Weber, Trude Groag, Else Dormitzer, Ilse Blumenthal-Weiss, Gertrud Kantorowitz[56]). Selbst wenn einige Werke nicht den höchsten literarischen Ansprüchen genügen, spricht doch aus allen die Fähigkeit, sich mit dem Leid anderer zu identifizieren, und die Furcht vor dem Kommenden. Die Gedichte halfen, die Bürde und den Schrecken des Alltags erträglicher zu machen. Gedichte vorzutragen oder vorzulesen war eine beliebte Art und Weise, sich die langen Abende nach der Ausgangssperre zu verkürzen. Das starke Verlangen, ein Zeugnis für die Nachwelt zu hinterlassen, dokumentiert der Fall einer unbekannten Frau aus dem Familienlager in Birkenau, die auf dem Weg in die Gaskammer einem polnischen Kapo drei Gedichte zusteckte und ihn bat, diese an einen Häftling im Männerlager weiterzugeben.[57]

Wir sind damit beim letzten Kapitel angekommen, dem Familienlager B II b in Birkenau, in das 17 500 Insassen von Theresienstadt zwischen September 1943 und Juli 1944 deportiert wurden. Dies war das einzige jüdische Familienlager in dem ausgedehnten Gesamtkomplex von Auschwitz-Birkenau. Männer und Frauen wohnten zwar in getrennten Baracken, konnten jedoch auf dem Weg zu den Latrinen ein paar Minuten miteinander sprechen oder sich einen Moment lang heimlich in den Baracken treffen. Hier in Birkenau fiel bereits einen Tag nach der Einlieferung ein deutlicher Unterschied zwischen den Geschlechtern auf: Die Männer sahen in ihren Hüten ohne Krempe und den beliebig zugeworfenen – zu kurzen, zu langen, zu weiten, zu engen – Hosen und Mänteln wie traurige schwarze Störche aus. Den Frauen war es innerhalb von nur vierundzwanzig Stunden gelungen, die ebenfalls willkürlich zugeteilte Kleidung ihren Körpermaßen anzupassen und schadhafte Stellen auszubessern; als Nähnadeln benutzten sie Holzsplitter, die Fäden zogen sie aus der einen Decke, die man ihnen gegeben hatte. Manche Frauen lernten, mit im Ofen erhitzten Backsteinen zu bügeln.[58] Sie trugen die schweren Holzfässer mit Suppe – drei Frauen an jeder Seite – wegen der Vergünstigung, nach der Essensausgabe die Reste von den Wänden und dem Boden kratzen zu dürfen; den größten Teil davon gaben sie ihren Kindern, Ehemännern oder Brüdern. Unter denselben Lebensbedingungen und mit derselben spärlichen Ernährung konnten Frauen Hunger leichter ertragen und verfielen körperlich langsamer als Männer.[59]

Niemand kannte den genauen Grund für die Existenz des Familienlagers; niemand wusste, warum es bei der Ankunft keine Selektionen gab (wie bei allen anderen Transporten), warum die Häftlinge nicht kahl geschoren wurden, warum sie nicht zur Arbeit geschickt wurden. Man vermutete, dass die bevorzugte Behandlung mit dem geplanten Besuch einer Delegation des Internationalen Roten Kreuzes zusammenhing und dass die Häftlinge bis zum Kriegsende am Leben gelassen würden. Die SS erlaubte dem aus Aachen stammenden Sportlehrer Fredy Hirsch sogar, in B II b ein Kinderheim zu eröffnen. Doch genau sechs Monate nach ihrer Ankunft wurden alle Überlebenden des ersten Transports (etwa 20% waren an Hunger, Kälte oder Krankheiten gestorben) in einer einzigen Nacht ohne jede Selektion vergast. Diejenigen, die drei Monate später eingetroffen waren, wussten, dass sie im Juni 1944 das gleiche Schicksal erwartete. Da die Nationalsozialisten wegen der schweren Bombenangriffe der Alliierten auf Deutschland Arbeitskräfte zum Aufräumen brauchten, führten Dr. Mengele und seine Helfer im Familienlager Ende Juni eine Selektion durch. Auch Mütter mit Kindern durften sich bewerben. Nach sechsmonatigem Aufenthalt in Birkenau wussten sie jedoch, dass dies bedeutete, ihre Kinder allein in den Tod zu schicken. Nur drei von den etwa sechshundert Müttern von Kindern meldeten sich zur Selektion; alle anderen entschieden, bis zum Ende bei ihren Kindern zu bleiben. Mütter von Mädchen unter dem Mindestalter von sechzehn Jahren versuchten, ihre Töchter als älter durchgehen zu lassen, und waren fest entschlossen, bei ihnen zu bleiben, falls der Versuch scheiterte.[60] Mädchen im richtigen Alter probierten, ihre Mütter herauszuputzen, damit sie jünger und gesünder

138

aussahen.[61] Eine junge Mutter gab ihrem Baby ein Beruhigungsmittel und wollte es in einem Bündel herausschmuggeln; doch das Schreien des Säuglings verriet sie.[62]

Ich arbeitete im Kinderblock, wo ich mich um eine Gruppe Fünf- und Sechsjähriger kümmerte. Manche ihrer Mütter kamen vor der Selektion zu mir, um mich um meinen Rat zu fragen – was würde ich machen? Ich vermied zunächst eine direkte Antwort: »Wie soll ich das wissen? Ich habe kein eigenes Kind.« Aber nachdem sie sich damit nicht zufrieden gaben, sagte ich: »Ich glaube, wenn ich ein kleines Kind hätte, würde ich bei ihm bleiben.« Sie nickten: Ihre Entscheidung war längst gefallen; sie wollten nur meine Zustimmung. Jahrelang lastete die schwere Bürde der Verantwortung auf mir: Die Mütter waren jung, sie hätten überleben können und neue Familien gründen können. Erst nachdem meine Tochter geboren war, war ich beruhigt: Ich hätte sie nicht in dem Moment allein gelassen, in dem sie meine Umarmung am dringendsten brauchte.

Ich ende, wo ich begonnen habe: Die meisten Häftlinge von Theresienstadt und dem Familienlager in Birkenau, Männer wie Frauen, versuchten, bis zum Ende human zu bleiben, vereint als menschliche Wesen.

Anmerkungen

[1] H.G. Adler: Theresienstadt, 1941 – 1945. Tübingen 1960. S. 417.
[2] Gerty Spiess: Drei Jahre Theresienstadt. München 1984. S. 38.
[3] Svět bez dimenzí, Františka Faktorová. S. 182.
[4] Grete Salus: Niemand, Nichts: Ein Jude. Darmstadt 1981. S. 11.
[5] Ruth Bondy: Elder of the Jews. New York 1989. S. 245.
[6] Interview mit Edith Orenstein, 1979, Archiv Ruth Bondy.
[7] Bejt Terezin Archive (BTA), 85, Kibbuz Givat Chaim, Israel.
[8] Edith Orenstein, Prag 1945, BTA, 8.
[9] Adler: Theresienstadt. S. 417.

[10] Käthe Starke: Der Führer schenkt den Juden eine Stadt. Berlin 1971. S. 47.
[11] BTA, 85, Kapitel »Einsatz«, S. 4 u. 7.
[12] Adler: Theresienstadt. S. 417.
[13] Bondy: Elder of the Jews. S. 277.
[14] Karel Lagus und Josef Polák: Město za mrízemi. Prag 1965. S. 85.
[15] Zionistisches Zentralarchiv H-25; Bondy: Elder of the Jews. S. 300-302.
[16] Trude Groag: Lieder einer Krankenschwester. Bejt Terezin 1975.
[17] Lagus und Polák: Město za mrízemi. S. 83.
[18] Egon Redlich: Theresienstädter Tagebuch 1942-1944. BTA, 9.7.1943.
[19] Starke: Der Führer schenkt den Juden eine Stadt. S. 77.
[20] Marlene E. Heimann: Gender and Destiny: Women Writers and the Holocaust. Connecticut 1986. S. 7.
[21] Redlich: Theresienstädter Tagebuch. BTA, 29. 10. 1942.
[22] Lagus und Polák: Město za mrízemi. S. 130.
[23] Redlich: Theresienstädter Tagebuch. BTA, 24. 11. 1943.
[24] Mariana Becková, BTA, 192, S. 1.
[25] Redlich: Theresienstädter Tagebuch. BTA, 9. 2. 1943.
[26] Věra Hajková, BTA, S. 3.
[27] Lagus und Polák: Město za mrízemi. S. 130.
[28] Spiess: Drei Jahre Theresienstadt. S. 38.
[29] Arnoštka Klein, BTA, 197, S. 9.
[30] Käthe Breslauer, Yad Vashem, 02/217.
[31] BTA, 85.
[32] Tagesbefehl 20. 20. 1942 und andere Daten, BTA.
[33] Dieses Verhältnis ergab meine Auswertung von Urteilen in zweihundert Tagesbefehlen.
[34] Bondy: Elder of the Jews. S. 261-262.
[35] BTA, 85.
[36] Dr. Bertha Landré, BTA, 231.
[37] Hedwig Ems, BTA, 12, S. 12 u. 20.
[38] Klara Caro, Yad Vashem, 02/244, BTA, 435.
[39] Bondy: Elder of the Jews. S. 366-367.
[40] Rose Weglein, BTA, 123.
[41] Landré, BTA, S. 21.
[42] Spiess: Drei Jahre Theresienstadt. S. 59.
[43] z.B. George E. Berkley: Hitler's Gift: The Story of Theresienstadt. Boston 1993.
[44] Navah Shan: Lihjot Sachkanit. Tel Aviv 1991 (Hebräisch). S. 41.
[45] Tamar Hermann: »Gam kan mutar Lachlom, 1944-1945« (Hebräisch). In: Yalkut Moreshet, November 1989. S. 195-208.
[46] Redlich: Theresienstädter Tagebuch, BTA, 15. 6. 1943.
[47] Ebenda, 9. 10. 1942.
[48] Ems, BTA, S. 2.
[49] Svět bez dimenzí, Věra Hajková, S. 81.

[50] Ilse Weber: In deinen Mauern wohnt das Leid. Gerlingen 1991. S. 95.

[51] Lagus und Polák: Město za mrízemi. S. 241.

[52] Starke: Der Führer schenkt den Juden eine Stadt. S. 151.

[53] Theresienstadt (Tel Aviv 1946, Hebräisch); Ditl Orenstein, S. 61; Grete Wiener, S. 221

[54] Friedl Dicker-Brandeis, 1898 - 1944 (Státní Židovské Museum, Prag, 1988)

[55] z. B., Pianistinnen: Alice Sommer-Herz, Edith Kraus-Steiner; Sängerinnen: Heda Grab-Kernmeyer, Liesl Hofer, Anny Frey; Schauspielerin: Váva Šan; Tänzerin: Kamilla Rosenbaum; Regisseurin: Ircna Dodal.

[56] Ludvík A. Václavek: Deutsche Lyrik im Ghetto Theresienstadt. Weimarer Beiträge 1982. S. 25.

[57] Oto Kraus und Erich Kulka: Beit Charoschet LeMavet, im tschechischen Original »Továrna na smrt«. Yad Vashem 1960 (Hebräisch). S. 199.

[58] M. Hermannová und H. Schützová: Kdo chce budoucím néco říci: Musí promluvit. Prag 1994. S. 63.

[59] Salus: Niemand, Nichts. S. 9; Avraham Ofir, BTA, 5/-B 8.

[60] Hermannová und Schützová: Kdo chce budoucím néco říci. S. 22.

[61] Svět bez dimenzí. Ela Fischerová. S. 18.

[62] Svět bez dimenzí. Anna Hyndráková, S. 143.

Maria Montuoro

Schicht »B«

Aus dem Italienischen von Juliane Wetzel

Pola wandte sich von ihrer Arbeit ab und warf einen flüchtigen Blick in die Runde. (Die große Uhr an der Eingangstür zeigte 11.40 Uhr. Zu dieser Zeit ließ die Aufsicht der Nachtschicht nach und die Häftlinge begannen sich umzusehen. Auch die SS-Aufseherin war in ihrer Ecke, am Ende dieses Meers von Arbeitstischen, eingeschlafen.) Langsam erhob man sich, reckte sich mit Anmut (noch zehn Minuten, dann würde eine viertelstündige Ruhepause beginnen) und wandte sich in jene Ecke, in der mit dem »Tri«[1] gearbeitet wurde. Polas zartes Gesicht mit den dunkellila umrandeten azurblauen Augen war voller Striemen, die man ihr bereits vor längerer Zeit zugefügt hatte. Sie war eine Polin, mit einem Luxemburger verheiratet, die auf den ersten Blick nicht sehr jung wirkte. Wenn sie sprach, formte sie ihre Lippen so, dass man den Eindruck hatte, sie wollte einem etwas anvertrauen, dass sie sich aber dann doch eines Besseren besann. Wenn sie schwieg, umgab sie ein geheimnisvolles kindliches Flair. Sie sah aus wie ein Kind, das sagen wollte: »Ich weiß es, aber ich will es ihr nicht sagen.« Vor ein paar Tagen war sie in die Hände des weiblichen Hilfskapos des Siemens-Lagers[2] geraten, jene trockenen furchtbaren Hände, die mindestens einen Monat lang ihre Spuren hinterließen, auch ohne Schlagstock, Lederriemen oder irgendeinen anderen Gegenstand.

Als Pola an dem perforierten Zinktisch angekommen war, blieb sie einen Moment stehen, um sich mit einem Taschentuchfetzen die Nase zu putzen, dann ging sie mit resolutem Schritt weiter, schweigend und geschmeidig wie eine Katze, bis sie hinter ihrer italienischen Freundin stehen blieb. »Was hast du bis jetzt gemacht, Maia?« fragte Pola. Maia drehte sich schlagartig um. Sie hatte außergewöhnlich leuchtende Augen. »Was ich getan habe? Ich habe die ganze Zeit gegessen.« »Du hast gegessen? Was denn?« »Hör zu: Einen halben sehr zarten Kalbskopf, in Semmelbrösel gewendet und in Öl ausgebacken ... knusprige Kartoffeln und Pilze ...« Maia sprach so, als würde sie ein Märchen erzählen, und die feine Magie, die in ihren Worten lag, ließ den kindlichen Ausdruck aus dem schönen ruinierten Gesicht der Polin schwinden. »Ja, ja, da bin ich auch dabei«, sagte Pola nervös lächelnd, Pilze, wie bereitest du sie zu?...«

Genau dies waren die Gesprächsthemen, die man sich Tag und Nacht in zermürbender Monotonie zwischen den Arbeitsplätzen der Halle 8 gegenseitig zuflüsterte. Nicht anders war es im Freien während der nicht enden wollenden Stunden des Appells zwischen den Reihen der traurigen Kolonne oder am Abend von einer Pritsche zur anderen, wenn die Kälte durch die vorschriftsmäßig weit geöffneten Fenster eindrang, schließlich in den überfüllten Waschräumen und sogar in den schmutzigen Toiletten. Unterbrochen wurden diese Gespräche nur während der Mahlzeiten, wenn alle Sinne sich auf den mickrigen Inhalt des Essnapfes konzentrierten. Gewicht, Farbe, sogar die Form der verschimmelten Scheibe Schwarzbrot, die für zwei Stunden reichen musste und entweder mit Heißhunger gegessen oder in fünf oder sechs dünne Stücke aufgeteilt und wie der eigene Augapfel bewacht wurde, waren nun viel wichtiger geworden. Jene Gespräche wurden auch während der vierstündigen Schlafenszeit der Schicht »A« unterbrochen, wenn die Müdigkeit die Kälte besiegte, ebenso in den zwei der drei Stunden der Nachtschicht »B«, denen die obligatorische Tagesschicht keine größere Ruhe gönnte. Trotzdem konnte man immer wieder folgende Sätze aufschnappen: »Lädst du mich zum Mittagessen ein?« »Sehr gerne.« »Was

kochst du?« »Hör zu: Huhn in Aspik …« »… und wie bereitest du es zu?« Es folgten Diskussionen über die Zubereitung.
Die Machart interessierte am meisten.

Und zwischen den Arbeitsplätzen, unter dem Schein der
Lampen oder im kalten Tageslicht, auf den Wegen zwischen den
düsteren Baracken und die Stockbetten[3] rauf und runter flossen
unendliche Meere von Soßen, erschienen Berge von Butter,
Haufen von Käse, Zucker, Marmelade, und um das alles herum
eine komplette Kücheneinrichtung. Nie zuvor war jemand so
übertrieben verschwenderisch im Haushalt. Hörte man genau
zu, so verschmolzen die Gespräche zu einer bizarren Sympho-
nie. »Nimm eine Pfanne, reib sie mit Fett aus, fülle die Cannel-
loni mit der Füllmasse … langsam gekochte Leberstückchen …
rühre deine Mayonnaise gut … Eine Schicht Teig, eine Schicht
Marmelade und anschließend mit Rum tränken …«

Das Hungergefühl, fast immer verbunden mit unerträglichen Schmerzen und Sodbrennen, war nicht mehr im Magen
zu spüren, es war bereits bis in die Knochen und Muskeln vorgedrungen, es stieg über das Nervensystem hoch und konzentrierte sich im Nacken, schlich sich ins Gehirn und beherrschte die Gedanken – es führte langsam zum Wahnsinn.
Manchmal befiel einen die Lust zu schreien, sich die Ohren
zuzuhalten und nichts mehr zu hören. Aber es gab ein Mittel,
um nicht verrückt zu werden, ein einfaches und natürliches:
mitspielen, sich nicht ausschließen. Im Grunde war es nur ein
Spiel der gefangenen Mädchen, die sich gegenseitig eine wunderbare Fabel erzählten. Essen wurde nicht mehr als notwendiger Akt angesehen, um den Organismus am Leben zu erhalten. Es war zum geistigen Streben geworden, zum
intellektuellen Genießen. Nur der Hunger war dumm, fast
schuldig: das Gefühl des Sattseins war ein Zustand, der alles
übertraf – einfach perfekt.

Viele wurden während der Arbeit verletzt, viele erkrankten.
Täglich brachen Frauen unter den grausamen Schlägen zu-

sammen. Typhus und TBC forderten ihre Opfer unter diesen erschöpften menschlichen Wesen. Vom nahe gelegenen großen Lager kamen erschreckende Nachrichten, während Informationen über die Ereignisse auf dem Kriegsschauplatz nicht durchdrangen. Die alliierten Truppen waren noch weit weg, die Befreiung erschien nahezu unmöglich. Nachts beherrschte das Krematorium die Dunkelheit wie ein verhängnisvoller Leuchtturm und tagsüber verschmutzte es unaufhaltsam den Himmel mit seinem dichten schwarzen Rauch, der vom unerträglichen Gestank verbrannten Fleisches begleitet wurde. Was machte das schon aus? ... Die Frauen waren wieder zu kleinen Mädchen geworden, die sich mit glänzenden Augen eine phantastische Fabel erzählten. »Hast du heute Nacht keine Arbeit?«, fragte Pola, als das Mittagessen beendet war. »Nein. Und es tut mir wirklich Leid.« »Es tut dir Leid?! Willst du für das ›große Reich‹ arbeiten?« »Ja sicher! Denk mal an.« Mit der Zange nahm Maia einen Akkumulator mit perfekt verschweißtem Deckel und übte einen leichten Druck aus, bis sich die Aluminiumseite vom Zinnrand löste. Dann öffnete sie die Zange und der Zinnrand passte sich dem Akkumulator wieder an, dessen Wände weder Risse noch Druckstellen aufwiesen. »Perfekt!«, rief Pola begeistert. Die ganze Halle 8 war mit der Fabrikation dieser Akkumulatoren beschäftigt. Die einen glaubten, sie würden für Flugzeuge gebraucht, die anderen waren der Meinung, man benutze sie für die legendäre »V2«, die Geheimwaffe. Die einzelnen Teile wurden minuziösen Kontrollen unterzogen, um auch nur die geringste Beschädigung auszuschließen. Die Akkus mussten hermetisch verschlossen sein. Aber nach dem Bad im »Tri« wurden sie nicht mehr kontrolliert.

Pola lachte noch immer glücklich und amüsiert. »Gut ausgeheckt«, sagte sie, aber sofort wurde sie wieder ernst. »Dass nur keiner verdächtigt wird, um Himmelswillen. Schon einmal bist du wie durch ein Wunder davongekommen.« Das stimmte. Als sie der Schweißbank zugeteilt war, verlegte sich Maia darauf, das Innere der Akkumulatoren mit der glühenden Spitze des elektrischen Gerätes zu verbrennen, bevor sie sie schloss. Die Arbeit war gefährlich, weil die Schweißerinnen fast Schulter an Schulter arbeiteten und es überall von Spioninnen wimmelte. Dann fiel Maia der Aufseherin wegen ihrer unvermeidlichen Langsamkeit auf. Um sie zu befriedigen, verzichtete sie dann auf jede Art der Sabotage. Maia wurde deshalb in die »Tri«-Abteilung zurückversetzt. Das »Tri« war ein aus verschiedenen Komponenten zusammengesetzter Entfetter, wenn man mit ihm in Berührung kam, verursachte es starke Verätzungen an Haut, Bronchien und Augen, und es rief eine kaum zu bekämpfende Müdigkeit hervor. In der Regel erkrankten diejenigen, die mit »Tri« arbeiteten, an TBC.

»Nimm dich in Acht«, wiederholte Pola nochmals, »und vor allem vor Susanne. Dieses Mädchen überzeugt mich überhaupt nicht, sie handelt zu viel.« Tatsächlich konnte man Susanne oft dabei beobachten, wie sie, immer auf der Hut, eine Ampulle »Tri«[4] gegen ein Stück Seife, einen Napf Suppe oder ein Stück Brot tauschte. Den Schwarzhandel lehnten die meisten Gefangenen ab, denn sie fühlten sich verpflichtet, ihren Schicksalsgefährtinnen vollkommen selbstlos zu helfen. Die Ruhepause überraschte Maia und Pola am »Tri«-Tisch. In dem weiträumigen Saal brannte nun außer den wenigen Lampen, die eine gedämpfte Helligkeit verbreiteten, kein Licht. Die beiden Freundinnen machten sich schnell auf den Weg zu einem freien Tisch, um sich eine Ruhepause zu gönnen. In diesen Momenten liefen viele Häftlinge zusammen, um sich heimlich auf dem Gas ihre Brotration zu kochen, die vorher in kleine Stücke zerbrochen und in Wasser aufgeweicht worden war. Daraus entstand ein köstlicher Brei, eine teuer bezahlte Delikatesse, die im Magen Sodbrennen verursachte. Wie immer kehrte das Licht viel zu schnell und unerwartet in den Saal zurück und traf viele vom Schlaf geschwollene Augen. Man musste sofort an seinen Platz zurückkehren, weil nach Mitternacht die Aufseher wechselten und die Überwachung wieder intensiver wurde.

Aber Pola wollte ihre Freundin noch an deren Arbeitstisch im »Tri«-Bereich zurückbegleiten … Sie trafen auf Susanne, die mit ihrem Löffel auf dem Grund der eisernen Tasse herumkratzte, deren Emaillierung ganz rostig geworden war und die noch einen halben Zentimeter Brotsuppe enthielt: »Sie ist köstlich«, seufzte sie. Eigentlich hatte sie das unwiderstehliche Bedürfnis, die Suppe bis zum letzten Tropfen zu genießen, aber offensichtlich überwog dann doch der Wunsch, sich edel zu zeigen. Nach kurzem Zögern reichte sie ihren mit klebrigem Brei verschmutzten Löffel den Freundinnen.

Diese unverhoffte Offerte ermunterte Pola, sich kopfüber in ihr Lieblingsthema zu stürzen, und zwar ihr schon so bald unterbrochenes Eheleben: »Ich konnte nichts«, gestand sie, »ich ließ die Suppe anbrennen, und es gelang mir nicht, den Kaffee vom Satz zu trennen. Mein Mann und ich waren beide sehr arm, aber jung, und wir hatten uns gern. Er hatte gerade sein Ingenieur-Studium abgeschlossen und verdiente sehr wenig. Aber wir wollten uns trotzdem für unsere Wohnung schöne Möbel kaufen. Dann schafften wir es nicht, mehr als die beiden ersten Raten zu bezahlen. Wir besaßen neben dem Schlafzimmer nur noch ein Zimmer, und innerhalb von zwei Monaten hatte ich nicht nur alle Möbel durch den Ofenrauch, sondern auch alle Topfböden ruiniert. Alles zerstört …« Sie sprach mit solch trauriger Stimme und mit einem derart bestürzten Gesichtsausdruck, als ob sie sich just in diesem Moment erst der ganzen Katastrophe bewusst geworden wäre. Aber plötzlich wechselten Stimme und Gesichtsausdruck: »Achtung! Die Koch hat Dienst.« Pola schlich sich leise davon.

In der Mitte der Halle, zwischen den Werkbänken, stolzierte unübersehbar eine junge blonde Frau vorbei, die in einen langen schwarzen Mantel gehüllt war. Obwohl sie nie jemand bei Brutalitäten beobachtet hatte, zählte sie zu den gefürchtetsten Aufseherinnen. Auf ihre Weise war sie sogar freundlich zu den Häftlingen, mit denen sie manchmal einige Worte wechselte. Angst hatten die Häftlinge deshalb vor ihr, weil man festgestellt hatte, dass Frauen, mit denen sie sprach und die irgendeine ihr nicht genehme Antwort gaben, eine Strafmeldung bekamen. Man sagte, sie würde kaltblütig den schrecklichen Bestrafungen in den Kellergeschossen oder im Bunker beiwohnen, ohne sich allerdings selbst daran zu beteiligen. Ihr Erscheinen verursachte eisige Stimmung und tiefes Schweigen in der Halle.

»Was für ein Dummkopf«, murmelte Susanne Pola zu, »sie hätte es verdient, erwischt zu werden. Ihr Mann hat eine gute Tat vollbracht, als er sie heiratete.« Susanne war eine Arbeiterin aus Paris. Sie hatte bereits drei Jahre KZ hinter sich, eines davon in Auschwitz. Sie bekam keine Lebensmittelpakete von zu Hause wie die anderen »Alten«, da ihre Familie als vermisst galt. Die lange Lagerhaft hatte auf ihren Wangen tiefe Furchen hinterlassen und ihre Haut mit einer gräulichen Schicht überzogen. Glatt und ausgezehrt war ihr Gesicht, aber das Profil unter dem zerzausten grauen Haarschopf zeigte die Harmonie eines antiken Medaillons, mit stark ausgeprägter Adlernase, schmalen und fein gezeichneten Lippen und einem ausgeprägten Kinn. Der Hunger hatte sich in jedem Winkel ihres Körpers und in jeder Zone ihres Bewusstseins eingenistet. Sie sprach über alles Mögliche um sich wenigstens eine Zeit lang von dem Gedanken an Brotrationen und Suppe abzulenken … Hatte sie ihr Gespräch beendet, wiederholte sie für sich selbst die letzten Sätze, so als wollte sie verborgene Gefühle heraufbeschwören.

»Los! An die Arbeit, Beeilung!«, sagte sie in Anbetracht der großen Anzahl von Teilen, die gewaschen werden mussten. Susanne hatte Angst davor, wieder in das Hauptlager verlegt zu werden und nahm deshalb alle möglichen Opfer auf sich, um nicht bei den Aufseherinnen in Ungnade zu fallen. Aber in dieser Nacht war das Schicksal ihrem guten Willen nicht gnädig. Ein schreckliches Sirenengeheul ertönte dreimal. Hunderte von erleichterten Seufzern begleiteten es. Fliegeralarm gehörte zu den glücklichen Momenten der Schicht »B«, weil er die endlosen nächtlichen Arbeitsstunden erleichterte.

Maia näherte sich der Nachbarabteilung, in der die Teile mit Spänen gesäubert wurden. Dort befand sich eine sympathische Belgierin, die Nachrichten aus dem Hauptlager aufgeschnappt hatte. Am Tag zuvor war sie dorthin gegangen, um sich ihre Brille reparieren zu lassen, die durch eine Ohrfeige der Aufseherin zu Bruch gegangen war. Schreckliche Nachrichten. Die Essensrationen waren ungenießbar geworden und obendrein kaum noch existent. Zahlreiche Häftlinge starben. Die Transporte kamen nicht mehr mit dem Zug. Die Unglücklichen mussten in Reih und Glied, schlecht bekleidet, ohne etwas zu essen und mit unbekanntem Ziel zu Fuß gehen. Wenn sie nicht mehr die Kraft hatten, sich weiterzuschleppen, wurden sie erschossen und im Straßengraben liegen gelassen.

Im Lager hatten sich die hygienischen Verhältnisse verschlimmert. In den Gaskammern verschwanden täglich unzählige Patienten aus dem »Revier«[5], diejenigen nämlich, die die gemeinsame Selektion mit den so genannten Gesunden nicht durchgehalten hatten. In Block 17 habe sich eine grausame Szene abgespielt: Die Insassen, alte Polinnen, weigerten sich anlässlich einer Kontrolle eines offziellen NS-Arztes, aus ihrem Block zu kommen. Das Gebäude wurde sofort von jungen SS-Leuten umstellt, die die Fenster mit ihren Maschinengewehren beschossen, um sich Einlass zu verschaffen. Sie stürmten herein, traten auf den Toten und Verletzten herum und zerrten die vor Angst schreienden Überlebenden an den Haaren bis zu den Öfen des Krematoriums.

Wenn sie sprach, veränderte sich das immer noch etwas dickliche Gesicht der Belgierin; es bekam dort Runzeln, wo einmal nette Grübchen gewesen sein mussten. Nachdem sie ihren Bericht beendet hatte, näherte sich ihr ein dunkelhaariges Mädchen mit unbefangenem und offenem Blick. Sie wollte etwas über einige ihrer ehemaligen Mitgefangenen erfahren. Zu diesem Zweck habe sie der Belgierin am Tag zuvor eine Liste mit deren Namen mitgegeben. Die Belgierin zog aus ihrem Kleid einen zerknitterten Zettel hervor und verlas mit zitternden Händen die Namen: »… tot … an Typhus erkrankt … vermutlich vernichtet … mit einem Transport das Lager verlassen … diese hier lebt, sie hält durch …« Aber viel öfter noch sagte sie: »Nein, von dieser konnte ich nichts in Erfahrung bringen, Jeanne.«

Jeanne hatte schweigend und mit gesenktem Kopf zugehört. In diesem Moment mischte sich Susanne ein, die bis dahin mit ihrer Nachbarin geplaudert hatte. Sie hielt einen mit ihr unzertrennlich verbundenen Stift und ein Stück Papier in der Hand. Sie blinzelte gierig mit ihren kleinen grauen Augen, die ihre lange kantige Nase krönten.

»Weißt du, wie man eine S. Honoré macht?«, fragte sie. »Eine S. Honoré!? …« »Aber ja, gestern hörte ich dich noch davon sprechen. Weißt du dieser gigantische Kuchen mit Sahne …«, »… ein Kuchen«, wiederholte Jeanne erstaunt, »aber wo lebst du denn!? Hast du nicht die Nachrichten über das Lager gehört?!« Susanne machte eine ungeduldige Handbewegung. »Aber ja, ich habe etwas darüber gehört. Und wir, was können wir tun.« »Aber wie kannst du nur so reden!«, schrie Jeanne. »Tod … Typhus … Vernichtung … Hunger … Wahnsinn! Hast du nicht gehört? Und wir sollen weiter über Süßspeisen und Kochgerichte sprechen?«

Susannes Augen verrieten, dass sie gereizt war. »Und was willst du tun? … Man merkt, dass du nicht in Auschwitz warst. Du bist an solche Dinge nicht gewöhnt. Außerdem ist es unsinnig, dass du dich aufregst: Gestern Nacht hattest du nichts anders im Sinn, als über Rezepte zu sprechen. Ich habe dich gehört!« »Aber ich sage dies ja auch zu mir selbst«, verteidigte sich Jeanne, während ihr tiefe Schamröte ins Gesicht stieg, »auch zu mir selbst. Schämen sollten wir uns … schämen … Wir haben für etwas gekämpft … Wir vertrauten auf eine bessere Welt mit mehr Solidarität und Menschlichkeit … Wir wussten, dass wir dem Tod in die Augen sahen, denn wir wurden aus diesem oder jenem Grund verhaftet. Jene, die mit uns gemeinsam im Gefängnis saßen, leben nun unter den schrecklichsten Bedingungen, tausendmal schlechter als wir … Und wir? Was sind wir? … Spaghetti mit Fleisch, Fisch in Mayonnaise, getrocknete Früchte, mit Creme gefüllte Kuchen! Das sind wir. Schämen sollten wir uns …«

Ihren Worten folgte ein tiefes und zugleich erstauntes Schweigen. Deutlich spürte man, wie ein Schaudern durch die verstummte Gruppe zog. Diese Frau aus schlichten Verhältnissen, diese einfache Arbeiterin hatte mit wenigen leidenschaftlichen Worten den Kern getroffen und allen den einzig richtigen Weg gezeigt. Nur ein Weg konnte unter solch hoffnungslosen Bedingungen die persönliche Entwürdigung vermeiden: Die Selbstüberwindung. Nur Susanne hatte sich in eine Ecke zurückgezogen. Ihre faltige Stirn wurde von einem Haarbüschel verdeckt. »Die ganze Zeit hat sie gestern über Rezepte gesprochen, die da«, schimpfte sie vor sich hin.

In der Zwischenzeit war Entwarnung gegeben worden, und die Gefangenen kehrten wieder an ihre Arbeit zurück. In jener Ecke, in der mit »Tri« gearbeitet wurde, erspähte Maia das finstere Gesicht von Susanne. Sie arbeitete zwar kontinuierlich, aber mit unkontrollierten und nervösen Bewegungen, so als wäre sie auf die ganze Welt wütend. Plötzlich drehte sie sich um und warf ihrer Nachbarin einen zornigen Blick zu. »Nun gut! Ich werde mir von jemand anderem sagen lassen, wie man eine S. Honoré zubereitet.«

Susanne war in dieser Nacht wirklich unerträglich. »Wenn unsere Vorstellungen vom Leben nur aus dem Wunsch bestanden hätten, Süßspeisen zuzubereiten, so wäre es sicherlich vernünftiger gewesen, gleich zu Hause bei den Kochtöpfen zu bleiben und sich nicht für etwas Sinnvolles einzusetzen«, sagte Maia. Susanne warf ihr einen schrägen Blick zu. »Mich haben sie eingesperrt, weil ich Jüdin bin«, gab sie mit dumpfer Stimme zu verstehen. »Ich trage nur keinen ›Judenstern‹, weil glücklicherweise auf der Fahrt von Auschwitz hierher meine Dokumente verloren gingen; außerdem ist mein Mann politischer Gefangener. Aber ihr … all das, was ihr getan habt … wem hat es genutzt? Erinnert ihr euch noch an diese längst vergangenen Ereignisse? Ja? … Ich beneide euch. Ich erinnere mich an nichts mehr. Ich kann keinen Zusammenhang mehr erkennen zwischen meinem früheren Leben und dem heutigen Leiden, für das es keinen Ausdruck gibt und das kein Ende nimmt. Hätte ich wenigstens etwas verbrochen! … Ach was! Es gibt einfach keinen Vergleich, es ist grotesk. Es kommt mir vor, als hätte ich keine Vergangenheit, als wäre ich hier im KZ geboren und mein Schicksal bestünde darin, hier zu sterben. Das Ende also eines unendlichen Todeskampfes …«

Maia antwortete nicht mehr. Es tat ihr Leid, dass Jeanne Susanne in einen derartigen Zustand versetzt hatte. Sie konzentrierte sich auf ihre Arbeit, als würde sie ihr Trost spenden. Sie ließ die Zange langsam zwischen die Wände des Stückes sinken, solange, bis man das metallene Geräusch des Zinnes, das sich ablöste, nicht mehr hören konnte.

Plötzlich spürte sie etwas Kaltes und Bewegungsloses neben sich, so als würde sie Susannes Blick physisch auf ihre Hände lenken. Sie hörte Susannes veränderte Stimme fragen: »Wie lange machst du diese Arbeit schon?«

Maias Blick wurde starr, und sie fühlte ihr Gesicht bleich werden: »Schon immer.« Susanne schaute sie noch immer mit ausdruckslosem Gesicht an, aber ihr Atem wurde immer keuchender. »Ach so? Du Verrückte, weißt du wenigstens, auf was du dich da einlässt? … Qualvolle Tage und Nächte und am Ende, solltest du noch am Leben sein, werfen sie dich den Hunden zum Fressen vor. Du kennst sie noch nicht.« Maia schwieg, ihr fahles Gesicht erstarrte und begann sich zu röten, die Adern zeichneten sich deutlich an ihrem Hals ab, und aus den bläulichen Lippen entwich ein kurzer und zischender Laut. »… Und du betrachtest unsere Arbeit nicht als eine gemeinschaftliche?!«, entgegnete Susanne, »… ich will leben, verstehst du?«, schrie sie beinahe, »ich will nach Hause zurückkehren … ich will … ich will kochen, verstehst du? Und ich weiß mich zu verteidigen! Auch vor dir.« Maia fühlte, wie der Akkumulator ihr unter den Händen wegglitt und sah, dass Susanne rasch an den Werkbänken vorbei wegging. Sie fühlte, wie sie ohnmächtig wurde. Sie hatte nicht den Mut, Susanne mit den Augen zu folgen. Sie spürte ihre Herzschläge, als wären sie im Ohr, so heftig, beinahe schmerzend. Sie bemerkte sofort, dass sich hinter ihr etwas bewegte und drehte sich langsam um. Hinter ihr stand – unbeweglich und still – eine große blonde Frau, die sie mit einem zwischen Nachdenklichkeit und Ironie schwankenden Blick anstarrte.

Wie im Traum sah Maia die NS-Frau, die sich auf einen Hocker setzte, ihre weiße und gepflegte Hand zu dem perforierten Zinktisch ausstreckte und die Akkumulatoren nahm und umdrehte, ohne ihnen allerdings wirklich Aufmerksamkeit zu schenken. Man hörte sie in einem etwas harten und kümmerlichen Französisch zu sich selbst sprechen. Anscheinend war sie Skimeisterin, Eisläuferin und Philosophie-Studentin. Ihr bevorzugter Philosoph war Nietzsche. »Wenn ihr Nietzsche studiert hättet«, sagte sie »würdet ihr wissen, warum ihr Sklaven seid, uns dienen müsst. Ein Übermensch braucht viele Sklaven; viele unterjochte Völker für ein Herrenvolk. Das ist das Gesetz der Natur: Die Auslese des Stärkeren, die Vernichtung des Schwachen und Verfallenen. Alles, was gegen dieses

Gesetz verstößt, ist falsch, künstlich und verwerflich. Und wir verdammen es.«

Maia fühlte, wie das Blut wieder begann in ihren Adern zu fließen. Sie nahm die Zange in die unruhiger gewordene Hand und begann wieder die vor ihr liegenden Teile zu bearbeiten. Die andere sprach im gleichen Tonfall weiter und gähnte schließlich. »Ich würde gerne in fremde Länder reisen, unbekannte Orte sehen, einfach so, ohne Programm und jedes Mal die Lebensweise ändern. Aber vielleicht werde ich das alles einmal machen. Nachher, wenn wir den Krieg gewonnen haben.«

Nachdem die Deutsche das gesagt hatte, stand sie auf, glättete die Falten ihres Mantels, begann ein paar Schritte zu machen, blieb aber auf halbem Weg wieder stehen, genau bei der Tischlampe, als wollte sie ihr perfektes Profil ins rechte Licht rücken. »Versteht ihr Französisch?«, fragte sie gleichgültig. »Nein, ich verstehe es durchaus nicht«, antwortete die Italienerin in viel besserem Französisch! Die andere kniff ihre Augen zu, und der Schatten eines Lächelns entwich ihren Mundwinkeln. Langsam ging sie davon.

Die Nacht ging ihrem Ende entgegen. Die fertigen Teile mussten gezählt, der Arbeitsplatz gesäubert und auch alles andere gut gereinigt werden. Susanne kam buchstäblich in letzter Minute, um den entwendeten Akkumulator wieder auf seinen Platz zu legen. Ein nervöser Tick veränderte mit einem Mal ihr ausgemergeltes Gesicht. »Hat sie etwas gemerkt?«, fragte sie. Ihre Stimme zitterte. »Ich glaube nicht«, antwortete Maia. Susanne entwich ein erleichterter Seufzer, der aber von einem nervösen Schnauben unterdrückt wurde. Man merkte ihr an, dass sie etwas ganz anderes sagen wollte, aber nicht wusste wie. »Du denkst vielleicht, ich habe dich verraten, Maia, aber du glaubst es hoffentlich nicht wirklich. Die Koch kam gerade in dem Moment von der Seite, als ich … Wir haben uns auf dem Korridor getroffen.« Sie hatte hastig gesprochen, und man spürte einen flehenden Unterton. »Ich weiß«, sagte Maia, Susanne stieß erneut einen erleichterten Seufzer aus; diesmal viel intensiver. Dann erstarrte sie nochmals vor Anstrengung: »Ich war fast geneigt es zu tun.« »Ich weiß«, antwortete Maia wieder.

Susannes Hand suchte die von Maia, sie drückte sie so lange, bis sie schmerzte. In den grauen Augen standen Tränen. Man machte sich zum Abmarsch bereit. Am Anfang der Kolonne wurde zur Ordnung gerufen, und die beiden Mädchen gingen vorwärts. Die Reihe wurde immer dichter und befand sich schließlich unmittelbar vor der noch verriegelten Tür. Susannes Profil wurde in rötlichen Tönen von dem Ofen in einem Abstellraum reflektiert. Sie hielt noch immer fest die Hand der Kameradin. Offensichtlich kämpfte sie noch mit sich selbst, und man konnte glauben, dass ihre ganze Energie zu einer höheren Prüfung berufen war.

Im Saal wurden die Lichter gelöscht. Im schwindenden Licht sah Maia, wie ihre Freundin aus dem Untersten ihres Kleids das Rezeptbüchlein zog und es einen Augenblick ansah und es mit der knochigen Hand an die Brust drückte. Sie streichelte es flüchtig mit den Fingern, so als müsste sie sich von einem zärtlich geliebten Lebewesen trennen. Dann warf sie das Büchlein mit Entschlossenheit in den Ofen. Die Flammen umzüngelten die dünnen Blätter, die mit einer winzigen Handschrift eng beschrieben waren. Im selben Moment zerstörten diese Flammen Vorspeisen, Marmeladen, Suppen, hausgemachte Süßspeisen, kandierte Früchte und andere Gerichte: ein ganzes künstliches Paradies – einsame Oase in einer trostlosen Wüste – Susannes einzigen Schatz.

Als das ganze Büchlein zu Asche zerfallen war, spürte man, wie der Druck von Susanne langsam abfiel, sie wurde ruhiger. Es war eine Erlösung, da im selben Moment die Türflügel geöffnet und Häftlinge hinausgelassen wurden. Es war unter allen Umständen verboten, sich an den Händen zu halten.

Die Luft draußen war eisig, und das kalte Licht ließ Hunderte, Tausende Gesichter mit dem gleichen schläfrigen und erschöpften Ausdruck erkennen. Es offenbarte die ausgehöhlten Wangen und die tiefen Augenringe. Die Frauen ordneten sich in Fünferreihen ein und warteten. Ein plötzlicher Befehl und die Kolonne setzte sich in Bewegung.

Anmerkungen

[1] Abkürzung für Trichloräthylen, ein chloroformartig riechendes, unbrennbares technisches Lösungsmittel.

[2] Mitte 1942 war direkt neben dem Konzentrationslager Ravensbrück eine Fertigungsstätte der Firma Siemens errichtet worden, um Häftlinge für die Rüstungsproduktion einsetzen zu können.

[3] Dreistöckige Bretterverschläge, die als Betten dienten.

[4] Das »Tri« war wegen seiner Eigenschaft als Schädlingsbekämpfungsmittel sehr gefragt.

[5] Krankenstation.

Julia Kertesz

Von Auschwitz ins Volkswagenwerk.
Erinnerungen an KZ-Haft und Zwangsarbeit
Für meine Enkel

Aus dem Ungarischen von Julia Kertesz
unter Mitarbeit von Therkel Straede

»*Voi ch'entrate, lasciate ogni speranza*«,[1] sagte neben mir ein Mädchen aus Budapest, mit dem ich in der ersten Reihe des ersten ungarischen Transportes die Pforte von Auschwitz durchschritten habe[2]. Ich achtete nicht auf die Worte; ich wollte stark und hart bleiben. Ich hatte mich entschlossen, nicht zum Opfer des deutschen Faschismus zu werden. Ich wollte hoffen, dass ich das Grauen überleben würde.

Als im Budapester Bahnhof das Hängeschloss an unserem Viehwaggon einrastete, habe ich geahnt, dass das, wozu man uns führte, schlimmer sein würde, als man es sich vorstellen konnte. Kein zweites Internierungslager wie das der Ungarn in Budapest, wo ich nach meiner Verhaftung eingesperrt war. Schicksalsschweres erwartete mich, denn in Polen starben die Juden. Gerüchte hatten Budapest erreicht.

Ich habe mich entschlossen, dass ich das Unheil, das mir bevorstand, wie ein Außenstehender, ein Reporter beobachten werde. Ich habe mir auch vorgenommen, dass ich nicht von alleine sterben werde, weder an Krankheit, Hunger noch Entkräftung. Ich würde der mörderischen Übermacht nach Kräften widerstehen. Ich wollte mich bemühen, mich über die täglichen Qualen zu erheben und die Ereignisse wie von außen betrachten.

Vom ersten Augenblick an wusste ich, wohin man uns gebracht hatte: in ein Vernichtungslager. Ich wusste, dass der süßlich beißende Rauch, der aus den hohen Schornsteinen quoll, aus Krematorien kam, wo man Menschen, Juden, verbrannte. Ein Häftling sagte uns das auf der Rampe, und ich glaubte ihm.

Die Krematorien waren Tag und Nacht in Betrieb. Hunderttausende, Millionen von Menschen wurden vergast und verbrannt. Manchmal kam es vor, dass die Schornsteine nicht nur Rauch, sondern hohe Flammen erbrachen, die nachts den Himmel rot färbten.

Wir durften nichts behalten. Die SS hatte uns alles weggenommen. Statt unserer Kleider bekamen wir schreckliche Fetzen. Von den Holzschuhen wurden unsere Füße wund, wir konnten darin kaum gehen. Die ersten Tage waren vielleicht die schwierigsten. Ungewöhnlich neu war der furchtbare Hunger, als wir noch unsere vertraute Persönlichkeit bewahrten, als wir noch glaubten, dass wir Namen hätten und nicht nur unpersönliche Nummern seien.

Meine erste Arbeit war sehr schwer und kam mir sinnlos vor: Steinbruch. Große Steinblöcke mussten wir mit dem Hammer zerstückeln. Es war eine fürchterlich eintönige Arbeit, aber man konnte dabei nachdenken. Und dort, im Steinbruch, ist mir klar geworden, dass ich alles vergessen musste, was mich mit meinem heimatlichen Leben verband. Ich war nicht mehr Uli Kertesz, sondern ein Häftling unter vielen im Vernichtungslager – eine Nummer, die 80179.

Bei der Steinbrucharbeit war ich nicht lange, dann wurde ich zu einer noch viel schwereren eingeteilt: Eisenbahnbau, mit Schienen schleppen und Waggons schieben. Wir mussten Gleise verlegen, damit die nach uns ankommenden Transporte direkt ins Lager gefahren werden konnten und nicht nur bis zum Tor von Auschwitz. Es war für junge, hungernde Mädchen eine übermäßig anstrengende Arbeit. Nach zwölf Stunden Pein hatten wir nur einen Wunsch: uns auf die – auch noch so harte – Pritsche hinzulegen, schnell einzuschlafen und nichts mehr zu wissen.

Unter solchen Umständen, frierend und hungernd, habe ich die schwierigste Zeit meines Lebens, mehr als sechs Monate, verbracht. Eines Tages bekam ich hohes Fieber. Ich fühlte mich elend und schwach. Wahrscheinlich hatte ich Flecktyphus, aber ich zwang mich täglich zur Arbeit. Ich traute mich nicht, im Lager zu bleiben und mich krank zu melden, denn es kam oft vor, dass solche Häftlinge ohne viel Federlesen vergast wurden.

Solange ich beim Eisenbahnbau arbeitete, leistete ich eine so anstrengende Arbeit, die auch für einen starken Mann sehr schwer gewesen wäre – an der Grenze zum Hungertod. Bei Tagesanbruch bekamen wir Kamillentee, mittags einen Teller so genannte Suppe, die grüne Blätter, Gras, Holzstückchen und sogar Sand enthielt. Nach Meinung meiner Freundin Juli, mit der ich die ganze Deportation mitmachte, hat man ein Stück Heckenzaun ausgeschnitten und in Salzwasser gekocht. Zum Abendessen gab es ein Stück Schwarzbrot (etwa 200 g), ein winziges Stück Margarine und eine Scheibe Wurst oder ein Teelöffelchen Zuckerrübenmarmelade. Das Wasser war ungenießbar wegen des hohen Eisengehalts, es nahm gleich Rostfarbe an. Aber wir hatten Durst, und so tranken wir trotzdem.

Juli war meine Freundin seit der Kindheit. Sie stammte wie ich aus Klausenburg, ihr Vater war – wie meiner – Rechtsanwalt, und sie lebte seit 1940 – wie ich – in Budapest. Ich studierte Pädagogik, sie Kunst und Graphik. Juli wurde am 19. April 1944 vor dem Budapester Bahnhof verhaftet, ich am 20. April, ebenfalls vor dem Bahnhof. Beide kamen wir in ein Internierungslager in der Nähe von Budapest, und zusammen kamen wir nach Auschwitz. So lief vieles parallel in unserem Leben. Und zusammen sollten wir noch das Schlimmste durchstehen.

Ungefähr zu dieser Zeit wurde eine junge Frau aus Budapest selektiert. Ihre beiden Kinder waren in Budapest geblieben, und sie ging rasch zugrunde. Sie war geschwächt und bis auf die Knochen abgemagert. Jeden Abend floh sie aus der Baracke der Selektierten und kam zu Juli und mir, um uns anzuflehen, wir möchten sie verstecken, sie retten. Sie war in einer so höllischen Lage. Unsere Hände waren gebunden, wie sollten wir einen Menschen verstecken können? Wir hatten überhaupt keine Möglichkeit zu helfen. Es war grauenhaft, ihre flehenden Blicke zu sehen und nichts tun zu können, um ihr zu helfen. Am Ende waren wir nicht imstande, ihr in die Augen zu schauen. Manchmal taucht ihr Blick in meinen Träumen auf. Es waren Momente der Scham in meinem Lagerleben – all das mitzuerleben und nicht helfen zu können. Wenn ich es jetzt niederschreibe, wird vielleicht ihr Schatten von mir weichen, der mich bis heute verfolgt.

Nach dem Eisenbahnbau wurden wir glücklicherweise zu einer anderen Arbeit eingeteilt: Zur Sortierung in »Kanada«. So nannte man – weiß Gott warum – einen Teil des Lagers, wo in unzähligen Baracken all das aufgestapelt wurde, was die SS den Deportierten abgenommen hatte: Bekleidung, Schuhe, Brillen, Gebetbücher, Prothesen und allerlei Alltagsbedarf. Wir hatten diese Gegenstände zu sortieren und aufzunehmen. Es war keine schwere Arbeit.

Eines Tages, als man uns nach »Kanada« führte, bot sich unseren Augen ein unvorstellbares Bild: Mitten im Wald, in einem tiefen Graben brannte Feuer wie ein Scheiterhaufen, und nackte Menschen, Erwachsene und Kinder gleichermaßen, wurden von der SS ins Feuer getrieben. Wenn sie sich sträubten, wurden Schäferhunde auf sie gehetzt, die sie blindlings anfielen und auf diese Weise zwangen, in die Flammen zu springen. Und dazu das Gebrüll der SS, das Bellen der Hunde und das Kreischen der Opfer. Hätte ich es nicht mit eigenen Augen gesehen, würde ich nicht glauben, dass sich so etwas ereignet hat mitten in Europa im zwanzigsten Jahrhundert. Das war in jenem Zeitabschnitt, als die Transporte aus Ungarn sich in wahren Strömen ergossen und die Krematorien nicht imstande waren, die Massen zu bewältigen. Zeit meines Lebens werde ich dieses Höllenbild nicht vergessen.

Kinder gab es im Lager nicht. Sie wurden gleich nach ihrer Ankunft in Auschwitz vergast, da sie als Arbeitskräfte nicht verwendbar waren. Eine Ausnahme bildeten Zwillinge. An ihnen führte Dr. Mengele seine grausamen Experimente durch – der berüchtigte Dr. Mengele, den ich später näher kennen lernen sollte. Man durfte selbstverständlich nicht darüber reden, so wie man auch das Wort »Krematorium« nicht sagen durfte.

Ich erwähne dies, weil sich in »Kanada« selbstverständlich viele Kindersachen – Kleider, Schuhe, Puppen – häuften. Eines Tages, als wir gerade die Kinderkleider sortierten, erschien eine junge SS-Aufseherin, die wir vorher nie gesehen hatten. Wahrscheinlich war sie ein Neuling in Auschwitz. Man sah Entsetzen auf ihrem Gesicht, als sie die Kindersachen erblickte und uns fragte, wieso diese Sachen hier seien, da es doch keine Kinder gebe. Wir wagten nicht zu antworten, da wir uns vor einer Provokation fürchteten. Am selben Tag kehrte sie mehrmals zurück und wiederholte ihre Frage. Man sah ihr an, dass diese Angelegenheit sie beunruhigte. Sicher wussten nicht alle SS-Leute die volle Wahrheit über das, was wirklich in den Vernichtungslagern geschah.

»Kanada« war eigentlich ein guter Arbeitsplatz im Lager. Trotzdem bemühten Juli und ich uns, so schnell wie möglich von dort zu entkommen, da ein Dienst habender SS-Sturmbannführer offensichtlich Gefallen an mir fand. Mehrmals täglich kam er an meinem Arbeitsplatz vorbei und sah mich an. Juli und ich zitterten beide, dass wir in dem Bordell landen könnten, das dort für die SS-Belegschaft eingerichtet war. Auch so etwas existierte im Lager! Wir bemühten uns also um einen anderen Platz. Eines Nachts wurden wir dann von zwei SS-Leuten geweckt. Sie riefen Julis und meine Nummer und holten uns zu Büroarbeiten.

Die Büroarbeit war ein viel leichteres Kommando. Es war keine körperliche Arbeit mehr, dafür war sie mit einer wesentlich größeren seelischen Belastung verbunden. Wir mussten an den Selektionen teilnehmen, ebenfalls bei Nacht, wo Dr. Mengele unter den nackten Häftlingen bestimmte, wer in die Gaskammer geschickt werden sollte und wer noch Kraft hatte, weiterzuarbeiten. Wir mussten Listen und Karteien führen – die Buchführung des Todes. Es war grauenhaft, den Gesichtsausdruck jener zu sehen, die wussten, dass sie vergast würden. Grauenhaft war auch unsere Machtlosigkeit – dort zu sein und ihnen nicht helfen zu können. Es kam vor, dass Dr. Mengele so betrunken war, dass er sich schwankend auf einem Schemel niederließ, um so die Selektionen durchzuführen.

Eine weitere Tätigkeit im Büro bestand darin, Karteikarten anzulegen von Häftlingen, die aus Auschwitz in die Arbeitslager – in Viehwaggons eingepfercht – weitergeleitet wurden. Viele von ihnen wurden später nach Auschwitz zurückgeschickt als skelettartige Geschöpfe, die unmittelbar nach ihrer Ankunft im Krematorium landeten. Da sie nicht mehr arbeitsfähig waren, wurden sie gleich ermordet. Diese Transporte von lebendigen Gerippen waren gespenstisch. Nur die Augen dieser Schattengestalten waren noch lebendig, weit aufgerissen vor Entsetzen, denn sie wussten, was sie erwartete.

Man hat uns von der Schreibstube geholt, wenn neue Gruppen ankamen, die längere Zeit in Auschwitz bleiben sollten. Wir mussten auf die Unterarme dieser Häftlinge Nummern tätowieren, mit Tinte und spitzer Schreibfeder die Haut durchstechend. Eine Nacht werde ich nie in meinem Leben vergessen: Juli und ich wurden in eine große Halle beordert, wo mit deutscher Gründlichkeit in langen wohlausgerichteten Reihen die Leichen alter Frauen lagen. Es war ein erschütternder Anblick. Wie wir später erfuhren, war ein Transport aus Theresienstadt angekommen[3], und diese alten Frauen hatten die unmenschlichen Zustände während dieser Reise nicht überlebt. Unsere Aufgabe war, auf die Unterarme dieser Leichen Nummern zu tätowieren. Die Haut dieser abgemagerten alten Frauen war aber so trocken wie Pergament. Wir waren kaum imstande, sie mit der Feder zu durchstechen. Diese Nacht kam uns unendlich vor. Wenn meine Freundin Juli nicht neben mir gewesen wäre, hätte ich bestimmt den Verstand verloren. Ihr eigenartiger schwarzer Humor hat uns durch diese Nacht geholfen. Während wir uns mit dem Tätowieren plagten, haben wir aus dem Werk des ungarischen Humoristen Karinthy zitiert, z. B. »*Frau Buchsbaum, der Baum*« und »*Frau Krepecska, unsere teure Heimat*«. Wenn wir nicht imstande gewesen wären, inmitten dieses Grauens zu lachen, hätten wir wahrscheinlich geschrien vor Entsetzen.

Neben den regelmäßigen Selektionen im Lager, wo die »verbrauchten« Häftlinge zur Vernichtung ausgesucht wurden, gab es eine zweite Art Selektion, die bei der Ankunft der Transporte auf der Entladerampe stattfand. Wenn die Menschen, zusammengepfercht in Viehwaggons, ausgemergelt vor Hunger, Durst und Müdigkeit in Auschwitz ankamen, vernahmen sie mit Entsetzen unartikuliertes Geschrei und Hundegebell. Mit ihren von langer Bewegungslosigkeit steifen Gliedern mussten sie, von »Los, los!«-Rufen angetrieben, aus den Waggons springen. SS-Schergen mit Hundepeitschen in ihren weißbehandschuhten Händen erteilten brüllend Befehle, Schäferhunde bellten und fletschten die Zähne, und Dr. Mengele selektierte mit einem Wink: nach rechts die Arbeitsfähigen, die ins Lager kamen, nach links die Alten, Kranken und Kinder – direkt in die Gaskammer, in den Tod, in die Krematorien.

Nach so vielen Jahrzehnten verfolgt mich noch immer diese Schauderszene, in meinen Alpträumen sehe ich noch dieses Schrecken erregende Bild, und das Gebell der Hunde, vermischt mit dem Gebrüll der SS, klingt noch in meinen Ohren.

So wurden Familien voneinander getrennt, Frauen von ihren Männern, Mütter von ihren Kindern, meist auf ewig. Manchmal spielte bei solchen Anlässen die Frauenkapelle (denn das gab es auch) – ein Täuschungsmanöver, das die Situation noch höllischer, noch unfassbarer gestaltete. Diese Frauenkapelle kam mir vor wie das Grinsen eines Totenschädels. Es war genauso unfassbar wie die Tatsache, dass mancher Häftling, dessen Zähne behandelt wurden, wenig später in der Gaskammer landete.

Juli und ich hatten von unserer Büroarbeit manche Vorteile, wie z.B. den Zugang zu den benachbarten Lagern, was den anderen Häftlingen verboten war. Nach dem abendlichen Zählappell gingen wir in die C- und D-Lager (wir waren im A-Lager), um Bekannte aus Klausenburg zu suchen, die nach uns angekommen waren. Tagtäglich gingen wir hinüber und versuchten, ihnen zu helfen, soweit unsere bescheidenen Möglichkeiten dies zuließen. Dort begegnete ich meiner ehemaligen Griechisch-Lehrerin, mehreren meiner früheren Mitschülerinnen und – was für mich von großer Bedeutung war – meiner heiß geliebten mütterlichen Freundin Margit, die mich zehn Jahre lang in Französisch unterrichtet hatte, und zwar hervorragend, und die viel dazu beigetragen hat, dass ich selbst Französisch-Lehrerin geworden bin.

Tag für Tag brachten wir ihnen, was wir nur konnten, z.B. Kopftücher (sie waren ja kahl geschoren), Zahnbürsten und – wenn es irgendwie möglich war – Nahrungsmittel. Die verzagten Gestalten freuten sich über alles, auch wenn wir manchmal nur beruhigende Worte bringen konnten. Sie waren so verängstigt als Neuankömmlinge. Wir mussten ihnen moralischen Halt und Mut geben. Sie brauchten Wärme und freundlichen Zuspruch unter diesen unbekannten, Furcht erregenden, unmenschlichen Umständen, getrennt von ihren Lieben, die entweder in das Männerlager kamen oder in den Krematorien verbrannten. Was geschah mit *Margits* Familie?

Das habe ich später erfahren: Margits Mutter wurde gleich nach ihrer Ankunft in Auschwitz vergast. Ihr Ehemann, Diabetiker, kam ins Männerlager. Aber da er das lebensnotwendige Insulin nicht bekam, starb er nach wenigen Tagen unter unmenschlichen Qualen. Und ihr Sohn Tomi, geliebter Spielgefährte meiner Kindheit, der auf einem Todesmarsch in der Nähe von Wien nicht mehr weitermarschieren konnte, wurde im Alter von 21 Jahren von der SS-Begleitmannschaft erschossen – wenige Tage vor dem Ende des Krieges. Margit überlebte als Einzige ihrer Familie, geplagt von Wechselfieber, wie viele andere, die sich in Auschwitz angesteckt hatten. Sie war ein tapferer, disziplinierter, kultivierter Mensch.

Im KZ war es ungemein wichtig, manchmal lebensrettend, einander zu helfen. Nie werde ich vergessen, was für eine Freude es für mich zu Beginn meines Aufenthaltes in Auschwitz war, als jemand meinen Namen rief, und ich im Fenster der Lagerküche eine Freundin meiner Schwester Maya erblickte! Sie warf mir eine Rübe zu, die ich gleich mit Juli teilte. Ein anderes Mal, als wir Eisenbahnschienen schleppten, warf ein fremder polnischer Häftling Juli einen ganzen Laib Brot zu. Das war ein wahrer Schatz, dieses Brot! Als ich erfuhr, dass der Schwager meiner Schwester Maya im Männerlager war, gelang es mir, ihm eine (1!) Zwiebel zu schicken. Wie dankbar er dafür war! Heute, im Zivilleben, unter normalen Umständen, kann man solche Dinge kaum begreifen. Erfreulicherweise gab es viele, die halfen, wie und wem sie nur konnten. Aber die Glasur der Zivilisation schmolz von den meisten. Sie bestahlen sich gegenseitig, sie verloren ihre menschliche Würde.

Eine merkwürdige Reaktion zeigten viele, die nach uns ins Lager kamen und für die wir Karteikarten anlegen mussten. Als wir ihnen die Wahrheit sagten, wo sie sich befänden und was hier vorginge, wollten sie es nicht glauben. Sie wollten nicht wahrhaben, dass wir in einem Vernichtungslager waren. Sie redeten sich ein, dass man in den Krematorien Brot buk, dass ihre Kinder sicherlich in einem Kinderlager wären, und sie beschimpften uns, wir seien wie die Polinnen, die seit Jahren im Lager lebten und grausam geworden waren. Wir seien sadistisch, seien manchmal sogar schlimmer als unsere Henker, die SS.

Als wir gerade angekommen waren und noch unsere eigenen Kleider trugen, hat uns ein Junge aus Wien, der den Kaffee ausgab, gleich gesagt, wohin man uns gebracht hat, und wir haben es geglaubt. Wir wussten, in welcher Gefahr wir ständig waren. Also benutzten wir die Margarine nicht als Hautcreme, wie manche es taten, sondern aßen – wenn auch manchmal mit Ekel – alles auf, da wir unsere physische Kondition beibehalten wollten.

So vergingen Monate. Wir waren gequält von Hunger und Grauen, gepeinigt von Zählappellen am Morgen und Abend, die unter freiem Himmel stattfanden und oft stundenlang dauerten, unabhängig von der Witterung, sogar im strömenden Regen. Jeder Tag begann und endete mit einem Zählappell: Beim Pfeifsignal mussten wir uns in Fünferreihen aufstellen, damit die SS uns abzählen konnte. Auch wenn wir krank waren, Fieber hatten, mussten wir bewegungslos strammstehen. Manchmal stimmte die Zählung nicht. Man begann von neuem, um zu überprüfen, ob nicht jemand geflohen war. In der Kälte des Morgengrauens oder abends, wenn wir völlig erschöpft von der physisch schweren Arbeit uns nur nach Ruhe sehnten, war dieses unendliche Stehen ein besonderes Foltermittel. Fast täglich wurde jemand ohnmächtig. Die Nebenstehenden mussten dann die Ohnmächtigen von beiden Seiten stützen, damit die Reihen nicht in Unordnung kamen und die Gesamtzahl stimmte. Es war ein gespenstischer Anblick: Ausgemergelte, mit Fetzen bekleidete Schattenwesen in stummer Reglosigkeit, oft stundenlang.

An einem Samstagnachmittag schrillte der Pfeifton, und allen Gefangenen wurde befohlen, in die Baracken zurückzukehren. Man hörte Schüsse. In unserer Naivität glaubten wir, sowjetische Partisanen hätten das Lager angegriffen, um uns zu befreien. Als Idealisten haben wir es ständig gehofft. Diesmal handelte es sich um ein wichtiges Ereignis, wie wir später erfuhren. Es war der Aufstand der Häftlinge, die in den Krematorien arbeiteten. Sie hatten die SS-Wachmannschaft ins Feuer geworfen und versucht, aus dem Lager auszubrechen. Sie wurden aber gefasst, entwaffnet und später hingerichtet. Doch ihre Tat war heldenhaft. Seit Bestehen des Lagers war dies der einzige Aufstand gegen die mörderische faschistische Unterdrückungsmaschinerie[4].

Das grausamste Schicksal überhaupt hatten die Häftlinge, die in den Krematorien arbeiteten. Wie überall, so ließen die SS-Leute die niederträchtigste, schmutzigste Arbeit von Häftlingen verrichten, wobei sie weißbehandschuht zuschauten. Die Häftlinge mussten in den Krematorien ihre Kameraden vergasen und verbrennen. Da sie zu viel sahen und wussten, wurden sie regelmäßig nach einiger Zeit hingerichtet, und neue Unglückliche kamen an ihre Stelle. Mein Vetter Béla gehörte diesem Kommando an. Nach seinem Medizinstudium in Paris war er in Frankreich geblieben. Dort wurde er wegen Teilnahme am Widerstand verhaftet und nach Auschwitz deportiert. Bei der Arbeit im Krematorium erkannte er eines Tages seine eigenen Eltern unter den Vergasten. Kann man so etwas mit gesundem Verstand überhaupt begreifen?

Für uns im Frauenlager waren die Sonntagnachmittage mit am schlimmsten, weil wir untätig waren. Ich saß hinter dem mit Hochspannung geladenen Stacheldraht auf dem Boden und betrachtete die Wiese, die vor mir jenseits des mörderischen Zaunes lag. Sie bedeutete für mich die Freiheit, die unerreichbare. Es war ein hoffnungsloser, geisttötender Seelenzustand. Ein anderes Mal schaute ich lange auf den Weg, der zu den Krematorien führte, und zitterte bei dem Gedanken, dass ich meine Schwester Maya mit meinem Neffen Peter einmal dort erblicken könnte.

Eines Tages stand ich mit Juli an der Rampe. Ein Transport war gerade eingetroffen, die Selektion war im Gange. Wir waren da mit unseren Schreibutensilien und sahen eine junge Mutter, die ihrem Töchterchen einen Klaps auf den Po gab, weil es seine Strickjacke nicht anziehen wollte! Und das geschah nur wenige Meter vom Krematorium entfernt. Wir hätten heulen können.

Die völlige Wehrlosigkeit gegenüber unseren Peinigern gab mir den Gedanken ein, mir von irgendwoher eine Rasierklinge zu beschaffen, und dies gelang mir tatsächlich. Zu der Zeit war ich noch nicht lange in Auschwitz. Diese Klinge bewahrte ich während der ganzen Zeit im KZ in meinem Schuh auf. Erst dann fühlte ich mich ruhiger, denn ich wusste, was ich tun würde, damit mich die SS nicht wie ein Schaf aus der Herde ins Krematorium treiben konnte. Sollte man mich selektieren, würde ich mit den bloßen Händen die SS angreifen. Ich würde kämpfen und mir nachher die Adern öffnen. Irgendwie fühlte ich, dass mein Tod meine persönliche Angelegenheit ist. Ich konnte den Gedanken nicht ertragen, dass ich in einer Menge umkommen sollte. Ich meinte, mein Tod müsse eine genauso intime Sache sein wie die Liebe.

Die Tage wurden kürzer. Morgens und abends war es kalt. Der Herbst näherte sich. Und in uns wuchs die Furcht, was aus uns würde, wenn wir hier überwintern müssten; denn man gab uns keine warmen Kleider, und wir konnten nicht einmal hoffen, uns etwas »organisieren« zu können (so nannte man Diebstahl aus dem deutschen Stapelgut).

Juli und ich träumten vom Zivilleben, dessen Gipfel ein eigenes Bett war mit Leselampe – oh, abends im Bett lesen zu können! Wie ich später erfahren habe, war der größte Wunsch meines Vaters, nach der Befreiung zu Hause zu jeder Tages-

und Nachtzeit Pellkartoffeln vorrätig zu haben. Dies waren unsere unerreichbar scheinenden Träume!

Ende Oktober, bei einem Zählappell, wurde bestimmt, dass wir von Auschwitz wegtransportiert werden sollten. Wohin wussten wir nicht. Juli und ich waren zu der Einsicht gelangt, dass unser Los sich nur verbessern konnte, wenn wir diesem Vernichtungslager entkamen, weg von den Schatten der Krematorien. Als unser Viehwaggon Auschwitz verließ, empfand ich paradoxerweise ein befreiendes Gefühl, weil wir die Aufschrift »*Arbeit macht frei*« über jedem Tor hinter uns hatten, und wir ergänzten »*Arbeit macht frei durch Krematorium drei*«.

Es war ein Gefühl der Erleichterung, nicht mehr konfrontiert zu werden mit dem Anblick langer Reihen von Kipploren, voll beladen mit skelettartigen Leichen, deren Arme, Beine und Köpfe herausragten und die an die Totentanz-Holzschnitte von Holbein erinnerten. Diese Kipploren gehörten zum Alltag im Lager Auschwitz. Plötzlich standen sie dort, tauchten überall auf. Diese Leichen kamen nicht aus den Krematorien. Es waren keine vergasten Häftlinge, sondern solche, die im Lager gestorben waren – die körperlichen Hüllen der vor Hunger und Entkräftung umgekommenen Verdammten, der »Muselmänner«. Die Lageraufschriften – diese biederen Sprüche, die zur »Erbauung« überall hingemalt waren – enthüllten den zynischen Charakter dieses ganzen mörderischen, schizophrenen Systems, dem die meisten nur in Form von Rauch durch die viele Meter hohen Schornsteine der ziegelroten Krematorien entkamen, wo man die Vergasung »Sonderbehandlung« nannte und diejenigen, die sie ausführten, »Sonderkommando«.

Das nächste Lager, in das man uns brachte, war Bergen-Belsen. Die Ankunft war nicht mehr so beängstigend wie in Auschwitz. Es gab keine Schäferhunde, und es standen keine Rot-Kreuz-Wagen bereit (die »pausbackigen« Autos – wie

Juli sie nannte –, die in Auschwitz die aussortierten Häftlinge gleich ins Krematorium transportierten). Bergen-Belsen war kein Vernichtungslager. Hier starben die Menschen »nur« an Hunger, Krankheit und Schwäche. Man führte uns an einem klaren spätherbstlichen Tag über einen schönen Waldweg Richtung Lager. Als wir im Lager ankamen, verschwand unsere idyllische Stimmung jedoch sofort. In den Baracken gab es keinen Platz mehr für uns. Wir wurden in einem riesigen Zelt untergebracht. Auf die Erde hatte man Stroh gestreut als Bettstelle. Aber der Raum war so kurz und eng bemessen, dass wir auf dem Rücken liegend weder die Beine ausstrecken noch uns auf die Seite legen konnten, weil wir dann unsere Knie nicht beugen konnten. Alles war entsetzlich primitiv, Waschgelegenheit und Abort befanden sich unter freiem Himmel.

Noch am Ankunftstag traf ich meine Kusine Magda im Lager. Sie erzählte mir, dass sowohl meine Eltern als auch die von Juli im benachbarten Lagerabschnitt seien, im so genannten »Schweizer Lager«. Aus diesem Teil von Bergen-Belsen sollten Häftlinge gruppenweise in die Schweiz gebracht werden, dies hatte ein Kreis von meist sehr wohlhabenden Juden aus Siebenbürgen mit einer bestechlichen Nazibehörde vereinbaren können. Meine Eltern gehörten zu dieser Gruppe, nicht weil sie wohlhabend gewesen wären, sondern weil die Führenden dieses Kreises der Meinung waren, Rechtsanwalt Kertesz aus Klausenburg habe so viel für die jüdische Gemeinschaft getan, dass er es verdiene, gerettet zu werden[55]. Seltsamerweise hatte mein Vater ein Vorgefühl, dass wenn er und meine Mutter sich dieser Gruppe anschlössen, sie irgendwo in Deutschland auf mich treffen müssten. Es war ein unbeschreibliches Gefühl, meine Eltern so nahe zu wissen und sie nicht einmal sehen zu können. Es war ein nagender Schmerz, ich konnte diese Machtlosigkeit nur schwer verkraften.

Plötzlich kam ein orkanartiges Gewitter auf. Unser Zelt brach über unseren Köpfen zusammen und stürzte auf uns nieder. Doch zum Glück wurde niemand verletzt. Irgendwie krochen wir aus den Trümmern und wurden dann in einem Magazin für Militärschnürstiefel untergebracht, wo wir auf bloßem Beton lagen. Da es schon November war, froren wir entsetzlich. Juli erkrankte, bekam hohes Fieber, Eiter floss ihr aus der Nase, sie halluzinierte. Sie starrte verständnislos, verschwommen vor sich hin, und von morgens bis abends sang sie »Rosamunde, schenk mir dein Herz und dein Glück«. Und ich konnte ihr nicht einmal ein Aspirin verschaffen!

Zufälligerweise erfuhr ich, dass derselbe holländische Häftling, der uns das als Kaffee bespöttelte Gebräu brachte, auch zum Lager meiner Eltern Zugang hatte. Am nächsten Tag eilte ich im Morgengrauen hinaus, um den Kaffeekübel zu schleppen. Ich wollte mit diesem Häftling Verbindung aufnehmen. Da es noch früh und halbdunkel war, gab es nur wenige Aufseher, und es gelang mir, dem Holländer zuzuflüstern, dass ich durch ihn meinen Eltern ein paar Zeilen schicken möchte. Er wies mich ab, denn darauf stand die Todesstrafe, wenn man ihn erwischte. Ich bestand auf meinem Vorhaben und wartete im nächsten Morgengrauen wieder auf ihn mit einem vorher geschriebenen Zettelchen. Glücklicherweise (oder – wie es sich später erwies – unglücklicherweise) flüsterte er mir zu, ich solle ihm mein Briefchen zustecken. Vermutlich hatte er die Möglichkeit gehabt, im Nachbarlager mit meinen Eltern zu sprechen.

Ich zerbrach mir ununterbrochen den Kopf, auf welche Weise ich mit Juli zu unseren Eltern hinüber könnte. Mit Juli konnte ich nichts besprechen, da sie das Bewusstsein noch nicht wiedererlangt hatte. Nach langem Überlegen habe ich mich entschlossen, die Lagerstraße so lange auf und ab zu schlendern, bis ich dem Lagerkommandanten begegne, und ich habe mir vorgenommen, ihn anzusprechen. Im heutigen Leben kann man nicht begreifen, was für ein Unterschied es zwischen einem SS-Lagerführer und einem elenden jüdischen

Häftling war. Ich wusste, dass der Kommandant, wenn ich ihn ansprechen würde, nach seinem Revolver greifen und mich an Ort und Stelle erschießen konnte. Ich habe mir eine glaubhaft klingende Geschichte zurechtgelegt, die erklären sollte, woher ich wusste, dass meine Eltern drüben waren, denn das hätte ich nicht wissen dürfen in diesem wahnsinnigen Lagersystem. Meine Lüge – auf dem Bereich des Möglichen aufgebaut – war folgende: Ich hätte in Auschwitz im Büro gearbeitet (wahr) und beim Registrieren Bekannte aus Siebenbürgen getroffen, die wussten, dass meine Eltern aus Bergen-Belsen geschrieben hatten (das klang wahrscheinlich, denn ich wusste, dass die Häftlinge im »Schweizer Lager« schreiben durften). Und als wir erfuhren, dass eine Gruppe nach Bergen-Belsen abfährt (davon hätten wir hören können), haben wir – Juli und ich – uns gemeldet, um mitfahren zu dürfen.

Und tatsächlich, eines Tages kam mir Adolf Haas entgegen, der Lagerkommandant, und ich hatte den Mut, ihn anzusprechen. Da standen wir auf der Lagerstraße: er mit dem Hakenkreuz am Ärmel, ich mit gelbem Dreieck auf der Brust. Und der Lagerkommandant hat sich tatsächlich mit mir auf ein Gespräch eingelassen. Ich erörterte ihm meine logisch aufgebaute Lügengeschichte. Wie erwartet, fragte er, woher ich wisse, dass meine Eltern dort seien. Er schien mir zu glauben und notierte sämtliche Daten über Julis und meine Eltern. Am nächsten Morgen wartete ich wieder beim Kaffeeholen auf den holländischen Jungen mit ein paar Zeilen, in denen ich meinem Vater mitteilte, dass ich schon alles in die Wege geleitet hätte, um zu ihnen zu kommen, er solle ja nichts unternehmen. Es gelang mir, mein Briefchen zu übergeben, aber der Junge konnte es nicht an meinen Vater weiterleiten.

Und da kam die Katastrophe: Meine Eltern erfuhren, dass sie in einigen Tagen in die Schweiz gebracht werden sollten; und von Panik erfasst bei der Aussicht, mich hier lassen zu müssen, hat mein Vater von demselben Adolf Haas, mit dem ich schon gesprochen hatte, eine »Audienz« erbeten. Natürlich war die erste Frage des SS-Mannes, woher mein Vater wisse, dass wir uns dort befänden. Mein Vater hatte eine andere Lügengeschichte erfunden: Er und Mutter hätten uns auf dem Waldweg gesehen, der zur »Sauna« führte. In Wahrheit waren wir nie in der »Sauna« gewesen. Das wurde wortwörtlich ihr Verhängnis. Als ihre Gruppe nach der Schweiz abtransportiert wurde, haben die SS-Behörden meine und Julis Eltern zurückgehalten und zur Strafe in einen viel schlimmeren Lagerabschnitt versetzt, das so genannte »Sternlager«, wie ich später erfahren habe. Als die englischen Truppen sich dann 1945 näherten, wurden meine Eltern auf Transport gesetzt – in Viehwaggons, aus denen man vor ihren Augen die Leichen von Häftlingen, die an Typhus gestorben waren, herausgeholt hatte.

Mein Vater starb an Flecktyphus einen Tag vor der Befreiung in diesem Waggon. Als der Zug hielt, wurde er neben den Schienen begraben, niemand weiß genau wo. Meine Mutter erkrankte nach der Befreiung in Tröbnitz, wo sie am 14. Mai 1945 im Krankenhaus starb. Nun ruht sie dort, fremd und einsam auf dem Tröbnitzer Friedhof. Meine Schwester Maya überlebte und setzte ihr einen Grabstein, als sie noch aus Rumänien eine Reise in die DDR unternahm. Das ist mein »Gepäck aus Sand« – ein Leben lang[6].

All das, was mit meinen Eltern geschehen ist, habe ich später von Julis Mutter erfahren, die nach überstandenem Flecktyphus nach Klausenburg zurückkehrte. Die Erinnerung an die Geschehnisse in Bergen-Belsen wühlen mich immer noch heftig auf, und lange habe ich mich davor gefürchtet, sie zu beschreiben. Bis ans Ende meiner Tage werde ich den Gedanken nicht los, dass ich – obwohl ungewollt – den Tod meiner geliebten Eltern verschuldet habe.

Juli und ich wurden nicht lange in Bergen-Belsen festgehalten. Sie kam wieder zu Kräften, und bei der nächsten Gelegen-

heit wurden wir abtransportiert, wieder in plombierten Viehwaggons. Ziel unseres Leidensweges war diesmal die »Stadt
des Kraft-durch-Freude-Wagens« bei Fallersleben (die heutige Stadt Wolfsburg). Hier wurden wir in das Volkswagenwerk
gebracht, das alle möglichen Kriegsgeräte produzierte.

Man hatte uns in einem zerbombten Teil der Fabrik untergebracht, in einem riesigen Saal. Die Decke fehlte teilweise,
aber es gab Zentralheizung, die sogar funktionierte. Die weiß-
gekachelten Wände waren sauber, und die zahlreichen Dusch-
nischen waren mit Kalt- und Heißwasser ausgestattet. Wahrscheinlich war dieser Teil der Fabrik vor der Bombardierung
als Umkleide- und Duschräume für Zivilarbeiter bestimmt gewesen. Uns schienen diese Verhältnisse – nach den Zuständen
in Auschwitz und Bergen-Belsen – wie ein wahres Paradies,
besonders am Anfang. In diesem Lager waren schon seit einiger Zeit 500 Frauen, aber es gab Ende 1944 keine »Muselmänner«, keine bis zum Skelett abgemagerten Häftlinge. Das hier
war eine Fabrik, wo man Arbeitskräfte brauchte. War ihre
Energie erschöpft, konnte man sie ins Stammlager zurückschicken, um sie dort zu vergasen.

Wir mussten zwölf Stunden pro Tag arbeiten, wechselweise in Tag- und Nachtschicht. Die Nachtschicht hatte den Vorteil, dass wir um Mitternacht eine Zusatz-Mahlzeit bekamen,
was uns unheimlich wichtig war. Ein anderer Vorteil der
Nachtarbeit war, dass dann ein älterer Wehrmachtssoldat die
Aufsicht hatte, der mir immer ca. ein Pfund Brot gab, das ich
gleich mit Juli teilte. Dieser Brotzuschuss bedeutete sehr viel
für uns, denn in diesem Lager hatten wir überhaupt keine
Möglichkeit, uns irgendeine zusätzliche Nahrung zu beschaffen. Die knappe Kost wurde von außerhalb gebracht, denn im
Lager selbst gab es keine Küche.

Da wir im Untergeschoss der Fabrik einquartiert waren,
konnten wir täglich nur zwei, drei Minuten lang frische Luft
genießen, während unsere Posten uns durch einen engen Hof

zum Arbeitsplatz führten. Wir waren chronisch unausgeschlafen wegen der zahlreichen Fliegeralarme. Während der Arbeit waren wir auch bei Fliegeralarm an unseren Arbeitsplatz gebunden. Bei Alarm während unserer Ruhezeit hat man uns dagegen – manchmal drei- oder viermal die Nacht – geweckt und in den Bunker getrieben.

Im Lager waren meist jüdische Häftlinge aus Ungarn, aber wir waren auch mit holländischen Mädchen und jugoslawischen Partisaninnen zusammen, die ebenfalls in der Fabrik bei der Rüstungsproduktion arbeiteten. Wir waren jedoch so ausgemergelt, dass wir weder Zeit noch Lust hatten, mit ihnen in Kontakt zu treten. Selbst mit »Opas« Brotzuschuss war die Ernährung immer noch unzureichend. Dagegen war das Duschen nach zwölf Stunden Arbeit ein wahrer Segen für uns. Aber da wir nie Seife bekamen, waren wir gezwungen, aus der Fabrik Soda zu stehlen. Wie unsere Haut und unser Haar die Soda vertragen konnten, begreife ich heute nicht mehr.

In den ersten Tagen wurden wir in einen großen Maschinensaal eingeteilt, wo ohrenbetäubender Lärm herrschte. Man hat uns Arbeiten ausführen lassen, die uns unverständlich schienen. Nach einigen Tagen wurde ich in einem kleineren Saal einem Schweißgerät zugewiesen. Ich habe den Arbeitsgang rasch erlernt. Die Arbeit konnte ich im Sitzen verrichten, aber man gab uns keine Arbeitsschutzausrüstung. Das Schweißgerät sprühte Funken, und mein Gesicht und meine Hände waren ständig voll winziger Brandwunden. Die Arbeit hatten wir unter der Aufsicht eines deutschen Meisters auszuführen, der sich uns gegenüber niederträchtig benahm – er trieb uns rücksichtslos an. Herr Meyer war ein großer, hagerer, glatzköpfiger Mann. Ich, die nie blutrünstige Gedanken hatte, stellte mir leidenschaftlich vor, wie – wenn er rücklings vor mir stand – ich ihm ein scharfes Messer in den Nacken rammen würde. Ich glaube noch heute, dass ich das damals ohne zu zögern ausgeführt hätte, so sehr hat dieser Deutsche uns geschunden.

Am Sonntag, als ich mich auf meinem Strohsack ausruhte, kam von irgendwoher ein fernes Glockengeläut an mein Ohr. Es erinnerte mich schemenhaft an das Läuten der Glocken der Matthias-Kirche zu Hause. Ich schloss die Augen und sah mit Wehmut meine Heimatstadt Klausenburg.

Einige Wochen lang arbeitete ich am Schweißgerät, als eines Tages einige Herren von der Fabrikleitung erschienen, um »Kapos« – d. h. Arbeitsaufseher – auszuwählen. Ich wurde auch ausgewählt; ich nehme an, weil ich deutsch sprach und trotz der Vogelscheuchefetzen noch ganz gut aussah. Ungefähr zwölf Schweißgeräte standen unter meiner Aufsicht, an denen zwölf Mädchen arbeiteten. Meine Aufgabe war es, die Maschinen zu überwachen und auf einer schwarzen Tafel die Leistung jeder Maschine zu notieren. Nach kurzer Zeit leuchtete mir ein, dass sich hier eine Gelegenheit bot, etwas – wenn auch in geringem Umfang – gegen Hitlers Kriegsmaschinerie zu unternehmen. Ich hatte mit den Mädchen meiner Abteilung besprochen, den Arbeitsgang zu verlangsamen und nur dann zu beschleunigen, wenn ich ihnen einen Wink gäbe, dass Herr Meyer, der gefürchtete Meister, sich nähere. Diesen Plan führten wir auch aus. Aber leider hat es nicht lange gedauert, bis unsere Henker herausbekamen, dass die Produktion wesentlich gesunken war, seitdem ich diese kleine Gruppe von Schweißmaschinen beaufsichtigte[7].

Man hat mich sofort aus der Fabrik gewiesen und zur Strafe dem Enttrümmerungskommando zugeteilt. Ich brauche nicht zu schildern, was es bedeutet, im frostigen Januar ohne jegliche warme Bekleidung (weder Mantel noch Handschuhe oder Kopftuch) zwölf Stunden lang unter freiem Himmel schwer zu arbeiten. Meine Finger froren buchstäblich an die Eisenstücke an, ich konnte die wuchtigen Betonblöcke kaum heben, um sie mit dem Karren zu der angegebenen Stelle zu schieben. Wäre ich längere Zeit in diesem Kommando geblieben, so hätte ich es nicht überlebt. Der Zufall wollte aber, dass Julis Tante, eine Zahnärztin aus Klausenburg, als Allgemeinärztin im Lagerrevier arbeitete. Ihr habe ich es zu verdanken, dass ich am Leben geblieben bin. Sie hat mich nach drei Wochen aus diesem schrecklichen Arbeitskommando gerettet. Wie sie das bewerkstelligte, ist mir bis heute ein Rätsel.

Ich wurde wieder in die Fabrik geschickt und einer Pressmaschine zugeteilt. Ich musste eine glatte Metallplatte prägen. Die Platten waren derartig mit Öl verschmiert, dass sie häufig aneinander klebten, wenn ich sie in die Pressmaschine legte. Die ganze wuchtige Maschine blieb dann stehen. Ich lebte deswegen in ständiger Furcht. Wenn die Maschine stillstand, schrie Herr Meyer, dass ich sabotiere. Ich zitterte vor Angst, da ich schon gebrandmarkt war seit meiner Sabotageaktion.

Wenn die Maschine defekt war, holte man einen französischen Kriegsgefangenen, der als Maschinenschlosser und Einrichter tätig war. Er setzte sie wieder in Gang. Während er reparierte, kam er ganz nah an mich heran und flüsterte mir die neuesten Kriegsereignisse zu. Das war immer ein außerordentlich wichtiges Ereignis, denn wir waren vollkommen von der Welt abgeschnitten. Es gelangte keinerlei Nachricht zu uns in die geschlossenen Räume, wo wir arbeiteten und leben mussten. Wir waren völlig isoliert.

Anfang 1945 begann nun die Zeit quälenden Hungers. Man hatte unsere Rationen stark eingeschränkt. Bei der Arbeit musste ich zwanghaft ans Essen denken. Während einer Nachtschicht tanzte vor meinen wirren Augen eine mit Marmelade bestrichene Brotscheibe wie eine im Wahn gezeichnete Comicfigur. Ich glaubte, ich würde durchdrehen.

Sonntags, wenn es zum Mittagessen nicht die gewöhnliche Suppe, sondern ein Stückchen Fleisch mit Pellkartoffel gab, haben wir gezählt, wie viel Stücke wir bekamen. Es wurde zum Gesprächsthema, wer wie viel gehabt hatte! Traurig stell-

ten Juli und ich fest, dass wir in einen so tierisch-stumpfen Zustand abgesunken waren, dass so etwas zum Gesprächsstoff
werden konnte.

Ich versuchte, meine ganze Kraft zusammenzuraffen, um
gegen den Hunger anzukämpfen. So lernte ich an der Maschine Jozsef Attilas Gedicht »Begrüßung von Thomas Mann«
auswendig von einer Ungarisch sprechenden jugoslawischen
Partisanin, die mir die Verse vorsagte. Zu dieser Zeit fand ich
irgendwo ein kleines Büchlein. Es war Goethes Drama »Egmont«. Auszüge daraus lernte ich auswendig und hielt das
Heft in meinem Strohsack versteckt. In Klausenburg habe ich
später erfahren, auf welche Weise mein Vater in Bergen-Belsen
versucht hatte, sich moralisch aufrecht zu halten: Jeden Morgen vor dem Zählappell turnte er im Hof; jeden Abend nach
dem Zählappell hielt er Juraseminarien, um sich von seinem
Hunger abzulenken und um Geistesarbeit zu tun. Ich bin
noch heute gerührt, wenn ich an sein Verhalten denke!

Ungefähr zu dieser Zeit begann bei mir eine schwere Avita-
minose, da wir seit fast einem Jahr weder Obst noch Gemüse
zu essen bekamen, auch sonst nichts, was Vitamine enthalten
hätte. Ich konnte von Glück sagen, dass diese Krankheit nicht
in Auschwitz ausgebrochen war. Bei dem physischen Zustand,
in dem ich mich bald befand, hätte man mich dort bestimmt
vergast. Hier habe ich meine mit Eiter verschmierte Unterwäsche täglich gewaschen und auf dem Heizkörper getrocknet,
da wir keine Wäsche zum Wechseln hatten. Außer meinem
Gesicht war mein ganzer Körper voll mit eiternden Furun-
keln. Der Eiter meiner Fußwunde klebte am Strumpf fest, und
täglich beim Ausziehen der Strümpfe riss die Wunde wieder
auf. Es war eine qualvolle, schmerzhafte, langwierige Plage,
die erst im Frühling verging. Dann wurden wir nämlich am
Sonntag – statt uns auszuruhen – zur Feldarbeit hinausgetrie-
ben. Dort, am Waldrand, fanden wir eine Pflanze, die nach
Zwiebel roch und schmeckte und glücklicherweise nicht gif-

tig war. Die aßen wir gierig, da sie eine zusätzliche Nahrung bedeutete und Vitamine enthielt.

So hat uns die Fabrikleitung um unsere Sonntage gebracht. Nach sechs Tagen Zwölfstundenarbeit in der Fabrik hatten wir am siebenten Feldarbeit zu leisten. Nie hatten wir die Möglichkeit, uns auszuruhen. Wir versuchten jedoch, das Gute an der Sache zu sehen, und haben die Feldarbeit so aufgefasst, dass wir dadurch wenigstens einen Tag in der Woche frische Luft atmen und das Tageslicht sehen konnten.

Die Posten führten uns vom Werk durch ein Städtchen auf die Felder. Es gab uns einen Stich ins Herz, als wir die Privathäuser mit Gardinen sahen und die Zivilbevölkerung, schmuck und sonntäglich gekleidet. Wir waren betroffen darüber, dass – während wir als Maulwürfe vegetierten – draußen das Zivilleben weiterging. Das tat uns unheimlich weh. Juli nannte das Städtchen »Tulpendorf«, denn die Gärten standen gerade voller Tulpen und Narzissen. Es schien uns so traumhaft schön, so märchenhaft, dass in unserer Nähe Menschen so leben konnten. Es schien uns so idyllisch, obwohl die Hitlerjungen aus diesem »Tulpendorf«, als sie uns während eines Fliegeralarms im benachbarten Wald sahen, die Nase rümpften und riefen: »liiihh, Judenweiber!« Bei Fliegeralarm führten uns die Posten eben in den Wald.

Dort konnten wir uns auf den Waldboden setzen und uns ein bisschen ausruhen. In der Fabrik wurden wir ständig getrieben. Wenn die Maschine defekt war, durften wir nicht untätig bleiben – gleich kam der Befehl: »Rein machen!« Mit dem Besen in der Hand kehrten wir die Abfälle, den öligen Staub, manchmal das Nichts.

Man rief uns jeden Monat ins Büro zum Unterschreiben, dass wir »unser Gehalt erhalten haben«. Natürlich haben wir nie etwas bekommen. Wer weiß, wer unseren schwer verdienten Lohn eingesteckt hat. Aber Ordnung musste sein: Mit unseren Unterschriften auf der Liste wurde fingiert, dass man uns bezahlt hatte. Das ergänzt das ganze verzerrte Bild, die verzerrte Maschinerie, das verzerrte System, die verzerrte Welt, die damals über uns herrschte.

Ein ähnlich »verzerrtes« Detail habe ich vergessen zu erwähnen: In Auschwitz wurden an einem Sonntag Postkarten verteilt – wir mussten nach Hause schreiben. »Schreiben« war übertrieben, da es vorgedruckte Postkarten waren. Wir durften nur ein paar Worte ergänzen. Die Karten trugen eine Datierung aus Waldsee! Es war eine Irreführung der Außenwelt, dass wir produktiv arbeiteten, dass wir wohlauf an einem so schön klingenden Ort waren Wie »Waldsee« und nicht in einem Vernichtungslager.

Es war ein großes Dilemma für uns. Wir wollten nicht zur Irreführung der Welt beitragen; andererseits fiel es mir schwer, darauf zu verzichten, meinen Eltern ein Lebenszeichen zu geben. Sie wussten nur, dass ich am 20. April aus Budapest verschwunden war. Am Ende haben wir – Juli und ich – die Postkarten nach Klausenburg geschickt. Die Liebe zu unseren Teuersten hat gesiegt. Wie wir später erfuhren, war es unseren Familien eine Beruhigung, die Karten zu erhalten. Zu dieser Zeit hatte man sie noch nicht verschleppt.

Die amerikanische Befreiungsarmee näherte sich. Wir wurden wieder einmal in Güterwaggons zusammengepfercht und weitertransportiert zur Endstation auf unserem Leidensweg, nach Salzwedel. Hier hatte man uns in Holzbaracken untergebracht, aber wir bekamen überhaupt keine Verpflegung. Die Lagerleitung brach zusammen. Als die Amerikaner näher rückten, flohen die SS-Leute. Nur die hartnäckigsten waren noch zu sehen. Diese letzten Tage waren durch den schrecklichsten Hunger gezeichnet, und nur die Hoffnung, dass wir bald die Befreiung erleben würden, hielt mich am Leben. Wir hatten jedoch große Angst, dass die SS als letzte Verzweiflungstat unser Lager in die Luft sprengen würde.

Die Front näherte sich, die Schüsse und Detonationen wurden immer lauter – und wir immer schwächer vor Aushungerung. Einige von uns taumelten schon vor Hunger. Es hat uns in die verlassenen Verpflegungslager getrieben, wo wir nur einige Rüben fanden, die wir verteilten und roh aßen. Sie kamen uns wie eine Delikatesse vor. Wir kratzten die Rinde von den Bäumen und kauten sie. Wir versuchten, Gras zu essen, aber es gelang uns nicht. Es ist eigenartig, unter den heutigen Umständen sich all das vorzustellen. Man kann es mit gesundem Verstand kaum fassen.

Neben unserem Lager waren französische Kriegsgefangene untergebracht. Sie versicherten uns, dass sie auf uns aufpassen und Tag und Nacht Wache halten würden, um zu verhindern, dass die Nazis unser Lager sprengen.

Am 14. April 1945 hörte man Schüsse ganz aus der Nähe, und wir warteten entkräftet auf das Unvorstellbare: das Ende unserer Gefangenschaft. Um die Mittagszeit öffnete sich das Lagertor, und lächelnde, junge amerikanische Soldaten warfen aus den fahrenden Panzern Schokolade, Kaugummi, Camel-Zigaretten, alles was sie in den Taschen hatten. Die SS war verschwunden. Einige lagen erschossen auf dem Rasen vor dem Lager. Die Pforten aus Stacheldraht waren weit geöffnet – wir waren frei!

In dem großen Tumult verlor ich Juli. Ich hatte die Schokolade verwahrt, um sie mit ihr zu teilen, wenn wir uns wieder sehen würden – und sie tat das Gleiche. Ich weiß nicht, wie ich die Gefühle beschreiben soll, die ich empfand: grenzenlose, unaussprechliche, unbegreifliche Glückseligkeit!

Wir strömten durch die offenen Pforten auf die Straße in die Stadt, die unversehrt war, da die Bevölkerung keinen Widerstand geleistet hatte. Die amerikanischen Soldaten zogen weiter, da sie noch kämpften. Sie hatten sich jedoch die Zeit genommen, um uns die Läden zu öffnen und uns so freie Beutezüge zu ermöglichen. Wie ein Schwall fluteten wir –

Hunderte und Aberhunderte von befreiten Arbeitssklaven – durch die Straßen des Städtchens, berauscht von Freiheit und vom Duft des Frühlings. Ich hatte Kunsthonig und Milchpulver erbeutet, ein Stück weiches, weißes Textilgewebe und für mich, Juli und unsere Freundinnen Eva und Agi vier blaue Leinenhosen. Am Abend trafen wir uns wieder im Lager und verteilten die ergatterten Güter. Wir bezogen zu viert ein Zimmer der ehemaligen SS-Posten, um endlich wieder in richtigen Betten zu schlafen.

Wir konnten nicht einschlafen vor lauter Aufregung – die erste Nacht als freie Menschen, in einem richtigen Bett, voll von Hoffnungen und jetzt schon ausführbaren Träumen, aber auch mit Befürchtungen: Wen werden wir von unseren Lieben wieder sehen? Ob unsere Eltern am Leben geblieben sind? Grauen erfasste uns bei dem Gedanken.

Am nächsten Tag, dem 15. April 1945, hat die amerikanische Armee den französischen Kriegsgefangenen Flugzeuge zur Verfügung gestellt. Eine Gruppe von dreißig jungen Franzosen erklärte jedoch, nicht eher heimkehren zu wollen, bis man das Frauenlager entsprechend untergebracht und organisiert hätte. Sie übernahmen alles: Die Besorgung der Nahrungsmittel, die Küche, das Krankenhaus, die ganze Administration. Es waren dieselben jungen Männer, die uns vor der Befreiung beruhigten und uns bewachten. All das war wichtig, denn die amerikanischen Truppen konnten sich nicht weiter mit uns beschäftigen. Der Krieg hielt noch an, und sie mussten noch kämpfen. Ohne es einander zu gestehen, fürchteten wir uns insgeheim, dass die Front sich noch ändern könne, die deutschen Truppen Salzwedel zurückerobern und uns hinrichten würden.

Ich habe zwischen Amerikanern und Franzosen gedolmetscht. Es war rührend, wie diese jungen Franzosen sich um uns kümmerten, so wie man sich sonst nur um nächste Verwandte kümmert. Wir Frauen übersiedelten in das Heim einer ehemaligen Fliegerschule, die in einem schönen Park lag, und die Soldaten zündeten die Häftlingsbaracken an, um Seuchen zu vermeiden. Ich betätigte mich regelmäßig in der Küche, da man mit der Nahrung sehr vorsichtig sein musste. Die Amerikaner wussten nicht, dass unsere durch Entbehrung geschwächten Körper Normalkost nicht vertrugen. Viele von uns starben wegen maßlosen Essens in den Befreiungstagen. Man musste Acht geben, welches, wie viel und wie oft man Essen verteilte, denn unsere Mägen und die Verdauung konnten sich nur stufenweise an die ausgiebige, kalorienreiche Verpflegung gewöhnen. Es war der schrecklichste Anblick nach der Befreiung: Der Tod vieler Mädchen, die sich nicht beherrschen konnten und sich kaputt gegessen hatten.

Eine innige Freundschaft entwickelte sich zwischen mir und den jungen Franzosen, und ich befreundete mich mit Pierre Degas, dem Neffen des großen impressionistischen Malers Edgar Degas. Das menschliche Verhalten dieser jungen Männer hat mir meinen Glauben an die Menschen zurückgegeben – der blutige, tierisch-grausame Zweite Weltkrieg hatte nicht in allen die menschliche Würde, die Selbstlosigkeit ausgerottet. Dann kam der Tag, an dem die jungen Franzosen ankündigten, dass sie uns nun beruhigt verlassen könnten. Wir waren versorgt, sie kehrten am nächsten Tag nach Hause zurück. Der Abschied von ihnen war herzergreifend. Als wir uns umarmten, weinte ich bitterlich, auch in den Augen der Männer waren Tränen.

Am 9. Mai brach der Frieden aus. Es ist ein unbeschreibliches Gefühl, das erlebt zu haben! Abends durften wir aus Sicherheitsgründen nicht in die Stadt gehen. Wir – die vier Freundinnen Juli, Eva, Agi und ich – entschlüpften trotzdem durch einen Zaunspalt. Es war eine wunderbar milde Frühlingsnacht. Wir gingen Arm in Arm Richtung Stadtmitte. Es war uns bewusst, dass wir nie in diesem Leben wieder so sorglos sein würden wie an jenem Abend. Wir genossen das wunderschöne Feuerwerk, mit dem die amerikanische Armee den Frieden feierte. Es waren Augenblicke fürs Leben.

Wir waren am Hauptplatz des Städtchens angelangt – die Bewohner schliefen. In der großen Stille waren nur wir vier vor dem Springbrunnen. Das Feuerwerk zauberte herrliche Farben an den dunkelblauen Himmel, in einem verschlafenen Häuschen erklang eine Kuckucksuhr und schlug Mitternacht. Mein Leben lang werde ich dieses sonderbare Gefühl nicht vergessen: Die Freiheit, den Frieden in mir und um mich herum.

Im September 1945 kehrte ich zusammen mit Juli nach Klausenburg zurück. Ich nahm das Studium wieder auf und arbeitete dann viele Jahre als Sprachlehrerin im Gymnasium, gründete eine Familie und bekam zwei Töchter. Juli konnte sich zu Hause nicht mehr zurechtfinden und wanderte nach Australien aus, ich blieb in Rumänien, in unserer Heimatstadt.

1971 durfte ich zum ersten Mal aus Rumänien in den Westen reisen. Mein Vetter Béla, der sich auf wundersame Weise aus dem Krematorium-Kommando in Auschwitz hatte retten können, hatte mich zu sich in die Bretagne eingeladen – ein Erlebnis für eine Französisch-Lehrerin, endlich einmal nach Frankreich zu kommen.

Bei dieser Gelegenheit wollte ich durch die DDR reisen und das Grab meiner Mutter in Tröbnitz besuchen. Ich ging in Bukarest zur DDR-Botschaft, um ein Transitvisum zu bekommen. Man sagte mir, vielleicht werde man es genehmigen, aber ich dürfte den Zug nicht verlassen. Als ich erläuterte, dass ich zum Grab meiner Mutter wolle, die dort nach der Deportation gestorben sei, erwiderte der DDR-Botschaftsbeamte in barschem Ton: »Dann bekommen Sie es mit der Volkspolizei zu tun!« Durch diese Zurückweisung habe ich das wahre Gesicht des DDR-Regimes erkannt[8].

Anmerkungen

[1] »Die Ihr hier eintretet, lasst alle Hoffnung fahren.« (Dante Alighieri: Die Göttliche Komödie, 3. Höllenkreis, V. 9).

[2] Der erste Transport aus Ungarn – ca. 1800 Juden aus Ungarn aus dem Internierungslager Kistarcsa – wurde am 29. April 1944 aus Budapest abgeschickt und kam am 2. Mai 1944 in Auschwitz an. Knapp ein Drittel dieser Deportierten wurden im Lager als Arbeitskräfte aufgenommen, die Mehrzahl direkt in die Gaskammer geführt. (Vgl. Danuta Czech: Kalendarium der Ereignisse im Konzentrationslager Auschwitz-Birkenau 1939-1945. Reinbek 1989. S. 764.)

[3] Die Deportation der Juden aus dem Ghetto Theresienstadt zur Vernichtung in Auschwitz begann in den letzten Septembertagen 1944.

[4] Der Aufstand der Häftlinge vom »Sonderkommando« fand am 7. Oktober 1944 statt (vgl. Czech S. 898ff).

[5] Die Entlassung von 1685 ungarischen Juden aus Bergen-Belsen in die Schweiz (gegen Bezahlung eines Kopfgeldes von rund 1000 US-Dollar) war das Ergebnis der vom Frühjahr bis zum Herbst 1944 geführten Verhandlungen zwischen Funktionären des NS-Regimes und Dr. Rudolf Kastner, dem Repräsentanten des zionistischen Hilfskomitees in Budapest.

[6] Anna Langfuß: Les bagages de sable. Paris 1962; deutsch: Gepäck aus Sand. Aus dem Französischen von Yvonne Meier-Haas. München 1964.

[7] Wegen dieser Sabotageaktion wurde die Autorin 1971 von der »Amicale des anciens deportés« (Verein der ehemaligen Deportierten) in Paris ausgezeichnet.

[8] Julia Kertesz kehrte 1974 Rumänien den Rücken und zog nach Köln. Sie starb 1999. Sie war mit Ladislaus Szücs verheiratet, der seine Erfahrung als Häftling beschrieben hat in: Zählappell. Als Arzt im Konzentrationslager. Frankfurt am Main 1995.

Im Untergrund und Versteck

Claudia Schoppmann

Im Untergrund.
Jüdische Frauen in Deutschland 1941–1945

Am 21. Oktober 1941 verfügten die Nationalsozialisten ein Auswanderungsverbot für die jüdische Bevölkerung. Der Zeitpunkt war nicht zufällig, sondern bewusst gewählt: wenige Tage vorher hatten sie mit der reichsweiten Deportation der jüdischen Minderheit an zunächst unbekannte Orte »im Osten« begonnen. Damit war Deutschland für alle, die ihre einstige Heimat nicht rechtzeitig hatten verlassen können, zur tödlichen Falle geworden, aus der es kaum einen Ausweg gab. Betroffen waren hiervon alle Jüdinnen und Juden bzw. diejenigen Menschen, die – unabhängig von ihrem Selbstverständnis und ihrem Glaubensbekenntnis – aufgrund der *Nürnberger Gesetze* zu Juden erklärt worden waren. Mithilfe von über 1000 Verordnungen und Rechtsbestimmungen wurden sie seit 1933 Schritt für Schritt ausgegrenzt, entrechtet und verfolgt.[1] Mit der am 19. September 1941 in Kraft tretenden Polizeiverordnung, die die öffentliche Kennzeichnung aller Jüdinnen und Juden mit einem gelben Stern anordnete, war der Höhepunkt der weithin sichtbaren Stigmatisierung als minderwertige und weitgehend rechtlose Menschen erreicht. Nun war es nicht mehr möglich, eine der antijüdischen Maßnahmen zu umgehen, indem man etwa in einen anderen Stadtteil auswich, in dem man unbekannt war. Gleichzeitg war es seitdem verboten, den Wohnort ohne Genehmigung zu verlassen.

Für die Juden gab es in den kommenden Jahren bis zum Ende der NS-Herrschaft nur zwei Möglichkeiten, sich der Deportation zu entziehen: durch die Flucht in den Untergrund und ins Ausland. Oder – dies mag zynisch klingen – durch Suizid. Obwohl auch diese »Möglichkeit« tödlich endete, war sie ein letzter Akt der Selbstbehauptung – und Ausdruck äußerster Verzweiflung. Als die Deportationsbefehle eintrafen, entschieden sich 3 000–4 000 überwiegend alte Menschen dafür, in dieser für sie ausweglos scheinenden Situation zu Hause und von eigener Hand, oft gemeinsam mit Angehörigen, zu sterben.[2] Suizid wurde zum Massenphänomen, weshalb der Schwarzmarktpreis für Veronal extrem anstieg – zum unerschwinglichen Luxus für viele wurde.

Was bedeutete es konkret, in den Untergrund zu gehen und über Monate und Jahre hinweg ein äußerst riskantes Dasein mit enormen seelischen und körperlichen Belastungen zu führen? Mit welchen Problemen waren die weitgehend auf sich allein gestellten Männer, Frauen und Kinder täglich konfrontiert? Unterschieden sich die Erfahrungen der Frauen von denen der Männer? Und – *last not least* – wer waren ihre Helfer? Um auf diese Fragen näher eingehen zu können, muss zunächst der geschichtliche Kontext skizziert werden.

Zu Beginn des Jahres 1933 lebten etwa eine halbe Million Juden in Deutschland (ihr Anteil an der Gesamtbevölkerung betrug damit knapp 1 %); etwa ein Drittel davon lebte in Berlin (mit über 160 000 Personen waren dies knapp 4 % der Metropolenbevölkerung). Neben Städten wie Breslau, Frankfurt/Main, Hamburg und München befand sich damit in Berlin die größte jüdische Gemeinde in Deutschland. Aufgrund der zunehmenden Repressionen versuchten zahlreiche Menschen, ihre Heimat zu verlassen und in eine völlig ungewisse, unsichere Zukunft zu gehen. Es gehört zu den doppeldeutigen Signalen der Nationalsozialisten, dass sie einerseits bis Kriegsbeginn zunehmenden Druck auf die jüdische Bevölkerung ausübten, um sie zur Auswanderung zu veranlassen, aber andererseits ebendieser zahlreiche bürokratische Hindernisse in den Weg stellten und teure Abgaben (wie die »Reichsflucht-steuer«) erhoben, die viele nicht aufbringen konnten. Darüber hinaus beschränkten die meisten europäischen Länder, aber auch die USA oder das unter britischem Mandat stehende Pa-lästina, die Einreise drastisch. Dies war hauptsächlich eine Folge der anhaltenden Rezession, doch auch antisemitische Strömungen spielten dabei eine Rolle. Fast überall waren die Flüchtlinge vom Erwerbsleben ausgeschlossen oder durch Einschränkung der Arbeitserlaubnis behindert, waren auf die Unterstützung von Hilfskomitees angewiesen, durften sich nicht politisch betätigen und waren stets nur – auf Widerruf – geduldet. Doch je dramatischer die Lage für die Flüchtlinge, besonders nach dem Pogrom von 1938, wurde, umso restrik-tiver handhaben die meisten Länder ihre Asylpraxis. Insbe-sondere ältere Menschen – darunter viele Frauen – hatten kei-ne Chance zu emigrieren, da sie am wenigsten den restriktiven Einwanderungsgesetzen entsprachen. Der Kriegsbeginn am 1. September 1939 bedeutete ein fast völliges Erliegen der Aus-wanderungsmöglichkeiten. Der Überfall auf die Sowjetunion, die deutsche Kriegserklärung an die USA und der politische Wille der NS-Führung setzten dieser Form der Rettung im Oktober 1941 ein Ende. Nach diesem Zeitpunkt glückte eine Flucht ins Ausland, die mit hohem Risiko verbunden war, nur in wenigen Fällen. Bis auf die Schweiz waren alle an Deutsch-land angrenzenden Länder entweder besetzt oder verbündet und kamen daher als Fluchtziel kaum in Frage. Für eine Flucht in die Schweiz brauchte man dagegen Geld, gefälschte Papie-re, die einer Kontrolle standhalten konnten, und vor allem Kontakte zu Fluchthelfern, die bereit und in der Lage waren, einen über die »grüne Grenze« zu schleusen.

Die 164 000 Jüdinnen und Juden, die sich vor Beginn der Deportationen im Herbst 1941 noch in Deutschland befanden (davon 73 000 in Berlin), waren in Folge der nationalsozialis-tischen Maßnahmen also eine isolierte, verarmte und überalterte Gruppe. Vor allem viele Kinder und Jugendliche waren von ihren Familien ins rettende Ausland geschickt worden (so etwa in den so genannten Kindertransporten 1938/39 nach England oder mit der Jugend-Alija nach Palästina), so dass 80% von ihnen dem Naziterror entkamen.[3]

Obwohl jüdische Frauen insgesamt wohl ausreisewilliger waren als Männer, da sie weniger stark als diese im Berufsleben verwurzelt waren, bedeutet dies nicht, dass auch tatsächlich mehr Frauen emigrierten. Insgesamt konnte sich mehr als die Hälfte der jüdischen Bevölkerung (zwischen 270 000 und 300 000 Personen) ins Ausland retten, doch ist bis heute unbekannt, wie hoch der Anteil der Männer und der Frauen war. Es müssen jedoch weniger Frauen gewesen sein, denn der Frauenanteil an der jüdischen Bevölkerung in Deutschland stieg kontinuierlich an (von 52 % im Jahr 1933 auf 57 % 1939).[4] 1941 befanden sich 32 000 mehr jüdische Frauen als Männer in Deutschland.[5] Dies hatte – neben den Restriktionen seitens der Exilländer – verschiedene Ursachen: Frauen wollten häufig ihre Eltern nicht allein zurücklassen. Nicht selten fuhr der Mann oder Partner voraus, wenn eine gemeinsame Ausreise nicht möglich war, um seine Partnerin dann nachzuholen, was nach Kriegsbeginn aber kaum noch möglich war. Das war bei vielen der nach dem Pogrom 1938 ins KZ verschleppten Männern der Fall, die nur unter der Bedingung einer sofortigen Auswanderung entlassen worden waren.

Die Situation der noch in Deutschland lebenden »Nichtarier« unterschied sich jedoch teilweise. Die Nationalsozialisten ersannen ein ausgeklügeltes und kaum durchschaubares System, um die komplexe Wirklichkeit zu beherrschen. So unterschieden sie zwischen »Volljuden« und »Mischlingen«, und unterteilten diese wiederum in »Halb-« und »Vierteljuden«, die weniger stark diskriminiert wurden. Aber auch hier gab es Ausnahmen: So galt etwa ein »Mischling«, der mit einem »Volljuden« verheiratet war, als »Geltungsjude« und war denselben Repressionen ausgesetzt wie ein »Volljude«. Die Intensität der Verfolgung hing also u.a. davon ab, wer mit wem verheiratet war und ob die gemeinsamen Kinder jüdisch oder christlich erzogen wurden. Solange der nichtjüdische Partner nicht dem Druck der Behörden nachgab und sich scheiden ließ oder starb, waren die in einer »Mischehe« lebenden Jüdinnen und Juden in der Regel vorläufig noch vor einer Deportation geschützt. Doch auch für diese Menschen, deren Leben von Zwangsarbeit und zunehmender Isolierung geprägt war, gab es keine verlässliche, dauerhafte Sicherheit. So war beispielsweise Erna Becker-Kohen, eine gläubige Katholikin jüdischer Herkunft, mit einem »Arier« verheiratet; da zudem ihr Sohn katholisch getauft war, lebte sie in einer »privilegierten Mischehe«,[6] was u.a. bedeutete, dass sie keinen Stern tragen musste. Im März 1943 wurde sie dennoch verhaftet, konnte jedoch der vorgesehenen Deportation entgehen. Aus Angst vor Denunziationen und einer erneuten Verhaftung floh sie im Juni 1943 aus Berlin nach Tirol und ins Allgäu, wo sie mehrmals Urlaub gemacht hatte und einige Geistliche kannte. Hier gelang es ihr, sich und ihr Kind zu retten.[7]

Die für Anfang 1945 geplante Deportation aller in »Mischehe« lebenden Juden sowie der jüdischen »Mischlinge« nach Theresienstadt wurde lediglich aufgrund der zu Kriegsende eingeschränkten Transportkapazitäten nicht mehr vollständig realisiert.[8]

Der Entschluss, sich zu verstecken bzw. eine »arische« Identität anzunehmen, wurde meist nicht von langer Hand vorbereitet. Viele Jüdinnen und Juden tauchten erst unter, als Angehörige bereits deportiert worden waren und/oder ihre eigene Verschleppung unmittelbar bevorstand, die in den ersten Monaten noch schriftlich angekündigt wurde, während ab Ende 1942 die Verhaftungen unangekündigt und zum Teil auf offener Straße erfolgten. Letztes Signal zum Untertauchen war in vielen Fällen die Großrazzia Ende Februar 1943, die als »Fabrikaktion« bekannt wurde. Damals sollten alle noch im Reichsgebiet lebenden Jüdinnen und Juden deportiert werden, darunter Tausende von Zwangsarbeitern in Rüstungsbetrieben, die bis dahin wegen ihrer Kriegswichtigkeit den dort Beschäftigten noch einen gewissen Schutz boten. So wurden am 27. Februar 1943 alle zwangsbeschäftigten Juden, die unter keine der von den Nationalsozialisten ersonnenen Ausnahmekategorien fielen, aus den Fabriken heraus, aber auch von zu Hause und auf der Straße verhaftet und wenige Tage später deportiert; allein in Berlin waren es etwa 11 000.

Zunächst waren die tödlichen Folgen der Deportation nicht bekannt – und auch kaum vorstellbar. Erst allmählich, im Lauf des Jahres 1942, verbreiteten sich in Deutschland Gerüchte über die Massenerschießungen bzw. die Konzentrations- und Vernichtungslager. Eine gezielte Informationsbeschaffung war für die jüdische Bevölkerung, die seit September 1939 keine Radios mehr besitzen durften, nicht möglich. Auch war offiziell stets von »Umsiedlung«, »Abwanderung« oder »Evakuierung« die Rede, was die wahren Absichten verschleierte. Trotzdem ahnten wohl die meisten, dass die Verschleppung Schlimmes bedeuten würde. Sie müsse froh sein, noch in Berlin zu sein »und nicht dort, wo man meine Schicksalsgenossen hingebracht hat, von denen man seit 2 Jahren nicht ein Sterbenswörtchen hört«,[9] schrieb Cäcilie Lewissohn am 17. November 1943 in ihr Tagebuch, wobei das »Sterbenswörtchen« womöglich doppeldeutig gemeint war. Die Vorstellung einer fabrikmäßig betriebenen Ermordung erschien jedoch so ungeheuerlich, dass selbst diejenigen, die wie etwa Inge Deutschkron von einem Soldaten oder durch Abhören eines ausländischen Senders von den wahren Vorgängen erfahren hatten, sich sträubten, dies zu glauben.

Davon abgesehen, was die isolierte jüdische Bevölkerung zu jener Zeit wusste oder wissen konnte, war der Entschluss zum

Untertauchen eine in jeder Hinsicht schwierige Entscheidung. Auch psychologisch schwierig, bedeutete dies doch, die letzten Reste einer geregelten Existenz – wie eingeschränkt auch immer sie bereits war – zu verlieren, weshalb viele diesen Schritt so lange wie möglich hinauszögerten. Denn da sie zu Beginn der Deportationen nicht ahnen und schon gar nicht wissen konnten, wie lange der Krieg noch dauern würde, war dies ein Entschluss auf unbestimmte Dauer. Erst Anfang 1943, als sich die Niederlage der Wehrmacht bei Stalingrad abzeichnete, war ein Sieg der Alliierten und damit ein Ende der NS-Herrschaft überhaupt vorstellbar.

Darüber hinaus war die jüdische Bevölkerung, insbesondere seit 1938, in allen Lebensbereichen – im Ausbildungs-, Kultur-, Sozial-, Erwerbs- und Wohnsektor – immer stärker isoliert worden. Kontakte zu Nichtjuden waren für ein Untertauchen jedoch unabdingbar. Oder anders gesagt: Der Ausschluss der Jüdinnen und Juden aus der »Volksgemeinschaft« war die Voraussetzung für die Durchführbarkeit der Deportationen – vor aller Augen, und ohne je zu einem öffentlichen Protest zu führen, sieht man von der gleichwohl mutigen »Demonstration« von (überwiegend) »arischen« Frauen ab, die in der ersten Märzwoche 1943 vor dem Sammellager in der Berliner Rosenstraße für die Freigabe ihrer in der »Fabrikaktion« verhafteten jüdischen Ehemänner und Kinder stritten.

Die genaue Zahl derjenigen, die sich als »U-Boote«, wie sich die in der Illegalität Lebenden oft selbst nannten, dem Zugriff der Gestapo zu entziehen versuchten, wird sich wohl kaum noch exakt ermitteln lassen. Zwischen Herbst 1941 und Kriegsende tauchten schätzungsweise zehn- bis fünfzehntausend Menschen in Deutschland, davon etwa fünftausend in Berlin, unter, wovon nur etwa ein Viertel überlebte. Auch wenn Hunderte von Rettungsfällen – in Erlebnisberichten und autobiographischen Zeugnissen dokumentiert – bekannt sind, gibt es bis heute keine zusammenfassende Darstellung des Überlebenskampfes der Verfolgten. Auch fehlen bislang verlässliche Angaben über das Ausmaß der Hilfsaktionen in Deutschland.[10]

Im Folgenden sollen einige Schicksale von Berliner Untergetauchten beispielhaft vorgestellt werden:

Ilse Stillmann[11]

Die 32-jährige einstige Verlagsangestellte wurde in letzter Minute von einer befreundeten Ärztin, Grete Schellwort, die aufgrund ihrer Tätigkeit in einem Polizeikrankenhaus über entsprechende Informationen verfügte, vor der bevorstehenden »Fabrikaktion« am 27. Februar 1943 gewarnt. Während Ilse Stillmanns Geschwister und ihr Lebensgefährte rechtzeitig hatten emigrieren können, hatte sie selbst auf die Möglichkeit, nach England zu entkommen, verzichtet, da sie ihre Mutter, die nicht mehr ausreisen konnte, nicht im Stich lassen wollte. Nachdem die Mutter im Herbst 1942 nach Theresienstadt deportiert worden war, Ilse Stillmann also keine Rücksicht mehr auf Familienmitglieder nehmen musste, nahm sie die Warnung der Polizeiärztin ernst. Sie ging nicht mehr zu Siemens, wo sie seit 1941 in einer Abteilung mit 900 jüdischen Männern und Frauen, darunter auch Herbert und Marianne Baum und andere Mitglieder dieser jüdisch-kommunistischen Widerstandsgruppe, Zwangsarbeit geleistet hatte. Stattdessen verließ sie ihr Quartier, nachdem sie Verdächtiges verbrannt und den Stern an ihrer Kleidung, der sie weithin als Ausgestoßene sichtbar machte, entfernt hatte.

Kurzfristig kam sie bei alten Bekannten unter, musste dann aber bis Mitte 1944 ihren Unterschlupf ständig wechseln, was nicht zuletzt die Gefahr von Denunziationen erhöhte. Wie viele Illegale versuchte sie, ein nach außen hin »normales« Leben zu führen. Unabdingbar hierfür waren jedoch falsche Papiere, denn die Gefahr, sich ausweisen zu müssen, war allgegenwärtig. Von einer »arischen« Bekannten erhielt sie einen sogenannten Postausweis, ein bei Illegalen sehr begehrtes Papier, das leichter zu beschaffen war als eine Kennkarte, und das als Ausweisersatz weit verbreitet war. Ihre eigene Kennkarte mit dem aufgestempelten J konnte sie natürlich nicht mehr benutzen, was auch zur Folge hatte, dass sie keine Lebensmittelkarten mehr bekam. Die Polizeiärztin gab ihr regelmäßig von ihren Marken ab und versorgte sie medizinisch. Auch das war ein Problem, das alle Untergetauchten kannten, denn es war für sie aufgrund der Ausweispflicht zu gefährlich, einen Arzt oder gar ein Krankenhaus aufzusuchen. Mit dem Geld, das Ilse Stillmann etwa als Aufwartefrau verdiente, konnte sie sich zwar Lebensmittel kaufen, musste dafür aber die hohen Schwarzmarktpreise bezahlen. Sie schickte ihrer Mutter regelmäßig Päckchen und tröstende Nachrichten unter fingiertem Namen nach Theresienstadt, was auch dazu beitrug, dass diese überleben konnte. Nachdem Ilse Stillmann, die seit früher Jugend Kommunistin war, mithilfe einer Genossin ab Mai 1944 ein festes Quartier gefunden hatte, konnte sie sich wieder illegal politisch betätigen und ihrerseits verfolgten Genossen helfen. Das hatte ihr psychisches Überleben wesentlich erleichtert, während sie andererseits die von Genossen erfahrene Solidarität ihren früheren zahlreichen Kontakten und Verbindungen verdankte.

Cäcilie Lewissohn[12]

Ein nach außen hin »normales« Leben führte auch Cäcilie Lewissohn, die mit ihren 60 Jahren erheblich älter als Ilse Stillmann und die meisten »U-Boote« war. Ihren beiden Kindern war noch rechtzeitig die Emigration geglückt, ebenso ihrem Mann Ludwig, der sie nach Frankreich nachholen wollte, was aber durch den Einmarsch der Wehrmacht in Frankreich 1940 verhindert wurde. »Wenn meine Stimmung nur besser werden würde, ich könnte immerzu heulen über die Ausweglosigkeit, hier je wegzukommen. Aber genug davon, eine Trefferbombe, und es ist alles vorbei!«,[13] schrieb sie resigniert am 9. November 1943 in ihr Tagebuch, das sie am 7. Oktober 1943, ihrem 60. Geburtstag, begonnen hatte, »um für spätere Zeiten mein jetziges problematisches und immerhin sehr merkwürdiges Leben festzuhalten«[14].

Im Januar 1943 hatte sie von einem Polizisten einen gefälschten Anmeldeschein gekauft und die »Judenwohnung« in Berlin-Schöneberg, in der sie seit 1940 leben musste, verlassen. Zunächst fand sie Unterschlupf bei ihrer Schwägerin, die später ebenfalls untertauchte. Dann lebte und arbeitete Cäcilie Lewissohn bei verschiedenen Personen – u.a. bei einem Oberstleutnant in Potsdam –, die höchstwahrscheinlich über ihre wahre Identität informiert waren. In dem halben Jahr, aus dem ihre Aufzeichnungen überliefert sind, wechselte sie zwischen zwei Quartieren in Schöneberg und Schmargendorf. »Dieses Herumwandern von einem zum andern ist das, was am schwersten zu ertragen ist. Wenn man 60 Jahre alt ist, hat man eine Vorliebe zur Sesshaftigkeit, aber so, wie die Dinge liegen, werde ich vorläufig nicht dazu kommen«, klagte sie am 8. Oktober 1943, um sich gleich darauf selbst Mut zuzusprechen: »Aber jammern gilt nicht, Zähne zusammenbeißen und weiterleben!«[15]

Cäcilie Lewissohn schlug sich mit Putzarbeiten durch und fertigte Buchhüllen an, die sie selbst in Geschäften verkaufte. Und einmal monatlich bekam sie über Dritte Geld von einer Frau, deren Namen sie entweder nicht kannte oder aus Gründen der Vorsicht nicht nannte, und die offenbar für Illegale spendete. Mit bewundernswertem Mut versuchte sie auch, gelegentlich am kulturellen Leben teilzunehmen, von dem Juden seit langem ausgeschlossen waren. Die Pianistin und Klavierlehrerin, die seit Mitte der dreißiger Jahre ihren Beruf nur noch im Jüdischen Kulturbund hatte ausüben können, bis mit der Auflösung dieser Organisation 1941 auch diese Möglichkeit ausgeschlossen war, besuchte etwa eine Opernaufführung oder ging ins Kino. So versuchte sie, an ihr früheres, ganz der Musik und der Kunst gewidmetes Leben anzuknüpfen und sich einen Rest menschlicher Würde und Selbstbestimmung zu bewahren. Auch machten ihr die immer häufiger werdenden Bombenangriffe zunehmend zu schaffen, wobei sie im Februar 1944 nicht nur ein Quartier und ihre wenigen Habseligkeiten verlor, sondern auch die Möglichkeit, für ihre Wirtin zu arbeiten und Geld zu verdienen, das sie für Einkäufe auf dem Schwarzmarkt dringend benötigte. Ihre Gesundheit litt unter der nervlichen Belastung. Ideenreich versuchte sie immer wieder, einen Ausweg zu finden. Sie verfolge einen Plan, der ihre Lage »erheblich verbessern könnte. Bin auf der Suche nach Geld, was augenblicklich nicht ganz einfach ist«, heißt es im letzten Eintrag vom 3. März 1944.

Doch aus ihren Plänen wurde nichts mehr, denn offenbar war die Gestapo bei dem Polizisten, von dem sie ihre gefälschten Papiere bekommen hatte, auf ihre Spur gestoßen. Cäcilie Lewissohn wurde verhaftet und in die Weddinger Schulstraße 78 gebracht; das Gebäude gehörte zum Jüdischen Krankenhaus und wurde von den Nationalsozialisten als Sammellager genutzt. Am 13. April 1944 wurde ihr – wie allen Verhafteten vor und nach ihr – von der Gestapo die Einziehung ihres Vermögens mitgeteilt. Allerdings gab es bei der einst wohlhabenden Frau längst nichts mehr einzuziehen, wie aus einer Vermögenserklärung hervorgeht. Die Hilfeversuche ihres ebenfalls in Berlin lebenden Neffen scheiterten. Sie wurde am 18. April nach Auschwitz deportiert und vermutlich sofort nach der Ankunft – wenn sie die Fahrt in einem der Viehwaggons überhaupt überlebt hat – umgebracht, da sie in ihrem Alter als nicht mehr arbeitsfähig galt. Wenige Wochen später wurde auch ihr Mann von Frankreich aus nach Auschwitz deportiert. Er gehörte zu den etwa 30 000 Menschen, denen zwar die Emigration aus Deutschland geglückt war, die aber nach dem Einmarsch der Wehrmacht in Frankreich verhaftet und deportiert worden waren. Cäcilie und Ludwig Lewissohn gelten als in Auschwitz »verschollen«, da ihr genaues Todesdatum nicht mehr feststellbar ist.

Das ist einer von vielen gescheiterten Rettungsversuchen, von denen die Nachwelt normalerweise nichts erfährt. In vielen Fällen kennen wir nicht einmal die Namen der später Ermordeten, denn sie mussten ja zwangsläufig ihre Spuren verwischen, um sich so gut wie möglich dem Zugriff der Behörden zu entziehen. Nur wenige Menschen haben es wie Cäcilie Lewissohn, die Zeugnis ablegen wollte, gewagt, im »Untergrund« Aufzeichnungen zu machen; zu groß war die Angst vor Entdeckung. Auch sie verschlüsselte viele Namen. Das Schreiben war für sie ein wichtiger Kommunikationsersatz; ihrem Tagebuch konnte sie ihre Sehnsucht nach einem Wiedersehen mit ihren Angehörigen anvertrauen.

Gertrude Sandmann[16]

»Finden sie mich oder finden sie mich nicht«, diese bange Frage stellte sich auch die 1893 geborene Malerin Gertrude Sandmann ständig. Anders als Cäcilie Lewissohn und Ilse Stillmann blieb sie in mehreren Verstecken verborgen. Die politisch links eingestellte Künstlerin, die einst Privatunterricht bei Käthe Kollwitz genommen hatte und dem Verein Berliner Künstlerinnen angehörte, erkannte früh, dass die Machtübernahme der Nationalsozialisten nichts Gutes verheißen konnte, und war in die Schweiz gegangen. 1934 musste sie jedoch nach Deutschland zurückkehren, da ihr die

Schweiz keine Aufenthalts- und Arbeitserlaubnis mehr gewährte. Im selben Jahr wurde sie wegen »nichtarischer« Abstammung aus dem Reichsverband bildender Künstler ausgeschlossen und erhielt Berufsverbot. Dass sie, wie übrigens auch Ilse Stillmann, 1926 aus der Jüdischen Gemeinde ausgetreten und seitdem konfessionslos war, interessierte die Rassenfanatiker nicht. Noch einmal entschloss sie sich zur Flucht, und es gelang ihr, eines der raren Visa für England zu ergattern. Doch sie brachte es nicht übers Herz, ihre inzwischen schwer kranke, verwitwete Mutter in Berlin allein zurückzulassen. Als diese im Oktober 1939 starb, war das Visum wegen des Kriegsbeginns wertlos geworden.

Im November 1942 war Gertrude Sandmann, da sie aus gesundheitlichen Gründen keine Zwangsarbeit leisten konnte und sich somit nicht als »nützlich« erwies, unmittelbar von der Deportation bedroht. So entschloss sie sich, das Wagnis einzugehen und unterzutauchen. Am 21. November 1942 floh sie aus ihrer eigenen Wohnung und hinterließ der Gestapo, die bald alles ausrauben sollte, einen Abschiedsbrief, in dem sie ihren Selbstmord ankündigte. Um diesen Entschluss glaubwürdig aussehen zu lassen, musste sie alles in ihrer Wohnung zurücklassen, inklusive der Lebensmittelkarten, die Juden ohnehin nur ein Fünftel der üblichen Ration zugestanden. Ohne die Hilfe ihrer Freundinnen wäre dieser Schritt unmöglich gewesen. Die Kunstgewerblerin Hedwig Koslowski, mit der sie seit 1927 liiert war, ließ ihre Lebensgefährtin nicht im Stich – wahrlich keine Selbstverständlichkeit in einer Zeit, in der viele »Mischehen« und Partnerschaften unter dem äußeren Druck zerbrachen.

Hedwig Koslowski organisierte einen Unterschlupf bei der befreundeten Familie Grossmann in Berlin-Treptow. In einer winzig kleinen Kammer hielt sich Gertrude Sandmann verborgen, lebte von dem, was Frau Grossmann von ihrer Essensration abzweigte und was Hedwig Koslowski besorgen konnte. Was es heißt, monate-, ja jahrelang im Versteck zu leben, hat Anne Frank in ihrem Tagebuch eindringlich beschrieben. Auch Gertrude Sandmann musste bei Frau Grossmanns Abwesenheit jedes Geräusch in der hellhörigen Wohnung vermeiden, durfte nicht ans Fenster treten und die Wohnung nie verlassen, auch nicht während der schwersten Bombenangriffe, denen sie schutzlos ausgeliefert war – und die sie dennoch insgeheim begrüßte, da sie die ersehnte Befreiung näher brachten. Nach der Entwarnung, wenn der Luftschutzwart seinen Kontrollgang durch die Wohnungen machte, blieb der zierlichen Frau nichts anderes übrig, als sich schnell in einem Schreibtisch zu verstecken und zu hoffen, dass kein plötzlicher Hustenanfall sie verriet.

Im Sommer 1944, nach anderthalb Jahren des Eingesperrtseins, wurde die beengte Situation für sie immer unerträglicher. Auch mochte sie Frau Grossmann und ihre Tochter nicht länger gefährden, denn wenn bei einem Bombeneinschlag entdeckt worden wäre, dass sie eine Jüdin in ihrer Wohnung versteckten, hätte ihnen KZ-Haft gedroht. Wieder gelang es Hedwig Koslowski, einen Unterschlupf zu besorgen, diesmal in einer unbewohnten Laube in Biesdorf. Feuer und Licht durfte sie wegen der Nachbarn nicht machen. Hedwig Koslowski und eine langjährige Freundin Gertrude Sandmanns aus den zwanziger Jahren, Susy Hermans, versorgten die Untergetauchte mit Essen. Da sie längst nicht mehr zeichnen konnte, deklamierte sie Gedichte und trainierte ihr Gedächtnis, um nicht den Verstand zu verlieren. Im Herbst machte die einsetzende Kälte eine erneute Flucht nötig; diesmal nahm Hedwig Koslowski die Freundin mit in ihre eigene Wohnung in Schöneberg, die sie mit einer anderen Kunstgewerblerin teilte. Dort erlebte Gertrude Sandmann, auf siebzig Pfund abgemagert, die Befreiung. Endlich hatte die jahrelange Angst vor der Entdeckung und ihren tödlichen Folgen ein Ende, wenn sie sich auch in der Illegalität schwere gesundheitliche Schäden zugezogen hatte. Bis zu ihrem Lebensende konnte ein unverhofftes Klopfen an der Tür oder das Klingeln des Telefons Gertrude Sandmann in Angst und Schrecken versetzen und nächtliche Alpträume heraufbeschwören.

Susanne von Schüching[17]

Ähnlich wie bei Gertrude Sandmann sollte sich auch bei Susanne von Schüching der nichtjüdische Freund als Lebensretter erweisen. Der Vater der 1906 geborenen Frau, ein Anwalt, hatte sich als junger Mann – vermutlich aus beruflichen Gründen – taufen lassen, ihre Mutter vor der Heirat. Susanne von Schüching, die erst mit zwölf Jahren von der jüdischen Herkunft ihrer Eltern erfuhr, was in ihr eine Identitätskrise auslöste, wurde in der NS-Zeit als »nichtarische Christin« geführt, die trotz der abstrusen Bezeichnung der Verfolgung ausgesetzt war. In den dreißiger Jahren lernte sie ihren späteren (zweiten) Ehemann, von Schüching, kennen, den sie aufgrund der Nürnberger Gesetze erst nach Kriegsende heiraten konnte. »Ich würde nicht überlebt haben ohne ihn«, sagte sie in einem Interview 1984, »der hat sich da wirklich wie ein Held benommen.«[18] Auch Susanne von Schüching musste Zwangsarbeit leisten, unter anderem in einer Fabrik in Weißensee. Nachdem sie der Verhaftung im Rahmen der »Fabrikaktion« durch den Schutz ihres Meisters entgangen war, erhielt sie wenige Tage später in der Fabrik einen Anruf von der Gestapo, sie solle umgehend nach Hause kommen, da sie jetzt »evakuiert« werden würde. Susanne von Schüching verließ Hals über Kopf die Fabrik, entfernte den Stern von ihrer Kleidung und flüchtete zu ihrem Lebensgefährten. Dieser mietete ein Haus in Glienecke, einer Villengegend am Stadtrand von Berlin, wo auch viele Nazifunktionäre wohnten, was sich paradoxerweise als Schutz erwies, denn hier vermutete niemand eine Jüdin. Von Schüching gab seine Freundin als eine »Frau Petri« aus, und da sie keine Papiere und damit keine Lebensmittelmarken hatte, musste er sie von seinen Rationen miternähren. »Nun sah ich ja nicht jüdisch aus, also es war alles machbar«,[19] erklärte sie sich ihr Überleben im Nachhinein. In der Tat war das Aussehen ein wichtiger Faktor, denn wer den antisemitischen Stereotypen äußerlich ähnelte, hatte größere psychologische Barrieren, sich überzeugend als »Arier« auszugeben, und dies konnte andererseits potentielle Helfer abhalten, da sie eher eine Entdeckung befürchteten.

Trotz der Angst, die sie aufgrund der Nationalsozialisten in der Nachbarschaft und zeitweise – durch die Einquartierung einer Bombengeschädigten – in ihrem Unterschlupf hatte, sollte die schlimmste Bedrohung jedoch von einem Mitglied der eigenen Familie kommen. Eines Tages stand ihre nichtjüdische Tante vor der Tür, und zwar in Begleitung ihres zweiten Mannes, eines hohen SS-Manns. Beide nutzten die Gunst der Stunde bzw. die Machtverhältnisse schamlos aus und erpressten sie: Geld oder Leben! Es blieb Susanne von Schüching nichts anderes übrig, als mithilfe ihres Lebensgefährten – den sie zudem wegen »Rassenschande«, die mit KZ geahndet wurde, hätten denunzieren können –, auf diese Erpressung einzugehen. Sie hatte jedoch, wie sich herausstellen sollte, eine lebensrettende Idee, denn sie beharrte darauf, den »Kaufpreis« in monatlichen Raten zu zahlen. Selbst als der SS-Mann gefallen war, setzte die Tante die Erpressung fort: »Das wurde eine Rangelei um mein Leben. Das war eigentlich das Schlimmste, was ich damals erlebt habe,«[20] lautete ihr Fazit. Susanne von Schüching erlebte das Kriegsende in Glienecke, und mutig versteckte sie zum Schluss ihren Lebensgefährten vor dem »Volkssturm«.

Ruth Abraham[21]

Die 1913 geborene Ruth Abraham erfuhr dagegen Hilfe von einer ihr völlig unbekannten Frau. Auch sie betont in ihrem nach dem Krieg verfassten Bericht, dass ihr »arisches« Aussehen ihr geholfen habe, sich zur Wehr zu setzen – etwa 1938, als sie in einer spektakulären Aktion ins KZ Dachau fuhr, um ihren (späteren) Schwiegervater, der kurz zuvor während des Pogroms verhaftet worden war, zu befreien – was der wagemutigen Frau auch tatsächlich gelang. Bevor sie 1938 ihren Mann kennen lernte, hatte sie vergeblich versucht, zu emigrieren. Da ihr Bankguthaben beschlagnahmt wurde, scheiterten auch spätere Emigrationsversuche. 1939 heiratete das Paar, und bald musste Ruth Abraham Zwangsarbeit leisten. Im Juli 1942 wurden ihre Eltern deportiert. Nicht zuletzt durch das streng verbotene Abhören ausländischer Sender ahnte sie bald, dass die Verschleppung den Tod bedeutete. Sie überzeugte schließlich ihren Mann, mit ihr unterzutauchen: »Wir sagten uns, lass es uns versuchen, selbst wenn wir gefasst werden, können wir unser Leben verlängern.«[22] Auch ihre Schwester Ella und ihren Schwager versuchte Ruth Abraham dazu zu überreden, doch ihr Schwager lehnte ab. Trotz aller bisher erfahrenen Repressionen konnte er sich – wie viele andere – nicht vorstellen, dass die Nationalsozialisten wertvolle Arbeitskräfte umbringen würden. Er »hatte die Illusion, dass er im KZ weiter arbeiten würde, wie er das bisher getan hatte, und so überleben würde, und meine Schwester und die Kinder mussten sich ihm fügen«[23].

Ruth Abrahams Situation war besonders gefährdet, da sie hochschwanger war. Möglicherweise war aber genau das der Grund, warum eine ihr völlig unbekannte Berlinerin – Hausfrau und selbst Mutter von zwei Kindern – Mitleid mit ihr hatte und sich entschloss, ihr zu helfen. Eines Tages, auf dem Weg zur Zwangsarbeit, wurde Ruth Abraham von der damals 32-

jährigen Maria Nickel angesprochen. Die Jüdin fürchtete eine Falle, so unglaublich erschien es ihr, dass nach jahrelanger antisemitischer Hetze, in der Juden als »Untermenschen« verteufelt wurden, eine »Arierin« ihr helfen wollte. Doch Maria Nickel beharrte auf ihrem Angebot, Ruth Abraham bzw. ihrem Neugeborenen zu helfen. Nachdem am 18. Januar 1943 Ruths Schwester und deren Familie deportiert wurden und sie nun befürchteten, als nächste an der Reihe zu sein, rissen die Abrahams den Stern von der Kleidung und verließen Hals über Kopf ihr Zuhause. Doch nach wenigen Stunden setzten die Wehen ein, und sie kehrten notgedrungen in die Wohnung zurück, wo die Tochter Rhea zur Welt kam. Nun brauchten sie, um untertauchen zu können, dringend falsche Papiere, und Maria Nickel besorgte Ruth Abraham einen Postausweis, nachdem sie einen misstrauischen Postbeamten schlagfertig überlistet hatte. Walter Abraham gab sie kurzerhand den Führerschein ihres Mannes Willy. So fuhr das Ehepaar als »Arier« getarnt nach Küstrin an der Oder, wo sie bei einer armen Bäuerin wohnten, deren Adresse sie sich in Berlin teuer erkauft hatten.

Wie andere Untergetauchte auch, flohen Abrahams wegen der zunehmenden Luftangriffe auf Berlin aufs Land, wo niemand sie kannte. Doch sie fürchteten sich nicht nur vor den Bomben: Alle »U-Boote« hatten auch Angst vor jüdischen Spitzeln, die Untergetauchte an die Gestapo verrieten, in der Annahme, dadurch ihr eigenes Leben retten zu können. Nicht nur Ilse Stillmann, auch Walter Abraham wäre eine solche Begegnung fast zum Verhängnis geworden. Selbst in Küstrin blieben sie nicht unbehelligt, denn im Sommer 1943 – vermutlich aufgrund einer Denunziation – tauchten plötzlich zwei SS-Männer auf und überprüften ihre Papiere. Mit Mühe gelang den Abrahams die Flucht zurück nach Berlin. Dort erfuhren sie von Maria Nickel, dass sie und ihr Mann Willy bereits zur Gestapo vorgeladen worden waren. Jetzt musste Maria ihren Mann zwangsläufig über seinen zweckentfremdeten Führerschein informieren. Sie bat ihn, sich unwissend zu stellen, und er blieb beim Verhör standfest. Als sie selbst verhört wurde, stellte sie sich naiv und ließ sich ebenfalls nicht einschüchtern. Da man ihr nichts nachweisen konnte, wurde Maria Nickel mit der Drohung entlassen, dass man ihr ihre Kinder wegnehmen würde, sollte sich herausstellen, dass sie Juden geholfen habe.

Für Ruth Abraham war die Gefahr nach diesem Verhör noch lange nicht ausgestanden. Sie war nun gefährdeter als zuvor, denn sie hatte keine Papiere mehr und konnte wegen der Kontrollen auch keinen Luftschutzkeller mit ihrer Tochter aufsuchen. In Berlin hatte sich das Ehepaar aus Sicherheitsgründen getrennt, und monatelang hatte Ruth Abraham die Verantwortung für sich und ihr Kind allein zu tragen. Um den Bombenangriffen zu entgehen, zog sie mit dem Säugling als vermeintlich »Ausgebombte«, deren Papiere verbrannt waren, durch die Gegend von Küstrin. Blond und blauäugig wie sie war, vertraute sie auf ihr unverdächtiges Aussehen und wohnte bei Bauern, die sich die primitive Unterkunft teuer bezahlen ließen. Zum Glück verfügte Ruth Abraham noch über etwas Geld, das sie von ihrer letzten Arbeitsstelle hatte retten können. Walter gelang es schließlich, seine Frau ausfindig zu machen und zu ihr gelangen. Trotz großer Gefahren und schwerer Krankheiten überlebten sie.

Wie Gertrude Sandmanns Freundin Hedwig Koslowski gehört auch Maria Nickel zu den mehr als 700 Berlinerinnen und Berlinern, die nach dem Krieg vom Berliner Senat dafür geehrt wurden, dass sie mutig und uneigennützig den Verfolgten in ihrer Not geholfen hatten.

So unterschiedlich im Detail die genannten Episoden sein mögen, sie zeigen den ebenso verzweifelten wie mutigen Versuch jüdischer Menschen, ihr eigenes Leben zu retten und sich der Absicht der Nationalsozialisten, die jüdische Bevölkerung Europas ausnahmslos zu vernichten, zu widersetzen. Sie ließen sich also nicht, wie häufig behauptet wurde, willen- und widerstandslos »wie die Schafe zur Schlachtbank führen«. In dieser fast sprichwörtlich gewordenen Formulierung schwingt ein Vorwurf mit, der die Schuld an den Verbrechen implizit den Opfern zuweist: indem unterstellt wird, dass ein Entkommen und Widerstand leicht möglich gewesen wäre.

Isoliert und ihrer Ressourcen weitgehend beraubt, war die jüdische Minderheit nicht in der Lage, die Verfolgungsmaschinerie aufzuhalten oder gar das Regime zu stürzen. Ihre Strategien zielten auf Abwehr und Selbstbehauptung. Dennoch gab es verschiedene Formen von Opposition und Widerstand,[24] auch wenn die Möglichkeiten hierfür begrenzt waren – nicht zuletzt durch die Androhung der Machthaber, Widerstandsaktionen mit Vergeltungsmaßnahmen (Ermordung von Geiseln) streng zu ahnden. Neben der kommunistisch orientierten Baum-Gruppe gab es eine aus bis zu 40 Jugendlichen bestehende zionistische Gruppe, »Chug Chaluzi«, die nach der »Fabrikaktion« Ende Februar 1943 in den Untergrund ging und sich gegenseitig unterstützte.[25] Und eine ungewöhnliche Allianz von jüdischen und nichtjüdischen Regimegegnern stellte die »Gemeinschaft für Frieden und Aufbau« dar, die 1943/44 versuchte, untergetauchten Juden zu helfen und die Bevölkerung mit Flugblättern aufzurütteln.[26]

Es gleicht einem Wunder, dass es trotz allem etwa drei- bis fünftausend Jüdinnen und Juden in Deutschland gelang, im Untergrund zu überleben. Nur angesichts der Millionen Deportierter und Ermordeter – darunter allein 55 600 jüdische Berliner Männer und Frauen und 134 000 aus dem »Altreich« insgesamt – kann das als »Erfolg« bezeichnet werden, obwohl die Überlebenden meist nichts weiter als ihr nacktes Leben retten konnten. In Berlin, wo etwa fünftausend Menschen in den Untergrund gegangen waren, wurden nach dem Krieg von der Jüdischen Gemeinde 1 379 Überlebende gezählt. (Vermutlich ist diese Zahl in Wirklichkeit höher, da ein bestimmter Anteil nach der Befreiung nicht mehr in Berlin lebte.) Unter diesen 1 379 befanden sich zwei Drittel Frauen (829 Frauen und 550 Männer).[27]

Sowohl der Entschluss unterzutauchen als auch das Überleben waren von vielen verschiedenen Faktoren – und von Zufällen – abhängig, vom Geschlecht, Alter, Aussehen und Auftreten, körperlicher Konstitution, materiellen Ressourcen, Kontakten zu Nichtjuden; aber auch von der Dauer des Untertauchens, den Luftangriffen, bei denen immer mehr potentielle Quartiere zerstört wurden, den zunehmend knapper werdenden Lebensmitteln, den Denunziationen etc. Die amerikanische Historikerin Marion Kaplan vermutet in ihrem Buch *Between dignity and despair*, dass weniger Frauen als Männer untertauchten, da es erstens schwerer gewesen sei, sich mit Kindern zu verstecken; zweitens, weil eine »Evakuierung«, zumal mit Angehörigen, zunächst weniger bedrohlich schien als der Schritt allein in die Illegalität, ins völlig Ungewisse. Und drittens seien wohl besonders Männer, vor allem die Söhne, von ihren Familien oder Bekannten dazu ermutigt worden, dieses Wagnis einzugehen.[28]

Insgesamt hatten Frauen wohl eine etwas größere Chance, im Untergrund zu überleben als Männer. Zumindest konnten sie sich in der Öffentlichkeit unauffälliger bewegen und leichter Arbeit finden, etwa als Haushaltshilfe, wie dies bei Ilse Stillmann und Cäcilie Lewissohn der Fall war. Das machte sie nicht nur (finanziell) unabhängiger von der Hilfe von Nichtjuden, sondern trug vor allem auch zu ihrer besseren Tarnung bei. Männer waren dagegen verstärkt Kontrollen ausgesetzt, da jeder Mann im »wehrfähigen« Alter verdächtigt wurde, ein Deserteur zu sein, was sich im Zuge des »Volkssturms«, der alle »waffenfähigen« Männer von 16 bis 60 betraf, noch verschlimmerte. Jüdische Männer mussten deshalb versuchen, sich so wenig wie möglich in der Öffentlichkeit zu zeigen und mussten über Papiere verfügen, die einer eingehenden Inspektion standhielten. Und wenn sie bei einer Kontrolle Verdacht erregten, so waren sie durch ihre Beschneidung leicht zu überführen.

Am ehesten hatten einzelne Personen eine Chance, einen Unterschlupf zu finden, was bedeutet, dass viele Ehen, Partnerschaften oder Familien auseinander gerissen wurden, wenn dies nicht schon durch Emigration und Deportation geschehen war. Dass eine ganze Familie zusammenbleiben konnte, wie dies bei der Familie Foß aus Berlin-Charlottenburg der Fall war, ist eine Ausnahme: Als ihnen im November 1942 die Deportation drohte, erwies sich die langjährige Bekanntschaft mit der kaufmännischen Angestellten Helene von Schell als Rettungsanker. In ihrer kleinen Wohnung in Moabit – Tür an Tür mit einem Parteifunktionär – bot sie dem Ehepaar Foß und den zwei Söhnen bis Kriegsende einen Platz zum Überleben. Das Lauern auf jede Gefahr machte das Leben für beide Seiten zur Belastungs- und Bewährungsprobe, in der zwischenmenschliche Spannungen nicht ausbleiben konnten.[29]

Bei dem Versuch, in einem Versteck oder mit einer »arischen« Identität (sei es mit oder ohne falsche Papiere) zu überleben, waren alle Verfolgten auf die Hilfe nichtjüdischer Deutscher angewiesen, die unter hohem persönlichen Risiko Hilfe zu leisten bereit waren, indem sie etwa Verfolgte bei sich versteckten oder einen Unterschlupf organisierten, falsche Papiere beschafften, Lebensmittel oder -marken abgaben oder Fluchthilfe leisteten. Die Anzahl der Helfenden lässt sich nicht mehr genau bestimmen, es dürften aber einige Tausend gewesen sein, denn fast jede(r) Überlebende war auf die Hilfe mehrerer Personen angewiesen, je nachdem, wie lange das Leben im Untergrund dauerte und unter welchen Bedingungen es stattfand. Inge Deutschkron, deren Erinnerungen *Ich trug den gelben Stern* zu den bekanntesten gehören, gibt an, dass ihr und ihrer Mutter in der Zeit der Illegalität – vom Januar 1943 bis Kriegsende – zwanzig Menschen geholfen hatten.[30] Darüber hinaus sind bis heute 2 000 Personen als »Retter« erfasst, darunter auch jene 700, die zwischen 1958 und 1963 als »Unbesungene Helden« vom Berliner Senat, sowie ein Großteil der derzeit 400 Deutschen, die als »Gerechte unter den Völkern« von der Gedenkstätte Yad Vashem in Israel geehrt wurden. Doch viele sind namentlich nicht bekannt.

Unter den Hilfeleistenden befanden sich auffallend viele, nämlich rund zwei Drittel, Frauen. Ein Teil der genannten Männer waren (Ehe)Partner dieser Frauen, die häufig die Initiative zum Rettungsversuch ergriffen hatten. Bedenkt man, dass ein großer Teil der männlichen Bevölkerung zur Wehrmacht eingezogen war, ist die Tatsache, dass viele der »Retter« Frauen waren, nicht allzu erstaunlich. Es bleibt aber dennoch bemerkenswert, denn viele dieser Frauen gefährdeten nicht nur ihr eigenes Leben, sondern auch das ihrer Kinder und (Ehe)Partner. Eine weitere Erklärung für dieses Phänomen sieht die Historikerin Christl Wickert darin, dass Hilfe bei der Flucht, durch ein Versteck, durch Verpflegung und Betreuung »alles typische Handlungen familiärer Fürsorge« seien. »Frauen spielten auch hier ihre Rolle im gewohnten Rahmen«[31] – wenn auch nicht ohne Gefahr für sich selbst, wie Wickert eingesteht. Doch auch Frauen erwiesen sich, wenn sich die Gelegenheit bot, beispielsweise als wagemutige Fluchthelferinnen, oder waren an anderen riskanten Aktivitäten beteiligt. Aber ihre Leistungen wurden, sofern sie nicht dem traditionellen Bild entsprachen, nach dem Krieg meist übersehen.

Angesichts von Millionen Deutschen, die gleichgültig wegschauten oder den Völkermord guthießen und ihn aktiv unterstützten, indem sie etwa denunzierten, ist die Zahl der Retter erschreckend gering. Dennoch zeigen die dokumentierten Beispiele, dass unter den Bedingungen der NS-Diktatur nichtjüdische Deutsche Zivilcourage zeigten und bereit und in der

Lage waren, solidarisch zu handeln. Alle, die in der NS-Zeit jüdischen Verfolgten halfen, gingen ein Risiko ein, das im Lauf der Jahre merklich größer wurde. Kontakte zwischen Juden und Nichtjuden waren bekanntlich seit langem verpönt. Dennoch setzte sich eine Minderheit von »Ariern« – zum Ärger der Machthaber und trotz allgegenwärtiger antisemitischer Propaganda – gelegentlich darüber hinweg. Um dies endgültig zu unterbinden, drohte die Gestapo mit Erlass vom 24. Oktober 1941,[32] derartige Kontakte beim »deutschblütigen« Teil zukünftig mit Inschutzhaftnahme zu ahnden; sie waren damit zur strafbaren Handlung geworden. De facto war das Vorgehen der Gestapo allerdings – wie so oft – nicht einheitlich, und die Inschutzhaftnahme scheint nur in wenigen Fällen, in denen Hilfeleistungen bekannt wurden, verhängt worden zu sein.[33] In einigen Fällen wurden Gefängnisstrafen verhängt, oder die Gestapo beließ es bei einer Verwarnung und mehrmaliger Vorladung, wie etwa bei Lilly Wust, die ihre jüdische Geliebte Felice Schragenheim bei sich versteckt hatte; vermutlich schützte sie das Mutterkreuz, das ihr für ihre vier Söhne verliehen worden war, vor weiteren Sanktionen.[34] Für die Jüdinnen und Juden, die seit Juli 1943 ausschließlich der Polizeigewalt unterstanden, bedeutete die Entdeckung dagegen stets die Verschleppung ins KZ. Demgegenüber wurden im besetzten Polen auch die Nichtjuden unerbittlich, nämlich mit dem Tode, bestraft.

Doch so mutig und außergewöhnlich unter diesen Umständen die Taten der Retter waren, sollten sie doch nicht verklärt und die Helfenden selbst als makellose Helden auf ein Podest gestellt werden. Sie waren gewöhnliche Frauen und Männer mit Fehlern und Schwächen, die sich in einer konkreten Situation, als sie etwa die Misshandlung von Juden beobachtet hatten, zu helfen entschlossen. Die Retter kamen aus allen sozialen Schichten und Milieus, und sie halfen aus den unterschiedlichsten Gründen, etwa aus Mitmenschlichkeit, aufgrund religiöser Überzeugung oder aus politischen Motiven.[35] Sie unterstützten sowohl Menschen, mit denen sie eine persönliche oder verwandtschaftliche Beziehung verband, sie halfen aber auch spontan gänzlich Unbekannten, die sich Hilfe suchend an sie wandten. Nicht alle taten dies uneigennützig: manche nutzten die Notlage und die Abhängigkeit der Verfolgten aus und ließen sich ihre Unterstützung teuer bezahlen oder verlangten eine Gegenleistung in anderer Form. Dazu Ilse Stillmann, die selbst auch positive, uneigennützige Hilfe erfahren hatte: »Ich hatte ja Erfahrungen gemacht: Frauen wollten billige Dienstmädchen, und Männer wollten mit einem schlafen.«[36]

In den meisten Fällen waren die Retter auf sich allein gestellt oder wurden vom Ehepartner unterstützt, und sie handelten meist ohne besondere finanzielle Mittel. Aber es gab auch verschiedene Helfernetze, wie die deutsche Quäker-Gemeinde »Religiöse Gesellschaft der Freunde«, die sich »konfessionsloser« Juden annahm, während sich das »Büro Grüber« seit 1938 für die Rettung der evangelischen Christen jüdischer Herkunft einsetzte. Maria Gräfin von Maltzan konnte in Zusammenarbeit mit der Schwedischen Kirche in Berlin insgesamt 62 Menschen zum Überleben verhelfen, indem sie sie versteckte oder illegal über die Grenze brachte.[37]

Viele Helfer definierten ihr Handeln nicht als Widerstand, sondern empfanden es als selbstverständlich. »Das war ja nur meine Pflicht gewesen«,[38] meinte Anneliese W., eine kaufmännische Angestellte, bescheiden, die eine jüdische Freundin, Margot Holzmann, ein Vierteljahr bis zur Befreiung in ihrer »Kochstube« im Berliner Norden versteckt hatte. Dennoch sollte man aus heutiger Sicht den oft lebensrettenden Einsatz dieser Frauen und Männer durchaus als widerständiges Verhalten begreifen. Diese Einschätzung trägt auch einem veränderten Widerstandsbegriff Rechnung, der nicht mehr, wie lange in der Bundesrepublik üblich, vorrangig militärischen

Aktionen gilt, die – wie das Attentat am 20. Juli 1944 – auf die Beseitigung des Regimes gerichtet waren. In Anbetracht der Unmöglichkeit, Hitler zu stürzen, war für viele die Hilfe für Juden die einzige Möglichkeit, ihre Antinazi-Haltung zum Ausdruck zu bringen. Oder wie es Leo Baeck, der letzte Präsident der Reichsvereinigung der Juden in Deutschland, formulierte: »Den Juden zu helfen, war manchmal die einzige Art, auf die ein Deutscher den Nazis gegenüber seine Opposition auszudrücken vermochte.«[39]

Anmerkungen

[1] Joseph Walk (Hg.): Das Sonderrecht für Juden im NS-Staat. Karlsruhe 1981.

[2] Konrad Kwiet: Nach dem Pogrom: Stufen der Ausgrenzung. In: Wolfgang Benz (Hg.): Die Juden in Deutschland 1933-1945. Leben unter nationalsozialistischer Herrschaft. München 1988. S. 651-659, hier: 651. Im Durchschnitt waren sie 65 Jahre alt.

[3] Marion Kaplan: Between Dignity and Despair. Jewish Life in Nazi Germany. New York 1998. S. 118. Kaplan zufolge lebten im Juli 1941 noch etwa 25 000 Kinder und Jugendliche im »Altreich«.

[4] Ebenda, S. 142f.

[5] Ebenda, S. 189.

[6] War jedoch die Frau »arisch«, galten (kinderlose) Ehen im allgemeinen nicht als privilegiert – ein Beispiel dafür, dass die Judenverfolgung z.T. geschlechtsspezifische Auswirkungen hatte. S. a. Kaplan: Between Dignity and Despair. S. 74-93 (Jewish and »mixed« families).

[7] Angela Martin, Claudia Schoppmann (Hg.): »Ich fürchte die Menschen mehr als die Bomben.« Aus den Tagebüchern von drei Berliner Frauen 1938-1946. Berlin 1996. S. 19-63.

[8] Wolf Gruner: Judenverfolgung in Berlin 1933-1945. Eine Chronologie der Behördenmaßnahmen in der Reichshauptstadt. Berlin 1996. S. 91.

[9] Martin, Schoppmann (Hg.): »Ich fürchte die Menschen ...«. S. 82.

[10] Um dieses Manko zu beheben, hat 1997 eine Forschungsgruppe am Zentrum für Antisemitismusforschung an der Technischen Universität Berlin begonnen, die »Rettung von Juden im nationalsozialistischen Deutschland« zu untersuchen. Als Grundlage einer späteren Analyse wurde eine Datenbank entwickelt, die zu jedem bekannt gewordenen »Retter«, wie die Frauen und Männer, die jüdischen Verfolgten halfen,

vereinfacht genannt werden, einen eigenen Datensatz anlegt, ebenso zu jedem »Geretteten« bzw. zu jeder Person, die zeitweilig »illegal« gelebt hat, um möglichst vollständig alle Rettungsbemühungen (auch die gescheiterten) in Nazi-Deutschland erfassen zu können. Bisher wurden detaillierte Angaben zu etwa 2 000 »Rettern« und 1 400 »Geretteten« eingegeben (Stand: Januar 2001).

Ich beziehe mich vor allem auf diese Datenbank bzw. auf die im Projekt befindlichen Materialien, d.h. auf die oftmals unveröffentlichten Berichte, Erinnerungen und Interviews mit Überlebenden, die wertvolle Quellen darstellen. Im Mittelpunkt sollen hier jedoch nicht die nicht-jüdischen Helfenden, sondern die Untergetauchten stehen, und im Kontext dieses Buches vor allem die Erfahrungen der jüdischen Frauen, die zeigen, dass sie keine passiven Opfer waren, die ihr von den Machthabern zugedachtes »Schicksal« tatenlos und ohnmächtig hinnahmen. Ihre Perspektive ist jedoch nicht einfach und authentisch zu rekonstruieren, da sich viele der Quellen zu dieser Thematik auf die Retter beziehen oder von diesen stammen. In Anbetracht des Grauens, von dem KZ-Überlebende berichteten, fühlten sich nach dem Krieg wohl nur wenige Frauen und Männer ermutigt, Zeugnis von ihrem Leben im Untergrund zu geben.

Viele der Dokumente und Berichte beziehen sich auf die Situation in Berlin und Umgebung, wo ein Großteil (etwa die Hälfte) aller Überlebensversuche im Untergrund stattfand. Nach 1933 waren viele Juden aus anderen Städten und besonders vom Land in die Metropole gezogen, weil sie hofften, in der Anonymität der Großstadt etwas geschützter zu sein. Hier hatten auch viele zentrale jüdische Organisationen, die für die Selbstbehauptung und Selbsthilfe von großer Bedeutung waren und in denen zahlreiche Frauen aktiv waren, ihren Sitz, bis sie aufgelöst oder verboten wurden. Zudem führte eine Initiative des ehemaligen Berliner Innensenators Joachim Lipschitz von 1958, Bürger und Bürgerinnen der Stadt, die während der NS-Zeit »rassisch« Verfolgten uneigennützig Hilfe geleistet hatten, als »Unbesungene Helden« (nach einem 1957 erschienenen Buch von Kurt Grossmann) zu ehren, zu über 1500 Ehrungsanträgen. Für Berlin kann somit ein großer Personenkreis von »Rettern« und »Geretteten« in die künftige Auswertung und Darstellung einbezogen werden.

11 Wolfgang Herzberg: Überleben heißt Erinnern. Lebensgeschichten deutscher Juden. Berlin, Weimar 1990. S. 142-205. Weitere Unterlagen zu Stillmann befinden sich im Zentrum für Antisemitismusforschung.

12 Martin, Schoppmann (Hg.): »Ich fürchte die Menschen …«, S. 65-96. C. Lewissohns Tagebuch ist in mehrfacher Hinsicht eine wertvolle Quelle, da es über die Wiedergabe von Erfahrungen hinaus einen Einblick in damalige Gefühle und Erwartungen vermittelt, die in Berichten aus der Nachkriegszeit oder in Interviews mit Überlebenden aus der heutigen Perspektive »gefiltert« sind. Bis heute ist nicht bekannt, wie es überliefert wurde.

[13] Ebenda, S. 80.

[14] Ebenda, S. 67.

[15] Ebenda, S. 68.

[16] Claudia Schoppmann: Zeit der Maskierung. Lebensgeschichten lesbischer Frauen im »Dritten Reich«. Frankfurt/M. 1993. S. 79-96.

[17] Das Interview von Marion Neiss mit Susanne von Schüching, 14.11.1984, befindet sich im Zentrum für Antisemitismusforschung.

[18] Ebenda, S. 7.

[19] Ebenda, S. 10.

[20] Ebenda, S. 15.

[21] Ruth Abraham: Meine Erlebnisse während der nationalsozialistischen Zeit. Unveröffentlichtes Manuskript, Leo Baeck Institute New York, ME, Box 1.

[22] Ebenda, S. 6.

[23] Ebenda, S. 8.

[24] Konrad Kwiet, Helmut Eschwege: Selbstbehauptung und Widerstand. Deutsche Juden im Kampf um Existenz und Menschenwürde. Hamburg 1986; Kaplan: Between Dignity and Despair. S. 212-216.

[25] Christine Zahn: »Nicht mitgehen, sondern weggehen!« Chug Chaluzi – eine jüdische Jugendgruppe im Untergrund. In: Wilfried Löhken, Werner Vathke (Hg.): Juden im Widerstand. Drei Gruppen zwischen Überlebenskampf und politischer Aktion Berlin 1939-1945. Berlin 1993. S. 159-205.

[26] Barbara Schieb-Samizadeh: Die Gemeinschaft für Frieden und Aufbau. In: Ebenda, S. 73-81.

[27] Diese Zahlen beruhen auf dem Mitgliederverzeichnis der Jüdischen Gemeinde Berlin vom 31.7.1947.

[28] Kaplan: Between Dignity and Despair. S. 203. Auch wenn diese Argumente auf den ersten Blick einleuchten, werden sie weder von dem Frauenanteil der Überlebenden in Berlin noch von den bisherigen Resultaten der Datenbank des Zentrums für Antisemitismusforschung bestätigt: Demzufolge gingen 580 Frauen gegenüber 600 Männern in den Untergrund, aber auch hierzu müssen weitere Forschungsergebnisse abgewartet werden.

[29] Kurt Schilde: Versteckt in Tiergarten. Auf der Flucht vor den Nachbarn. Berlin 1995. S. 34-59.

[30] Inge Deutschkron: Sie blieben im Schatten. Ein Denkmal für »stille Helden«. Berlin 1996. S. 7; dies.: Ich trug den gelben Stern. Köln 1978.

[31] Christl Wickert: Frauen zwischen Dissens und Widerstand. In: Wolfgang Benz, Walter Pehle (Hg.): Lexikon des deutschen Widerstandes. Frankfurt/M. 1994. S. 141-156, hier: S. 152.

[32] Walk (Hg.): Das Sonderrecht für Juden. S. 353.

[33] Zur Ahndung der »Judenbegünstigung« s. Beate Kosmala: Rettung von Juden (1941-1945) – ein Widerstand gewöhnlicher Deutscher. In: Konferenzbericht »Europe und er Nazi rule and the Holocaust« (Publikation in Vorbereitung).

[34] Erica Fischer: Aimée und Jaguar. Eine Liebesgeschichte. Berlin 1943, Köln 1994.

[35] Es gibt einige Publikationen, die sich mit den Motiven der Helfenden beschäftigen, etwa Eva Fogelman: »Wir waren keine Helden«. Lebensretter im Angesicht des Holocaust. Motive, Geschichten, Hintergründe. Frankfurt/M., New York 1995. Samuel und Pearl Oliner gehen der Fragee nach, ob »altruistische«, also uneigennützige Charaktereigenschaften Voraussetzung für Hilfsaktionen gewesen sind (The Altruistic Personality. Rescuers of Jews in Nazi Europe. New York 1988).

[36] Herzberg: Überleben heißt erinnern. S. 193.

[37] Maria Gräfin von Maltzan: Schlage die Trommel und fürchte dich nicht. Erinnerungen. Berlin, Frankfurt/M. 1986.

[38] Schoppmann: Zeit der Maskierung, S. 60.

[39] Zit. n. Juliane Wetzel: Hilfe und Solidarität. In: Benz, Pehle (Hg.): Lexikon des deutschen Widerstandes. S. 228-231, hier: S. 228.

Charlotte Kahane

Untergetaucht
Eine polnische Jüdin überlebt in Deutschland

Aus dem Englischen von Sabine Hübner

Ich wusste zwar genau, dass es ein Unwetter geben würde, aber nichts konnte mich davon abhalten, meine Mutter zu sehen. Auf Zehenspitzen schlich ich in den Keller, zog meine alte Jacke aus, um mich durchs Kohlenloch zwängen zu können – und nachdem ich den Bürgersteig genau inspiziert hatte, stapfte ich, abseits der Hauptstraße, los. Man hörte kein menschliches Lebenszeichen, doch kam mir die Stille, auf die ich gehofft hatte, jetzt unheimlich vor. Aber als ich mir vorstellte, wie sehr sich meine Mutter freuen würde, mich zu sehen, phantasierte ich mich in eine aufgeregte Stimmung hinein, und mir war, als zitterte ich vor Freude, statt vor Kälte. Endlich war das kleine Haus deutlich zu sehen, ich watete durch den Schnee auf den Zaun zu, pfiff die verabredete Melodie, um meine Ankunft anzukündigen – und wartete.

Ich begann allmählich, nervös zu werden, besorgt, weil sich immer noch nichts rührte, da hörte ich ein Zischen – psst! »Du musst sofort zurück! Deine Mutter ist weg. Meine polnischen Nachbarn haben sie denunziert.« Die alte Frau erzählte mir schluchzend, sie sei nicht zu Hause gewesen, als die ukrainische Miliz kam, »um sie abzuholen«. Mutter musste ihnen gesagt haben, dass sie sich selbst ins Haus gelassen hatte. Aber der Versuch, ihre treue Dienstbotin zu schützen, hielt die Deutschen nicht davon ab, gründlich nachzuforschen. »Sie sind zurückgekommen und wollten wissen, warum ich der Jüdin meinen Schlüssel gegeben habe, dann haben sie mich zur Kommandantur geschleppt und mir gedroht, mich einzusperren. Aber Misha, mein jüngster Sohn, der für die Deutschen arbeitet, hat es geschafft, mich da herauszuholen. Bitte geh! Lass dich hier nicht von ihnen erwischen!«

Während ich in die verschneite Ferne rannte, weinte ich um meine schöne Mutter und bedachte die Polen und die Deutschen zu gleichen Teilen mit meinem Hass. Ich schrie laut, während ich mit beiden Fäusten gegen einen nahe stehenden Baum hämmerte und leere Drohungen ausstieß. Aber es war niemand da, der mich für meine Ausbrüche gescholten, niemand, der mich vom Fluch meiner Einsamkeit erlöst hätte.

Als ich schließlich in den Gang des TODT-Gebäudes wankte, konnte ich nicht mehr weinen. Ich stand da und lauschte – man sah einen Lichtstrahl, und jemand rief: »Es ist gegen die Vorschriften, das Gebäude während der Ausgangssperre zu verlassen!« Es war Herr Moebius, einer der vier deutschen Kontrolleure, die im TODT in Lutsk stationiert waren.

Mit raschen, ruckartigen Schritten vertrat er mir den Weg, und ich wusste, dass er mich nicht laufen lassen würde, wenn ich nicht antwortete – egal, wie oft er seine Fragen wiederholen musste: »Warum hast du die Ausgangssperre missachtet? Hast du Angst, es mir zu sagen? Hat dich jemand geschlagen?« Er hatte mich all die letzten Wochen wie ein menschliches Wesen behandelt, und ich hatte gehört, wie er zu den anderen sagte, er habe Kinder gern.

Den Behörden eine falsche Identität vorzuspiegeln, war etwas anderes, als einen freundlichen alten Mann zu belügen. Er wäre nie auf die Idee gekommen, dass das polnische Mädchen, das die Unterkunft putzte, die er sich mit drei anderen Reichsdeutschen teilte, eigentlich eine Verbrecherin war. Ihr Verbrechen bestand darin, als Jüdin geboren worden zu sein. »Nein, mich hat niemand geschlagen. Ich wollte heute Abend zu meiner Mutter, aber die Polizei hat sie mitgenommen. Jude, Jude!«

Schweigend stand er da, mit einem nervösen Zucken, und es war schwierig, in diesem ungläubigen, maskenhaften Gesicht

Zeichen des Entsetzens oder Mitleids zu erkennen. Und doch setzte ich mir in den Kopf, wenn ich auch bis zum heutigen Tag nicht weiß warum, dass Herr Moebius vielleicht als Vermittler auftreten und einen phantastischen Plan zur Rettung meiner Mutter aus den Klauen der SS entwerfen würde. Aber ich konnte unmöglich erraten, was tief in seinem Innern vorging, als er nur sagte: »Geh zu Bett, Kind.« Ich gehorchte und entfernte mich rückwärts von ihm, so wie ich es bei Polen gesehen hatte, die sich vom Kirchenaltar entfernen, aber seine starre, statuenhafte Gestalt bot mir keinerlei Anhaltspunkt, ob er nun Freund oder Feind war.

Und plötzlich sagte mir mein Unterbewusstsein, ich sei dumm. »Der Haken an der Sache ist,« sagte ich zu mir selbst – »dass du sein Mitgefühl überschätzt und eine Vaterfigur gebraucht hast: Und jetzt hast du es ausgeplaudert. Wo ist denn deine Mutter überhaupt – im Himmel, im Gefängnis oder in einem Grab?« Und wenn sich auch keine Beweise zur Beantwortung dieser Fragen finden ließen, stand eines doch eindeutig fest: Moebius war Deutscher; und der quälende Aspekt daran war, ob er sich unterschied. Ob er sich von den SS-Scharfschützen unterschied, die meine Mutter und ich erst vor zwei Monaten dabei beobachtet hatten, wie sie die restlichen Juden von Lutsk niedergemetzelt hatten.

Gebrechliche alte Männer, gesunde junge Frauen, unschuldige Kinder – alle wurden sie den Berg hinabgetrieben, und immer neue Gewehrsalven übertönten ihre Hilfeschreie. Wir waren beide am Ort der Liquidierung gewesen, schafften es aber, der Hölle auszuweichen, und da gelang es einem polnischen Arzt (einem alten Freund), der gerade in diesem Moment einen der betrunkenen Henker behandelte, sie davon zu überzeugen, wir seien fromme polnische Katholiken – keine Juden.

Jetzt wo mir die ungeheuerliche Erinnerung an diese Massenhinrichtung die Dummheit meines naiven Geständnisses bestätigte, merkte ich plötzlich, wie sehr jene innere Stimme mich drängte: »Steh auf und lauf weg!« Ich hatte keine Ahnung, wohin ich eigentlich lief. Ich war ein Flüchtling ohne persönliche Habe, ausgerüstet nur mit einem echten Arbeitsausweis, den ich ironischerweise nur aufgrund des weniger echten Personalausweises erhalten hatte, den zu beschaffen meiner Mutter gelungen war.

Es ist ganz besonders deprimierend, wenn man nichts, aber auch gar nichts hat, auf das man sich freuen kann. Wenn es keinen Unterschied macht, ob man sich nach links oder nach rechts wendet, da es einem ohnehin bestimmt ist, im barbarischen Lauf der Ereignisse umzukommen. Merkwürdigerweise spielte das Schicksal scheinbar gerade in diesem Moment, als ich vor Hoffnungslosigkeit so daniederlag, seinen wichtigsten Trumpf aus. Plötzlich tauchte nämlich aus dem Nichts ein Bauer auf, wies auf seinen Pferdeschlitten und forderte mich auf, »auf den woz« zu steigen – in den Schlitten. Es geschah etwas, das keinen Sinn ergab: Ich hätte nie die Nerven gehabt, mich auch nur in die Nähe des Bielnik-Krankenhauses (Bilobram) zu wagen, das gegenüber der Polizeistation lag, aber genau da setzte mich der freundliche Mann ab.

Da dies nicht die gewohnte Sprechstunde für ambulante Patienten war, hatte ich ein schlechtes Gewissen, hier zu sein – und war ziemlich unschlüssig, wie ich eine Krankheit simulieren sollte. Mir fiel nicht ein, wie ich erklären konnte, warum ich zum Arzt wollte. Die Vorstellung, der für seine Unterstützung von Partisanen bekannte belorussische Chirurg würde in irgendeiner Weise geneigt sein, sein Geheimnis mit dem Personal zu teilen, war absurd. Diese Gedanken schossen mir ungefähr durch den Kopf, als die Tür aufflog und der Arzt mit einer Schwester hereinkam. »Wen haben wir denn da?« Ich wollte eigentlich lügen, flüsterte aber stattdessen: »Ich bin Charlotta Feiner. Ihre Tochter Alla kennt mich gut. Sie und mein großer Bruder sind alte Freunde.« Ich versuchte, ihm nach besten Kräften zu erklären, dass ich nach Lutsk gekommen war, um hier (bei meiner Mutter) die Schulferien zu verbringen, gerade zwei Tage bevor der Deutsch-Sowjetische Krieg ausbrach (22. Juni 1941). »Da mein Papa und meine zwei Brüder in Lwów sind, kann ich zu niemandem gehen.« »Hier kannst du nicht bleiben«, sagte er, sobald wir in seinem Zimmer waren. »Hier gibt es zu viele Augen, zu viele Spione. Wir könnten dich wahrscheinlich nach Rowno bringen, aber das könnte zwei Wochen dauern.«

Ich wäre überall hingegangen und wartete, dass er mir erklären würde, was zu tun sei. Und nichts lag näher als die Idee, mich vorübergehend im Krankenhaus zu verstecken, aber nur unter einer Bedingung. Um meinen Aufenthalt in den Augen des Personals zu rechtfertigen, beschloss der Arzt, mir den Blinddarm herauszunehmen. Die Operation war eine Vorsichtsmaßnahme, um den eigentlichen Zweck meines Hierseins so gut wie möglich zu verhüllen – nämlich, dass ich zu einer Partisanengruppe gebracht werden sollte. Es war der einzige Ort, der mir Zuflucht bot.

Fast umgehend wurde ich von den Schwestern der quälenden Prozedur unterworfen und zuckte unter den Einstichen ihrer Nadeln zusammen, bis mich durch die behagliche Betäubung ein kurzfristiges Gefühl der Sicherheit durchströmte. Und ich hatte ja keine Ahnung, wie kurzfristig jene Sicherheit sein würde; denn schon drei Tage nach der Operation wurde mein Retter wegen angeblicher Kollaboration mit den Partisanen verhaftet.

All das erfuhr ich im Morgengrauen, als die jüngere Tochter des Arztes in mein Zimmer stürzte, ein Kleiderbündel auf mein Bett warf und mich wegschickte! »Polizei, sie dürfen dich hier nicht finden!« Es hatte keinen Zweck, erneut zu fragen: Wo soll ich hin? Und so schlüpfte ich an der Tochter des Arztes vorbei und hörte sie noch mit einer Spur Mitleid sagen: »Möge Gott dich schützen!«

Aber draußen in der Wildnis der Ungewissheit und stürmischen Kälte deutete nichts auf einen Gott hin, der auf mich niedersah. Es wurde alles durchsucht, offenbar nach jemand viel Größerem, Wichtigerem als ich. Ich hatte keine Ahnung von Bielniks politischer Einstellung oder Mission, oder davon, wie vielen Flüchtlingen er geholfen hatte. Ich wartete, bis die uniformierten Männer ihre Durchsuchung des Krankenhausgeländes nach wem auch immer einstellten, und schleppte mich dann, sehr, sehr vorsichtig davon. Aber bevor ich noch überlegen konnte, wie sich die Hauptstraße umgehen ließ, wurde ich von einem riesigen Schäferhund zu Boden geworfen.

Es dauerte einen Moment, bis ich meine Gedanken zusammennehmen konnte und sah, dass es sich um eine Polizeirazzia handelte. »Rolf!« Das Tier gehorchte verspielt und leckte abwechselnd die Hand seines Herrn und meine Nase, während ich mich umsah und ungläubig einem deutschen Polizisten in die Augen starrte. (Damals konnte ich die normale Polizei noch nicht richtig von der SS unterscheiden.) Ein Pfiff ertönte, und als der Hund Männchen machte, fuhr es mir durch den Kopf, dass ich den Mann mehr fürchtete als den Hund. Ich hatte von »Zwangsarbeit-Razzien« gehört, bei denen kräftige, gesunde Männer rekrutiert werden, aber nicht junge Polinnen. Dies war offenbar eine andere Art der Mobilisierung, denn vor mir standen acht bis zehn polnische Mädchen zwischen 14 und 18 Jahren. Die deutschen Schergen, die jetzt nach dem nächsten Opfer Ausschau hielten, vergaßen mich und spielten die Klagen der in Tränen aufgelösten, vor mir gefangenen Mädchen herunter: »Ein bisschen Schwerarbeit wird euch schon nicht schaden! Deutschland ist schön!« – eine Bemerkung, die uns über unseren Bestimmungsort kaum im Zweifel lassen konnte.

Die makabre Ironie der Situation bestand darin, dass mir die Razzia neuen Spielraum für eine Verbesserung meiner Lage gab, während die Deportation für die anderen bedeutete, dass sie ihr Heim und ihre Familie zurücklassen mussten. Dass auch ich in diesem Land geboren worden war und die gleiche Sprache sprach, waren die einzigen Übereinstimmungen, die mich jedoch nicht zwangsläufig zu einer von ihnen machte. Bis jetzt argwöhnte niemand, dass ich Jüdin war. Ich tat so, als sei ich über die Gefangennahme ebenso empört wie die anderen, und wenn sie weinten, weinte ich mit. Unter einem angenommenen Namen in einem Zwangsarbeiter-(Ostarbeiter-)Transport mitzufahren, übertraf meine kühnsten Erwartungen. Denn wie sehr die Nazis diese jungen Christinnen auch ausbeuteten – meine unbedarfte Vorstellung von der Zwangsarbeiter-Rekrutierung war die, dass sie dem Reich lebendig mehr nutzten als tot. Wir standen alle herum und warteten, dass unsere Peiniger mit Neuigkeiten daherkommen würden – was geschah als Nächstes?

Obwohl der Gedanke der Deportation schon durchgesickert war, bevor wir in den Lutsker Bahnhof abgeführt wurden, waren die stämmigen Männer in Uniform die einzigen, die das Geheimnis des Ostarbeiter-Programms kannten. Der Bahnhof war brechend voll. Die Mädchen, von denen über achtzig ziellos herumirrten, wurden zwar nicht von den Bewachern belästigt, durften aber auf keinen Fall Kontakt zu den jungen Männern aufnehmen, die nebenan zusammengepfercht waren. Nach einigen Stunden brüllte ein Offizier von der Tür her nach Ruhe. »Keiner geht hier raus, verstanden? Der einzige Ausgang ist der auf den Bahnsteig! Da bleibt ihr, bis der Zug kommt!« Laute des Unmuts und hemmungsloses Schluchzen drückten die Qual und Demütigung der über 120 jungen Menschen aus, die alle im selben Netz gefangen waren. Und ihr Leiden ging weiter, herabgewürdigt durch den starren Nazi-Befehl, der sich in den Mienen unserer Bewacher widerspiegelte. (Es waren auch einige Polen mit braunen Armbinden darunter.)

Man musste es den Deutschen lassen, dass sie den Transport brillant bis ins letzte Detail durchorganisiert hatten. Jeder Waggon wurde von mindestens einem, manchmal auch zwei Soldaten, bewacht – vierzig, einundvierzig zweiundvierzig – »das genügt.« Nachdem eine Zeit lang nichts passiert war, wurde der Zug plötzlich auf ein anderes Gleis verschoben, und wir mussten alle wieder aussteigen. Diesmal bestiegen wir einen Personenzug, der in fast jedem Wagen einen Bewacher hatte. Aber als der Zug dann schneller fuhr, unterhielt sich der Bewacher mit den Deutschen und achtete kaum noch auf uns. Wir hatten bald heraus, wo sich die Toiletten befanden, da aber die meisten Mädchen zu Tode erschöpft waren, wurden sie erstaunlich wenig benutzt. Und mir war klar, dass ich nur auf dem Klosett genug Ruhe hatte, um meinen Bauch von dem Druck der Operationsnaht zu befreien. Niemand durfte herausfinden, dass ich aus einem Krankenhaus geflohen war. Ich musste es für mich behalten, das war der einzige Weg, keinen Verdacht zu erregen. Nachdem ich mich im Refugium der kalten Toilette eingeschlossen hatte, nahm ich meine Haarklammer und schob sie unter den steifen Draht, aber nachdem ich sie ein paar Mal hin- und herbewegt hatte, begann Flüssigkeit herauszusickern, und ich gab auf. Ich schob den Riegel zurück, sank aber auf dem Rückweg zu meinem Platz ohnmächtig zu Boden. Die Mädchen fächelten mir Luft zu, um mich zu mir zu bringen, und als der Schmerz nachzulassen begann, sagte ich mir: Du musst dich benehmen wie alle anderen auch; wenn auch alle anderen, gelinde gesagt, verwirrt waren. »Wo sind wir?«

Auf dem Schild stand Białystok-Durchgangslager. Und während alle durcheinander drängten und -redeten wurden wir von einem männlichen Befehl (der von einer Frau kam) niedergebrüllt: »Ruhe!« und angewiesen, vor dem Duschen unsere Unterwäsche abzuliefern. Die Bewacherinnen waren ziemlich verblüfft, als ihnen die Jüngsten unter uns, ich inbegriffen, klar zu machen versuchten, dass wir unsere Büstenhalter nicht versteckten, sondern gar keine anhatten. Meiner Hoffnung, das Lager zu verlassen, wurde jedoch ein Schlag versetzt, als die größeren Mädchen aus unserer Gruppe am nächsten Tag ohne mich nach Deutschland weiterfuhren. Es war zwingend vorgeschrieben, sich jeden Morgen vor acht Uhr in der Verwaltung zu melden; nach vier Tagen bekam ich einen Zettel mit der obskuren Adresse: Spinnerei/Chemnitz/Sachsen.

Neue Hoffnung, Baracken ohne Bewacher

Die Backsteinkaserne abseits der Hauptstraße wirkte auf den ersten Blick völlig verlassen. Die leer stehende Armeekaserne, die im Dezember 1942/Januar 1943 mein Zuhause war, erweckte neue Hoffnungen. Es gab keine Bewacher, kein Wachhäuschen. Brunhilde, unsere Übersetzerin und Aufseherin, erklärte uns die Vorschriften: »Dass ihr euch ja nicht ohne euer P-Abzeichen ins Freie wagt! Licht aus um 20.30, Frühstück 6.30, Abfahrt zur Arbeit 7.00.«

Im Gegensatz zu den älteren, kräftigeren Mädchen, die im Lastwagen zu einer außerhalb der Stadt befindlichen Rüstungsfabrik gebracht wurden, wurden wir drei – von denen zwei 13 und ich 14 Jahre alt waren – in eine nahe gelegene Spinnerei geschickt – ohne Bewachung. Hier nahm uns ein auffallend magerer Mann fürchterlich aufmerksam in Augenschein, und kurz darauf trotteten wir hinter ihm her und wurden in einen Raum mit kreischenden Motoren geführt, verloren uns jedoch schon nach wenigen Minuten aus den Augen. Meine Aufgabe bestand darin, zu dem metallisch-knirschenden Lärm einer Spinnmaschine hin- und herzulaufen, und in der Luft hängende lose Fäden zusammenzuknüpfen. Obwohl ich es anfangs nicht schaffte, alle herabhängenden Fäden miteinander zu verknoten, hätte mir diese Arbeit leicht in Fleisch und Blut übergehen können, wäre da nicht dieser stechende Schmerz im Unterleib gewesen. Jedes Mal, wenn ich die Hände ausstreckte, verstärkte sich der Schmerz zu tausend Nadelstichen. Wie der erfindungsreiche Mechanismus in Kafkas Strafkolonie, kehrte das gefühllose Eisenmonster wieder und wieder zurück – und stieß gegen meine unverheilte Narbe. Und doch war ich willens, die Schmerzen auszuhalten, damit meine Arbeitskollegen keinen Verdacht schöpften. Denn hätte auch nur ein Mensch gemerkt, dass ich gezwungen gewesen war, die professionell vernähten Fäden mit meinen plumpen Fingern selbst zu ziehen, dann hätten die Nazis meine Zwangsarbeit in ein Todesurteil umgewandelt.

Als jedoch am Ende der dritten Arbeitswoche mein Körper der drohenden Infektion keinen Widerstand mehr entgegensetzen konnte, brach ich in der Fabrik ohnmächtig zusammen und wurde schnell in eine der Ausländerbaracken gebracht, die dem städtischen Krankenhaus angegliedert waren. Das ist nur »ein Narbenbruch – nach der Operation geht es dir besser«, beruhigte mich ein hinkender alter Mann. Und am vierten Tag wurde seine Prophezeihung wahr. Die Realität sah jedoch so aus, dass meine Zimmergenossinnen und ich zu den Glücklichen gehörten, die am folgenden Tag oder in der folgenden Woche entlassen wurden, wogegen andere Patienten, von Durchfall, Tuberkulose und Blutkrankheiten aufgezehrt, nicht lebend herauskommen würden.

Es schien, als sei die anstrengende Schwerarbeit nur teilweise dafür verantwortlich, dass jene, die körperliche Arbeit nicht gewohnt waren, in der Ausländerbaracke landeten. Bei vielen erlosch durch die Trennung von ihren Lieben, durch die Sorge um sie, die Demütigungen, die anomalen Lebensbedingungen, jegliches Interesse am Leben. Zudem wurde ihr Unglück noch durch die alles überschattende Krankheit vergrößert. Auf das junge russische Mädchen am anderen Ende der Baracke traf

227

diese Schilderung zweifellos zu: »Nicht näher kommen, ich habe TB!« warnte das magere Mädchen, dessen Arme fast nur noch Haut und Knochen waren. »Sei froh, dass du aufstehen kannst. Ich liege hier, seit sie meine Mutter nach Hamburg geschickt haben. Ich habe über zwei Monate nichts mehr von ihr gehört. Aber jetzt spielt es ja keine Rolle mehr.« Sie hatte keine Hoffnung und keine Kraft mehr, gegen den Schmerz und die Angst anzukämpfen, die sie verzehrten. Während meines Krankenhausaufenthalts wurde mir klar, dass das Personal in der chirurgischen Abteilung zwar offenbar alles tat, um die Genesung der Kurzzeitpatienten zu beschleunigen, damit sie so rasch wie möglich wieder ans Fließband zurückgeschickt werden konnten; dass aber die chronisch Kranken absichtlich vernachlässigt wurden – nutzlose Esser, die man im allgemeinen ihrem Schicksal überließ. Am anderen Ende der Baracke ging der Tod um. Das Gesicht ins Kopfkissen gepresst, hörte ich nachts, wie das Krankenhauspersonal mit in aller Heimlichkeit arbeitenden Männern über die Beseitigung der Leichen verhandelte. Obwohl jedoch Zahlen genannt wurden, war es unmöglich, Schätzungen anzustellen, wie viele chronisch kranke Ausländer es nicht schafften.

Meine eigene Genesung jedoch stand in krassem Gegensatz zu den ungewissen Schicksalen in der Baracke, denn meine Entlassung am Sonntag gab mir neuen Mut. Wieder zurück im Schlafsaal der Kaserne blieb mir noch ein halber Tag und natürlich die Nacht, um mich ein wenig zu erholen, bevor ich wieder arbeiten musste. Ich lag völlig angekleidet auf meinem Bett, als plötzlich jemand rief: »Du hast Besuch!« Ich glaubte schon, Stimmen zu hören, denn wer sollte mich besuchen wollen? Ich wurde unruhig: Haben sie es herausgekriegt? Ist es die Gestapo? Aus dem Schatten ragte ein Gesicht, das runzlige Gesicht einer Frau. »Ich bin Martha Moebius.«

Im ersten Moment traf mich der Name wie eine Ohrfeige. Da tauchte der Deutsche, dem ich entkommen zu sein glaubte, plötzlich in Gestalt seiner Frau auf. Ihr aufmerksamer, forschender Blick ließ kaum irgendwelche Schlüsse zu. War sie mit bösen oder guten Absichten gekommen?

Martha Moebius lächelte, zog die breiten Schultern hoch und fragte, während sie mir vorsichtig die Hand drückte: »Geht es dir gut? Gut genug, um zu reisen?«

Die Mischung aus Spannung und Verwirrung, die über mir zusammenschlug, machte mich stumm; ich war außerstande, etwas zu sagen oder zu fragen, was sie denn meinte – wobei ich vorsichtig überlegte, wie sie mich wohl gefunden hatte. Sie sagte mir nur, dass Paul sich in Lutsk auf die Suche nach mir gemacht hatte, dass jedoch ihre Schwiegertochter Theresa mitgeholfen hatte, meinem Verbleib nachzuspüren. Der wichtige Punkt ist der, dass Moebius, obwohl nur ein Geschäftsmann ohne öffentlichen Einfluss, als Deutscher in Polen Dinge tun konnte, die einem Polen unmöglich gewesen wären. Er wendete sich an das Arbeitsbeschaffungsamt in Lutsk, erkundigte sich aber nicht nach einer verfolgten Jüdin, sondern nach einer jungen polnischen Arbeiterin.

Näher beim Heimatort war es jedoch Theresa, die nun kraft ihrer Stellung als Leiterin des Bezirksarbeitsamts bereit war, zu bezeugen und zu belegen, dass ich bei Frau Moebius wohnte, da eine deutsche Hauswirtin verpflichtet war, einer ausländischen Untermieterin ein eigenes Zimmer zur Verfügung zu stellen. Eine Übereinkunft, die für gebürtige Polen zutraf, im Falle einer Jüdin jedoch keine Gültigkeit besaß und für Helfer und Opfer schreckliche Folgen haben konnte. Ob ihr Mann ihr gesagt hatte, dass ich Jüdin war? Als habe sie die Frage, die ich nicht zu stellen wagte, erraten, erwiderte meine Besucherin beiläufig: »Du wirst bei mir wohnen und in Waldheim arbeiten. Der Rest geht niemanden etwas an. Jetzt, wo Paul und mein Sohn weg sind, kann ich Gesellschaft brauchen.« Irgendwie hatte ich keine Angst. Schließlich hatte sie einflussreiche Verwandte, die sich für mich einsetzten. Zusammen mit Theresa konnte diese gewitzte, intelligente Frau alles möglich machen.

Waldheim besaß keine nennenswerte Industrie, außer einer Zigarrenfabrik und einer Zweigniederlassung des Herstellers des berühmten Kölnisch Wassers 4711, die A. H. A. Bergmann hieß und jetzt Produkte aus Seifenderivaten herstellte. Es war die einzige bedeutende Fabrik der Stadt. Einer Stadt, die auf glühenden Wogen des Patriotismus schwamm: Und die Beschäftigten in dieser Fabrik waren hauptsächlich Ehefrauen eingezogener Soldaten, die den Auftrag hatten, etwas Nützliches für das Land zu tun. Und wahrscheinlich war es dieser Zusammenhang, der das Verpacken von »Zahnpastaersatz« ebenso wichtig erscheinen ließ wie die Herstellung von Granaten.

Theresa musste alles Menschenmögliche getan haben, um mich einer Beschäftigungs-Kategorie zuzuteilen, die normalerweise deutschen Mittelschicht-Frauen vorbehalten und begreiflicherweise weit weniger anstrengend und im Vergleich mit dem, was von Fremdarbeitern in Rüstungsbetrieben verlangt wurde, recht einfach war.

Ich war die einzige Fremdarbeiterin in der Fabrik und die Einzige, die ein Identitäts-Abzeichen trug – P, wie Pole (keinen Davidsstern). Ich muss jedoch fairerweise sagen, dass mein Eindringen in die auserwählten Reihen der Packerinnen anscheinend keinerlei Aggressivität oder Ablehnung hervorrief. Im Gegensatz zu meiner Arbeitserfahrung in Polen wurde hier nicht über meine Nationalität geredet, nicht hinter meinem Rücken getuschelt. Es stimmt, niemand kannte meine wahre Identität, aber in Anbetracht dessen, dass die Polen auf der Rassenskala gleich nach den Juden kamen, wurde zumindest diese eine Polin nicht als Mensch dritter Klasse behandelt. Da ich erwartete, das wachsende Gespür für die innere Stimmung der Belegschaft werde mir zu entscheidenden Einblicken in die Haltung der anderen Arbeiterinnen zum Krieg verhelfen, wunderte es mich, dass erstaunlich wenig über die in Trümmern liegende Welt gesprochen wurde. Es war fast so, als gäbe es nicht viel dazu zu sagen – selbst als der Vorstoß auf russisches Territorium durch den immer härteren sowjetischen Widerstand aufgehalten wurde, und viele Frauen, die verzweifelt auf Nachrichten von der Ostfront warteten, nicht wussten, ob sie vielleicht schon Witwen waren.

Nur Frau Moebius, in deren weißgetünchter Küche ich mich wie zu Hause fühlte, warf gelegentlich durch ausdrucksvolle Gesten ein Licht auf das Dunkel, etwa, wenn sie die Faust schüttelte, angesichts eines Briefs ihres Sohnes Hans, den er, wie sie sagte, aus »irgendeinem gottverlassenen russischen Loch« geschrieben hatte. Symbolische Sätze des Inhalts: »Die Armee wird ihn niemals befördern, wegen dem, an was sein Vater und sein Großvater geglaubt haben« klärten mich über die politische Gesinnung der Familie auf. Paul Moebius war Kommunist – »sein alter Herr«, um seine Frau zu zitieren, »war ein alter Spartakist«. Martha Moebius schilderte die Dinge nicht detailliert, sondern deutete nur an, dass die Massenverhaftungen 1933 »uns Angst gemacht haben«, bis Paul bedingt entlassen wurde. Sein Vorgesetzter, ein Nazi, hatte für ihn gebürgt.

Ich war natürlich nicht in der Lage, Fragen zu stellen. Man musste das alles von innen heraus verstehen lernen. Ich war über das Leid und den Druck, denen Deutsche ausgesetzt waren, die nicht mit den Nazis sympathisierten, zu wenig informiert, um mir aus den kurzen, telegrammartigen Erklärungen meiner Wirtin ein vernünftiges Urteil über die Verhältnisse zu bilden. Martha Moebius' Verhalten mir gegenüber war wahrscheinlich die ausdauerndste Umsetzung von Humanität in die Praxis, die man sich denken kann. Sie nahm mich fast immer mit, wenn sie Freunde besuchte, stellte mich ihren Töchtern vor, kochte und sorgte für mich, und zwar in dem Maße, dass sie mir aus einer ihrer Bettdecken einen Wintermantel nähte.

Wir vertrauten einander, und sie erinnerte mich gelegentlich daran, wie wichtig Verschwiegenheit für meine eigene Sicherheit war: »Wir wissen beide, dass du Jüdin bist, aber das ist Pauls und mein persönliches Geheimnis. Denk dran, Neugierde bedeutet keine Gefahr – nur, was du sagst.«

Es war jedoch keine verbale Enthüllung, die mich in Schwierigkeiten brachte, sondern der Umstand, dass ich einmal vergaß, mein Abzeichen zu tragen. Ich wurde auf der Straße angehalten, erhielt vom örtlichen Polizeichef einen strengen Verweis und musste mich am nächsten Morgen auf der Polizeistation melden. Obwohl ich erleichtert war, dass Frau Moebius darauf bestand, mich zu begleiten, befiel mich ein unbehagliches Schweigen, als sie den Polizeichef fragte: »Was willst du von dem Kind, Bruno?« Mit steinerner Miene und unbeeindruckt von ihrem familiären Ton, beharrte er auf dem Polizeierlass für die Erkennungsabzeichen: »Die Polen muss man als das erkennen, was sie sind, nämlich als Feinde des deutschen Volkes, die nur zur Zwangsarbeit geeignet sind.« Nachdem Martha Moebius sich eine Unmenge verworrener Propaganda angehört hatte, über das edlere deutsche Gemüt und politische Ereignisse, die lang vor meiner Geburt stattgefunden hatten, versprach sie ihm versöhnlich: »Du wirst sie nie mehr ohne ihr P erwischen« und zog mich mit sich fort, mit den Worten: »Ist doch alles Quatsch.« Ratlos, was ich aus ihrem unvorhergesehenen Verhalten machen sollte, hörte ich sie sagen: »Keine Angst, ich bin mit diesem Kerl in die Schule gegangen. Er wird dir nichts tun, und sei es nur, damit sein zurückgebliebener Sohn Helmut zu Hause bleiben darf, statt dass er denunziert wird und in eine Versuchsanstalt kommt.«

Martha Moebius' heimliches Wissen um meine wahre Identität verschärfte ihre Taktik zu meiner Verteidigung, und versetzte so die Arroganz des Polizeichefs öffentlicher Stellung mit einer ernüchternden Dosis privater Demut. Dank ihrer moralischen Erpressung habe ich von dem Polizeichef nie wieder etwas gehört.

Der Privathaushalt

Wenn ich auch kein tiefes Bedürfnis nach geistlichem Trost verspürte, so vermittelte mir der regelmäßige Kirchenbesuch doch den erforderlichen Standpunkt einer frommen Katholikin. Außerdem wurde meine Anwesenheit wegen der kleinen Zahl der Gemeindemitglieder registriert. Die Predigten waren nicht originell und meistens dem glücklichen Zustand in jener anderen Welt gewidmet, obwohl kein Wort darüber fiel, wie man das Leben auf Erden erträglicher gestalten konnte. Aber egal, wie wenig man von mystischer Frömmigkeit erwarten mag, das Angebot, das ich an jenem Sonntag erhielt, musste wohl von oben gelenkt worden sein. Ich begegnete Theresa gleich nach der Messe, und was sie wollte, entnahm ich gleich den Anfangsworten: »Ich habe für dich eine neue Stelle in einem Privathaushalt bei sehr netten Leuten.« Dass Martha Moebius' Schwiegertochter es schaffte, mich im Privathaushalt ihres Zahnarztes unterzubringen, war vermutlich ein Beispiel dafür, was sich damals alles machen ließ, obwohl es verboten war. An dieser Stelle ist es vielleicht erwähnenswert, dass die Versetzung aus der lebenswichtigen Industrie in den häuslichen Bereich so gut wie nie vorkam.

Als Erstes bemerkte ich im Haushalt der Winklers, dass sich diese Leute nicht an dem einengenden, starren deutschen Überlegenheitsdenken orientierten. In dieser Ansicht wurde ich dadurch bestärkt, dass ich von Anfang an gebeten wurde, am Esstisch auch für mich zu decken und meine Mahlzeiten gemeinsam mit Dr. Winkler, seiner Frau und seiner 25-jährigen Tochter einzunehmen. Dr. Winkler war Kieferchirurg, der zwar in seinem Beruf aufging, es aber gleichzeitig verstand, mit seinen Patienten – Bauern, Obstbauern und Kaufleuten – einen nützlichen Handel abzuschließen. Dies erlaubte der Familie einen Lebensstandard, mit dem normale Empfänger von Lebensmittelkarten nicht mithalten konnten. Die Maßlosigkeit der Winklers, von der man bei Tisch weniger bemerkte, da sie bescheidene Esser waren, hätte vermutlich jeden Besucher ihres Kellers verblüfft, wo auf unzähligen Regalen soviel luftdicht verschlossene Einmachgläser standen, dass sie (vorsichtig geschätzt) über hundert Leute satt gemacht hätten, weit über den Zweiten Weltkrieg hinaus. In Anbetracht des allgemein mageren Jahres 1944 waren dies wohl die reichhaltigsten und vielfältigsten Vorräte an Delikatessen, die man sich vorstellen konnte. Unter anderem mandelgefüllte Pflaumen in Brandy, Spargel, Schinken, Hühnerbrust, Truthahn und Gans, um nur einige zu erwähnen. Manchmal fragte ich mich, ob der gute Doktor einen Pakt mit Gott geschlossen hatte (wie es Mönche manchmal tun), nicht mit normalen Sterblichen zu sprechen. Aber ich respektierte diesen Mann, der sich einerseits gegen eine Einmischung in sein eigenes Leben verwahrte, andererseits aber auch nie versuchte, die Nase in meines zu stecken.

Bei einer Gelegenheit jedoch ließ der Herr Doktor erkennen, welche Richtung seine Gedanken nahmen – *das war am Tag des Bombenattentats auf Hitler.* Als ich mich absichtlich herumtrieb, um durch die offene Tür von Traudes Zimmer Bruchstücke der Radionachrichten aufzuschnappen, hörte ich ihn rufen: »Verdammt, der Kerl lebt!« Draußen wurde das Scheitern des deutschen Widerstands, das Geschick des Landes zu wenden, mit kaum einem Wort des Protests oder der Freude kommentiert. Der Mann auf der Straße hatte wohl das Gefühl, unter strenger Beobachtung zu stehen und hielt es für klüger, neutral zu bleiben, als sei ihm Krieg und Frieden gleichgültig.

Obwohl die sächsischen Industriestädte Leipzig und Chemnitz durch die Bomben der Alliierten rasch in Trümmern lagen, war Waldheim bis jetzt verschont und eine Insel der Sicherheit geblieben. Tagtäglich kamen hinter den Wolken immer mehr Flugzeuge hervor, die gleichmäßig geradeaus flogen und die Menschen drunten zwar in Sorge stürzten, aus irgendeinem Grund aber immer von direkten Treffern verschont ließen. Folglich drohte auch keine Evakuierung, und es gab keinerlei Hinweis auf einen Plan zum Schutz der örtlichen Bevölkerung, bis auf einige Betonbunker, die aber nie benutzt wurden.

Während also kein Bedarf bestand, diesem verschlafenen Nest Luftschutzübungen aufzuzwingen, schien der zunehmende Kriegsdruck die offizielle Haltung der Behörden zur inneren Sicherheit zu beeinflussen, und zwar im Hinblick auf einen Aufstand der Fremdarbeiter. Dadurch, dass alle diensttauglichen Männer an der Front oder in den besetzten Gebieten stationiert waren, war in erster Linie erhöhte Wachsamkeit geplant, um die gesetzestreuen Deutschen vor der bedrohlichen Masse der Fremdarbeiter zu schützen. (1944 gab es im Reich schätzungsweise sieben Millionen Fremdarbeiter.)

Vor allem der Deutschlandsender forderte eine wesentlich strengere Überwachung der Fremdarbeiter, und schlug vor, sie nicht ganz so frei in ihren Bezirken herumlaufen zu lassen, oder sie jenen Beschäftigungsarten zuzuführen, die jede Möglichkeit eines ethnisch oder politisch motivierten Aufruhrs ausschlossen. Und während die Furcht bei solchen harten Restriktionen eine wichtige Rolle gespielt haben muss, machte der Umstand, dass die Ausländer ja weder bewaffnet noch organisiert waren, aus der Idee des Aufstands tragischen Unsinn.

Doch hielt man in der Zeit nach dem Attentat von 1944 an dem Element der Bedrohung fest, und im Radio wurde von der Stabilität der Gesellschaft gesprochen, wobei die Tatsache, dass das Reich völlig auf die fremden Arbeitskräfte angewiesen war, gänzlich ignoriert wurde. Da angesichts der wachsenden feindlichen Bedrohung an fast allen Fronten Verstärkung nötig war, wurden durch eine Notrekrutierung (Oktober 1944) noch eine weitere halbe Million Männer eingezogen, doch gab es keine Vorkehrungen, sie an der industriellen Heimatfront zu ersetzen. Folglich kam es noch mehr in Mode, nach Sündenböcken zu suchen, und die Fremden wurden noch häufiger gezwungen, Dreckarbeit zu verrichten. In diesem Zusammenhang wurden Maßnahmen ergriffen, Fremdarbeiter von angeblichen Faulenzerposten zu vertreiben, und hier kam das Spioniertalent der Blockwarte ins Spiel.

Die Blockwarte waren im Allgemeinen mit dem Brandschutz der jeweiligen Häuser und der Sicherheit der Mieter betraut, aber ihre eigentliche Aufgabe war es, ihre Nachbarn zu bespitzeln. Wenn man also unter Druck oder Anleitung des Blockwarts (dies hing vom jeweiligen Standpunkt ab) Formulare ausfüllte, war dies ein Versuch, über jeden Einwohner neue Akten anzulegen und alte zu überprüfen.

Unverschämt bürokratisch und quälend langsam ging der Besuch vonstatten, den Herr Andreas, ein alter Nazi, bei den Winklers machte. Angeblich wollte er den Notausgang für den Brandfall überprüfen, aber dann ließ er sich, während wir gerade zu Mittag aßen, in einen Sessel fallen, um zu überprüfen, ob meine Anwesenheit legal sei: »Wie lang ist dieses polnische Mädchen denn schon bei Ihnen?«, fragte er Frau Winkler. Zehn Monate, kritzelte er. Während wir uns alle in ziemlich nervöser Verfassung befanden, steckte er den Kopf durch fast sämtliche Türen des Hauses, als sei dies eine völlig normale Routinesache, und sagte: »Man muss alles unter Kontrolle behalten.« Und das war auch der Fall. Für Leute, die nicht NSDAP-Mitglied waren, kam es nicht in Frage, in einer Zeit gravierenden Arbeitskräftemangels ein Hausmädchen zu haben. Herrn Andreas' perverses Pflichtgefühl hatte zwangsläufig auch prompt zur Folge, dass ich, schon einen Monat nach seinem Besuch, in ein Hotel in Hartha versetzt wurde. Diesmal konnte mir Theresa nicht helfen, und jedes Zeichen der Teilnahme hätte sie bei ihren Untergebenen im Amt in Verruf gebracht. Kaum war ich im Hotel Zum Weißen Schützen angelangt, befahl mir mein Chef auch schon, mein Polackengesicht niemals am Haupteingang zu zeigen. »Ausländische Dienstboten müssen den Hinterausgang benutzen!«, schnauzte er mich an. Hier erlebte ich zum ersten Mal, dass mich jemand als verdammte Ausländerin auf meinen Platz verwies, und dies war das offenkundige Gegenteil der Toleranz, die ich bei »4711« und in der beruhigenden Atmosphäre bei den Winklers erlebt hatte. »Mariechen!«, rief Pabst, um die Aufmerksamkeit seiner Köchin auf sich zu ziehen. »Wir können uns keine Schmarotzer leisten! Lass sie ja nicht untätig herumstehen! Unsere Soldaten vergießen ihr Blut, und diese Göre kommt rein, als ob ihr das ganze Hotel gehört!« Je mehr er redete, desto sicherer war ich mir, dass er glaubte, ich könne ihn nicht verstehen. Aber die Köchin, die mich mit ziemlich besorgtem Blick anstarrte, sagte: »An dir ist aber nicht viel dran« und legte mir meine Pflichten dar: »Kartoffelschälen bis ungefähr 11 Uhr, dann Gläserspülen und Bodenputzen. Die übrige Zeit machst du oben sauber.« Herr Pabst hatte das zwanghafte Bedürfnis, Ausländer zu blinder Unterwürfigkeit zu erniedrigen, um seine eigene Überlegenheit zu steigern. Er nannte mich immer nur »Luder«, und seine merkwürdige Art wurde fast unerträglich, wenn er meine winzige Kammer betrat, die sowieso nicht einmal mit dem Nötigsten ausgestattet war, um mir eine Decke oder die einzige elektrische Glühbirne wegzunehmen.

Böden putzen und Kartoffeln zu schälen war nicht allzu schwer, aber dass ich mich im Dunkeln nicht kämmen konnte, machte mich wütender als die Flut von Pabsts Beschimpfungen. Es war eine Art Verschwörung aller bösen Mächte:

Ich war nicht nur meiner Freiheit beraubt und musste heimlich ins kalte Bad schleichen, sondern der Chef drohte mir, als er entdeckte, dass ich mich vor der verspiegelten Rückseite einer Bierreklame in der Telefonzelle für Gäste gekämmt hatte, mir was »auf die Nase« zu geben. Er streckte einen langen dünnen Arm aus und versperrte mir mit dem anderen den Weg, als plötzlich quietschend die Tür aufging und eine junge Frau einen Kinderwagen hereinschob. Die hübsche Frau trat ein wie eine Königin, ignorierte den Chef und die bedeutungslose Dienstbotin, stellte ihren Kinderwagen neben dem Treppengeländer ab, hob das Baby heraus und stieg die Treppe hinauf, als sei sie nicht zum ersten Mal hier. Pabst blickte ihr bis zum Treppenabsatz nach, und ich beobachtete, wie die Wut langsam aus seinem Gesicht wich und sich der Herr des Hauses nach einer respektvollen Pause entfernte. Das Hotel war immer voller Soldaten und zog ein paar phantastisch geschminkte und grell gekleidete Frauen an, die hierher kamen, um die Wonnen der Promiskuität zu genießen.

Ich hatte schon früher die reihenweise in den langen Korridoren abgestellten Kinderwagen bemerkt, und war jetzt imstande, alles in einem etwas größeren Zusammenhang zu sehen; und schon der Name »Zum Weißen Schützen« rief lüsterne Vorstellungen (vorwiegend) nächtlicher Damen wach, die keine richtigen Flittchen waren, sondern Mütter und Ehefrauen von Soldaten. Vielleicht waren sie Witwen.

Etwas Merkwürdiges geschah

Geweckt von Lärm und Türenschlagen eilte ich ans Fenster und sah Soldaten, die sich Zivilkleidung anzogen und ihre Uniformen mitten auf der Straße liegen ließen. Wo waren all die Gäste hin? Die Zimmer standen leer, die Türen weit offen.

Draußen kümmerte sich keiner um den anderen. Niemand gab Befehle. »Wo ist denn Herr Pabst?«, fragte ich, als jemand an mir vorbeihuschte. »Woher soll ich das wissen?« Leute rannten die Straße entlang, verfolgt vom Lärm weit entfernter Explosionen. Einige Tage zuvor hatte es Gerüchte gegeben, dass die Alliierten in langen Tagesmärschen die auf dem Rückzug befindlichen Deutschen verfolgten. Aber niemand sagte, das Dritte Reich gebe es nicht mehr.

Ich hätte am liebsten gerufen: Der Krieg ist vorbei! Aber eine bohrende Stimme in meinem Innern verwandelte die Euphorie in Angst und Verwirrung. Wo gehe ich jetzt hin? Es gab im Augenblick nur einen Ort, nur einen Menschen – Frau Moebius.

Drei Tage nach der Kapitulation Berlins ging ich nach Waldheim. Menschen verließen in Scharen den Bereich der Roten Armee und versuchten verzweifelt, den Westen zu erreichen. In dieser Straße gab es keine zerstörten Häuser, keine Militärkolonnen, keine Widerstandsnester. Die meisten russischen Solaten mussten wahrscheinlich in ihren Quartieren bleiben. Es schien eine relativ gefahrfreie erste Zeit des Friedens zu sein. Aber der Frieden musste die meisten Deutschen überrumpelt haben. In gewisser Weise bedeutete der Frieden eine Störung der großen Nazi-Vision. Schließlich hatten nicht die Deutschen Moskau, sondern die Russen Berlin eingenommen. Und doch blieb die Verwirrung nicht den Deutschen vorbehalten. Denn ich, für die Frieden jetzt keine Phantasie mehr war, litt nicht mehr unter öffentlicher Demütigung, sondern eher unter einer Mischung aus nervöser Erregung und dem Wunsch, irgendwohin zu gehören. Nachdem man mich eines normalen Lebens beraubt hatte, gelang es mir jetzt nicht richtig, mit dem raschen Lauf der Ereignisse Schritt zu halten. Der Sieg brachte nicht den Frieden mit sich, und ich musste unablässig daran denken, wie viele menschliche Opfer er gefordert hatte. Mein Plan, beim Haus der Familie Moebius Halt zu machen, war Teil einer Wunschvorstellung, dass jemand sich um mich kümmerte.

Kaum hatte mich Frau Moebius gesehen, legte sie die Hand aufs Herz und blieb so stehen, um mitzuteilen, was passiert war. Aber dieses Zeichen, das entweder Glück oder Unglück bedeuten konnte, stürzte mich in ein langes, tiefes Schweigen, bis mir plötzlich durch die Stimme, die vor mühsamer Fassung und panischer Angst bebte, klar wurde, dass sie nicht allein war. »Ich hab dir ja gesagt, dass sie kommt, sobald sie sie lassen.« Während sie diese Worte an ihren Mann richtete, stand sie jetzt in der Tür des Schlafzimmers, und im nächsten Moment war ich neben dem Bett und sah, wie Paul Moebius den Kopf vom Kissen hob, um mich zu begrüßen. Seine Stimme klang atemlos, als sei er gerade ein dutzend Mal eine Treppe hinauf- und hinuntergerannt. »Ich habe auf dich gewartet.« Sein faltiges Gesicht verzog sich zu einem Lächeln, aber das Lächeln gerann zu einer starren Grimasse. Ich bemerkte den erschrockenen Blick seiner Frau und atmete schwer, als sie sagte: »Vor einer Woche hat er es geschafft, nach Hause zu kommen. Zwei Tage später, als wir dachten, jetzt, wo wir zusammen waren, würde alles besser für uns, ist er zusammengebrochen.«

Wir hätten einander am liebsten mit Fragen überschüttet, aber es war, als lohne es sich nicht, über all das zu sprechen, in diesem Augenblick, wo unsere wichtigste Aufgabe die war, bei dem Menschen zu wachen, den wir verlieren sollten. Wieder einmal hatte ich das Gefühl, Gott schlage meine Bitte rundweg ab – ihn am Leben zu lassen. Ich hatte ihm so viel zu sagen, es gab so viel, wofür ich ihn lieben und ihm danken wollte. Sein Herz blieb in jener ersten Nacht stehen, die ich bei ihnen verbrachte.

Für mich war er nicht einfach ein Mann, ein Deutscher, sondern ein ganz besonderer Freund, und es tut weh, jenen, die ihn nicht kannten, meine Zuneigung nur annäherungsweise begreiflich machen zu können. Und das Leid und die Verzweiflung angesichts des Tods dieses einst rüstigen Manns, der mir so viel Wohlwollen entgegengebracht hatte, verstärkten meine Angst, mich auf noch mehr Tod vorbereiten zu müssen.

Und während des ganzen Trauergottesdienstes konnte ich dem Strom unorthodoxer Gedanken nicht Einhalt gebieten, die von dem kleinen Eckchen, das Paul Moebius auf dem Friedhof zugeteilt war, zu der mit Massengräbern übersäten Spur des Terrors in Polen führten.

Oh, wie beneidete ich seine Witwe, deren Kummer ich teilte, um den stillen Fleck Erde, wo ihr Mann begraben lag. Sie konnte hierher kommen, sein Grab besuchen, frische Blumen darauf legen und Worte flüstern, von denen ich nicht wusste, wo ich sie flüstern sollte. Ich empfand heftigen Schmerz um jene, die ich geliebt und irgendwo in Ostpolen verloren hatte; sie haben keine identifizierbaren Gräber, keine Grabsteine.

Widerstand

Ingrid Strobl

»Wir konnten die Kinder doch nicht im Stich lassen!« Die Rettung jüdischer Kinder und Jugendlicher in Frankreich durch jüdische Widerstandskämpferinnen

Etwas außerhalb der Stadt Annemasse im französischen Departement Jura, wenige Kilometer von der französisch-schweizerischen Grenze entfernt, steht ein Denkmal zu Ehren der französischen Zöllner, die Widerstandskämpfern und jüdischen Flüchtlingen halfen, und die dafür hingerichtet wurden. Auf diesem Denkmal findet sich auch der Name von Marianne Cohn, einer deutschen Jüdin, die ihr Leben für die Rettung jüdischer Kinder opferte. Sie selbst war mit ihren Eltern aus dem nationalsozialistischen Deutschland emigriert, zuerst nach Spanien und später nach Frankreich. Als sie gerade 21 Jahre alt war, schloss sie sich dem jüdischen Widerstand an. Sie übernahm die gefährliche Aufgabe, Kindergruppen an die Schweizer Grenze zu bringen und sie so vor der Deportation und dem sicheren Tod zu retten. Marianne Cohn arbeitete sehr erfolgreich, bis sie am 31. Mai 1944 mit einer Gruppe von 28 jüdischen Kindern in Viry entdeckt und verhaftet wurde.

Die jüdische Bevölkerung im Frankreich der späten dreißiger Jahre bestand aus vielen verschiedenen Gruppen und Gemeinden. Die französischen Juden stellten circa ein Drittel der jüdischen Bevölkerung, die ausländischen und die frisch naturalisierten Jüdinnen und Juden je ein weiteres Drittel. Das Gros der Immigrantinnen und Immigranten kam aus den Ländern Osteuropas, und hier wieder vor allem aus Polen. Insgesamt lebten in diesen Jahren etwa 330 000 ausländische Juden in Frankreich. Dazu kamen seit 1933 einige Tausend Flüchtlinge aus dem nationalsozialistischen Deutschland und dem annektierten Österreich.[1]

Die französischen Juden waren seit 1791 gleichberechtigte Staatsbürger. Der – typisierte – französische Jude lebte in einer Großstadt oder der Hauptstadt und gehörte dem Bürgertum an, manchmal dem Großbürgertum. Er war als Kaufmann tätig oder in den freien Berufen. Viele jüdische Familien waren während der deutschen Besetzung im Krieg von 1870 aus dem Elsass und aus Lothringen nach Zentralfrankreich, vorzugsweise nach Paris geflüchtet – und hatten somit ihren Patriotismus unter Beweis gestellt.[2] Yvette Bernard Farnoux, die aus einer alteingesessenen teils Elsässer, teils Pariser Familie stammt, beschreibt heute selbstironisch die patriotische Atmosphäre, in der sie aufgewachsen war: »Der familiäre Nationalismus war so stark, dass es mir als Kind fast als ein Makel erschien, nicht französisch zu sein. Mir schien, ein schweizerisches oder englisches Kind zum Beispiel könne nicht wirklich glücklich sein.«[3] An den Nationalfeiertagen schmückte Yvettes Familie ihre Wohnung, einschließlich der Fenster mit den Nationalfarben, und Yvette musste mit blau-weiß-roten Schleifen im Haar zur Schule gehen.[4]

Die jüdischen Immigranten aus Osteuropa, oder zumindest ein großer Teil von ihnen, bildeten das heute legendäre »Jiddischland«, eine Enklave Jiddisch sprechender, meist ärmerer und proletarischer Familien, die häufig politisch links standen. Viele von ihnen sprachen mehr schlecht als recht Französisch, und das mit einem starken Akzent. Sie mussten ständig um ihre Aufenthaltserlaubnis zittern, und ihre Arbeitsplätze waren nicht immer korrekt angemeldet. Sie lebten mehrheitlich in Paris, und hier vor allem im 10., 11., 18., 19. und 20. Arrondissement. Sie waren kleine Händler und Arbeiterinnen und Arbeiter in den »klassischen« Branchen Textil und Konfektion, Kürschnerei, Lederverarbeitung. Sie standen in enger Beziehung zu den Teilen der Familie, die in Polen geblieben waren, ein Foto der polnischen Großeltern hing in fast jedem Wohnzimmer (sofern ein Wohnzimmer vorhanden war). Sie lasen die jiddische Presse und engagierten sich in Kulturvereinen und Landsmannschaften. Ihre Verbindung zur französischen »Außenwelt« waren die Kinder. Die besuchten die öffentlichen Schulen, sie sprachen französisch und verkehrten auch mit nichtjüdischen Freundinnen und Schulkameraden. Diese Jungen und Mädchen schlossen sich, wenn sie aus den ärmeren und aus politisch links stehenden Familien stammten, häufig den Jugendorganisationen der MOI an oder den Kulturvereinen des Bund. Die MOI, Main d´œuvre immigrée, war die Immigrantenorganisation der Kommunistischen Partei Frankreichs. Der Bund war die sozialistische jüdische Arbeiterpartei.

Gehörten die Familien der Immigrantenkinder zum Bürgertum, war ihre Assimilation meist ausgeprägter als bei den Gleichaltrigen aus den Arbeitervierteln.[5] Die Mädchen und Jungen aus, wenn auch ausländischem, so doch »gutem« Hause fühlten sich häufig als »echte« Französinnen und Franzosen und lehnten alles ab, was diese Identifikation in Frage stellte. Vivette Hermann (später verheiratete Samuel) zum Beispiel, deren Eltern während des Ersten Weltkriegs aus Russland eingewandert waren, litt als Mädchen unter dem »unfranzösischen« Verhalten ihrer Mutter. Rachel Spirt, Vivettes Mutter, hatte in Odessa Pädagogik studiert und war eine typische Angehörige der russischen Intelligenzija. In Frankreich war sie, mit zwei Kindern, zu einem Hausfrauendasein gezwungen, das sie sich zu erleichtern suchte, indem sie sich für Literatur und Theater, und vor allem für den modernen Tanz und die Schule von Isadora Duncan interessierte.[6] Die kleine Vivette wusste solche Extratouren nicht zu schätzen. Sie ging in Opposition zur Mutter: »Ich finde sie seltsam, so verschieden von den Müttern meiner Freundinnen, sie ist mir zu wenig französisch.« Sie ist der Tochter nicht nur zu wenig französisch, sondern auch zu jüdisch: »Sie erzählt uns Geschichten aus der Bibel, wo ich doch die Bücher der Comtesse de Ségur bevorzuge. (...) Ihre Originalität stört mich. (...) Ich mag mich nicht als etwas anderes, als Fremde fühlen.« [7]

Mädchen wie Vivette Samuel schlossen sich, wenn sie sich überhaupt organisierten, eher den jüdischen Pfadfindern an. Andere Immigrantenkinder aus der Mittelschicht, aber auch einige aus ärmeren und proletarischen Familien gingen in die zionistische Jugend. Mit der aktuellen Politik befassten sich diese Jugendlichen nicht allzu sehr. Stattdessen arbeiteten sie häufig als Freiwillige für jüdische Fürsorgeeinrichtungen. Sie betreuten Kinder aus benachteiligten Familien in Tagesstätten, gaben ihnen Nachhilfeunterricht und unternahmen kleine Ausflüge mit ihnen. Der Weg in den Widerstand verlief für diese Mädchen und Jungen völlig anders als für ihre Altersgenossen aus dem Jugendverband der MOI. Die jungen Kommunistinnen und Kommunisten wurden schon früh in die politische Arbeit der kommunistischen Immigrantenorganisation eingebunden. Als sich die ersten Widerstandsgruppen bildeten, meldeten sie sich freiwillig und wollten unbedingt etwas tun. Sie klebten nachts Plakate, sie verteilten Flugblätter und die illegale Presse, und sie gaben Informationen weiter. Nach diesen ersten Bewährungsproben wurden sie mit schwierigeren Aufgaben betraut, einer Kurierreise zum Beispiel oder dem Transport von Waffen. Und schließlich schlossen sich viele von ihnen den bewaffneten Widerstandsgruppen der MOI an, den FTP – Franctireurs et Partisans. Diese Mädchen und Jungen waren Idealisten, sie träumten von Freiheit und Gerechtigkeit, und von einer humanen Welt, in der es keine Unterdrückung geben sollte. Niemand hatte sie darauf vorbereitet, Waffen und Sprengstoff zu transportieren, Attentate vorzubereiten oder gar selbst zu töten. Das fiel den meisten von ihnen sehr schwer, selbst noch nach den großen Razzien gegen die jüdischen Immigranten, als mehrere von ihnen ihre Eltern und Geschwister verloren hatten, und sie sich in ihrer Trauer und Verzweiflung nach Rache sehnten.[8]

Die jungen Frauen, die sich der Zionistischen Jugend oder den jüdischen Pfadfindern angeschlossen hatten, und die für das jüdische Kinderhilfswerk OSE (Œuvre de Secours aux Enfants) arbeiteten, wählten nicht, wie ihre kommunistischen Kameradinnen, bewusst die Teilnahme am Widerstand. Sie kümmerten sich »einfach nur« um die Kinder und Jugendlichen, die ihnen anvertraut waren. Und als diese Kinder und Jugendlichen deportiert werden sollten, versuchten sie, das zu verhindern. Sie lernten zu lügen, zu betrügen, zu stehlen, sie lernten lauter Dinge zu tun, von denen sie sich nie hätten träumen lassen, dass sie so etwas je tun würden. Dafür waren sie nicht erzogen worden, weder von den Eltern, noch von ihren Gruppenleiterinnen in der Jugendgruppe. Und nun fälschten sie Dokumente und stahlen die dafür nötigen Stempel auf den Gemeindeämtern. Sie belogen Gendarmen, die sie fragten, wohin sie unterwegs wären, und sie benutzten falsche Ausweise und falsche Namen, um ihre jüdische Identität zu verbergen. Den meisten von ihnen war lange Zeit gar nicht bewusst, dass das, was sie da taten, Widerstand war, und dazu noch eine der wichtigsten Formen von Widerstand: Sie retteten Menschenleben. Einige von ihnen sagen noch heute: »Aber das war doch kein Widerstand! Wir haben doch nur getan, was getan werden musste. Wir konnten doch die Kinder nicht im Stich lassen! Wir konnten doch nicht zulassen, dass sie deportiert wurden!«[9]

Am 14. Juni 1940 marschierte die deutsche Wehrmacht in Paris ein. Frankreich wurde in zwei Zonen aufgeteilt: In die Nordzone mit der Hauptstadt Paris, die dem deutschen Militärbefehlshaber für Belgien und Nordfrankreich unterstand, und die »freie« Südzone, die von der französischen Regierung des Marschall Pétain in Vichy regiert wurde. Die Besatzer bemühten sich zuerst einmal, die französische Bevölkerung für sich zu gewinnen. Sie gaben sich freundlich und hilfsbereit, sie plünderten nicht, wie in Polen, und sie erschossen auch niemanden auf offener Straße. Die Einzigen, die sofort die Bedrohung zu spüren bekamen, waren vorläufig die ausländischen Juden und die Emigranten aus Deutschland und Österreich. Die Gestapo kam bereits mit vorgefertigten Listen nach Frankreich, um die politischen Flüchtlinge und all die Künstler und Intellektuellen, die das nationalsozialistische Deutschland verlassen hatten, in ihre Gewalt zu bringen. Und schon ein Jahr nach dem deutschen Einmarsch führte die französische Polizei im Auftrag der deutschen Besatzungsbehörden die ersten Razzien in den Wohnvierteln der ostjüdischen Immigranten durch.

Auch die französischen Juden, die seit Jahrhunderten in Frankreich ansässig waren, bekamen die Folgen der deutschen Besatzung schließlich zu spüren. Doch in ihrem Fall dauerte es länger, bis die Besatzer direkte Maßnahmen ergriffen. Und viele von ihnen gaben sich der Illusion hin, Marschall Pétain würde niemals zulassen, dass die Deutschen »seinen« Juden ein Leid zufügten. Spätestens Ende 1942, als die französische Polizei auch den französischen Juden die Deportationsbefehle zustellte, brach diese Illusion zusammen, und für viele war es nun zu spät, um zu flüchten oder sich ein Versteck zu suchen.

Bereits am 27. September 1940 erließ die deutsche Militärverwaltung den ersten Befehl zur Registrierung der jüdischen Bevölkerung. Am 3. Oktober verfügte die Regierung Pétain das »Judenstatut«, in dem – entsprechend den Nürnberger Rassegesetzen – festgelegt wurde, wer künftig als Jude zu gelten hatte. Und nur einen Tag später wurde bekannt gegeben, dass »Ausländer jüdischer Rasse« in speziellen Lagern interniert werden konnten. Gleichzeitig wurde den Juden verboten, bestimmte Berufe auszuüben, ihr Eigentum wurde erfasst (und ihnen später geraubt), jüdische Kinder durften die öffentlichen Schulen nicht mehr besuchen und nicht mehr in den Kindergarten gehen. Im Laufe der Zeit wurden die Verbote immer zahlreicher. Juden durften Schwimmbäder nicht mehr benutzen, nicht auf Parkbänken sitzen, Theater und Bibliotheken waren ihnen versperrt, und sie durften nur noch zu bestimmten Tageszeiten einkaufen gehen.[10] Den ersten großen Schock für die gesamte jüdische Bevölkerung der besetzten Zone, ob französisch oder immigriert, stellte die Einführung des gelben Sterns dar, die offene Stigmatisierung. Am 1. Juni 1942 erging an alle Juden, die über sechs Jahre alt waren, die Anweisung des Militärbefehlshabers in Frankreich, ab dem 7. Juni an ihre Kleidung einen gelben sechszackigen Stern, schwarz umrandet und in der Größe einer Handfläche anzunähen. Dieser Stern musste mit der Inschrift »Juif«, Jude versehen sein und gut sichtbar auf der Höhe der linken Brust getragen werden.[11]

Ein paar Wochen später, am 16. Juli 1942, der seither der »schwarze Donnerstag« genannt wird, fand die bislang größte und gleichzeitig brutalste Razzia gegen ausländische und staatenlose Juden in Paris statt. 13 000 Frauen, Männer und Kinder wurden von der französischen Polizei im Auftrag der deutschen Besatzer festgenommen. Die Razzia begann am 16. Juli im Morgengrauen, wurde am 17. Juli fortgesetzt und auch an den folgenden Tagen wurden noch Menschen gejagt und festgenommen. Die jüdischen Viertel von Paris hallten wieder von den Schreien der verzweifelten Menschen und dem Weinen der Kinder. Die Polizisten trieben die Festgenommenen, unter ihnen Kinder und frisch Operierte aus den Krankenhäusern, auf Lastwagen und in Busse, die sie in das Vélodrome d'Hiver (die Radrennbahn) fuhren. Hier wurden sie bis zu fünf Tage lang ohne Essen und Wasser und ohne hygienische Einrichtungen zusammengepfercht.[12] Als sich die Zustände in der »Hölle des Vel d'Hiv« langsam in der Stadt herumsprachen, wurde die Gleichgültigkeit vieler nichtjüdischer Pariserinnen und Pariser erstmals erschüttert. Hatten sie bislang nicht darauf geachtet, was mit »den Ausländern« geschah, jetzt sahen sie genauer hin und waren schockiert: So konnte man doch nicht mit Menschen umgehen! Jüdische Sozialarbeiterinnen, die sich um die Kinder kümmerten, die der Razzia hatten entkommen können, berichteten anschließend, dass es nach dem »Schwarzen Donnerstag« nicht mehr ganz so schwierig war, Hilfe und Versteckplätze für sie zu finden.[13] Die Gefangenen im Vélodrome d'Hiver wurden schließlich in das Sammellager Drancy transportiert. Von hier gingen wenig später die ersten Deportationszüge nach Auschwitz ab.

Die jüdische Bevölkerung reagierte unterschiedlich auf die Verfolgungsmaßnahmen. Zahlreiche französische Juden schlossen sich General de Gaulle an. Wer es sich finanziell und von seiner Lebenssituation her leisten konnte, flüchtete in die – noch – unbesetzte Südzone. Die meisten immigrierten Juden aber hatten weder die Mittel noch die Möglichkeit, Paris zu verlassen. Wo sollte eine ganze Familie unterkommen? Wovon sollte sie sich ernähren? Woher sollte sie falsche Papiere bekommen und wie sollte sie diese bezahlen? Die Eltern bemühten sich, wenigstens die kleinen Kinder zu retten, Verstecke für sie zu finden. Und viele der Jugendlichen, Mädchen wie Jungen, schlossen sich dem Widerstand an. Das Kinderhilfswerk OSE, die zionistische Jugend und die jüdischen Pfadfinder begannen darüber nachzudenken, wie man jüdische Kinder und Jugendliche dauerhaft und effektiv dem Zugriff der Polizei und der Gestapo entziehen könnte.[14]

OSE war von jüdischen Intellektuellen, vorwiegend Ärztinnen und Ärzten, 1910 in Russland gegründet worden. Seine Arbeit galt der medizinisch-sozialen Betreuung armer und bedürftiger Kinder. 1923 übersiedelte OSE nach Berlin, und zehn Jahre später emigrierten seine Mitarbeiterinnen und Mitarbeiter nach Paris. Die Schirmherrschaft über OSE hatte bereits in Berlin Albert Einstein übernommen. Das Kinderhilfswerk kümmerte sich vor allem um die Kinder der osteuropäischen jüdischen Immigranten und später auch um die Kinder der jüdischen Flüchtlinge aus Deutschland, Österreich und der Tschechoslowakei. [15]

Die zionistische Jugend bestand aus mehreren Organisationen, die politisch von liberal bis links reichten. Der größte Teil ihrer Mitglieder stammte aus osteuropäischen Immigrantenfamilien. Ihr gemeinsames Ziel war es, einen jüdischen Staat in Palästina zu errichten, und ihr Traum war, eine Gesellschaft zu schaffen, in der alle gemeinsam und ohne Unterschiede das Land bebauten und fruchtbar machten. Die jugendlichen Pioniere erlernten schon in Frankreich einen landwirtschaftlichen oder handwerklichen Beruf, in Palästina wollten sie Kibbuzim gründen und in diesen Kollektiven leben und arbeiten. Als sich in Folge der antijüdischen Maßnahmen das Leben der jüdischen Bevölkerung immer schwieriger gestaltete, richteten die zionistischen Jugendorganisationen Armenküchen und Kinderhorte ein, sie verteilten Kleider und Medikamente an Bedürftige und sahen sich nach Versteckplätzen um. 1942 schlossen sich die verschiedenen Organisationen zum MJS, dem Mouvement de la Jeunesse Sioniste, der zionistischen Jugendbewegung zusammen. Der MJS beteiligte sich an den illegalen Rettungsnetzwerken des jüdischen Widerstands und spielte eine wichtige Rolle bei der Rettung jüdischer Kinder und Jugendlicher.[16]

Neben OSE und der Zionistischen Jugend beteiligten sich auch die jüdischen Pfadfinder, die Éclaireurs Israélites de France, EIF, an den Rettungsaktionen. Im Gegensatz zur Zionistischen Jugend waren die EIF zumindest ursprünglich eine rein französische Organisation, ihre Mitglieder kamen aus den alteingesessenen französisch-jüdischen Familien. Sie pflegten das klassische Pfadfinderideal und begriffen sich als unpolitisch. Später nahmen die EIF auch naturalisierte Kinder von Immigranten auf, und bei Kriegsbeginn bildeten sie bereits ein Sammelbecken unterschiedlicher Strömungen: die Mehrheit ihrer Mitglieder war französisch-patriotisch, es gab aber auch junge Zionistinnen und Zionisten in ihren Reihen. Es gab religiöse und atheistische Mitglieder, und sie sangen neben den bekannten französischen Volksweisen auch hebräische Lieder.[17]

Mit Beginn der Razzien gegen die jüdischen Immigranten in Paris änderte sich nicht nur das Leben der betroffenen Personen radikal. Auch die jüdischen Organisationen mussten sich neu orientieren. Es reichte nun nicht mehr, den Kindern ein wenig Wärme, frische Luft und Unterricht zu verschaffen. Man musste sie in Sicherheit bringen. OSE beauftragte seine Helferinnen, nichtjüdische Familien außerhalb von Paris zu finden, die bereit wären, jüdische Kinder aufzunehmen. Anfangs handelten sich die jungen Freiwilligen mehr Absagen als Zusagen ein. Während gleichzeitig immer mehr Menschen sich an OSE um Hilfe wenden. Vor allem nach der großen Razzia vom 16. Juli 1942. Enéa Averbouh, eine der Verantwortlichen von OSE, erinnert sich: »Ich ging in die rue des Rosiers. Es war unvergesslich! Die Menschen, die sich hatten verstecken können, kamen aus ihren Verstecken, barfuß, im Pyjama oder halb nackt, die Kinder schrien: Mama, Papa! Ich rief meine Kolleginnen an. Wir mussten sofort damit anfangen, die Kinder zu verstecken, Unterschlupfmöglichkeiten für sie zu finden. Viele Mütter waren festgenommen worden. Die

Kinder waren durch ein Wunder hier geblieben. Die Kleinen erzählten mir: ›Als sie gekommen sind, hat Mama auf Jiddisch gesagt: Versteck dich unter dem Bett!‹ (...) Es haben auch nicht wenige französische Nachbarn Kinder zu sich genommen. Sie erwarteten nun von uns, dass wir eine Lösung für sie fanden.« [18]

Den Verantwortlichen von OSE in Paris war bewusst, dass diese Lösung nicht mehr auf legalem Wege zu finden war. Sie arbeiteten von nun an, hinter der legalen Fassade, im Untergrund. Zuerst brachten sie die Kinder und Jugendlichen, die direkt vom Abtransport bedroht waren, in Heimen in der Südzone unter. Doch als die Deutschen im November 1942 in die unbesetzte Zone einmarschierten, gab es keine Zuflucht mehr. Und schließlich erhielten auch die französischen Juden die Aufforderung, sich zum Transport zu melden. Die Deportationen betrafen nun alle, es gab keine Unterschiede mehr: französische wie polnische Juden, Frauen wie Männer, Säuglinge, Schwerkranke und gebrechliche Alte wurden nach Drancy gebracht und von dort in die Vernichtungslager nach Polen verschleppt.

Die jüdischen Organisationen reagierten auf diese Zuspitzung der Lage, indem sie ihre Rettungsaktionen intensivierten und illegale Widerstandsnetze bildeten. Der MJS gründete eine illegale Unterorganisation, die »Éducation Physique« (Sportunterricht). Deren Aufgabe war es, falsche Papiere herzustellen, jüdische Kinder und Jugendliche bei Familien und Institutionen im Land zu verstecken und sie außer Landes zu schmuggeln. Eine Fluchtroute des MJS führte über die Pyrenäen nach Spanien und von dort weiter nach Palästina, die andere in die Schweiz. Auch die EIF bildeten unter ihrem legalen Deckmantel einen illegalen Zweig, der sich die »Sixième« (die »Sechste«) nannte und auf die Herstellung falscher Papiere und die Rettung jüdischer Kinder spezialisierte. Im Mai 1943 schlossen sich Sixième und »Éducation Physique« zusammen, um ihre Widerstandsarbeit künftig zu koordinieren. Und beide wiederum arbeiteten auch eng mit OSE zusammen. Die jungen Sozialarbeiterinnen und Freiwilligen wussten, dass es nun nicht mehr um Übergangsunterkünfte ging. Sie mussten Familien, Klöster, Internate finden, die bereit waren, das Kind oder die Kinder für eine unabsehbar lange Zeit bei sich zu behalten. Die Mädchen und Jungen wiederum mussten so gut wie möglich auf ihr neues Leben, und die Gefahren, die es barg, vorbereitet werden. Sie sollten ihre Familie und Herkunft »vergessen«, sie mussten sich an ihren neuen Namen gewöhnen und lügen lernen. Den meisten Kindern fiel es nicht leicht, die neue Rolle anzunehmen. Ein Mädchen, dessen falscher Name Annette Bernay lautete, erklärte seiner Pflegemutter eines Tages: »Ich heiße auch Annette Bernheim, aber Mademoiselle Marthe hat gesagt, das darf ich nicht sagen …«[19]

Ehe die Aktivistin von OSE, des MJS und der EIF die Kinder zu ihren Pflegefamilien transportierte, musste sie ihr Gepäck durchsuchen: es durfte keinen Gegenstand enthalten, der die wahre Identität des Kindes hätte verraten können. Fotos, Familienerinnerungen, Schulhefte, Bücher, in denen der Name des Kindes oder seiner Eltern stand, hebräische Gebetbücher, all das musste sie den Kleinen wegnehmen. Die Kinder flehten sie mit Tränen in den Augen an: »Das ist das Einzige, was ich von meiner Mutter noch habe!« Doch die junge Frau musste, auch wenn sie selbst den Tränen nahe war, hart bleiben. Sie versprach, die Sachen gut aufzuheben, ein Versprechen, von dem sie nicht wusste, ob sie es halten können würde.

Wenn sie ihre Schützlinge bei der Pflegefamilie abgeliefert hatte, war ihre Arbeit damit noch nicht beendet: Nun kam sie in regelmäßigen Abständen, um das Pensionsgeld zu bringen, Kleidungsstücke, Spielzeug, und um sich das Kind anzusehen: Wurde es gut versorgt? Musste es schwere körperliche Arbeit leisten? Wurde es womöglich geschlagen? Fand sie das Kind in einer untragbaren Situation vor, nahm sie es wieder mit und suchte, so schwierig es auch war, eine neue Unterkunft.[20]

Die Frauen, die diese schwierigen Aufgaben übernahmen, waren von Beruf Sozialarbeiterin, Kindergärtnerin, Ärztin, oder sie hatten in ihrer jeweiligen Jugendorganisation bereits Gruppen von Jüngeren geleitet und von daher eine gewisse pädagogische Erfahrung. Dass vor allem Frauen aus diesen Bereichen mit der Widerstandsarbeit betraut wurden, hatte mehrere Gründe: Sie fielen weniger auf, wenn sie mit einem Kind oder einer Gruppe von Kindern unterwegs waren. Ein junger Mann, der mit ein paar Kindern auf dem Bahnhof herum stand, erregte viel eher Verdacht. Und eine junge Frau, die mit dem Fahrrad auf der Landstraße unterwegs war, um Verstecke zu suchen, falsche Papiere zu transportieren oder versteckte Kinder zu betreuen, konnte sich bei einer Kontrolle eher herausreden. Notfalls gab sie zu, dass sie versucht hatte, Lebensmittel auf dem Schwarzmarkt zu ergattern. Die Strafe dafür war erträglich und wenn niemand entdeckte, dass ihre Papiere gefälscht waren, dass also diese charmante Französin eine Jüdin war, dann hatte sie gute Chancen, davon zu kommen. Allerdings funktionierten diese Tricks nicht immer. Mehrere jüdische Widerstandskämpferinnen bezahlten ihren Einsatz mit dem Leben.[21]

Diese jungen Frauen hatten nirgends gelernt, wie man sich in lebensgefährlichen und illegalen Situationen richtig verhielt. Sie eigneten sich die Fähigkeiten für ihre Arbeit durch *learning by doing* an. Als im Sommer 1942 Gendarmen die Pfadfinderzentrale in Moissac warnten, dass eine Razzia gegen die ausländischen Jungen und Mädchen in ihren Reihen bevorstünde, nahm es Denise Lévy, eine der Gruppenleiterinnen, auf sich, die Mädchen in Sicherheit zu bringen. Sie fragte mehr oder weniger »auf gut Glück« nichtjüdische Bekannte, Lehrerinnen, Pfarrer, ob sie ein Mädchen aufnehmen oder einen Platz bei anderen Leuten finden könnten. Auf Konspiration war sie zu diesem Zeitpunkt noch nicht sonderlich bedacht, es musste nur schnell gehen, die Mädchen mussten untergebracht werden. Niemand sagte ihr, was sie tun sollte. Denise Lévy unternahm ihre ersten Schritte in die Illegalität ganz aus eigenem Ermessen.[22] Viele ehemalige jüdische Widerstandskämpferinnen, die an Kinderrettungsaktionen beteiligt waren, sagen übereinstimmend, sie verhielten sich bei ihrer Arbeit jeweils so, wie sie es für richtig hielten, beziehungsweise nach ihrer Intuition. Sie entfernten sich nicht zu weit von dem, was sie aus der »Normalität« gewohnt waren und modifizierten dieses Verhalten so, dass es zur jeweiligen Situation »passte« oder die Tarnung verstärkte.[23]

Während die Pariser Gruppe von OSE, angesichts der Situation in der besetzten Zone, schon relativ früh den Weg in die zumindest teilweise Illegalität einschlug, betrieb die Zentrale von OSE in der Südzone noch lange Zeit Fürsorgearbeit im alten, traditionellen Stil, was auch hieß: streng legal. Erst als im August 1942 die ersten Razzien in der unbesetzten Zone stattfanden und erstmals *Kinder* aus Frankreich deportiert wurden, begann die Leitung, über mögliche Konsequenzen nachzudenken. Doch auch nun behielt OSE noch zahlreiche legal geführte Heime, die vor allem dazu dienten, diejenigen Kinder unterzubringen, die OSE – vorläufig – mit Genehmigung der Behörden aus den französischen Internierungslagern holen konnte. Im Laufe des Jahres 1943 wurden diese Heime zu gefährlichen Fallen. Da die Kinderhäuser von OSE legal und offen operierten, wussten die Behörden, welche Kinder in diesen Heimen lebten. Die Polizei konnte jederzeit kommen, um sie abzuholen. Die Verantwortlichen von OSE begannen nun, die Kinderheime peu à peu zu leeren. Doch um die Jungen und Mädchen anderweitig unterzubringen, mussten erst Versteckplätze für sie gefunden werden. Und es fiel den Mitarbeiterinnen und Mitarbeitern auch psychologisch schwer, die Kinder erneut zu entwurzeln und in die Obhut fremder Menschen zu geben.

Die »Nacht von Vénissieux« wurde zur entscheidenden Station im Übergang von der Sozialarbeit zum Widerstand. Ab Ende August 1943 führten die französischen Behörden, die mit der Durchführung der Deportationen betraut waren, das ein, was sie die »Familienzusammenführung« nannten: Bevor sie die Eltern nach Auschwitz deportierten, forderten sie diejenigen, die ihre Kinder in die Obhut von OSE gegeben hatten, auf, ihnen zu sagen, wo sich die Kinder befanden, damit man sie zurückholen und mit den Eltern gemeinsam auf Transport schicken könnte. Die Eltern konnten sich nicht vorstellen, dass man Kinder ermorden würde. Da sie fürchteten, den Kontakt zu ihnen zu verlieren, teilten die meisten von ihnen der Polizei die Adresse mit. Insgesamt wurden im Zuge dieser Operation 70 Kinder aus Heimen von OSE festgenommen. [24]

In einer ehemaligen Kaserne in Vénissieux warteten die Juden aus der Region Lyon auf ihren Abtransport. Unter ihnen sind auch Eltern, deren Kinder OSE betreute. OSE und andere Hilfswerke hatten eine Kommission gebildet, die sich bemühte, so viele Kinder wie möglich noch rechtzeitig fortzuschaffen. Die praktische Durchführung dieser Aktion übernahm Amitié chrétienne, ein christlicher Sozialdienst, der sich auf die Hilfe für Flüchtlinge spezialisiert hatte. Um die Kinder frei zu bekommen, beriefen sich die Verantwortlichen von Amitié chrétienne auf eine alte Verordnung, nach der Kinder unter 15 Jahren nicht deportiert würden. Während die Kommission noch in Vénissieux arbeitete, traf jedoch die neue Anordnung ein, nach der die Kinder zusammen mit den Eltern abtransportiert werden müssten. Doch Jean-Marie Soutou und Abbé Glasberg von Amitié chrétienne, denen die neue Anweisung überbracht wurde, gaben sie nicht an die Lagerleitung weiter. Stattdessen brachten sie um die 90 Kinder in ein Lokal der EIF, der jüdischen Pfadfinder. Von dort wurden die Jungen und Mädchen auf verschiedene Verstecke verteilt. Als der zuständige Präfekt von der neuen Anweisung erfuhr, schickte er die Polizei los, um die Kinder zurückzuholen, doch die Beamten fanden das Lokal der Pfadfinder leer vor. Die Kinder waren allesamt verschwunden.[25]

Die Erfahrung von Vénissieux war aus mehreren Gründen entscheidend für den Weg, den OSE nun einschlug: Der Wechsel von der Legalität zur Illegalität war nicht geplant, er hatte sich im Laufe der Ereignisse quasi von selbst ergeben. Die Mitarbeiter von Amitié chrétienne zogen aus diesem Erlebnis dieselben Schlüsse wie die Verantwortlichen von OSE: Dank ihrer aktiven und dauerhaften Unterstützung konnten künftig zahlreiche Versteckplätze für Kinder aber auch für ganze Familien gefunden werden. Georges Garel, Verantwortlicher für die Waffenbeschaffung der Résistance in der Südzone, hatte bei der Evakuierung der Kinder von Vénissieux mitgeholfen. Ihn bat Dr. Joseph Weill von der Leitung von OSE nun, ein illegales Netz zur Rettung der Kinder und Jugendlichen aufzubauen.[26]

Georges Garel beschrieb nach dem Krieg die drei Hauptkomponenten der von ihm aufgebauten und geleiteten Arbeit: die Kinder in einem christlichen Milieu zu verteilen, in dem man sie nicht kannte; die Kinder mit einer »arischen« Identität auszustatten; die Überwachung und Versorgung der Kinder an ihren Versteckplätzen durch (wirklich oder vorgetäuscht) nichtjüdisches Personal zu sichern.[27] Es waren vor allem junge jüdische und nichtjüdische Frauen, die diese Arbeit übernahmen. Das von Georges Garel geleitete illegale Netzwerk spannte sich über beinahe die gesamte Südzone, mit Ausnahme der italienisch besetzten Zone. (Als die deutschen Besatzer im November 1942 in die Südzone Frankreichs einmarschierten, besetzte das faschistische Italien einen kleineren Teil im Südosten Frankreichs. Hier konnten die jüdischen Organisationen bis zum September 1943 unter wesentlich günstigeren Bedingungen als unter der deutschen Besatzung arbeiten.)

Aber nicht alle Kinder, die OSE anvertraut wurden oder sich bereits in seiner Obhut befanden, konnten im Land versteckt werden. Im Januar 1943 schlug Dr. Joseph Weill Georges Loinger, der zur Widerstandsorganisation Combat gehörte[28], vor, eine Fluchtroute in die Schweiz zu organisieren. Mit Hilfe der Sixième, der illegalen Abteilung der jüdischen Pfadfinder und der Untergrundorganisation der Zionistischen Jugend, »Éducation Physique«, baute Loinger ein neues Netz auf.[29] Er setzte sich mit professionellen Grenzschmugglern von Annemasse in Verbindung und gewann die Unterstützung des Bürgermeisters dieser kleinen Grenzstadt, Jean Deffaugt. Bis zum September 1943, als die Deutschen in die italienisch besetzte Zone einmarschierten, gingen drei bis vier Konvois pro Woche ab. Loinger und seine Mitarbeiterinnen setzten ihre Arbeit auch unter der deutschen Besatzung fort, allerdings unter erheblich erschwerten Bedingungen. Loinger traute nun den professionellen Schmugglern nicht mehr, er nahm den Grenzübertritt mit Hilfe seiner Kameraden von Combat selbst in die Hand.[30]

Die Kinder und Jugendlichen wurden über die Route Limoges-Lyon nach Annemasse gebracht, oder nach Aix-les-Bains, wo Loinger seine Kommandozentrale aufgebaut hatte. Die Aktivistinnen des jüdischen Widerstands betreuten die Kinder auf ihrem gefährlichen Weg, wobei die erste Betreuerin die Kindergruppe in einer Art Staffellauf in einer bestimmten Stadt an die nächste übergab, bis sie die Schweizer Grenze erreichten. Vivette Samuel beschrieb einen solchen Kindertransport in ihrem Buch *Sauver les enfants* (»Die Kinder retten«): »Das Kind weiß nicht, wohin die Reise geht, die Betreuerin des ersten Abschnitts hat normalerweise selbst keine Ahnung. Sie hat den Auftrag, das Kind von Marseille nach Valence, nach Limoges oder nach Châteauroux zu bringen, und es dort an einer bestimmten Adresse ihrer Kollegin zu übergeben. Die setzt die Kette fort. Sie sind zwei, drei oder vier, die sich die kostbare Fracht weiterreichen. Sie kennen von dem Kind nur seinen falschen Namen, und das Kind weiß nichts über sie, denn in den Zügen und Bahnhöfen finden häufig Kontrollen statt, und es ist besser, nichts zu wissen, und alles zu erfinden, als sich zu verraten. Aber die Kinder vertragen diese unvermeidlichen Sicherheitsmaßnahmen nicht immer gut. Aus Sehnsucht oder aus Rebellion versuchen sie manchmal, wegzulaufen.«[31]

Für die jungen Frauen, die mit der Rettung der Kinder betraut waren, bedeutete diese Aufgabe eine enorme psychische Belastung. Sie waren oft nicht viel älter als ihre Schützlinge und mussten sich dennoch bei ihnen die Autorität verschaffen, die sie benötigten, um die Kinder und Jugendlichen ohne größere Zwischenfälle an ihren Zielort zu bringen. Sie mussten zugleich liebevoll und heiter *und* in Alarmbereitschaft sein. Sie mussten beruhigend und gelassen wirken und waren sich doch ständig bewusst, dass nicht nur ihr eigenes Leben, sondern auch das Leben der Kinder auf dem Spiel stand.[32]

1947 verfasste Georges Loinger einen Bericht, in dem er beschreibt, wie der eigentliche Grenzübertritt vor sich ging[33]: In Annemasse wurde die jeweilige Gruppe in eine städtische Unterkunft gebracht, die der Bürgermeister zur Verfügung stellte.[34] Gegen fünf Uhr abends holt Loinger die Gruppe ab. Er trägt einen Basketball unter dem Arm, die Kinder singen und gemeinsam marschieren sie zu einem Spielplatz im Wald. Hier, etwa einen Kilometer von der Grenze entfernt, warten sie auf den Einbruch der Nacht. »Die Kinder waren so in das Spiel vertieft, dass sie die Gefahren, die um sie herum lauerten, völlig vergaßen.« Als es dunkel wird, gehen sie, abseits des Weges Richtung Grenze. Ein Kollege Loingers aus der Résistance überwacht währenddessen die Umgebung, um die Gruppe notfalls vor dem Auftauchen der Deutschen warnen zu können. An der Grenze schließt er sich der Gruppe an. Die beiden Männer biegen den Stacheldraht auseinander, die Kinder schlüpfen, eines nach dem anderen, durch. Sie werden sofort von den Schweizer Zöllnern aufgegriffen und der nächsten Polizeistation übergeben, von wo man sie in Auffanglager bringt.[35] Von diesem Moment an übernimmt die Zentrale von OSE in Genf die Verantwortung für die Kinder. Nach einem kurzen Zwangsaufenthalt im Auffanglager werden sie in Heimen des Schweizer OSE untergebracht.[36]

Dass die Flüchtlinge in der Schweiz bleiben durften, beziehungsweise dass sie nicht schon an der Grenze zurückgewiesen wurden, wie es früher geschah, verdankten sie vor allem dem Joint Distribution Committee. Diese amerikanische jüdische Hilfsorganisation finanzierte einen großen Teil der Rettungsaktionen des jüdischen Widerstands nicht nur in Frankreich. Und da der Joint sich bereit erklärte, alle Kosten zu übernehmen, konnten die Vertreter von OSE und der zionistischen Organisationen in der Schweiz den Schweizer Behörden garantieren, dass die geretteten Kinder sofort nach Kriegsende die Schweiz wieder verlassen würden. Da sie überdies zusicherten, dass diese Kinder die Schweiz keinen Rappen kosten würden, willigten die zuständigen Behörden ein, die Flüchtlinge bis zum Ende des Krieges aufzunehmen.[37]

Etwa 1500 Kinder und Jugendliche konnten Georges Loinger und seine Mitarbeiterinnen so vor der Deportation und damit vor dem Tod in der Gaskammer bewahren. Drei der jungen Widerständlerinnen kostete ihr Einsatz für das Überleben der Kinder das eigene Leben: Nicole Salon-Weil von OSE, und Mila Racine und Marianne Cohn von der Zionistischen Jugend.

Nicole Weil wurde 1915 in Lisieux geboren. Sie studierte Sozialarbeit und arbeitete nach dem Studienabschluss in den Wohltätigkeitseinrichtungen der Baronin Rothschild. Im Frühjahr 1941 trat sie bei OSE ein und übernahm die medizinisch-soziale Betreuung im Marseiller Zentrum von OSE. Im September 1942 organisierte sie die Herstellung falscher Papiere. Zusammen mit ihrem Mann, Jacques Salon, richtete sie im Juli 1943 ein Zufluchtzentrum von OSE in Megève ein. Als Andrée Salomon, eine der Leiterinnen von OSE, von dem bevorstehenden Einmarsch der Deutschen in der italienisch besetzten Zone erfuhr, warnte sie ihre Mitarbeiterin: das Haus musste sofort evakuiert werden. Nicole Salon-Weil übernahm es, die Kinder »verschwinden« zu lassen – mit Hilfe von Georges Loingers Fluchtnetz wurden sie in die Schweiz geschmuggelt. Andrée Salomon erzählte später, Nicole habe »drei Stunden pro Nacht geschlafen, in aller Eile ein paar Sandwiches hinuntergeschlungen und dabei mehr als 200 Menschen gerettet«.[38] Anschließend ging Nicole Salon-Weil nach Nizza, um die Rettungsarbeit mit den dortigen Flüchtlingen fortzusetzen. Sie brachte mehrere Gruppen von Kindern nach Chambéry, von wo sie weiter in Richtung Annemasse und in die Schweiz befördert wurden.

Am 24. Oktober 1943 wurde Nicole Salon-Weil verhaftet. Sie wurde in das Sammellager Drancy gebracht. Hier nahm sie sich dreier Waisenkinder an, um die sie sich bis zuletzt kümmerte. Als sie am 23. November 1943 in Auschwitz ankam, wurde Nicole als »arbeitstauglich« selektiert, sie war also vorerst gerettet. Doch sie ließ sich nicht von den Kindern trennen. Anstatt ihre eigene Überlebenschance zu nutzen, ging sie zusammen mit den Kleinen in die Gaskammer. Sie wollte sie in diesem schrecklichen Tod nicht allein lassen.[39]

Mila Racine, 1923 in Boulogne geboren, brachte am 21. Oktober 1943 zusammen mit Roland Epstein eine Kindergruppe, die in die Schweiz geschmuggelt werden sollte, in die Nähe der Grenze. Dort wurden sie von Polizeihunden aufgespürt, die ganze Gruppe wurde verhaftet.[40] Jean Deffaugt, der Bürgermeister von Annemasse, erinnert sich an Mila Racines Verhalten im Gefängnis. Sie durfte zwei Stunden auf dem Flur auf und ab gehen, und während dieser Zeit munterte sie ihre jungen Mitgefangenen auf und brachte sie zum Lachen. Sie erklärte Deffaugt: »Wissen Sie, Herr Bürgermeister, ich ersetze ihnen die Mutter, ich ersetze ihnen die große Schwester. Ein bisschen Zärtlichkeit tut ihnen so gut …«[41] Zusammen mit ihrem Kameraden Roland Epstein wurde Mila Racine nach Drancy transportiert und von dort in das Konzentrationslager Ravensbrück. Anny Latour schreibt in ihrem Buch über den jüdischen Widerstand in Frankreich, Mila Racine sei bei einem Bombenangriff in der Nähe von Ravensbrück gestorben.[42] Eine ehemalige Mitgefangene, Marie Josée Chombart berichtet dagegen, sie seien zusammen von Ravensbrück in das Konzentrationslager Mauthausen deportiert worden. Mila Racine sei ums Leben gekommen, als sie mit anderen Lagerhäftlingen bei Aufräumungsarbeiten auf dem Bahnhof Amstetten in einen amerikanischen Bombenangriff gerieten.[43]

Nach Mila Racines Verhaftung übernahm Marianne Cohn die Stafette. Marianne Cohn wurde 1922 in Mannheim geboren. Sie emigrierte mit ihrer Familie aus Deutschland über Spanien nach Frankreich, und schloss sich dort 1942 der Zionistischen Jugend an.[44] 1943 lebte Marianne Cohn in Grenoble. Als Mila Racine verhaftet wurde, bat einer der Verantwortlichen des jüdischen Widerstands Marianne Cohn, ihre Stelle einzunehmen. Von da an führte sie regelmäßig Gruppen von Kindern und Jugendlichen an die Schweizer Grenze.

Am 31. Mai 1944 übernahm Marianne Cohn in Annecy eine Gruppe von 28 Kindern. Auf einem Lastwagen fuhren sie nach Viry, wo Emile Barras auf sie wartete, der die Kinder über die Grenze bringen sollte. Als der Wagen am Bestimmungsort ankam und die Kinder ausstiegen, hielt ein Wagen mit deutschen Zöllnern an. Die Beamten verlangten die Papiere der Gruppe und eine Erklärung, was sie um acht Uhr abends hier zu suchen hätten. Marianne Cohn erklärte ihnen, es handle sich um Kinder aus dem Norden, die auf dem Weg in die Ferienkolonie in Pas-de-l'Échelle seien.[45] Einige der Kinder versuchten inzwischen, wegzulaufen, aber sie wurden von den Hunden der Zöllner verfolgt und durch Warnschüsse eingeschüchtert. Die Deutschen zwangen die ganze Gruppe, wieder einzusteigen und in die Ferienkolonie zu fahren.[46] Dort stellte sich heraus, dass diese Kinder nicht erwartet wurden. Marianne Cohn, Joseph Fournier, der Chauffeur des Lastwagens, und die Mädchen und Jungen wurden verhaftet und in das Gestapo-Gefängnis in Annemasse gebracht.

Dem Bürgermeister von Annemasse, Jean Deffaugt, gelang es, eine Besuchserlaubnis zu bekommen. Auf diesem Weg stellte er den Kontakt zwischen Marianne Cohn und der Résistance her. Deffaugt erreichte schließlich außerdem, dass die Kinder aus dem Gefängnis entlassen und in einer Ferienkolonie untergebracht wurden – allerdings unter strenger Bewachung. Eines Tages brachte Deffaugt Marianne Cohn eine gute Nachricht: Die Widerstandsbewegung hatte einen Plan zu ihrer Befreiung ausgeheckt. Sie sollte eine Blinddarmentzündung vortäuschen. Auf dem Weg ins Krankenhaus sollte dann ihre Flucht inszeniert werden. Marianne Cohn aber lehnte ab: Sie wollte die Kinder nicht in Gefahr bringen, indem sie sich selbst rettete. Sie wusste, dass ihre ehemaligen Schützlinge für ihre Flucht bestraft würden, vermutlich würde man sie sofort deportieren.[47] In einem Kassiber schrieb sie ihrem Chef im Widerstand, Emmanuel Racine, warum sie es ablehnte, befreit und damit gerettet zu werden: »Für mich allein, nichts leichter als das. Aber solange die Kinder da sind, unmöglich.« Sie fügte hinzu: »Du weißt, ich habe viel Zeit nachzudenken, aber ich bereue nichts von dem, was geschehen ist, und ich würde nicht eine Sekunde zögern, wenn alles noch einmal von vorne begänne.« Und sie fragte: »Geht die Arbeit weiter?« [48] Während eines Verhörs soll Marianne Cohn dem Gestapo-Beamten, einem gewissen Mainzold, erklärt haben: »Ja, ich habe mehr als 200 Kinder gerettet, und wenn ich wieder in Freiheit käme, würde ich damit fortfahren. Nichts könnte mich davon abhalten.« [49] Am 8. September 1944, wenige Tage vor der Befreiung, wurden Marianne Cohn und fünf andere gefangene Widerstandskämpfer aus ihren Zellen geholt. Das war das Letzte, was man lebend von ihnen hörte.

Nach der Befreiung wurden in Ville-la-Grand bei Annemasse die Leichen von zwei Frauen und vier Männern aus einem Massengrab geborgen. Es handelte sich um die sechs Widerstandskämpfer, die aus dem Gefängnis verschwunden waren. Eine ehemalige Kameradin von Marianne Cohn identifizierte ihre Leiche anhand der Sandalen an den Füßen, die sie wieder erkannte. Auch Lea Weintraub, eine andere ehemalige Kameradin von Marianne Cohn, sollte deren mutmaßliche Leiche identifizieren. Sie erinnert sich daran, dass ihr Mann, Jacques Weintraub, Marianne eines Abends gebeten hatte, den Transport einer bestimmten Kindergruppe an die Schweizer Grenze zu übernehmen: »Marianne sagte, ›ich mache das gerne, aber ich habe nichts anzuziehen.‹ Ich sagte, ›das macht nichts, du hast ungefähr meine Größe, ich geb' dir etwas von mir.‹ Ich weiß nicht mehr, was ich ihr alles gab, auf jeden Fall aber eine grüne Bluse. Ich weiß es nämlich deshalb noch genau, weil ich mir diese Bluse gekauft hatte, obwohl sie grün war, und bisher hatte ich nichts Grünes getragen. Direkt nach dem Krieg ging ich eines Morgens nach Annemasse und sah Georges Loinger und Sascha Racine. Sie brachten mich zum Bürgermeister. Sie hatten ein Massengrab aufgemacht, in dem mehrere Widerstandskämpfer lagen. Das sollte ich mir ansehen. Ich sagte: ›Das ist Marianne!‹ Ich erkannte sie an mehreren Dingen: an ihren Zähnen, an ihren Haaren und an der Bluse, und die war unzweifelhaft, denn es war meine grüne. Ich sagte: ›Die Verbrecher haben sie vergewaltigt.‹ Sie hatte außer der Bluse nichts an. Unten herum war sie nackt.«[50]

Zudem war ihr Körper mit Wunden bedeckt, die von schweren Schlägen und Tritten herrührten. Marianne Cohn wurde bis zur Stunde ihrer Hinrichtung brutal gefoltert. In ihrem Schmerz dachte sie offenbar daran, sich selbst zu töten, um den Qualen ein Ende zu bereiten. In ihrer Zelle im Gefängnis von Annemasse schrieb sie ein Gedicht, in dem sie in Andeutungen über ihre Folter spricht und über ihre Selbstmordgedanken. Sie gab dem Gedicht den Titel: »Mein Verrat kommt morgen, noch nicht heute«. Der »Verrat«, von dem sie spricht, meint jedoch nicht den, den die Gestapo von ihr verlangte, sondern den Verrat am Leben, den Selbstmord.

> Mein Verrat kommt morgen, noch nicht heute.
> Reißt mir morgen die Nägel aus,
> ich verrate nichts.
> Ihr kennt nicht das Ende meines Mutes,
> ich aber kenne es.
> Ihr seid fünf harte Hände fingerberingt.
> Am Fuß sind eure Schuhe
> Genagelt.
> Morgen begehe ich Verrat, nicht heute.
> Erst morgen.
> Ich brauche die Nacht für den Entschluss,
> eine einzige Nacht (…)
> um das Leben zu verraten,
> um zu sterben. (…)

Die Feile liegt versteckt,
nicht für die Gitter,
für den Schnitt durch meinen Puls.[51]

Kurz vor der Befreiung beschlagnahmten Widerstandskämpfer bei einem deutschen Soldaten, der in Hochsavoyen gefangen genommen wurde, drei Fotos. Auf diesen Fotos ist der nackte Körper einer Frau bis zum Hals zu sehen (der Kopf ist auf allen drei Fotos abgeschnitten). An ihren Füßen befinden sich die Sandalen, anhand derer Marianne Cohns Leiche identifiziert werden konnte. Vier deutsche Soldaten präsentieren diesen Körper wie eine Jagdbeute. Sie lachen herzlich in die Kamera. Der nackte Körper der Frau weist mehrere schwarze Flecken auf. Die deutschen Soldaten spreizen die Beine der Frau so weit auseinander, dass der nackte Unterleib der Frau als eine große schwarze Wunde erkennbar ist. Auf einem der Fotos beugt sich einer der Männer lachend über den Körper der Frau und hält ein langes Messer so über ihren offenen Unterleib, als wolle er es ihr einführen.[52]

André Allombert, ein ehemaliger Résistant aus der Region, berichtete Herbert Herz, einem ehemaligen Widerstandskämpfer aus Grenoble, von einem Gespräch, das Jean Deffaugt, der damalige Bürgermeister von Annemasse, zehn Jahre nach der Befreiung mit einem gewissen Wissman, ehemaliger Feldwebel und Dolmetscher der Wehrmacht, in Genf führte. Allombert sollte an diesem Gespräch teilnehmen, war jedoch verhindert. Deffaugt berichtete ihm anschließend, Wissman habe gesagt, die Vergewaltiger und Mörder von Marianne Cohn seien die Männer vom Sicherheitsdienst in Lyon. Herbert Herz weist jedoch zu Recht darauf hin, dass die Männer auf dem Foto Soldatenuniformen tragen und nicht Uniformen des SD. Zum Zeitpunkt von Marianne Cohns Vergewaltigung und Ermordung tat, neben anderen Einheiten, vor allem die 157. Reserve-Division im gesamten Raum von

Grenoble bis zum Genfer See Dienst, eine Ausbildungseinheit, die aber fast ständig bei der Partisanenbekämpfung eingesetzt wurde. Die Folterer und Mörder von Marianne Cohn wurden bis heute nicht ermittelt.[53]

Frieda Wattenberg, die wie Marianne Cohn im jüdischen Widerstand in Südfrankreich aktiv war, erinnert sich daran, wie humorvoll und lebensfroh ihre Kameradin war: »Bei unseren Versammlungen lachte sie immer, sie war so lebhaft. Sie war so einfach, bescheiden, so ... ich weiß nicht. Vielleicht wäre sie eine gute Lehrerin geworden. Sie fuhr gerne Ski. Jedes Mal, wenn wir Vorträge hatten, meldete sie sich zu Wort, und was sie sagte, war sehr intelligent und überlegt. Daran versuche ich mich zu erinnern, nicht daran, wie sie zermartert in einem Massengrab gefunden wurde. Es war ihr Heldentum, die Kinder nicht verlassen zu haben. Ich weiß nicht, ob ich in ihrer Situation so gehandelt hätte.«[54]

Anmerkungen

[1] Vgl. Lucien Lazare: Educational, Rescue and Guerilla Operations of the Jewish Youth Movements in France, 1940-1944. In: Asher Cohen und Yehoyakim Cochavi (Hg.): Zionist Youth Movements During the Shoa. New York 1995. S. 173 f.

[2] Vgl. Renée Poznanski: Etre juif en France pendant la seconde guerre mondial. Paris 1994. S. 24ff.

[3] Yvette Bernard Farnoux : A la suite de Berthe Albrecht au service social des »Mouvements Unis de la Résistance«. In: Les juifs dans la Résistance et la Libération. Histoire, témoignages, débats. Hrsg. von der Association pour la Recherche sur l'Histoire Contemporaine des Juifs. Paris 1985. S. 104-108, S. 104.

[4] Gespräch der Autorin mit Yvette Bernard Farnoux, Paris, September 1992.

[5] Vgl. Renée Poznanski a.a.O., S. 32 ff; Annette Wieviorka: Ils étaient juifs, résistants, communistes. Paris 1986. S. 27 ff; Interview der Autorin mit Jacquot Szmulewicz, Nancy, Dezember 1987.

[6] Interview der Autorin mit Vivette Samuel, Paris, Oktober 1996.

[7] Vivette Samuel: Sauver les enfants. Paris 1995. S. 17; Interview der Autorin mit Vivette Samuel, Paris, Oktober 1996.

[8] Vgl. Wieviorka a.a.O., S. 23 ff und S. 158 f; Henri Krischer: Les barricades de la MOI, in: Les juifs dans la Résistance a.a.O., S. 174-184, S. 175 f; Interview der Autorin mit Jacquot Szmulewicz, Nancy, Dezember 1987; Interview der Autorin mit Henri Krischer, Nancy, Dezember 1987; Interview der Autorin mit Paulette Sliwka, Paris, Mai 1996.

[9] Interview der Autorin mit Denise Lévy, Paris, Oktober 1996; Vivette Samuel, Paris, Oktober 1996; Frida Wattenberg, Paris, Mai 1996; siehe auch Vivette Samuel: Sauver les enfants. Paris 1995.

[10] Vgl. Annette Wieviorka a.a.O., S. 80 ff.

[11] Ebenda S. 90 ff, 106; Renée Poznanski a.a.O., S. 311 f.

[12] Vgl. Maurice Rajfus: Jeudi noir. Paris 1988. S. 27 ff; Annette Wieviorka a.a.O., S. 152 ff.

[13] Vgl. Enéa Averbouh, zitiert nach: Jean Laloum: Une résistante en zone nord: Enéa Averbouh, in: Les juifs dans la Résistance et la Libération. Histoire, témoignages, débats. Hrsg. von der Association pour la Recherche sur l'Histoire Contemporaine des Juifs. Paris 1985. S. 110.

[14] Vgl. Maurice Rajfus a.a.O., S. 27 ff; Interview der Autorin mit Vivette Samuel, Paris, Oktober 1996.

[15] Vgl. Sabine Zaitoun: L'Œuvre de Secours aux Enfants sous l'occupation en France. Paris 1990; Martine Lemalet (Hg.): Au secours des enfants du siécle. Paris 1993; »Notre Mémoir«, hrsg. v. OSE, Paris 1993.

[16] Vgl. Serge Karwasser: Bericht über Aktivitäten des MJS in Nizza, Centre de Documentation Juive contemporaine, CCXV-16; Lucien Lazare a.a.O.; Renée Poznanski a.a.O., S. 563 f und 585 f; David Knout: Contribution à l'Histoire de la Résistance juive en France 1940-1944. Paris 1947. S. 126 f; Anny Latour: La résistance juive en France (1940-1944). Paris 1970. S. 85 ff; Interviews der Autorin mit Frida Wattenberg; Lea Weintraub, Tel Aviv, Mai 1996; Ruth Usrad, Kibbuz Lehavot Habashan, Juni 1996.

[17] Vgl. Lucien Lazare a.a.O., S. 175 ff; Pierre Kauffmann: Du grand jeu à la Résistance, in: Le Monde Juif, Nr. 152, S. 62-66; David Knout a.a.O., S. 134 ff; Anny Latour a.a.O., S. 37 ff, 71 ff, 80 ff, 132 ff; Interview der Autorin mit Denise Lévy.

[18] Enéa Averbouh, zitiert nach: Jean Laloum, Une résistante en zone nord. Enéa Averbouh, in: Les juifs dans la Résistance et la Libération, S. 110.

[19] Zitiert nach Vivette Samuel a.a.O., S. 117.

[20] Vgl. Ingrid Strobl: Die Angst kam erst danach. Jüdische Frauen im Widerstand in Europa 1939-1945. Frankfurt am Main 1997. S. 55 ff und S. 357 ff.

[21] Ebenda.

[22] Interview der Autorin mit Denise Lévy.

[23] Vgl. Ingrid Strobl a.a.O., S. 342 ff.

[24] Vgl. Vivette Samuel a.a.O., S. 92 f.

[25] Vgl. Renée Poznanski: De l'action philanthropique à la résistance humanitaire. In: Martine Lemalet (Hg.): Au secours des enfants du siécle. S. 57-82, S. 68 f; Sabine Zeitoun a.a.O., S. 108 ff; Vivette Samuel a.a.O., S. 98 ff.

[26] Vgl. Vivette Samuel a.a.O., S. 112.

[27] Vgl. George Garel: Le sort des enfants pendant la guerre. In: Le Monde Juif Nr. 89, Januar-März 1978.

[28] Vgl. Vivette Samuel a.a.O., S. 137.

[29] Vgl. Sabine Zeitoun a.a.O., S. 170.

[30] Ebenda, S. 170 f.

[31] Vivette Samuel a.a.O., S. 118.

[32] Vgl. Ingrid Strobl a.a.O., S. 350 ff.

[33] Zitiert in Vivette Samuel a.a.O., S. 126 f.

[34] Laut Anny Latour a.a.O., S. 151 handelte es sich um die Bahnhofsmission.

[35] Zitiert in Vivette Samuel a.a.O., S. 126 f.

[36] Vgl. Vivette Samuel a.a.O., S. 128.

[37] Vgl. Maurice Brener und Jules Jefroykin: L'American Joint Distribution Committee (»Joint«). In: Le Monde Juif 152. S. 13-14; Sabine Zeitoun a.a.O., S. 190 f.

[38] Zitiert nach Anny Latour a.a.O., S. 173.

[39] Vgl. Rapport sur l'Acitivité de Mme N. Salon, née Weil verfasst von Georges Garel a.a.O.; siehe auch Rapport de Andrée Salomon: Nicole Salon née Weil, o.J., CDJC, CDLXVIII-70a.

[40] Vgl. Anny Latour a.a.O., S. 154.

[41] Ebenda, S. 155.

[42] Anny Latour a.a.O., S. 155.

[43] Marie-Josée Chombart de Lauwe: Un témoignage sur Mila Racine et France Bloch-Sérazin. In: Le Monde Juif 153. Januar - April 1995. S. 207-208.

[44] Möglicherweise war Marianne Cohn auch Mitglied der EIF. Es kann nicht mehr geklärt werden, welcher der beiden Organisationen, die eng zusammenarbeiteten, sie angehörte: Biographie de Marianne Cohn, redigée par Herbert Herz, Genève, Mai 1995 (Brief von Herbert Herz an die Autorin). Herbert Herz ist ehemaliges Mitglied der FTP-MOI-Einheit Liberté in Grenoble. Er führt seit vielen Jahren ein Archiv des jüdischen Widerstands und hat insbesondere zum Tod von Marianne Cohn für das Archiv in Yad Vashem recherchiert.

[45] Vgl. Interview Herbert Herz mit Emile Barras, 18. Oktober 1994, Archiv Herbert Herz.

[46] Vgl. die Berichte der mitverhafteten (damaligen) Kinder Alice Lentz (geborene Podstolski) und Marcel Katz, Archiv Herbert Herz.

[47] Auskunft von André Allombert, der den Fluchtplan ausführen sollte, im Gespräch mit Herbert Herz: Brief von Herbert Herz an die Autorin, Genf, 15. November 1995.

[48] Zitiert nach Emmanuel Haymann: Marianne Cohn, la dernière victime. In: Tribune Juive. Paris 10. September 1982. S. 16-19, S. 18.

[49] Ebenda, S. 18.

[50] Interview der Autorin mit Lea Weintraub.

[51] Marianne Cohn: Je trahirai demain. Zitiert nach: Pierre Seghers: La Résistance Française et ses poètes. S. 450.

[52] Kopien dieser Fotos, die der Öffentlichkeit nicht zugänglich sind, wurden mir freundlicherweise von Herbert Herz zur Verfügung gestellt.

[53] Brief von Herbert Herz an die Autorin Genf, 15. November 1995.

[54] Interview der Autorin mit Frida Wattenberg.

Nechama Tec

Frauen unter den Partisanen

Aus dem Amerikanischen von Anna Kaiser

Der westliche Teil Weißrusslands ist überwiegend von dichten, sumpfigen, teils unzugänglichen Wäldern bedeckt. Während der deutschen Besetzung von Sommer 1941 bis Sommer 1944 wurde dieses Gebiet zum Zufluchtsort für eine Vielzahl von potentiellen Nazi-Opfern und zum wichtigen Stützpunkt der sowjetischen Partisanenbewegung.

Die Waldbevölkerung war verschiedenartig und wechselte ständig. Als erstes kamen ehemalige Soldaten der Roten Armee, die sich im Frühstadium des deutsch-sowjetischen Krieges der Gefangennahme durch den Feind hatten entziehen können. Ihnen folgten entflohene sowjetische Kriegsgefangene und eigens aus Moskau geschickte Experten für den Aufbau einer Untergrundarmee.[1] Ab 1942 flohen junge Weißrussen in die Wälder, um sich der Verpflichtung zur Zwangsarbeit in Deutschland zu entziehen. Ihnen schloss sich ein Strom jüdischer Flüchtlinge an, die Überfüllung, Krankheit, Hunger und Misshandlung in den umliegenden Ghettos überlebt hatten.

Insbesondere für die jüdischen Ghettoflüchtlinge stellte das Leben in den Wäldern eine ernste Herausforderung und Bedrohung dar. Die meisten Juden in Polen (77 %) hatten vor dem Krieg in städtischen Zentren gelebt; sie besaßen wenig Erfahrung darin, wie man in einer Umgebung abseits der Zivilisation überlebte. Außerdem waren viele der Ghetto-Flüchtlinge Frauen, Kinder oder ältere Männer – leichte Beute für disziplinlose Partisanengruppen. Einige dieser Flüchtlinge wurden überfallen und ermordet; andere wurden ihrer spärlichen Habe beraubt und davongejagt. In der Regel hatten nur bewaffnete junge Männer eine Chance, in eine nichtjüdische Partisanengruppe aufgenommen zu werden.

Mit der bedrohlichen, unberechenbaren Umgebung der Wälder konfrontiert, entwickelten die Juden ungewöhnliche Überlebensstrategien. Manche arbeiteten erfolgreich mit nichtjüdischen Partisanen zusammen; andere gründeten ihre eigenen Einheiten, die in Zusammensetzung, Größe und Widerstandsfähigkeit variierten. Zeitweise wurden neu gebildete Einheiten in Familienlager umgewandelt. Eine dieser jüdischen Gruppen, die so genannte »Bielski-Otriad« (nach ihren Gründern, den Brüdern Bielski; *Otriad*, russisch für Partisaneneinheit), erfüllte eine Doppelfunktion als Retter und Kämpfer; mit schließlich mehr als 1 200 Mitgliedern – Männern, Frauen und Kindern – entwickelte sich daraus die größte bewaffnete Organisation zur Rettung von Juden durch Juden.[2]

Die drei Bielski-Brüder Asael, Tuvia und Zus gehörten zu der kleinen Minderheit von Juden, die vor dem Krieg als Kleinbauern auf dem Land gelebt hatten. Sie waren die einzigen Juden in ihrem entlegenen Dorf, sie waren arm und besaßen nur wenig Schulbildung. Aber sie kannten die gesamte Gegend und waren äußerst unabhängig. Die Brüder weigerten sich, sich dem Nazi-Joch zu unterwerfen, und tauchten im Sommer 1941 in den Wäldern unter. Mit Hilfe von weißrussischen Freunden erwarben sie ein paar Waffen. Im Sommer 1942 gründeten sie mit inzwischen mehr als dreißig Anhängern eine Partisaneneinheit mit Tuvia Bielski als Kommandanten.

Tuvia Bielski, eine starke Führungspersönlichkeit, bestand von Anfang an darauf, dass alle Juden ungeachtet ihres Alters, Geschlechts oder Gesundheitszustands uneingeschränkt in die Einheit aufgenommen werden sollten. Manche sahen in dieser Politik der offenen Tür eine Gefahr für die Existenz der

Gruppe, während Tuvia argumentierte, dass eine große Mitgliederzahl mehr Sicherheit bedeute; dank seines starken Charakters setzte er sich schließlich durch.

Die Bielski-Otriad konnte einige in der Umgebung lauernde Gefahren ausschalten, indem sie bei Expeditionen zur Nahrungsbeschaffung und militärischen Operationen mit russischen Partisanen zusammenarbeitete. Jede Partisanengruppe bekam ihre eigenen Dörfer zugewiesen, um dort Proviant zu beschaffen. Angesichts bewaffneter Männer blieb den Bauern nichts weiter übrig, als sich von ihren spärlichen Vorräten zu trennen. Die gemeinsamen militärischen Operationen zielten zunächst ausschließlich auf die Beschaffung von Waffen und Waren ab. Später schlossen sie Sabotageakte wie die Zerstörung von Telefonleitungen, die Sprengung von Brücken und die Demontage von Eisenbahnschienen ein. Von 1942 bis 1943 führten die Bielski-Partisanen ein Nomadenleben. Gegen Ende 1943 ließen sie sich fest im Nalibocka-Wald nieder. In jenem Stadium ähnelte das Lager zunehmend einem Schtetl. Die Errichtung von Gewerbebetrieben und Werkstätten im Lager verwandelte einen Teil der Bielski-Einheit in ein Versorgungs- und Dienstleistungsunternehmen für sowjetische Partisanen. Die Nützlichkeit der Otriad half, das Argument einiger nichtjüdischer Partisanen zu widerlegen, die behaupteten, die Juden würden zu viel essen und damit den »wahren« Kämpfern Nahrung wegnehmen.[3] Außerdem verbesserten die in Naturalien bezahlten Einnahmen aus den Werkstätten und Betrieben die ökonomische Situation der Bielski-Einheit, so dass die jungen Männer die gefährlichen Streifzüge zur Nahrungsbeschaffung reduzieren konnten. Und schließlich trug die Beschäftigung als solche zur psychischen Stärkung der Arbeiter bei.

Das Leben in den Wäldern drehte sich in erster Linie um Sicherheitsbelange und Nahrungsbeschaffung. Zwangsläufig waren Körperkraft, Durchhaltevermögen, Unabhängigkeit,

Mobilität und Mut hoch geschätzte Tugenden. Umgekehrt wurden diejenigen, denen diese Eigenschaften angeblich fehlten, häufig herabgewertet und manchmal misshandelt. Zu jener Kategorie gehörten die jüdischen Flüchtlinge, Frauen, Kinder, Alte und Kranke.

Frauen, insbesondere jüdische Frauen, erwartete in den russischen Partisaneneinheiten ein anderes Schicksal als in der Bielski-Gruppe. Die sowjetische Regierung pries offiziell zwar den Beitrag von Frauen am Guerillakrieg und betonte, weibliche Partisanen symbolisierten den höchsten Grad von Hingabe im patriotischen Kampf für das Vaterland; in der Realität allerdings wurden Frauen, die sich sowjetischen Partisaneneinheiten anschlossen, zu niederen Diensten verbannt. Am Kampfgeschehen durften sie, wenn überhaupt, nur indirekt teilnehmen: als Kuriere oder Kundschafterinnen. Doch auch in solchen Funktionen wurden Frauen nur äußerst selten eingesetzt. Selbst besonderer Einsatzwille oder körperliche Fitness wirkten sich nur selten zu ihren Gunsten aus. Insgesamt war der Anteil von Frauen in der russischen Partisanenbewegung äußerst gering; man schätzt ihn auf etwa zwei bis fünf Prozent. Entgegen der offiziellen Regierungslinie vertrat das Partisanenkommando in den Wäldern die Auffassung, dieses geringe Kontingent von Frauen sei das Maximum, was die Bewegung verkraften könne.[4]

Einige Experten behaupten, der Hauptgrund für die Aufnahme von Frauen in eine russische Partisanengruppe sei ihre Verwendbarkeit als Sexualpartner gewesen. Eine Frau, so die Argumentation weiter, wurde als notwendiger Teil der Offiziersausrüstung definiert, und »Offiziere vom Brigadekommandanten bis hinunter zum Bataillonsführer ›heirateten‹ die weiblichen Mitglieder ihrer Einheit. Die betreffenden Frauen wurden de facto Eigentum der Offiziere, wodurch sie Offiziersstatus erlangten und die damit verbundenen Privilegien wie eine Unterkunft beim Brigadestab oder Freistellung von

Kampfeinsätzen genossen. ... Die Frauen wiederum waren häufig bereit, sich mit ihrem Beitrag als Offiziers-›Gattinnen‹ zufrieden zu geben.«[5] Die meisten hochrangigen russischen Partisanen hielten sich eine Geliebte. In Anerkennung ihres Status wurde eine solche Frau »Übergangsgattin« genannt. Da den Frauen bewusst war, dass mächtige männliche Partisanen sie vor Gefahr schützen konnten, scheint es nicht verwunderlich, dass »jede Frau in den Wäldern davon träumte, die Geliebte eines Kommandanten zu werden. Für junge Mädchen war es selbstverständlich, mit russischen Kommandanten, politischen Führern und anderen Männern in einer Machtposition zu schlafen.«[6] Umgekehrt: »Eine junge Frau wurde nur in eine Otriad aufgenommen, wenn sie bereit war, die Geliebte eines russischen Offiziers zu werden.« Und wenn ein Partisan einer Frau in irgendeiner Weise half, erwartete er als Entlohnung sexuelles Entgegenkommen.[7]

Obwohl alle Partisanen ganz versessen auf eine Geliebte waren, bezichtigten sie die Frauen gleichzeitig der Promiskuität. Sie verachteten dieselbe Frau, die sie als Sexualpartner begehrten. In Männerkreisen wurde das Wort »Frau« häufig durch »Hure« ersetzt.[8] Als Sexualobjekte definiert und von der Teilnahme an angesehenen Aktivitäten ausgeschlossen, befanden sich alle Frauen in den Wäldern in einer Position der Abhängigkeit. Jüdische Frauen – und die meisten Frauen in den weißrussischen Wäldern waren Jüdinnen – waren noch abhängiger und verletzlicher als nichtjüdische Frauen. Während viele nichtjüdische Frauen wegen der Beziehung zu einem Mann in die Wälder kamen, suchten jüdische Frauen dort Zuflucht, um dem Tod zu entrinnen. Sie wussten bereits vor ihrer Flucht, dass in den Wäldern Vergewaltigung und Mord lauerten.

Die allgemeine Frauenfeindlichkeit unter sowjetischen Partisanen war gegenüber jüdischen Frauen besonders heftig. Im Lauf der Zeit wurde diese Tendenz stärker und ausgeprägter, hauptsächlich aufgrund der veränderten Zusammensetzung der Partisanengruppen. Um eine zukünftige Bestrafung zu vermeiden, wechselten zahlreiche Nazi-Kollaborateure gegen Ende des Krieges die Seiten und schlossen sich den Partisanen an. Natürlich brachten sie ihren Antisemitismus mit und schufen damit eine deutlicher spürbare antijüdische Atmosphäre.[9] Offiziere mit einer jüdischen Geliebten wurden unter Druck gesetzt, ihre Beziehungen zu beenden. Einige weigerten sich, nachzugeben; andere brachen ihre Verbindungen zu jüdischen Frauen ab.[10]

Von den jüdischen Frauen, die die Wälder erreichten, gelang nur einer Handvoll die Aufnahme in eine russische Partisaneneinheit. Die Mehrheit der Frauen, denen es glückte, ging eine sexuelle Beziehung mit einem Partisanenoffizier ein. Aber nicht alle, die Zugang suchten, waren bereit, Schutz mit Sex zu bezahlen. Davon abgesehen besaß auch nur ein geringer Prozentsatz der Frauen die Voraussetzungen – Jugend und Schönheit – für einen solchen Handel. Gelegentlich halfen spezielle Fähigkeiten, diese Hürden zu überwinden. Ärztinnen, Krankenschwestern oder gute Köchinnen besaßen die Chance, in eine russische Einheit aufgenommen zu werden, selbst wenn sie sich weigerten, die Geliebte eines Offiziers zu werden, oder sich nicht dafür eigneten. Ärztinnen waren ebenso wie Krankenschwestern besonders gefragt und in jeder Otriad willkommen.

In der Bielski-Einheit bildeten die Gebrüder Bielski, ihre Ehefrauen, Verwandten und engsten Freunde sowie die Mitarbeiter des Hauptquartiers die Elite. Ihnen nachgeordnet waren die bewaffneten jungen Kämpfer, die Verteidiger der Otriad. Indirekt verteidigten sie die Gemeinschaft durch ihr Mitwirken an gemeinsamen Operationen gegen die Deutschen, wenn sie auch ihre Hauptenergie auf die Vorratsbeschaffung konzentrierten. Die Expeditionen waren kraftraubend und gefährlich; nicht selten endeten sie mit dem Tod des Teilnehmers.

Eine Stufe unter den bewaffneten Männern standen die Handwerker. Ihr Ansehen stieg mit der Einrichtung von Werkstätten im Herbst 1943. Die meisten Mitglieder der Otriad – jene, die ohne Waffen oder gefragte Fähigkeiten eintrafen – rangierten auf der untersten Stufe der sozialen Leiter. Sie verrichteten ausschließlich ungelernte Arbeiten, wie Hilfsdienste in der Küche, Holz hacken oder die Versorgung der Kühe und Pferde. Diese Gruppe wurde verächtlich *Malbushim* genannt (hebräisch für Kleidung; niemand scheint allerdings zu wissen, wie das Wort seine negative Bedeutung erlangte)[11]; hierzu gehörten ältere Menschen, Frauen und Kinder sowie viele Intellektuelle und Fachleute, deren Kenntnisse im antiintellektuellen Klima der Wälder, wo gute Manieren und ein kultureller Hintergrund nicht gefragt, ja eher hinderlich waren, nicht zählten. Der Gebrauch von Vulgärsprache war allgemein üblich. Fluchen und Saufen galten als angesehene Tugenden. Die meisten Partisanen stimmten darin überein, dass Trinken das Leben erleichtere und helfe, die gefährliche Lage zu vergessen. Tuvia Bielskis Frau Lilka behauptete, dass »ein, zwei Gläser … vor Krankheiten schützten.«[12] Einige meinten sogar, dass Tuvia bei seinen Verhandlungen mit russischen Partisanen auch deshalb so erfolgreich war, weil er seine Partner »unter den Tisch saufen konnte und … genauso gut fluchen konnte wie sie.«[13]

Die Malbushim, die nur das zu essen hatten, was ihnen von der Otriad offiziell zugeteilt wurde, reagierten unterschiedlich auf ihr Los. Manche akzeptierten die Situation: »Wir mussten nicht verhungern. Zugegeben, wir lebten nicht gerade im Überfluss. Einige bekamen mehr als andere. Aber wir hatten genug. Wir sammelten Beeren oder Pilze im Wald. Auch das half.«[14] Andere betonten, dass genügend Brot von ausgezeichneter Qualität vorhanden gewesen sei. Wieder andere zeigten sich weniger zufrieden und behaupteten, dass sie Hunger gelitten hätten, rechtfertigten jedoch die Praxis, höher Gestellten größere Rationen zuzuteilen: »Die Bielskis bekamen besseres Essen. Das war ihr gutes Recht, es stand ihnen zu.«[15] Ein in sein Schicksal ergebener Malbush äußerte: »Natürlich aßen diejenigen, die an der Macht waren, besser. Es gibt nirgendwo Gleichheit, auch im Wald gab es keine.« Eine Befragte bemerkte schließlich: »Ich war nie Kommunistin, dachte nie, dass alle das Gleiche haben sollten. Wer sich nicht an Expeditionen beteiligte, bekam gewöhnlich Suppe, manchmal Brot und Kartoffeln mit Schale. Es gab kein Salz. Wenn dich der Koch mochte, bekamst du ein Stück Lunge oder was sonst in der Suppe schwamm. Wenn er dich nicht mochte, bekamst du Wassersuppe.«[16]

In der Bielski-Gemeinde gab es, wie in den meisten Gruppen, durchaus gelegentlich Möglichkeiten, sein Schicksal oder seine soziale Stellung zu verbessern. Der Weg zu gesellschaftlichem Aufstieg war allerdings für Männer ein grundlegend anderer als für Frauen. Sowohl Männer als auch Frauen konnten sich Extrarationen verdienen, indem sie mehr Arbeit übernahmen: Überstunden in der Küche oder beim Wachdienst berechtigten zu zusätzlichen Mahlzeiten, beeinflussten jedoch nicht die soziale Stellung der jeweiligen Person. Um ihren Status zu verbessern, erwarben manche Männer ein Gewehr und beteiligten sich an Verpflegungsexpeditionen. Auf diese Weise wurden sie den Status des Malbush los. Einige dieser Männer zeichneten sich später als Kundschafter oder Kämpfer aus und stiegen in die Elite der Otriad auf.

Diese Möglichkeiten standen Frauen nicht offen, da ihnen sowohl das Tragen einer Waffe als auch die Mitwirkung an der Vorratsbeschaffung verwehrt war; Männer vertraten die Ansicht, dass die Anwesenheit von Frauen das Risiko der ohnehin gefährlichen Missionen erhöhe. (Chaja Bielski war eine Ausnahme: ihr einflussreicher Mann Asael nahm sie gelegentlich auf Expeditionen mit.) In den seltenen Fällen, in denen eine allein stehende Frau bei ihrer Ankunft im Lager eine Waffe besaß, wurde diese konfisziert. Ein ungeschriebenes Gesetz der Wälder lautete, dass Gewehre in die Hände von Männern gehörten, nicht in die von Frauen. Raja Kaplinski, die offizielle Sekretärin der Otriad, rechtfertigte diese Regelung: »Glaubte sie etwa, sie könne in unser Lager kommen und auf Vögel schießen? Tuvia musste das Gewehr einem Mann geben, der sich an Expeditionen beteiligte, um Nahrung zu beschaffen.«[17]

Ohne besondere Fähigkeiten, wurde jede Frau beim Eintritt in die Bielski-Otriad automatisch ein Malbush. Diesen Status wurde sie erst los, wenn sie eine Beziehung mit einem »geeigneten« Mann einging – in der Regel ein ungebildeter junger Mann der Unterschicht, ein Partisanenkämpfer mit einer Waffe, der in den Wäldern einer höheren Klasse angehörte. Wer Sicherheit zu bieten hatte, dem standen bei der Wahl der Sexualpartnerin alle Möglichkeiten offen. Ein einfacher, ungebildeter junger Mann niederer Herkunft fand problemlos eine ihm ehemals gesellschaftlich überlegene Frau, von der er vor dem Krieg allenfalls hätte träumen können. Bei den meisten »Waldehen« entstammte die Frau tatsächlich einer vormalig höheren Gesellschaftsschicht als der Mann.

Offizielle Trauungen fanden nicht statt. Wenn ein Mann und eine Frau in ein Zelt oder einen Bunker zusammenzogen und als Paar auftraten, wurden sie von der Gemeinschaft als verheiratet betrachtet. Schätzungsweise sechzig Prozent der erwachsenen Bielski-Mitglieder lebten in einer Zweierbeziehung. Die meisten ehemaligen Partisanen betonen, dass diese »Ehen« stabil gewesen seien und ein Leben lang hielten.[18]

Die meisten Bielski-Mitglieder vertraten die Überzeugung, dass eine Frau jemanden brauche, der sich um sie kümmere, und dass dieser jemand ein »richtiger« Mann sein müsse.[19] Eine Frau erklärte: »Wenngleich wir Frauen uns nicht aktiv an militärischen Operationen oder der Nahrungsbeschaffung beteiligten, waren wir doch Kampfhandlungen ausgesetzt. Wir wurden von den Deutschen angegriffen. Als Frau eines bewaffneten Partisanen fühlte man sich da sicherer.«[20] Einige glauben, dass die Waldpartnerschaften auf mehr basierten als dem bloßen Austausch von Diensten und Waren. Eine der Frauen, die mit einem ihr vor dem Krieg gesellschaftlich unterlegenen Mann liiert war, erklärte:»Ich bin nicht der Meinung, dass Frauen sich verkauften, aber Liebe war es wohl auch nicht. Natürlich ging die Initiative zur Partnerwahl in der Regel von den Männern aus. Aber wenn die Frau einen Bewerber nicht mochte, wurde sie zu nichts gezwungen. Es stand ihr frei, den Mann abzuweisen, jeden Mann. … Eine meiner Freundinnen, ein gebildetes Mädchen aus gutem Hause ließ sich mit einem Zimmermann ein, einem ziemlich gewöhnlichen Mann. Aber schließlich rettete er ihr das Leben, und sie liebte ihn später wirklich. Es waren zwei verschiedene Welten; doch die beiden führten eine wunderbare Ehe. Heute heiraten zu viele Frauen ohne Liebe.«[21]

Für eine allein stehende Frau war das Leben in den Wäldern hart, selbst in der Bielski-Otriad. Gewöhnlich lief eine solche Frau in Lumpen herum und die Schuhe fielen auseinander. Falls sie keine Schuhe hatte, musste sie warten, bis sie beim Schuster an der Reihe war. Wenn sie allerdings nichts besaß, um den Mann zu bestechen, kam sie niemals an die Reihe.

Obwohl viele junge Frauen sexuell aktiv waren, wurde in der Bielski-Otriad keine Frau zu einer Beziehung gezwungen. Im Gegensatz zu den Frauen in den russischen Einheiten besaßen die Frauen in der Bielski-Gemeinde die Freiheit, einen Bewerber abzuweisen. In der Tat entschieden sich manche Frauen, die leicht Liebhaber hätten finden können, bewusst für Enthaltsamkeit. Sie machten fast nie die Bielski-Otriad für ihre Probleme verantwortlich, sondern betonten im Gegenteil immer wieder, dass sie ohne diese Gruppe niemals überlebt hätten.[22]

Viele jüdische Frauen in der Bielski-Otriad äußerten sich kritisch über die Männer, die sie heirateten oder sich weigerten zu heiraten. Sulia Rubin zum Beispiel hatte vor dem Krieg der Elite ihrer Stadt angehört. Bei ihrer Ankunft im Bielski-Lager im November 1942 öffnete ihr ihre Herkunft die Tür zum Bunker einer ähnlich privilegierten Familie, die offensichtlich von Sulias Vorkriegsstatus beeindruckt war. Ihre Herkunft vermochte jedoch nicht zu verhindern, dass sie ein Malbush wurde. »Jeder Bunker hatte einen ›Nebbich‹, einen Schmarotzer, einen Malbush – so jemanden wie mich eben; für nichts zu gebrauchen. Sie nahmen mich nur widerwillig auf.« Sulia hatte große Schwierigkeiten, sich an das Leben im Wald zu gewöhnen, und heiratete schließlich einen einfachen, ungebildeten jungen Mann, einen Kämpfer. Als Frau dieses gewöhnlichen, aber »wichtigen« Mannes verbesserte sich ihre Situation entscheidend; sie war sogar in der Lage, ihren Freundinnen zu helfen.

Und dennoch konnte selbst die Tatsache, dass ihre Ehe hielt, sie nicht davon abhalten, sich abfällig über das Verhalten von Männern zu äußern: »Ich habe nicht einen einzigen Mann gesehen, der sich aufopferte und mit seinen Kindern ins Grab ging. Meine Cousine hat dies getan. Sie hätte überleben können. Ein Deutscher wollte sie beschützen. Sie sah fantastisch aus, mit blauen Augen und dunklem, lockigem Haar. Sie hat den Schönheitswettbewerb in Druzgieniki gewonnen. Ihr Name war Mina Bencjanowski. Bei der Deportation wollte sie ein Deutscher auf die Seite schicken, die verschont wurde. Sie sagte: ›Aber meine Kinder!‹ – ›Die Kinder kann ich nicht‹, erwiderte er. ›Dann gehe ich mit den Kindern in den Tod.‹ Nicht nur, dass die Männer nicht bereit waren, sich für ihre Frauen und Kinder zu opfern, sondern kaum war ein Mann Witwer, schaute er sich schon nach der nächsten Frau um, mit der er schlafen konnte. Das ist mir passiert. Wir hatten uns während einer Aktion versteckt. Die Frau des betreffenden Mannes war gerade erst gestorben, und er versuchte, sich zuerst an meine Schwester heranzumachen und danach an mich. Ich träumte von einem Prinzen auf einem Schimmel, der zu meiner Rettung kam. Aber es gab keinen Mann, der diesem Bild ähnelte. Ich war jung und hübsch. Natürlich begehrten mich Männer, aber nur, um Sex mit mir zu haben, nicht meiner Seele wegen. Ich bin von Männern kuriert. Wenn mein Mann eifersüchtig ist, erkläre ich ihm: ›Mach dir keine Sorgen. Ich brauche keine Männer. Ich will keine.‹ Viele meiner Freundinnen denken ähnlich. Männer standen uns bis hier!« [Sie hebt eine Hand auf Nasenhöhe.][23]

Hat Sulia Rubin Recht, wenn sie behauptet, dass viele ihrer Freundinnen Männer ablehnten und keine Verwendung für sie hätten? Vielleicht. Was führte zu dieser Feindlichkeit? War es die Ungleichheit in den Beziehungen? War es die Abhängigkeit der Frauen?

Die Bielski-Einheit nahm uneingeschränkt jede jüdische Frau auf, die die Wälder erreichte, und ernährte und beschützte sie. Ehemalige Mitglieder stimmen darin überein, dass keine Frau jemals zu etwas gezwungen, vergewaltigt oder weggeschickt wurde.[24] In sowjetischen Einheiten dagegen war die Aufnahme von Frauen sehr beschränkt und hing von speziellen Fähigkeiten oder der Bereitschaft ab, die Geliebte eines mächtigen Mannes zu werden. Eine Reihe von Frauen wurde von sowjetischen Partisanen vergewaltigt, manche wurden abgewiesen.

Von wenigen Ausnahmen abgesehen waren Frauen in allen Partisanengruppen vom aktiven Kampfgeschehen und von Führungspositionen ausgeschlossen. Die Rolle einer Frau wurde in der Regel durch die Position ihres Sexualpartners definiert. Bedeutet diese Klassifizierung nach Geschlecht, dass inmitten all der Zerstörung gewisse patriarchalische Traditionen fortbestanden? Ist es möglich, dass das Waldleben mit seinen hohen Anforderungen an Körperkraft, Durchhaltevermögen, Furchtlosigkeit und Erfindungsreichtum alte patriarchalische Strukturen festigte oder wiederbelebte?

Zweifellos prägten diese Verhaltensmuster – ob sie nun eine Fortführung alter Traditionen oder neu entwickelte Übereinkommen waren – das Leben und Schicksal von Männern und Frauen unterschiedlich.

Anmerkungen

[1] Einige jener sowjetischen Soldaten mögen vorsätzliche Deserteure gewesen sein, andere wurden vermutlich während des überstürzten, chaotischen Rückzugs der Roten Armee zurückgelassen. Siehe: Yitzhak Arad: Ghetto in Flames: The Struggle and Destruction of the Jews in Vilna in the Holocaust. New York 1982; Holocaust Library. S. 30; Hersh Smolar: The Minsk Ghetto. Soviet Jewish Partisans against the Nazis. New York 1989; Holocaust Library. S. 4-8.
Laut Schätzungen nahmen die Deutschen in den ersten sechs Monaten des Krieges mehr als drei Millionen sowjetische Soldaten gefangen. Siehe: Earl Ziemke: »Composition and Morale of the Partisan Movement« in: John A. Armstrong (Hg.): Soviet Partisans in World War II. Madison 1964. S. 143.
Die Nazis verfolgten gegenüber russischen Kriegsgefangenen eine Politik der wirtschaftlichen Ausbeutung und des Mordens. Wirtschaftliche Ausbeutung war ein Zwischenschritt, der schließlich zum Tod führte. Siehe: Reuben Ainsztein: Jewish Resistance in Nazi-Occupied Eastern Europe. New York 1974. S. 243; Martin Gilbert: The Second World War: A Complete History. New York 1989. S. 373.

[2] Für weiterführende Informationen über die Bielski-Otriad siehe: Nechama Tec: Defiance: The Bielski Partisans. New York 1993; [deutsche Ausgabe: Nechama Tec: Bewaffneter Widerstand. Gerlingen 1996.]

[3] Mir scheint, dass die Kampfhandlungen der Partisanen häufig überbewertet wurden. Bei militärischen Zusammenstößen wurde direkter Feindkontakt in der Regel vermieden, entsprechend der Taktik des Guerilla-Kampfes. Henry Michel: The Shadow War: European Resistance, 1939 - 1945. New York 1972. S. 278-279; Jack N. Porter (Hg.): Jewish Partisans: A Documentary of Jewish Resistance in the Soviet Union during World War II. New York 1982. S. 9; J.K. Zawodny: »Guerrilla and Sabotage: Organization, Operations, Motivations, Escalations« in: Annals of the Academy of Political Science. 341 (Mai 1962), S. 8-18. Selbst nachdem sich der Verlauf des deutsch-russischen Krieges zu Gunsten der Sowjetunion gewendet hatte, dauerte es noch eine Weile, bis die sowjetischen Partisanen eine schlagkräftige Truppe

wurden. Einige sind davon überzeugt, dass der Partisanenkampf einen weit geringeren Umfang erreichte als offiziell behauptet. Siehe: Nechama Tec: In the Lion's Den: The Life of Oswald Rufeisen. New York 1990. S. 201-202.

[4] Porter schreibt, dass die Literatur über die Partisanenbewegung die sexistische Behandlung von Frauen verschweigt. Siehe: Jack N. Porter: »Jewish Women in the Resistance« in: Isaac Kowalski (Hg.): Anthology of Armed Resistance to the Nazis, 1939 – 1945. New York, 1986. Bd. 1, S. 292.

[5] Earl Ziemke: »Composition and Morale of the Partisan Movement« in: Armstrong: Soviet Partisans in World War II. S. 147-148.

[6] Hersh Smolar, persönliches Interview, Tel Aviv, Israel, 1988 - 1990.

[7] Chaja Bielski, persönliches Interview, Haifa, Israel, 1987 - 1991; Pinchas Boldo, persönliches Interview, Haifa, Israel, 1990; Abraham Viner, persönliches Interview, Haifa, Israel, 1990; Lilli Krawitz, persönliches Interview, Tel Aviv, Israel, 1989.

[8] Hersh Smolar bemerkt, dass dieser Ausdruck auch von manchen Frauen benutzt wurde.

[9] Im letzten Kriegsjahr waren schätzungsweise zehn bis zwanzig Prozent der sowjetischen Partisanen ehemalige Nazi-Kollaborateure. Siehe: Ziemke: »Composition and Morale of the Partisan Movement« S. 147. Jüdische Partisanen berichteten von angestiegenem Antisemitismus in den sowjetischen Einheiten. Zu jenen Partisanen gehören Zorach Arluk (persönliches Interview, Tel Aviv, Israel, 1988), Jashke Mazowi (persönliches Interview, Tel Aviv, Israel, 1989) sowie Itzyk Mendelson (Yad Vashem Zeugnis Nr. 3355/186).

[10] Ester Marchwinski, Yad Vashem Zeugnis Nr. 03/33567; Josef Marchwinski, Yad Vashem Zeugnis Nr. 03/33568.

[11] Shmuel Amarant: »The Tuvia Bielski Partisan Company« in: Nivo shel adam. Jerusalem 1973. Dieses Kapitel wurde von R. Goodman aus dem Hebräischen ins Englische übersetzt.

[12] Lilka Bielski, persönliches Interview, Brooklyn, New York, 1989.

[13] Sulia Wolozhinski-Rubin, persönliches Interview, Saddle River, New Jersey, 1988.

[14] Tamara Rabinowicz, persönliches Interview, Haifa, Israel, 1990.

[15] Cila Sawicki, persönliches Interview, Tel Aviv, Israel, 1989.

[16] Luba Garfunk, persönliches Interview, Tel Aviv, Israel, 1989.

[17] Raja Kaplinski, persönliches Interview, Tel Aviv, Israel, 1988 – 1989.

[18] Persönliche Interviews mit Chaja Bielski und Raja Kaplinski.

[19] Fast alle vertraten diese Ansicht – darunter Chaja Bielski, Eljezer Engelstern und Shmuel Geler.

[20] Pesia Bairach, persönliches Interview, Tel Aviv, Israel, 1990.

[21] Lili Krawitz, persönliches Interview.

[22] Zwei Beispiele für die vielen Frauen, die diese Ansicht teilten, sind Ester Krynicki Gorodejski Berkowitz und Cila Kapelowicz. Siehe: Ester

Krynicki Gorodejski Berkowitz: »Sichrojnes fun der Deitscher Okupacje« (Erinnerungen an die Deutsche Besatzung) in: N. Blumenthal (Hg.): Mir. Jerusalem 1962. S. 587-602.

Cila Kapelowicz erreichte die Bielski-Einheit, nachdem sie aus dem Ghetto Mir geflohen war und nachdem die wenigen Verwandten und Freunde, die sie begleiteten, von russischen Partisanen ermordet worden waren. Cila lebt heute in Südafrika. Ich interviewte sie, als sie 1987 Israel besuchte.

[23] Persönliches Interview mit Sulia Rubin, der diese Geschichte aus zweiter Hand erzählt wurde. Ob die von Sulia zitierte Beobachtung auf viele Fälle zutrifft, ist nicht so wichtig. Was hier relevant ist, ist ihre Wahrnehmung der Realität, nicht die Realität selbst.

[24] Als der Bielski-Partisan Arkie Lubczanski aus der Otriad verbannt wurde, erstreckte sich dieser Befehl nicht auf seine »Frau«. Sie begleitete ihn freiwillig, kehrte später jedoch alleine zurück, weil keine russische Einheit bereit war, sie aufzunehmen. Sie wurde ohne Vorbehalte wieder akzeptiert.

Shmuel Krakowski

Der unvorstellbare Kampf

Aus dem Englischen von Anna Kaiser

Rose Meth (damals noch unter ihrem Mädchennamen – Gruenapel) verfasste unter widrigsten Bedingungen einen Bericht, der einige der außergewöhnlichsten Ereignisse in Auschwitz dokumentiert. Gemeinsam mit mehreren engen Freundinnen, darunter Hana Wajsblum, wurde Rose Meth im Januar 1945 aus Auschwitz evakuiert, auf den berüchtigten Todesmarsch getrieben und anschließend in das Konzentrationslager Neustadt-Glewe in Mecklenburg deportiert. In Auschwitz waren sie und ihre Freundinnen Augenzeuginnen von Ereignissen geworden, die mit dem Aufstand des so genannten Sonderkommandos und den Untergrundaktivitäten in der Munitionsfabrik »Union« zusammenhingen. Rose Meth fühlte sich verpflichtet, einen Bericht über jene Ereignisse zu schreiben, um sie nicht in Vergessenheit geraten zu lassen. Dies war kein leichtes Unterfangen für einen KZ-Häftling. Rose gelang es jedoch, Papier und Bleistift aufzutreiben, ihren Bericht heimlich niederzuschreiben, ihn anschließend zu verstecken und bis zu ihrer Befreiung zu bewahren. Nach dem Krieg stellte sie das Dokument dem Yad-Vashem-Archiv zur Verfügung.

Der von Rose Meth verfasste Bericht musste sich unter den gegebenen Umständen auf wenige Worte beschränken. Heute wissen wir wesentlich mehr über die betreffenden Ereignisse und sind deshalb in der Lage, sowohl eine detailliertere Beschreibung vorzulegen als auch Hintergründe zu erhellen.

Auschwitz ist als das größte Konzentrations- und Vernichtungslager der Nationalsozialisten bekannt geworden. Aufgrund des dringenden Bedarfs an Arbeitskräften beschlossen die Nationalsozialisten, eine gewisse Anzahl ihrer jüdischen Opfer – die »Arbeitsfähigen« – vorübergehend am Leben zu lassen, um sie als Zwangsarbeiter einzusetzen. Auschwitz war wie Majdanek im Unterschied zu den anderen Todeslagern – Kulmhof, Belzec, Treblinka und Sobibór – nicht nur die Stätte unmittelbaren Massenmordes an den deportierten jüdischen Opfern, sondern wurde zusammen mit seinen Nebenlagern auch eine Stätte des Mordens durch die Anwendung des Prinzips »Vernichtung durch Arbeit«.[1]

Zu den im Rahmen der »Vernichtung durch Arbeit« zur Zwangsarbeit Selektierten gehörte auch eine Gruppe von Frauen, die nach der Deportation aus verschiedenen polnischen Ghettos der Munitionsfabrik Weichsel-Union-Metallwerke zugeteilt wurden, die innerhalb des Lagerkomplexes von Auschwitz lag. Die Häftlinge nannten diese Fabrik kurz »Union«.

Jene Firma produzierte Zünder für Artilleriegeschosse. Die ersten weiblichen Häftlinge wurden der »Union« im Oktober 1943 überstellt. Ende des Jahres arbeiteten dort 506 Frauen in zwei Schichten. Im Laufe des folgenden Jahres stieg ihre Zahl auf über eintausend. Bis Oktober 1944 waren diese Frauen in Baracken von Auschwitz II (Birkenau) untergebracht. Von dort mussten sie täglich zu Fuß zu ihrem Arbeitsplatz laufen. Anfang Oktober 1944 wurden sie in das Frauenlager verlegt, das auf dem erweiterten Gelände des Stammlagers Auschwitz I errichtet worden war.[2]

Das Leben jener Frauen war, wie das aller zur Sklavenarbeit gezwungenen Häftlinge in Auschwitz, eine Kette unendlicher Leiden. Die Häftlinge mussten in der Regel um 4.30 Uhr morgens aufstehen. Der Tag begann mit dem Appell; dieser dauerte ungeachtet der Witterungsverhältnisse etwa eine Stunde. Während des Appells wurden die Häftlinge fast immer gequält und geschlagen.[3]

Ausgehungert und unzureichend bekleidet, mussten sie bis 7 Uhr abends arbeiten. Danach wurden sie von SS-Männern in ihre Unterkünfte zurückgeführt, wobei die Frauen permanenten Misshandlungen und Beschimpfungen ausgesetzt waren.

»Sie hetzten die Hunde auf alle, die zu langsam liefen, und schrien den ganzen Weg über: Saubande, Mistbiene, Horracken, verfluchte Schweine!« – bezeugte die »Union«-Zwangsarbeiterin Sala Kanner.[4] Auch während der Arbeit wurden die Häftlinge vom Lagerpersonal, den Kapos und den Aufsehern gequält. Wer nicht schnell genug arbeitete, wurde registriert, was unweigerlich den Tod in der Gaskammer zur Folge hatte.[5]

Am schlimmsten war die Arbeit in dem Pavillon, in dem Schießpulver produziert wurde. In diesem isolierten Bereich der Fabrik wurden die Häftlinge schärfer überwacht als in allen anderen Abteilungen der »Union«. Trotz der enormen Schwierigkeiten entstand aber gerade dort eine Geheimorganisation. Zu den Hauptinitiatorinnen gehörten: Ala Gartner, Faiga Segal, Mala Weinstein, Rachel Schwarz, Rozalia Langsam, Lusia Firstenberg, Hadassa Zlotnicka und Henia Has. Ihnen schlossen sich später Regina Safirstein sowie die Schwestern Estera und Hana Wajsblum an. Einige dieser Frauen brachten aus den Ghettos Erfahrungen in Untergrundarbeit mit, wie Hadassa Zlotnicka, die im Warschauer Ghetto Mitglied der zionistischen Organisation Dror gewesen war.[6]

Mitgliedern der »Union«-Geheimorganisation gelang es, Kontakt zu der Untergrundkämpferin Roza Robota aufzunehmen, die in der Bekleidungskammer in der Nähe des Krematoriums IV beschäftigt war. Roza Robota gehörte der Organisation Hashomer Hatzair an und war im Ghetto von Ciechanow im Untergrund aktiv gewesen.[7] Hauptziel der Geheimorganisation war zunächst der Austausch von Nachrichten, um die Moral der Häftlinge zu stärken und ihnen auf diese Weise beim Kampf ums Überleben zu helfen.

Das Los der Zwangsarbeiterinnen in der »Union« war schwierig und tragisch. Das Schicksal der Häftlinge des so genannten Sonderkommandos war jedoch noch wesentlich härter und tragischer. Das Sonderkommando bestand aus kräftigen Männern, die von den Nazis aus der Masse der eintreffenden Juden aus den liquidierten Ghettos ausgewählt und zur Arbeit in den Krematorien gezwungen wurden. Sie mussten die Leichen der ermordeten Opfer einsammeln und diese verbrennen. Nie und nirgends wurden menschliche Wesen so terrorisiert wie jene unglücklichen Männer. Und doch gelang es ihnen – ähnlich wie den Frauen der »Union« –, trotz aller Widrigkeiten eine Geheimorganisation aufzubauen.

Ihr Hauptanliegen war, die Welt über das größte Unrecht aufzuklären, das je gegen die Menschlichkeit begangen wurde und dessen unmittelbare Augenzeugen sie waren. Die Häftlinge des Sonderkommandos sahen, wie täglich Tausende von unschuldigen Männern, Frauen, Kindern und Behinderten in die Gaskammern getrieben wurden aus keinem anderen Grund als aus Rassenwahn. Die Häftlinge besaßen keine Möglichkeit, ihr Wissen an die Außenwelt zu übermitteln. Deshalb beschlossen sie, wenigstens für zukünftige Generationen genaue Beschreibungen der Ereignisse in Auschwitz zu hinterlassen. Unter den Augenzeugen befanden sich einige sehr begabte Autoren, insbesondere Zalman Gradowski. Die Häftlinge fanden Wege, um sich unbemerkt von der SS hinzusetzen und Tagebücher zu schreiben. Die Verfasser waren – neben Zalman Gradowski – Leib Langfus und Zalman Lewental. Sie versteckten die Aufzeichnungen in der Hoffnung, dass diese nach dem Krieg gefunden würden. Glücklicherweise geschah dies tatsächlich. Die Tagebücher, die nach dem Krieg entdeckt wurden, enthalten wichtiges Beweismaterial für die Nazi-Verbrechen in Auschwitz.[8]

Der größte Wunsch der Häftlinge des Sonderkommandos war es, zu kämpfen. Die Männer hegten keinen Zweifel daran, dass die SS sie alle ermorden würde. Doch sie wollten zumindest kämpfend sterben. Daneben suchten sie nach Möglichkeiten, um die Mordanlagen zu zerstören, die Krematorien zu sprengen. Um dieses Ziel zu verwirklichen und um überhaupt bewaffneten Widerstand zu organisieren, waren Waffen nötig. Es bestand keine Chance, diese von der Außenwelt zu erhalten, die sich um das Schicksal der Auschwitz-Opfer nicht zu kümmern schien. Die Lösung kam von unerwarteter Seite. Die Frauen von der Geheimorganisation in der »Union« boten an, für das Sonderkommando Sprengstoff aus der Fabrik zu schmuggeln. Dieser wurde in kleinen Mengen an Roza Robota, die Hauptorganisatorin des komplizierten Unternehmens, geliefert. Roza fand einen Weg, das Pulver an die Männer des Sonderkommandos weiterzuleiten. Äußerst hilfreich waren dabei drei weitere Auschwitz-Häftlinge: Israel Gutman, Yehuda Laufer und Yeshaya Eiger.

Israel Gutman schrieb Jahre später: »Wir kannten eine verlässliche Kameradin im Frauenlager, Roza Robota. Roza sagte ihre Hilfe zu, und schon nach wenigen Tagen hatten ihre Bemühungen Erfolg. Einige Mädchen, die in der betreffenden Abteilung arbeiteten, versprachen, kleine Mengen von Sprengstoff zu beschaffen. Die Kameradin Hadassa, die im Kommando ›Union‹ arbeitete, erhielt den Auftrag, die Verbindung herzustellen und den Sprengstoff – es handelte sich um ganz geringe Mengen – aus einem Versteck zu holen. Von dort brachte sie ihn dann in einer Arbeitspause zu Yehuda oder mir. Ein anderes Mitglied unserer Organisation, von Beruf Spengler, stellte eine Schüssel mit doppeltem Boden her. Wir achteten darauf, dass in dieser Schüssel immer Tee- oder Suppenreste waren. Im Doppelboden versteckten wir den Sprengstoff, der in Papier verpackt war. … Kamen wir abends ins Lager, dann übergaben wir das kostbare Material einem

Kameraden, der es in das Magazin unserer Organisation brachte.«[9]

Yeshaya Eiger berichtet über die Vorbereitungen zum Widerstand: »Einige unserer Kameraden konnten sich dank ihres Arbeitskommandos freier bewegen und kamen so in die verschiedenen Lagerabschnitte. Sie kamen auch öfter ins Frauenlager. Durch sie haben wir Verbindung mit den Mädchen aufgenommen, die in der Munitionsfabrik ›Union‹ arbeiteten. Den geschmuggelten Sprengstoff übergaben wir täglich dem russischen Techniker Borodin. Borodin füllte damit und mit anderen Chemikalien leere Konservenbüchsen. Diese Büchsen wurden an verschiedenen Stellen gelagert.«[10] Diese primitiv gefertigten Granaten wurden an die Männer des Sonderkommandos weitergegeben, hauptsächlich an Judel Wrobel. Der Sprengstoffvorrat wurde gut versteckt und versetzte die Männer in die Lage, den Aufstand zu planen, der schließlich am 7. Oktober 1944 stattfand.[11] Angesichts der extrem schwierigen Verhältnisse im Lager war es unmöglich, genaue Pläne für den Aufstand zu entwickeln. Die Gegenaktionen der SS waren nicht vorausberechenbar. Dennoch fand der Aufruhr statt.

Danuta Czech beschreibt die Tragödie dieses außergewöhnlichen Kampfes in ihrem monumentalen Kalendarium der Ereignisse von Auschwitz folgendermaßen: »7. Oktober (1944) … Um 1.25 Uhr greift die bedrohte Gruppe die anrückende SS-Wachmannschaft mit Hämmern, Äxten und Steinen an. Sie zünden das Krematorium IV an und werfen einige selbstgefertigte Granaten. Danach gelingt es einem Teil der Häftlinge des Kommandos 59 B, das nahe gelegene Wäldchen zu erreichen. Zur gleichen Zeit werden die Häftlinge des Kommandos 57 B, die im Krematorium II beschäftigt sind, aktiv. Als sie von Ferne die Schießerei hören, glauben sie, dass es sich um das Zeichen zum allgemeinen Aufstand der Häftlinge im Lager handelt. Sie überwältigen den Oberkapo, einen Reichsdeutschen, und stoßen ihn zusammen mit einem SS-Mann, den sie zuvor entwaffnet haben, in den brennenden Krematoriumsofen. Sie erschlagen einen zweiten SS-Mann, reißen den Zaun ein, der das Gelände des Krematoriums umgibt, sowie den, der zum Frauenlager B I b führt und flüchten. ... Das sofortige Eingreifen der SS-Wachmannschaft, die Umzingelung des Krematoriumgeländes und das starke Feuer aus Maschinengewehren in Richtung auf das Wäldchen beim Krematorium IV, in dem die Häftlinge Widerstand leisten, erstickt den Aufruhr schnell. ... In diesem Kampf fallen 250 Häftlinge, darunter auch die Organisatoren des Aufruhrs. ... Während des Aufruhrs werden drei SS-Männer von den Häftlingen getötet.«[12]

SS-Rottenführer Pery Broad, Angehöriger der Politischen Abteilung im Todeslager Auschwitz, sagte nach dem Krieg Folgendes über den Aufstand des Sonderkommandos aus:

»Im Herbst des Jahres 1944 ereignete sich in Birkenau noch ein furchtbares Blutbad. Die Sonderkommandos der Krematorien waren nicht mehr zu beschäftigen und sollten verringert werden. ... Es gelang den zum Letzten entschlossenen Häftlingen, aus den Weichsel-Union-Werken, in denen von Gefangenen Geschosszünder fabriziert wurden, Sprengstoff zu bekommen, mit dessen Hilfe sie sich primitive Handgranaten anfertigten. Aus allen Krematorien war ein gleichzeitiger Ausbruch geplant. Das Signal sollte der Brand des Krematoriums drei geben. Diese Verzweiflungstat scheiterte. Das Krematorium drei ging zwar in Flammen auf und es glückte auch etwa achtzig Häftlingen, aus dem mit Stacheldraht gesicherten Krematorium auszubrechen; aber sowohl diese achtzig als auch Hunderte aus den anderen Krematorien, namentlich aus Krematorium drei, lagen am Abend dieses Unglückstages erschossen vor der verkohlten Ruine. ... Einige Tage später liefen fünf SS-Männer mit frisch verliehenen Eisernen Kreuzen umher. In einer Ansprache vor der Truppe wies der Kommandant von Auschwitz, SS-Sturmbannführer Baer darauf hin, dass dies der erste Fall sei, wo KZ-Truppen für ›heldenhaftes Verhalten bei der Verhinderung eines Massenausbruchs‹ vom Reichsführer Eiserne Kreuze verliehen bekämen.«[13]

Nach dem Aufstand leitete die Politische Abteilung eine Untersuchung nach der Herkunft des vom Sonderkommando benutzten Sprengstoffs ein. Es war offensichtlich, dass der Vorrat nur von den in der Schießpulverabteilung der »Union« beschäftigten Frauen stammen konnte. Die vier Hauptverdächtigen – Roza Robota, Estera Wajsblum, Regina Safirstein und Ala Gartner – wurden von den anderen Frauen isoliert und scharfen Verhören unterzogen. Die SS wollte die Namen anderer Mitglieder der Geheimorganisation erfahren. Trotz schwerer Folter verrieten die vier Frauen niemanden. Daraufhin entschloss sich die Lagerkommandantur zu einer öffentlichen Hinrichtung. »6. Januar 1945 … Am Abend werden im Frauenlager des KL Auschwitz folgende vier weibliche jüdische Häftlinge gehängt: Ala (Ella) Gartner, Roza Robota, Regina Safirstein und Estera Wajsblum. Sie sind zum Tode verurteilt wegen Beihilfe zu dem am 7. Oktober 1944 unter den Mitgliedern des Sonderkommandos in den Krematorien in Birkenau ausgebrochenen Aufruhr. Die Hilfe beruhte auf der Versorgung des Sonderkommandos mit Sprengstoff und Munition aus den Magazinen der Weichsel-Union-Metallwerke, in denen die Verurteilten arbeiteten.«[14]

Weitere Untersuchungen durch die Lagerkommandantur wurden unterbrochen, als das Lager angesichts der Offensive der Roten Armee Mitte Januar 1945 rasch evakuiert wurde. Zu den Häftlingen, die von Auschwitz aus den Todesmarsch antreten mussten, gehörten auch Mitglieder der Geheimorganisation in der »Union« sowie Augenzeugen des Aufstands des Sonderkommandos. Einige der Überlebenden fühlten sich nach dem Krieg verpflichtet, Zeugnis über jene außergewöhnlichen Ereignisse in Auschwitz abzulegen. Rose Gruenapel, die Auschwitz gemeinsam mit Hana Wajsblum (der Schwester der hingerichteten Estera Wajsblum) verließ, war die Erste, die unter ungewöhnlichen Umständen den kurzen Bericht zum Andenken an die kämpfenden Opfer verfasste.[15]

Nach ein paar Minuten wieder das Geräusch der Schlüssel. Die Aufseherin und der Kapo traten herein. Sie schrieben unsere Nummern auf und verteilten danach Portionen von Brot und Wurst. Die Mädchen besprachen die letzten Ereignisse. Ich zwang mich, an dieser Unterhaltung teilzunehmen. Vergeblich. Ein Gedanke jagt den anderen in meinem Kopf, wahnsinnige Kopfschmerzen. Was wird ihnen passieren? Wann wird es vorüber sein? Vielleicht sollte ich froh sein. Wir erfuhren, dass die Antwort aus Berlin gekommen war: Lagerstrafe. Es bedeutet, dass alle vier leben werden. Vielleicht werden sie wieder einmal 25 Schläge bekommen, den »Bunker« oder ein »Außenkommando«. Obwohl ich mich beruhigen konnte, fühlte ich mich niedergeschlagen und hatte ein merkwürdiges Gefühl von Schwere. Ich hörte nicht auf, an sie zu denken, und besonders an meine (Schwester) Esther. Ich hörte ihre Stimme, ich erinnerte mich an jedes Wort, das sie mir gesagt hatte an jenem schönen Märznachmittag: »Wir können es schaffen, und es hängt nur von uns ab; Tausende werden fallen, aber vielleicht wird jemand gerettet werden. Wir dürfen es nicht zulassen, dass Millionen heimlich vor der Welt ermordet werden. Es ist unsere Pflicht, die Bedingungen für eine Massenflucht zu schaffen. Offensichtlich werden sie versuchen, alle Augenzeugen ihrer Verbrechen kurz vor Kriegsende loszuwerden. Wir dürfen nicht wie das Vieh zur Schlachtbank gehen. Wir müssen Widerstand leisten.«
Wir machten uns an die Arbeit, mit all unserer Angst. Tag für Tag schmuggelten wir Schießpulver aus der Fabrik heraus. Von Zeit zu Zeit gelang es uns, in der Schlosserei elektrisch isolierte Zangen zu »organisieren«. Die vertrauenswürdigen

Personen mit starkem Willen wurden Mitglieder der Organisation. Es gab Einheiten von 5 Mitgliedern der Organisation, mit einem verantwortlichen Anführer. Diese Arbeit gab uns Befriedigung, sie hatte ein Ziel.

Am 7. Oktober passierte etwas. Wir wussten nicht, was es war. Alle »Kommandos« kamen von der Arbeit zurück. Es gab keinen Alarm. Die »Union« war innen und außen umstellt von SS-Wachen in voller Ausrüstung. Alle wurden nervös. Plötzlich der Alarm. Jeder verließ hastig seinen Arbeitsplatz. Schneller und besser geordnet als sonst stellten sich die »Kommandos« in Reihe. Wir gingen los. Im Lager war niemand zu sehen. Es schien eine »Blocksperre« zu sein. Die Trillerpfeife des Lagerältesten bestätigte diese Vermutung. Im Block wurde alles aufgeklärt. Ein Aufstand war in Birkenau ausgebrochen. Das »Sonderkommando« wollte ausbrechen. Sie wollten nicht vergast werden. Alle wurden erschossen. Bevor sie starben, schafften sie es, das Krematorium Nr. 3 zu sprengen. Um sicherzustellen, dass keiner fliehen konnte, banden die Deutschen die Körper mit Seilen zusammen und machten einen »Appell« von toten Körpern. Er »stimmte«.

Eine Kommission kam. Sie fanden in den Krematorien Spuren von Schießpulver. Sie hatten uns im Verdacht. Jeder Schritt von uns wurde überprüft. Sie holten sie (meine Schwester) und die Vorarbeiterin ab. Sie kamen in den »Bunker«. Sie erhielten beide jeweils 25 Schläge. Sie leugneten alles. Laut der Abrechnung der Fabrikverwaltung fehlte kein Schießpulver. (Zurzeit als wir das Schießpulver herausschmuggelten, füllten wir die Sprengkapseln nur mit der Hälfte der vorgeschriebenen Menge an Schießpulver, sodass der Rest für uns übrig blieb. Später warfen wir den Rest ins Wasser, damit die verbrauchte Menge nach dem 7. Oktober genauso war wie vorher.)

Keine Beweise wurden gefunden. Sie ließen die Mädchen frei, nur um sie nach ein paar Tagen wieder einzusperren, zusammen mit zwei anderen. Die Angelegenheit ging nach Berlin. Weihnachten kam die Antwort: Lagerstrafe. Die Mädchen kamen nicht zurück. Wir vermuteten, dass sie mit dem »Bunker« bestraft wurden. Trotzdem nicht so schrecklich. Ich dachte, es könnte schlimmer sein. Ich sah so viel Grauen vor meinen Augen. Alle kommen mir wieder in den Sinn. Plötzlich wieder das Geräusch der Schlüssel. Sie öffneten die Tür. Was war los? Sie befahlen: »Antreten«. Aber es war doch erst 5 Uhr. Wir neun stellten uns in eine Reihe zur Kontrolle. Wir bestanden sie. Sie brachten uns in die Halle hinein. Die Männer arbeiteten; nur die Frauen gingen heraus. Alle blickten mich etwas merkwürdig an. Oder vielleicht bin ich überempfindlich. Es liegt daran, dass sie uns rausnehmen. »Links, zwo, drei, vier, Hände stillhalten, Vordermann nehmen.« Bald kamen wir zum Tor. Jemand hinter mir sagte: »Ich habe schon solch einen Tag in Majdanek erlebt.« Ich drehte meinen Kopf: »Was sagst du?«

»Ich sag's nachher,« antwortete sie.

Plötzlich erblickten meine Augen das Feld zwischen Block 4 und 5. Was für ein Appell ist es? Vielleicht eine Evakuierung. Sie sprechen schon geraume Zeit darüber. Wenn nur sie (meine Schwester) bei uns wäre. Während ich stand und vor mich hin träumte, sah ich sie (meine Schwester) plötzlich. Sie war hier.

Unmittelbar darauf hörten wir den Befehl: »Union nach vorne! Pulverraum vortreten!« Es war die Stimme des Lagerführers Herstler (richtig: Hößler). Ich hob meinen Kopf; knapp vor mir sah ich den Galgen. Ich kapierte, was passieren sollte. Meine Gedanken eilten durch meinen Kopf. Ich hörte die Worte: »Im Namen des Rechtes.« Es ist böse und bitter in Auschwitz; sie lesen das Urteil im Namen des Rechtes, hier wo es nur Rechtlosigkeit gibt.

Stille umgab den Platz. Ich hörte das schnelle Atmen, die zurückgehaltenen Seufzer und Tränen. Sie gingen. Die Köpfe hoch, die Augen blickten geradeaus, weit weg, zur Freiheit. Die verlorene Freiheit. Das Klappern der Stühle, die weggezogen wurden. Sie starben. Sie gaben ihr junges Leben am Altar der Freiheit, für unsere Brüder und Schwestern. Unsere stillen Helden hinter Stacheldraht und Elektrozaun: *Estera Wajsblum* (Warszawa), *Regina Saphirstein* (Bedzin), *Roza Robota* (Bedzin), *Ala Gartner* (Sosnowiec).

Anmerkungen

[1] Shmuel Krakowski: »Destruction through work in the Third Reich and the involvement of German firms« in der Zeitschrift: Yalkut Moreshet (Oktober 1998), S. 61-68 (Hebräisch).

[2] Irena Strzelecka: »Women« in: Yisrael Gutman and Michael Berenbaum (Hg.): Anatomy of the Auschwitz death camp. Indiana 1994. S. 407.

[3] Shmuel Krakowski: »The satellite camps« in: Anatomy of the Auschwitz death camp. S. 50-60.

[4] Zeugenaussage von Sala Kanner, in: Michal Borwicz (Hg.): Dokumenty zbrodni i meczenstwa. Krakau 1945. S. 93-94.

[5] Ebenda, S. 94.

[6] Ber Mark: Megilat Auschwitz. Tel-Aviv 1977. S. 248-252, (Jiddisch).

[7] Ebenda.

[8] Natan Cohen: »Diaries of the Sonderkommando« in: Anatomy of the Auschwitz death camp. S. 522-538.

[9] Arno Lustiger: Zum Kampf auf Leben und Tod! – Vom Widerstand der Juden 1933 - 1945. Köln 1994. S. 216.

[10] Ebenda, S. 217.

[11] Ber Mark: Megilat Auschwitz. S. 251.

[12] Danuta Czech: Kalendarium der Ereignisse im Konzentrationslager Auschwitz-Birkenau 1939 - 1945. Reinbek 1989. S. 899-900.

[13] KL Auschwitz in den Augen der SS. Katowice 1981. S. 183-184.

[14] Danuta Czech: Kalendarium. S. 957.

[15] 1987 hatte Yad Vashem dieses Dokument für eine Erstveröffentlichung in den Dachauer Heften zur Verfügung gestellt. Als Verfasserin war Hana Wajsblum angegeben. Im November 1996 erhielt der Verlag Dachauer Hefte die Information, dass nicht Hana Wajsblum, die Schwester von Ester Wajsblum die Verfasserin ist, sondern Rose Meth Gruenapel.

Peter Monteath

»Lass uns der Nacht Lebewohl sagen, denn wir werden den Sonnenaufgang nicht mehr sehen.« Die Geschichte der Regina Zielinski

Regina Zielinski, geb. Feldman, wurde 1925 in Siedliszcze, einer kleinen Stadt östlich von Lublin und nicht weit von Chełm, geboren. Sie war das dritte von fünf Kindern – drei Jungen, zwei Mädchen – einer intakten Familie. Ihr Vater besaß ein Geschäft für Baumaterialien, um das sich ihre Mutter kümmerte, wenn er auf Reisen war. Die Familie hatte ein ausreichendes Einkommen, ohne wohlhabend zu sein, und lebte in einem großen Haus, das zur Hälfte Reginas Großmutter und Urgroßmutter gehörte.

Regina wurde jüdisch erzogen, jedoch keineswegs streng orthodox. Die Mahlzeiten der Familie wurden nach koscheren Speisevorschriften zubereitet; die Söhne nahmen am Thora-Unterricht teil. Doch in der öffentlichen Grundschule, die Regina besuchte, trafen sich Kinder verschiedener nationaler Herkunft – polnisch, deutsch, russisch, ukrainisch – mit unterschiedlichem religiösen Hintergrund, darunter Katholiken, Juden, Adventisten und Russisch-Orthodoxe. Zu jener Zeit waren kaum Anzeichen von Antisemitismus zu spüren. Die jüdischen Kinder beteiligten sich an Weihnachten am Krippenspiel der Schule, während die Christen ihre jüdischen Mitschüler zu Pessach besuchten, um Matzen zu kosten.

Mit der Zeit änderte sich das allerdings. Etwa zwei Jahre vor dem Krieg musste sich Reginas Vater einen polnischen Geschäftspartner nehmen, da er als Jude von den regierungseige-

nen Sägemühlen kein Bauholz mehr bekam. In den folgenden Monaten weitete sich der Antisemitismus aus. Dennoch deutete zu jenem Zeitpunkt kaum etwas auf die Schrecken hin, die der Krieg Regina und ihrer Familie bringen würde.

Der nachfolgende Bericht basiert auf Interviews mit Regina; er folgt ihrer Geschichte vom Ausbruch des Zweiten Weltkriegs bis zu ihrer Auswanderung nach Australien. Die Stationen ihrer Geschichte ähneln in vieler Hinsicht den Berichten anderer Holocaust-Überlebender: eskalierende Verfolgung, Einweisung ins Ghetto, Lager, Zwangsarbeit und schließlich die bitter-süße Erfahrung der Befreiung. In Reginas Fall resultierte die Bitterkeit aus dem Wissen, dass sie die einzige Überlebende ihrer unmittelbaren Familie war.

Gleichzeitig ist Reginas Geschichte höchst ungewöhnlich. Wie im folgenden Bericht ausgeführt wird, wurde Regina nach einem Zwischenaufenthalt in einem Arbeitslager in Staw in das Vernichtungslager Sobibór transportiert. Mit einer Mischung aus Glück und physischer wie psychischer Zähigkeit gelang es ihr, dort von Dezember 1942 bis Oktober 1943 zu überleben. Im Oktober 1943 beteiligte sie sich an der Lagerrevolte, die hauptsächlich von russischen Kriegsgefangenen organisiert wurde. Sie floh vom Lager in die Wälder. Schließlich gelang es ihr, sich mit einer fingierten polnisch-katholischen Identität nach Deutschland abzusetzen.

Es ist weitgehend unbekannt, dass Australien – nach Israel – in den Nachkriegsjahren proportional mehr Holocaust-Überlebende aufnahm als jeder andere Staat. Regina wanderte 1949 mit ihrem Mann und ihrem kleinen Sohn nach Australien aus, um so weit entfernt von Europa wie möglich ein neues Leben zu beginnen. 1958 wurde ihre Tochter Marie geboren. Doch auch der räumliche Abstand konnte nicht alle körperlichen und seelischen Wunden heilen, die man Regina während des Krieges zugefügt hatte. Sie durchlebte lange, schmerzvolle Phasen schlechter Gesundheit, die komplizierte Operatio-

nen und längere Krankenhausaufenthalte sowohl in Deutsch-
land als auch in Australien erforderlich machten – eine unmit-
telbare Folge der Zwangsarbeit in den Lagern und der Miss-
handlungen durch die Deutschen. Ebenso schmerzvoll bleibt
auch die Erinnerung an die Qualen, die sie bei zahlreichen Ak-
ten der Grausamkeit in Sobibór und anderswo durchlitt.

Regina ist inzwischen die einzige Überlebende von Sobibór
in Australien und eine der ganz wenigen auf der Welt. Zu ihrer
großen Freude wurde Regina vor kurzem Großmutter.

Ich erinnere mich ganz genau an den Ausbruch des Krieges;
es war ein Freitagmorgen, der 1. September. Wir hatten am
Abend zuvor ziemlich lange draußen im Freien gestanden. Alle waren draußen; das Wetter war so schön, als hätten wir immer noch Sommer. Irgendwann nach Mitternacht hörten wir,
dass etwas passiert sei, dass der Krieg ausgebrochen sei.

Es begann mit Luftangriffen; die Maschinen kreisten im
Tiefflug über den Feldern und töteten Tiere und Menschen.
Sie zielten nicht auf Militär, sondern schossen einfach auf jeden. Es war Erntezeit und alle waren im Freien. Ein paar Tage später zogen eine Menge polnischer Soldaten bei uns durch,
weil sich die polnische Armee zum Ufer des Bug zurückzog;
sie wollten dort eine neue Front bilden. Zwei, drei Tage lang
konnte man nicht einmal die Hauptstraße der Stadt überque-
ren, weil die gesamte polnische Armee – Artillerie und Kaval-
lerie – Richtung Osten unterwegs war.

Die ersten russischen Soldaten kamen, glaube ich, am 18.
September nach Siedliszcze. Ich kann mich nicht mehr genau
erinnern, meine aber, dass es an *Rosch-ha-Schana* war. Die
Russen blieben nicht lange – nur eine Woche; dann zogen sie
sich wieder zurück.[1] Sie nahmen alle Polizisten mit, ebenso die
meisten Lehrer und sogar einige bekannte Persönlichkeiten.
Danach war niemand mehr übrig, der für Ordnung sorgte.
Wir mussten unsere Türen und Fenster verriegeln, um uns vor

Randalierern zu schützen, die sich mit der Munition, die die Soldaten zurückgelassen hatten, ans Werk machten. Schließlich wurde ein Beauftragter nach Chełm geschickt, um deutsches Militär zu holen, damit wieder etwas Ordnung in die Stadt kam.

Gleich nach ihrer Ankunft nahmen die Deutschen Geiseln – einen Priester und einige Lehrer. Ein paar Lehrer waren in der Stadt geblieben, darunter der Rektor der Schule. Die Deutschen verhafteten auch den Bürgermeister der Stadt und eine ganze Reihe anderer wichtiger Personen. Sie verkündeten, diese Leute nur so lange als Geiseln zu behalten, bis wieder Ruhe in der Stadt eingekehrt sei. Außerdem drohten sie an, alle Bürger kollektiv zu bestrafen, falls einem Deutschen etwas zustoße. Nicht lange danach – es war der erste Kriegswinter, Anfang 1940 – passierte der erste Zwischenfall: Ein deutscher Soldat brachte sich selbst um, indem er auf einer tief verschneiten Straße drei, vier Kilometer außerhalb von Siedliszcze mit dem Motorrad zu schnell fuhr und gegen einen Baum prallte. Nach diesem Unfall rückten die Deutschen in die Stadt ein, ließen alle Männer auf dem Marktplatz antreten und nahmen jeden zehnten mit. Mein ältester Bruder und mein Vater hatten einfach Glück, dass sie nicht weggebracht und erschossen wurden.

Sämtliche Baumaterialien und Brennstoffe, die mein Vater in seinem Geschäft lagerte, wurden beschlagnahmt. Später musste ich mit einem Eimer in der Hand Schlange stehen, um für meine Eltern Kohlen zu besorgen. Manchmal stand man einen halben Tag in der Schlange, bevor man etwas bekam. Eines Tages wurde den Juden befohlen, alle Pelzmäntel und Jacken sowie ihr gesamtes Gold und Silber abzuliefern. Die Deutschen schrieben der jüdischen Gemeinde vor, wie viel Kilo Gold zu übergeben seien und was jeder Einzelne beizusteuern habe, und drohten an, jeden abzuholen, der seinen Anteil nicht entrichtete.

Alle, die älter als fünfzehn Jahre waren, bekamen Arbeit. Meine Mutter machte mich ein Jahr älter; viele waren plötzlich ein Jahr älter, um arbeiten zu können, denn Juden durften nicht mehr in die Schule gehen. Wir wurden nur noch zu Hause unterrichtet. So machten wir uns nun jeden Morgen auf den Weg zur Arbeit. Wir hoben Gräben aus, um den Fluss zu begradigen; wir waren beim Wasseramt angestellt.

Als wir eines Tages – es war der 18. Mai – von der Arbeit zurückkehrten, konnten wir nicht nach Hause gehen. Die Einweisung ins Ghetto begann. Meine Mutter war an jenem Tag ausnahmsweise nicht arbeiten gegangen, sondern war mit meiner Großmutter, meiner Urgroßmutter und ein paar weiteren Verwandten zu Hause geblieben. Wir hatten dort zwischen zwei Schuppen eine doppelte Wand gebaut, hinter der sie sich bis in die Nacht versteckt hielten. Alle, die an jenem Tag zu Hause geblieben waren und sich nicht versteckt hatten – hauptsächlich ältere Leute und Kinder –, wurden abgeholt und fortgeschafft; wir sahen sie nie wieder. Meine Familie bekam ein einziges Zimmer mit Küche zugewiesen.

Das war der Anfang des Ghetto-Lebens. Der Eingang des Ghettos lag hinter unserer Unterkunft, ganz in der Nähe unseres Gartens. Wir konnten uns nicht frei bewegen und durften nur nach draußen, um morgens gruppenweise zur Arbeit zu gehen. Das Ghetto war schrecklich überfüllt. Ich weiß nicht, wie meine Eltern das Essen auftrieben, um uns so lange zu ernähren. In unserem Garten wuchs noch stets genügend. Ein Ingenieur des Wasseramtes, der inzwischen in unserem Haus wohnte, erlaubte uns, Obst und Gemüse aus unserem Garten mitzunehmen. Er half vielen Leuten aus. Im Winter wurde die Versorgung allerdings schwieriger.

Irgendwann im Jahr 1941 brannten sie die Synagoge nieder. Alle schauten zu und lachten. Sie sagten: »Was seid ihr nur für Juden, dass ihr nicht hinein geht und die Thora rettet.« Die Synagoge wurde völlig zerstört.

Kurz vor *Rosch-ha-Schana* 1942 wurde mein ältester Bruder eines Tages dafür eingeteilt, die Backsteine und den Schutt der Synagoge wegzuräumen. Es war ein sehr heißer Septembertag. Als mein Bruder von der Arbeit nach Hause kam, fühlte er sich nicht wohl. Wir dachten zunächst, dass es ein vorübergehendes Schwächegefühl sei. Nachts hatten wir Ausgangssperre; wir durften nicht auf die Straße. Man musste auf einen Wächter – einen deutschen Soldaten oder Polizisten – warten, wenn man einen Arzt holen wollte. Ohne offizielle Begleitung durfte man das Haus nicht verlassen. Ausgerechnet in jener Nacht ließ sich kein Wächter blicken. Mein Vater hatte keine Möglichkeit, einen Arzt zu rufen, denn es gab auch kein Telefon. Als der Arzt am nächsten Morgen kam, war es zu spät; mein Bruder war gegen sechs Uhr morgens nach einem schweren Herzanfall gestorben. Das war am 11. September 1942, ein Tag vor *Rosch-ha-Schana*. Mein Bruder wurde nur einundzwanzig Jahre alt. Er war überdurchschnittlich groß, über 1,80 Meter. Deshalb fiel er immer auf, wenn er sich morgens mit den anderen Männern zum Arbeitsantritt versammelte; er überragte alle. Es war für uns ein schwerer Schlag, den Ältesten der Familie zu verlieren. Meine Schwester wurde ernsthaft krank, weil mein Bruder und sie sich so nahe gestanden hatten. Ich erinnere mich, dass meine Mutter uns zu trösten versuchte, indem sie sagte, unser Bruder habe wenigstens ein anständiges jüdisches Begräbnis gehabt, und wer wisse schon, was uns noch bevorstehe.

Kurz darauf, am 22. Oktober 1942, wurde das gesamte Ghetto auf einen Schlag evakuiert. Die Deutschen hatten sämtliche Pferdefuhrwerke der Umgebung beschlagnahmt, um uns in ein Arbeitslager zu transportieren. Wir waren etwa sieben-, achthundert Personen. Meine Familie durfte zusammenbleiben. Alle älteren Leute blieben zurück; später erfuhren wir, dass sie zum jüdischen Friedhof gebracht und dort erschossen wurden. Die Wagen mit den Arbeitsfähigen fuhren zum Arbeitslager in Staw, einer riesigen, mit Stacheldraht eingezäunten Mühle. Dort mussten wir von nun an wohnen.

Wir hatten schon im Ghetto nicht viel besessen, aber selbst davon durften wir nur einen kleinen Teil ins Lager mitnehmen – hauptsächlich Kleidung. Wir trugen alles, was wir besaßen, auf dem Leib, statt es mitzuschleppen.

In der ehemaligen Mühle standen dreistöckige Betten, die mit nichts weiter als Stroh und ein paar Decken ausgestattet waren. So lebten wir nun. Wir bekamen nur zweimal täglich etwas zu essen: morgens vor der Arbeit und nach Feierabend jeweils eine Scheibe Brot und eine heiße, geschmacklose Brühe. Wir verrichteten die gleiche Arbeit wie zuvor, hoben im Auftrag des Wasseramtes Gräben aus. Am Anfang lebten bei uns noch ein paar Kinder, einschließlich meines damals elfjährigen Bruders. Sie blieben im Lager, wenn wir arbeiten gingen.

Eines Tages hörten wir zahlreiche Schüsse, während wir draußen arbeiteten. Wir wussten nicht, was sie zu bedeuten hatten. Später hörten wir von Augenzeugen, dass die Kinder weggebracht worden waren. Wie es der Zufall wollte, hatte sich mein kleiner Bruder in dem Augenblick, als die Kinder aufgegriffen wurden, im Freien hinter der Mühle aufgehalten. Er hatte ein wenig Holz gesucht, um ein Feuer zu machen und Wasser zu kochen. Er besaß einen Kessel und versuchte immer, Wasser zu kochen, damit wir etwas Warmes hatten, wenn wir verfroren von der Arbeit kamen. Mein Bruder blieb unbehelligt; alle anderen Kinder verschwanden an jenem Tag. Am Waldrand waren bereits Gräben ausgehoben worden. Eine Menge Leute, die sich im Wald versteckt hatten, wurden von den Deutschen gefasst und dort zusammengetrieben; später erfuhr ich, dass sich meine Großeltern – die Eltern meines Vaters – in jener Gruppe befanden. Im Lager gab es eine junge Mutter mit einem siebenjährigen Sohn. Sie stammten aus Westpolen und sprachen fließend Deutsch. Während die Mutter außerhalb arbeitete, wurde der Junge mit den anderen Kindern weggebracht. Wir hörten später, dass er als Erster in den Graben gesprungen war und auf Deutsch gerufen hatte, er wolle als Erster erschossen werden. Als die Mutter von der Arbeit zurückkehrte, fand sie ihren Sohn nicht. Es war so grausam … armes Ding, sie verlor den Verstand; sie war noch so jung, kaum dreißig, schätze ich. Wir sahen die frisch zugeschütteten Gräben auf dem Rückweg von der Arbeit, wussten jedoch nicht, was passiert war. Wir hatten nur die Schüsse gehört – sie waren alle erschossen worden.

Es gab einen weiteren Zwischenfall, bevor wir nach Sobibór transportiert wurden. Eines Sonntags – wir arbeiteten sonntags nicht – hörten wir aus der Ferne, von außerhalb des Lagers, jemanden rufen. Wir sahen zwei schwarze Punkte im Schnee; als sie näher kamen, erkannten wir, dass es sich um Kinder handelte. Sie riefen nach ihren Eltern. Ich wusste, wer sie waren: die achtjährigen Zwillingssöhne der bekannten Katz-Familie. Der Großvater war im Ersten Weltkrieg mit zahlreichen Orden ausgezeichnet worden; er hatte in der polnischen Armee gekämpft. Als die Kinder direkt vor dem Zaun standen, ließ ein deutscher Wachposten zwei Hunde aus dem Zwinger und hetzte sie auf die kleinen Jungen. Die Kinder wurden von den Hunden in Stücke gerissen, und wir mussten tatenlos zusehen. Die Eltern waren im Lager. Ich weiß nicht, wo die Jungen plötzlich herkamen; sie waren acht Jahre alt. An jenem Tag wurde mir vollends bewusst, zu welchem Ausmaß von Grausamkeit die Deutschen fähig waren; sie schreckten vor nichts zurück. Während ich darüber spreche, sehe ich jenen Vorfall deutlich vor mir. Er ist mir so lebendig im Gedächtnis haften geblieben, dass ich ihn niemals vergessen werde.

Einmal hatten wir während der Arbeit ein positives Erlebnis. In Siedliszcze gab es einen Polizisten, der nach Staw versetzt wurde. Eines Tages kam er zufällig an unserem Arbeitsplatz vorbei und erkannte uns. Er blieb kurz stehen und schaute zu uns hinüber, konnte uns jedoch nicht ansprechen, weil zu viele deutsche Wachen in der Nähe waren. Aber er schickte einen Bauern mit Essen zu uns: einen großen Laib frisch gebackenes Brot und andere Köstlichkeiten wie Schinken. Es war wie ein Geschenk des Himmels. Der Polizist hatte dem Bauern beschrieben, wie wir aussahen, und der Mann legte die Lebensmittel an eine Stelle, wo wir sie später mitnehmen konnten. Wir hatten ein richtiges Festmahl, das wir mit anderen Leuten teilten. Wir kannten jenen Polizisten; er hieß Balcerzak und stammte aus Kalisz.

Am 20. Dezember wurden wir nicht zur Arbeit geschickt, sondern mussten uns auf dem Lagerhof versammeln. Pferdefuhrwerke standen bereit. Wir waren viel weniger Leute als beim letzten Mal, da eine Menge an Hunger oder Krankheiten gestorben waren. Ich weiß nicht, wie viele der siebenhundert noch übrig waren. Ich saß mit meiner Mutter, meiner Schwester und meinem jüngsten Bruder in einem Wagen, mein Vater und mein zweiter Bruder befanden sich mit weiteren Männern auf einem anderen Wagen. Wir zogen zu einem neuen Arbeitsplatz, einem neuen Ziel. Sie hatten uns das Ziel zwar nicht genannt, aber wir wussten, das es wieder ein Lager sein würde, ein Konzentrationslager namens Sobibór.[2]

Wir hatten schon von Sobibór gehört, weil es ein sehr großes Dorf war. Meine Mutter erinnerte sich an Sobibór, weil sie im Ersten Weltkrieg als junges Mädchen – im gleichen Alter wie ich 1942 – eine Nacht dort verbracht hatte, ganz in der Nähe der Front, an der damals Russen gegen Deutsche kämpften. Sie war in jener Nacht in Sobibór, als sich die Russen zurückziehen mussten; deshalb konnte sie sich noch so gut an den Ort erinnern.

Unterwegs kam unsere Wagenkolonne an eine Kreuzung. Rechts ging es nach Chełm, links nach Włodawa. Als wir nach links abbogen, wissen Sie, was mein kleiner Bruder da zu meiner Mutter sagte? »Lass uns der Nacht Lebewohl sagen, denn wir werden den Sonnenaufgang nicht mehr sehen.« Und sie sahen keinen Sonnenaufgang mehr. Ich sah die Sonne aufgehen, sie nicht. Ich war damals noch keine Mutter. Ich konnte nicht nachempfinden, was Millionen von Müttern durchmachten. Ich war selbst jung; deshalb war es für mich leichter zu überleben. Aber es verfolgt mich mein Leben lang.

Wir waren den ganzen Tag unterwegs. Es war ein eigenartiger Tag. Es schneite nicht. Es war kalt, und das ganze Land war schneebedeckt. Ein Schneesturm lag in der Luft, aber es schneite den ganzen Tag nicht. Der Himmel sah so bedrohlich aus, als wir nach Sobibór fuhren. Unterwegs mussten wir ein paar Mal anhalten. Als die Straße durch einen Wald führte, versuchten mehrere junge Männer zu fliehen. Daraufhin wurde die gesamte Kolonne gestoppt, und die Deutschen verfolgten die Flüchtlinge auf Pferden. Sie brachten sie zurück und erschossen sie vor unseren Augen – als warnendes Beispiel, wie sie erklärten, was mit denen passiere, die zu fliehen versuchten.

Wir kamen am 20. Dezember um acht Uhr abends in Sobibór an. Das ganze Lager war taghell erleuchtet, und Musik spielte – Strauß-Walzer.[3] Wir mussten aus den Karren klettern. Zwischen Staw und Sobibór gab es keine Eisenbahnverbindung; aus diesem Grund wurden wir mit Pferdefuhrwerken transportiert. Auf der Rampe stand ein sehr großer Deutscher. Er rief aus, dass alle, die stricken könnten, vortreten sollten. Meine Mutter schubste mich nach vorn mit den Worten: »Du bist eine gute Strickerin.« Ich sagte zu meiner Schwester: »Was ist mit dir? Du kannst doch auch stricken.« – »Nein, ich will lieber bei Mama bleiben«, erwiderte sie. Also trat ich vor, ebenso meine Cousine und mehrere andere. Wir waren insgesamt zwölf. Man ließ uns an der Seite stehen, während alle anderen abgeführt wurden – wir wussten nicht, wohin. In der Baracke, in der wir schlafen sollten, standen noch keine Betten. Wir bekamen ein paar Decken und mussten uns auf dem nackten Fußboden zusammenkauern. Am nächsten Tag schleppten wir Pritschen und einen kleinen Kanonenofen hinein. Um stricken zu können, brauchten wir die Ofenwärme.

Ich fand schnell heraus, was mit dem Rest meiner Familie passiert war. Am Morgen nach unserer Ankunft kam ein Deutscher in unsere Baracke und sagte, er wolle uns in einen Lagerraum mitnehmen, in dem es eine Menge guter Schuhe gäbe; dort könnten wir uns bessere Schuhe aussuchen. Wir wurden in eine große Baracke geführt, in der sich Berge von Schuhen stapelten. Der Deutsche zeigte uns den neuesten Stapel, den der vergangenen Nacht. Er suchte ein Paar Stiefel heraus und gab sie mir zum Anprobieren. Es waren die Stiefel meiner Schwester. Ich konnte sie unmöglich tragen; also erklärte ich dem Deutschen als Ausrede, sie seien mir zu groß. In jenem Augenblick wusste ich, was mit meiner Familie geschehen war.

Wir hatten es schon vermutet – wegen des Rauchs. Die anderen Insassen bestätigten unsere Befürchtungen. Vom Krematorium her roch es nach verbranntem Fleisch. Der gesamte Vorgang wiederholte sich unzählige Male, als mehr und mehr Transporte eintrafen. Wir atmeten ständig Luft mit Rauch von brennendem Fleisch ein. Wir erfuhren, dass es ein drittes Lager gab. Der Zutritt war für alle strengstens verboten. Einmal gelangten wir bis in die Nähe des Zauns und des Tors – das war alles. Wir wussten, dass sie dort im Wald etwas versteckten, dem sich niemand nähern durfte. Aber sie konnten es nicht völlig vor uns verbergen. Das Feuer brannte ununterbrochen, Tag und Nacht. Es war, als ob der Wald in Flammen stünde. Wir spähten zwischen den Bäumen hindurch; sie konnten nicht alles verbergen.

Wir hörten, wie die Züge eintrafen und entladen wurden; von manchen Arbeitsplätzen aus konnte man die Neuankömmlinge sehen. Wir hörten die Musik; manchmal verriet uns nur ihr Klang die Ankunft eines neuen Transports. Sobald die Leute den Zug verlassen hatten, verstummte die Musik, und Peitschenknallen und Schießen begannen. Danach wurden einige Wenige selektiert. Nur wenn einer der Arbeiter gestorben oder zu Tode geprügelt worden war und ein neuer Schneider, Schuster, Tischler, Maurer oder Elektriker benötigt wurde, fanden Selektionen statt. Alle übrigen Neuankömmlinge wurden zu den Baracken geführt, um sich für die Gaskammern zu entkleiden. Frauen und Männer wurden sofort nach Verlassen des Zuges voneinander getrennt; ihr Gepäck blieb auf dem Bahnsteig zurück. Ich habe dies zwar nicht persönlich beobachtet, bekam es jedoch erzählt. Aber ich sah die nackten Frauen mit ihren Kindern in das dritte Lager gehen. In unserem Teil des Lagers stand in der Nähe der Latrinen eine Art Rutenzaun. Doch die Zweige waren vertrocknet, und wenn ich zur Latrine ging, konnte ich mühelos durch die undichten Stellen im Zaun spähen. Die Frauen und Kinder wurden zu den Gaskammern gebracht.

Meine erste Arbeit war Stricken. Wir mussten pro Tag eine Socke stricken – für die Soldaten. Weil keine neue Wolle vorhanden war, zogen wir die Jacken und Pullover der Opfer auf und verwerteten das daraus gewonnene Garn wieder. In den kurzen Wintertagen war es sehr schwierig, innerhalb eines Tages eine Socke fertig zu stellen. Zum Glück hatten wir einen Ofen, denn mit kalten Fingern hätten wir unmöglich stricken können. Wir beendeten unsere Arbeit im schwachen Flackerlicht des Ofens. Unsere Petroleumration hoben wir für den Abend auf. Bei Tageslicht ging die Arbeit gut voran, aber zur Fertigstellung in den Abendstunden und zum Schlafen brauchten wir dringend ein warmes Plätzchen. Einige von uns konnten bestimmte Teile schneller stricken als andere; deshalb reichten wir die Arbeiten von einer zur anderen weiter. Auf diese Weise gelang es uns, jeden Morgen ein halbes Dutzend Socken abzuliefern.

Nach einer Weile wurde das Stricken eingestellt, und wir bekamen wechselnde Arbeiten zugeteilt. Manchmal mussten wir Eisenstangen entladen. Ich weiß nicht, wofür sie benötigt wurden. Unsere Finger froren an den Stangen fest; wir durften nichts um unsere Hände wickeln. Im folgenden Sommer entluden wir Kalk – ungelöschten Kalk –, den sie für die Massengräber brauchten. Wieder erhielten wir keinerlei Schutz für unsere Hände, so dass sie teilweise bis aufs rohe Fleisch verätzt waren. Eine Zeit lang arbeitete ich im Wald. Äste mussten zurückgeschnitten werden, um Pfade für Reiter zu schaffen. Außerdem brauchten sie Holz fürs Krematorium. Vorübergehend war ich in den Munitionsbunkern beschäftigt. Wir mussten die Munition reinigen, die von der Ostfront kam. Jene winzigen Bunker befanden sich im Wald. Nur ihr Dach ragte heraus, alles andere war unterirdisch.

Außerdem sortierte ich Kleidung. Eines Tages war ich mit einem großen Stapel Frauenkleidung beschäftigt. Plötzlich entdeckte ich eine braun-karierte Jacke. Ich erzählte den anderen Mädchen, dass dies die Jacke meiner Mutter sei. Sie schauten mich zweifelnd an und sagten, dass es doch viele Jacken wie diese gäbe. Doch ich war mir sicher: Mutters Jacke war nach Maß geschneidert, da wir vor dem Krieg einen Schneider in Lublin hatten; an dem Etikett mit seinem Namen erkannte ich die Jacke. Ich sagte: »Ich werde euch beweisen, das dies die Jacke meiner Mutter ist. Meine Mutter hat ihren Ehering in die kleine Tasche eingenäht.« Als der deutsche Aufseher gerade nicht hinschaute – man musste sehr vorsichtig sein –, trennte ich die Tasche heraus. In einer Falte des Futters fand ich den Ehering. Es war die Jacke meiner Mutter. Ich lieferte den Ring nicht ab, sondern versteckte ihn zwischen den Fußbodendielen.

Nach dieser Arbeit wurde ich in die Wäscherei der Deutschen versetzt. Eines Tages fühlte ich mich nicht wohl; ich hatte eine Mittelohrentzündung. Ich stand vor dem Herd und wartete darauf, dass das Wasser warm wurde; auf diese Weise gelangte etwas Wärme an mein Ohr. Die anderen Mädchen hatten nicht bemerkt, dass ein Deutscher hereingekommen war. Ich glaube, er hieß Kamm, Scharführer Kamm.[4] Er zerrte mich nach draußen auf den so genannten Holzplatz, wo die Männer Holz hackten. Dort führte an jenem Tag Gustav Wagner die Aufsicht.[5] Kamm erklärte ihm, dass ich nur herumstehen würde statt zu arbeiten und fragte: »Was sollen wir mit der Kleinen machen?« Wagner befahl mir, mich vornüber zu beugen und mein Kleid hochzunehmen. Danach begann er, mich zu schlagen. Sie hatten diese sehr, sehr langen Peitschen aus Stahl, der mit Leder umwickelt war. Ich war damals wesentlich dünner als heute. Wenn ich größer gewesen wäre, hätten meine Nieren vielleicht nicht so viel Schaden genommen. Er schlug mich nicht auf den Rücken, sondern immer nur in die Taille; die Peitsche schlang sich jedes Mal um meinen Körper, so dass ich vorne Blasen hatte. Ich war blau und grün. Die Mädchen wollten mir später helfen, indem sie kalte Kompressen auflegten. Es dauerte eine ganze Weile, bis ich wieder liegen konnte. Was ich auch tat, nie konnte ich es den Deutschen recht machen. Und die Ohren schmerzten immer noch. Wir hatten keinen Arzt, nur einen Zahnarzt. Wir durften ohnehin nicht krank sein; sie konnten keine Kranken gebrauchen. Der Zahnarzt half mir, indem er mein Trommelfell durchstach; dies verschaffte mir etwas Erleichterung. Irgendwie gelang es mir wieder, noch ein bisschen länger zu überleben.

Von der deutschen Wäscherei wurde ich in die jüdische Wäscherei versetzt. Dort mussten eine Menge Laken ausgekocht werden. Es war eine mörderische Arbeit. Wir mussten täglich zwölf und mehr Stunden in der Wäscherei arbeiten, von Sonnenaufgang bis Sonnenuntergang.

An sämtlichen Arbeitsplätzen wurden wir von Kapos beaufsichtigt. Alle Kapos waren Männer. Sie taten ihr Bestes für uns, wenn sie es auch manchmal nicht vermeiden konnten, uns weh zu tun und zu verletzen. Wenn sie von einem SS-Mann den Befehl erhielten, einen Häftling zu schlagen, und sich weigerten, den Befehl auszuführen, wurden sie selbst verprügelt. Wenn sie nicht hart genug zuschlugen, führte ihnen ein SS-Mann vor, wie man mit einer Peitsche umzugehen hatte. Wir mussten dabeistehen und zuschauen. Das war schrecklich.

Es gab zahllose weitere Beispiele für die Brutalität der SS. Ich erinnere mich an einen jungen Mann aus Holland. Er war sehr gut aussehend, etwa siebzehn Jahre alt. Weil er Sänger war, nannten wir ihn Caruso. Karl Frenzel[6] hasste ihn; er suchte ständig nach einer Ausrede, um ihn zu bestrafen. Als wir bei Bauarbeiten eingesetzt waren, behielt Frenzel den Holländer eines Tages ununterbrochen im Auge. Plötzlich schlug er den jungen Mann grässlich zusammen. Wir trugen den Verletzten nach der Arbeit in die Baracke, konnten ihm jedoch nicht mehr helfen; er starb im Laufe der Nacht. Dies war nur einer von zahllosen solcher Zwischenfälle. Nach einer Weile schenkten wir ihnen nicht mehr so viel Aufmerksamkeit, weil sich Folter und Mord täglich wiederholten. Wir wussten, dass jeder von uns der Nächste sein konnte, dass jede Minute, jede Stunde unsere letzte sein konnte. Wir wussten, dass wir nicht lange überleben würden, da niemand je das Lager verlassen hatte. Wir lebten von einer Minute zur nächsten. Das war unser Leben.

Männer und Frauen schliefen in getrennten Baracken. Wir versuchten, unser Quartier so sauber wie möglich zu halten. Es war eine sehr große Baracke. Ich erinnere mich wirklich nicht mehr, wie viele Frauen darin untergebracht waren; die Belegung wechselte ständig, weil Leute kamen und gingen. An beiden Längsseiten standen dreistöckige Pritschen, die nur durch einen Gang in der Raummitte voneinander getrennt waren. Wir mussten morgens sehr früh aufstehen, um unsere Ration Brot und Kaffee abzuholen. Wir mussten deutsche Lieder singen, wenn wir zur Arbeit marschierten. Wir hatten eine kurze Mittagspause und eine weitere Pause, wenn wir nach der Arbeit in die Baracken zurückkehrten. Danach erhielten wir eine warme Mahlzeit, der sich der Abendappell anschloss. Vor der nächtlichen Ausgangssperre blieb uns noch ein wenig Zeit für uns selbst. Wir konnten uns kurz mit den Männern treffen, bevor wir zum Schlafen geschickt wurden.

Alle Frauen verstanden sich sehr gut untereinander. Wir wären niemals auf die Idee gekommen, uns gegenseitig zu hassen, da wir doch alle im gleichen Boot saßen. Wenn wir auch aus verschiedenen Ländern kamen, erwartete uns doch das gleiche Schicksal: Wir waren nicht im Lager, um zu überleben. Wir teilten das Wenige, das wir besaßen. Es war nicht einfach, aber wir kümmerten uns um einander. Frauen, die etwas stärker waren als andere, munterten die Schwächeren auf, indem sie sie aufforderten, noch ein paar Tage oder eine Woche durchzuhalten, da der Krieg nicht mehr ewig dauern könne. Dies war eine große Hilfe. Ich erinnere mich an eine Lehrerin aus Polen, die etwas älter war – vielleicht 27 – als wir Fünfzehn-, Sechzehnjährigen. Sie besaß die Kraft, ihr persönliches Leid zu verdrängen, um den jüngeren Mädchen zu helfen.

Wir bemühten uns, die Verständigungsschwierigkeiten zwischen den einzelnen Nationalitäten zu überwinden. Die meisten holländischen Juden sprachen Deutsch, viele Häftlinge aus unterschiedlichen Ländern sprachen Jiddisch. Das einzige, was wir alle – ganz gleich, aus welchem Land wir kamen – lernen mussten, waren deutsche Lieder. Wir durften keine Lieder in unseren Muttersprachen singen. Am schlimmsten war es, wenn wir bei eisiger Kälte mitten in der Nacht draußen auf dem gefrorenen Boden stehen mussten, um deutsche Lieder einzustudieren.

Das bisschen Essen, das wir bekamen, war zu wenig zum Leben und zu viel zum Sterben. Die Männer kauften gelegentlich einen Laib Brot von den ukrainischen Wärtern, die ihre Rundgänge um das Lager herum machten. Ich weiß nicht, wie sie es anstellten. Ich weiß nicht, wie sie durch den Stacheldraht gelangten. Manchmal gaben uns die Männer etwas ab, aber es reichte niemals. Morgens bekamen wir eine einzige Scheibe Brot und einen Becher mit heißer Flüssigkeit – sie nannten es Kaffee. Sie gaben uns einen Laib Brot, der unter so vielen aufgeteilt werden musste, dass nur ein paar Gramm für jeden übrig blieben. Manchmal starrte ich auf meine Scheibe Brot und dachte: »Soll ich sie jetzt essen oder für später aufheben?« Nach der Arbeit bekamen wir einen Napf Suppe. Wir hatten unser eigenes Essgeschirr. In der Suppe schwamm Hafer, der noch in den Hülsen steckte, weil er nicht richtig vorbereitet wurde. Jeder hatte Angst, dass ihm die Hülsen im Hals stecken bleiben könnten. Wenn ich ein Stückchen Kartoffel fand, spülte ich es ab und aß es getrennt von der Suppe oder nur mit einem kleinen Schluck klarer Brühe.

Eines Nachts hatte ich einen Traum: Ich beschwerte mich bei meiner Mutter, die gerade mit meinen beiden jüngeren Brüdern von der Schule nach Hause kam. »Mama«, beklagte ich mich, »wenn du mir nicht helfen kannst, werde ich nicht mehr lange durchhalten.« (Ich war zu jener Zeit krank, und die Arbeit fiel mir schrecklich schwer; ich konnte nicht mehr.) »Mach dir keine Sorgen«, antwortete meine Mutter. »Ich schicke dir deine Schwester. Sie wird dir helfen.« Ein, zwei Tage nach diesem Traum kam Karl Frenzel in die Wäscherei und fragte: »Wer kann Männerhemden nähen?« Ich trat vor und sagte: »Ich kann Kragen und Manschetten machen.« – »Das ist genau das, was ich brauche«, erwiderte Frenzel. »Jemand anders kann die Hemden zusammennähen. Das einzige, was ich brauche, ist jemand, der sich mit Kragen und Manschetten auskennt.«

Das war wie ein Aufstieg von der Hölle in den Himmel. In der Wäscherei hätte ich nicht mehr lange durchgehalten. Ich wurde in die Nähstube der SS versetzt und bekam neue Kleidung. Es war herrlich, an der Maschine zu sitzen und zu nähen oder zu sticken. Es gab jede Menge zu tun in der Nähstube der Deutschen. Wir mussten Geschenke für den Heimaturlaub der SS-Männer anfertigen, zum Beispiel Puppenkleider für ihre Kinder oder Unterwäsche für ihre Frauen. Sie ließen sich ihre Taschentücher mit Monogrammen verzieren; wir waren ständig mit Stickereiarbeiten beschäftigt. Das war im Sommer 1943.

Ich erinnere mich noch gut an die Ankunft von Alexander Pechersky und den übrigen sowjetischen Kriegsgefangenen.[7] Es war der 23. September 1943. Wir trauten unseren Augen nicht, als wir sie in ihren Armeeuniformen sahen. Sie wirkten ausgemergelt, da sie bereits in einem Kriegsgefangenenlager gewesen waren. Sie wurden mit offenen Armen aufgenommen, weil die jüdischen Häftlinge Männer mit militärischer Erfahrung suchten. Ich war in die Fluchtpläne nicht eingeweiht; ich habe erst einen Tag vor der Revolte davon erfahren. Pechersky muss Leon Feldhendler[8] kennen gelernt haben; beide Männer waren die Schlüsselfiguren bei der Planung der Flucht. Sie mussten äußerst vorsichtig sein, vor allem wegen der deutschen Kapos. Wenn die etwas erfahren hätten, hätten sie die SS informiert. Deshalb wurde uns erst am Tag vor der geplanten Flucht mitgeteilt, dass wir »morgen« – am 14. Oktober – nach dem Appell bereit sein sollten.

Es war geplant, das Lager durch das Haupttor zu verlassen, weil dies der einzige unverminte Weg nach draußen war. Das Gelände war von drei Zäunen umgeben. Zwischen dem zweiten und dritten Zaun lagen Minen. Außerdem waren die Zäune elektrisch geladen; also musste als Erstes der Stromkreis unterbrochen werden. Im Laufe des Tages gelang es den Häftlingen, ein paar SS-Männer in die Werkstätten zu locken. Keiner der Deutschen kam lebend wieder heraus. Zehn Minuten vor dem Appell, der unser verabredeter Zeitpunkt zum Ausbruch war, kam der SS-Mann Bauer[9] aus dem dritten Lager, wo die Gaskammern und das Krematorium standen. Jeder Arbeiter, der dorthin geschickt wurde, kam nie wieder zurück. Für alle Arbeiter in unserem Lager war jene Zone tabu. Und dann passierte etwas. Ich weiß nicht genau was, da ich mich nicht in der Nähe aufhielt. Ich war in der Nähstube, die innerhalb des Lagerbereichs der Deutschen lag. Wir wurden auf den Hof geschickt. Danach begannen die Sirenen zu heulen. Später erfuhr ich, dass Karl Frenzel in einem Büro einen der toten SS-Männer entdeckt und daraufhin Alarm ausgelöst hatte.

Sekunden später begann die Schießerei. Unsere Leute besaßen ein paar Gewehre und Pistolen, hatten jedoch keine Chance gegen die Maschinengewehrsalven, die die Deutschen von den Wachtürmen aus abfeuerten. Wir rannten im Kugelhagel zu den Zäunen. Doch der Stacheldraht musste noch durchgeschnitten und die Minen gezündet werden; unser geplanter Fluchtweg durch das Haupttor war unpassierbar. Eine Menge ungeduldiger junger Männer versuchte vergeblich durch den Zaun zu klettern, bevor eine Öffnung hineingeschnitten war. Die meisten von ihnen wurden erschossen und blieben im Stacheldraht hängen. Als endlich ein Loch im Zaun war, krochen wir durch und rannten, so schnell wir konnten, von den Schüssen weg. Niemand nahm Notiz davon, was hinter ihm passierte. Wir rannten um unser Leben. Zwischen dem Lager und dem Waldrand lag eine breite Lichtung. Wir flohen mit eingezogenen Köpfen vor den Schüssen. Ich weiß nicht, wie viele von uns getroffen wurden. Ich hatte unglaubliches Glück, dass ich nicht mal verletzt wurde. Wir stürmten alle zusammen los, als ich jedoch im Wald stehen blieb und mich umschaute, waren wir nur noch zu dritt: meine Cousine Zelda, ein Mann aus Warschau namens Samuel Rozomowicz und ich. Die Übrigen waren in andere Richtungen geflohen. Also rannten wir drei weiter durch den Wald, ohne genau zu wissen, wo wir uns befanden. Das Einzige, was wir wussten war, dass wir noch längst nicht weit genug vom Lager entfernt waren.[10]

Es war ein kalter, regnerischer Spätherbstabend. Die Flucht hatte kurz vor fünf Uhr nachmittags begonnen, und im Wald war es inzwischen stockfinster. Wir liefen fast die ganze Nacht durch den Wald. Unterwegs suchten wir in den angrenzenden Feldern nach etwas Essbarem, doch alle Kartoffeln waren längst abgeerntet. Das Einzige, was wir fanden, waren die kleinen grünen Früchte der blühenden Kartoffelpflanze, die wie unreife Tomaten aussehen. Wir aßen eine winzige Menge davon, um etwas Flüssigkeit zu uns zu nehmen; angeblich sind diese Früchte giftig, doch wir starben nicht daran. Am frühen Morgen erreichten wir ein Dorf. Ein Bauer nahm uns auf. Wir erzählten ihm, wer wir waren, und baten, uns bis zum nächsten Abend bei ihm verstecken zu dürfen. Er brachte uns in der Scheune unter; dort höhlte er im Stroh ein tiefes Loch aus, in das wir alle drei hineinpassten. Er brachte uns auch etwas zu essen und trocknete unsere Kleidung. Wir blieben zwei Tage lang.

Im Lauf des Vormittags hörten wir die SS eintreffen. Sie suchten nach den Flüchtlingen von Sobibór. Sie stocherten mit Heugabeln im Stroh der Scheune herum, entdeckten uns jedoch nicht. Es war sehr mutig von dem Bauern, uns aufzunehmen, denn wenn uns die Deutschen gefunden hätten, hätte er dafür wahrscheinlich mit seinem Leben bezahlen müssen.

Am nächsten Tag erklärte uns Zelda, wir seien nicht weit von Włodawa entfernt und sie wolle durch den Wald dorthin laufen. Wir kannten jemanden in der Stadt – den Sekretär des Bürgermeisters. Vielleicht konnte er uns Papiere beschaffen oder uns auf eine andere Art und Weise helfen. Zelda machte sich auf den Weg nach Włodawa, kehrte jedoch nie zurück. Samuel und ich blieben einen weiteren Tag bei dem Bauern, bevor wir unser Versteck verließen, um Zelda zu suchen. Wir liefen durch den Wald Richtung Włodawa. Unterwegs gestand mir Samuel, er wolle lieber im Wald bleiben, als in die Stadt zu gehen. Also legte ich das letzte Stück Weges alleine zurück.

Auf der Straße begegnete mir ein junger Mann, der eine Sense auf der Schulter trug. Ich fragte ihn: »Wie komme ich nach

Włodawa?« Er erklärte, er ginge auch dorthin, wenn ich wolle, könne ich ihn begleiten. Es war sehr früh am Morgen.

In der Stadt fragte ich ein paar Kinder nach der Adresse von Herrn Golabiowski, dem Sekretär des Bürgermeisters. Ich fand das Haus. Zelda hatte für mich die Nachricht hinterlassen, dass sie nach Siedliszcze zurückgehen wolle, um dort vielleicht Hilfe bei den Eltern des Sekretärs zu finden, da er selbst nicht helfen konnte. Frau Golabiowski gab mir etwas zu essen und riet mir, mich etwas herauszuputzen, damit ich nicht wie ein Flüchtling wirkte. (Übrigens trugen wir in Sobibór niemals Häftlingsuniform, sondern immer unsere eigenen Sachen, die wir in Ordnung halten mussten, da die Deutschen schmutzige oder zerrissene Kleidung nicht leiden konnten.) Ich ging in den Wald zurück, wo ich Samuel fand. Ich erklärte ihm: »Wir müssen nach Siedliszcze laufen, um Zelda zu finden. Vielleicht kann ich da auch etwas für uns bekommen.«

Wir marschierten, bis wir ein kleines Dorf in der Nähe von Siedliszcze erreichten. Ich kannte dort ein paar Leute. Bei ihnen ließ ich Samuel zurück. Ich wollte meine Bekannten zu Hause nicht in Gefahr bringen, indem ich offen in die Stadt lief, sondern plante, mich vorsichtig von den Feldern her anzuschleichen.

In Siedliszcze nahm mich eine Frau auf, die ich von früher her kannte. Sie rief die Mutter einer alten Schulfreundin von mir, die mir vorschlug: »Ich könnte dir die Geburtsurkunde meiner Tochter geben, und du kannst ihre Identität annehmen.« Andere Papiere zu beschaffen sei unmöglich. Ich ging zu der Adresse, die mir Zelda genannt hatte, aber sie hatte das Haus bereits wieder verlassen. Ich übernachtete dort in der Scheune, damit man Zeldas Bekannten nicht vorwerfen konnte, sie hätten mich versteckt, falls ich entdeckt wurde. Als ich zu dem Dorf zurückkehrte, war Samuel verschwunden. Er hatte mir die Nachricht hinterlassen, er wolle mir nicht zur

Last fallen. Ich sah ihn nie wieder und weiß auch nicht, was aus ihm geworden ist.

Da ich Zelda immer noch nicht gefunden hatte, lief ich zu einem Ort in der Nähe von Chełm, wo ich jemanden kannte, der mir vielleicht weiterhelfen konnte. Die Frau kaufte mir eine Bahnfahrkarte nach Kanie; dort sollte ich einen Mann namens Alexander Jageluk treffen, der bereit sei, mich zu verstecken. Als sich herausstellte, dass es sich um eine Familie mit kleinen Kindern handelte, sagte ich: »Ich kann Ihnen das nicht zumuten; ich will Sie nicht in Gefahr bringen. Ich besitze die Geburtsurkunde einer Schulfreundin. Wenn Sie mir vielleicht helfen könnten, dass ich als Arbeitswillige nach Deutschland komme. Ich kann nicht selbst zum Bahnhof gehen und mir eine Fahrkarte kaufen, weil ich keine Papiere besitze.« Herr Jageluk versprach, mir diesen Gefallen zu tun, und gab mir auch noch eine Adresse in Frankfurt. Eine seiner Nichten hielt sich dort auf; ich erinnerte mich von der Schulzeit her an sie. Sie war älter als ich und bereits verheiratet. Als Arbeitswillige eine feste Adresse zu haben, sei wesentlich sicherer für mich, meinte mein Helfer. Er kaufte mir am Bahnhof eine Fahrkarte, mit der ich nach Lublin fuhr.

Dort ging ich zum örtlichen Arbeitsamt, das in einem der schönsten Gebäude der Stadt untergebracht war. Ich erklärte, dass ich mich zum Arbeitseinsatz in Deutschland melden wolle, dass ich eine Adresse habe und Leute kenne. Der deutsche Beamte holte einen Bogen Papier aus der Schublade, notierte alles, setzte einen Stempel darunter und unterschrieb eigenhändig. Anschließend erklärte mir die Sekretärin auf Polnisch, dass ich zunächst in ein Transitlager geschickt würde, wo alles weitere für mich erledigt werde; dort würde ich auch meine Fahrkarte nach Deutschland erhalten. Das war Ende Oktober 1943. Ich blieb zwei, drei Tage im Lager. Am 2. November bekam ich etwas Proviant und eine Fahrkarte – eine Zugfahrkarte nach Deutschland!

In Berlin mussten alle den Zug verlassen, weil es Fliegeralarm gab. Nach der Rückkehr aus dem Schutzbunker stieg ich versehentlich in den falschen Zug ein. Statt den Zug nach Halle zu nehmen, saß ich plötzlich in dem nach Hannover, das in der entgegengesetzten Richtung von Frankfurt liegt. Als ich in Hannover ausstieg, entdeckte ich auf dem Bahnsteig einen Mann, auf dessen Armbinde ein »P« stand; das bedeutete: polnischer Arbeiter. Ich bat ihn um Hilfe. Er wandte sich an einen Deutschen in Uniform, den Bahnhofsvorsteher. Ich zeigte ihm meine Fahrkarte und erzählte ihm, wo ich hin wolle. Er gab mir die Auskunft, dass um zwei Uhr nachts der Express-Zug nach Frankfurt abfahre, dass dieser aber ausschließlich für Deutsche reserviert sei. »Wenn Sie mitfahren wollen«, ergänzte er, »setzen Sie sich an die Wand und reden mit niemandem. Der Zug hält unterwegs nur an vier Stationen. Das Schlimmste, was bei einer Fahrkartenkontrolle passieren kann, ist, dass man Sie an der nächsten Station vor die Tür setzt. Aber vielleicht haben Sie Glück und werden nicht kontrolliert.« Ich befolgte den Rat, möglichst nicht aufzufallen, indem ich mich an ein Fenster setzte, mein Gesicht hinter einem Vorhang versteckte und mich schlafend stellte. Niemand fragte nach meiner Fahrkarte.

Ich traf an einem Samstag, morgens um elf, im Hauptbahnhof Frankfurt ein. Ich glaube, es war der 4. oder 5. November. Ich erkundigte mich gleich nach dem Weg zum Arbeitsamt und erhielt die Auskunft, ich solle mit der Straßenbahnlinie 1 fahren. Ich sprang in die Bahn und fragte den Schaffner nach dem Fahrpreis. Fünfzehn Pfennige. Können Sie sich vorstellen, dass ich genau fünfzehn Pfennige in der Tasche hatte! Im Arbeitsamt erkundigte ich mich, ob jemand Polnisch spreche und mir den Weg zu der Adresse auf meinem Zettel beschreiben könne. Einer der Angestellten war ein ehemaliger Soldat, der in Polen verwundet worden war und zwei, drei Jahre dort verbracht hatte; er sprach Polnisch. Nachdem ich ihm die

Adresse gezeigt hatte, schlug er mir vor, das Wochenende bei ihm zu verbringen, da das Arbeitsamt um zwölf Uhr schließe. Am Montag würden wir wiederkommen, um die Leute zu finden. Ihr Arbeitsplatz war ausgebombt worden, und man hatte sie nach Kassel versetzt. Er versprach, sie für mich ausfindig zu machen.

Unterwegs hielten wir in der Hanauer Landstraße an. Er wollte dort kurz einen Freund besuchen; ich sollte so lange im Auto warten. Er kehrte mit einem großen, stattlichen Herrn zurück, der mich fragte, ob ich nicht übers Wochenende bei ihm bleiben wolle, um mich um seinen vierjährigen Sohn zu kümmern. Normalerweise habe er jemanden vom Arbeitsdienst dafür, doch das Kindermädchen habe an diesem Wochenende verreisen müssen. Ich warf ein: »Ich kann kein Deutsch.« Mein Begleiter vom Arbeitsamt erwiderte, ich solle mir keine Gedanken machen; wenn es Probleme gäbe, würde er kommen und mir helfen. Also blieb ich dort. Es war ein Einfamilienhaus. Ich bekam mein eigenes Zimmer und drei Mahlzeiten pro Tag. Am Montag besuchte mich der Soldat und bat mich, noch so lange zu bleiben, bis er die Leute gefunden habe, deren Adresse ich hatte. Wie es der Zufall wollte, schloss mich der vierjährige Peter sofort in sein Herz und wollte mich nicht mehr ziehen lassen. Ich blieb bis zum Ende des Krieges dort und kümmerte mich um den Jungen.

Ich war den ganzen Tag mit ihm zusammen. Ich brachte ihm Gebete in Polnisch bei – »Vater unser« zum Beispiel –, bevor ich ihn auf Deutsch unterrichten konnte. Er sprach etwas Polnisch, das er von den polnischen Arbeitern im Erdgeschoss gelernt hatte. Er war ein Kind, wie es sich alle Eltern wünschen: intelligent, geschickt. Und er brachte mir Deutsch bei, indem er Küchenutensilien auf den Tisch legte, mit dem Finger auf sie zeigte und ihren Namen nannte, zum Beispiel: das ist eine Gabel, das ist ein Messer, das ist eine Tasse. Danach musste ich die Namen aller Gegenstände in derselben

Reihenfolge wiederholen. Wenn ich ein Wort vergaß, musste ich noch mal von vorn beginnen. Innerhalb von sechs Wochen sprach ich Deutsch wie eine Einheimische. Nun konnte ich dem Jungen auch Geschichten vorlesen und mit ihm in Deutsch beten. Alle glaubten, ich sei eine polnische Katholikin; selbst die Arbeiter im Erdgeschoss hegten niemals einen Zweifel daran, dass ich ein katholisches polnisches Mädchen war. Niemals.

Sofort nach dem Einmarsch der Amerikaner gestand ich dem Vater des Jungen, Herrn H., die Wahrheit. In der Nacht zuvor hatte ich einen leichten Nervenzusammenbruch erlitten. Während des Krieges hatte ich alles verdrängt, doch als der Frieden kam, wurde mir schmerzlich bewusst, dass ich mutterseelenallein war. Was sollte ich tun? Wo sollte ich hingehen? Ich kannte keinen Menschen, an den ich mich hätte wenden können. Am nächsten Morgen sprach ich mit Herrn H.; wir unterhielten uns sehr ernsthaft. Er verstand meine Lage, konnte mir jedoch auch nicht weiterhelfen.

Die Amerikaner schickten alle Ausländer an einen Ort in der Nähe von Frankfurt, wo wir vorübergehend untergebracht wurden. Von dort wurden wir in ein DP-Lager[11] in Wetzlar verlegt. Zu jener Zeit hatte ich bereits meinen zukünftigen Mann kennen gelernt, der als polnischer Kriegsgefangener nach Deutschland verschleppt worden war. Auch er kam in das DP-Lager in Wetzlar, und noch vor Ende des Jahres waren wir verheiratet. In Wetzlar erhielt ich auch eine Stelle bei der UNRRA[12]. Mein Sohn Andrew wurde 1947 im DP-Lager geboren.

Ursprünglich hatte ich geplant, gleich nach dem Krieg nach Polen zurückzukehren, um herauszufinden, ob noch jemand aus meiner Familie am Leben war. Doch Zelda, die in Lwów überlebt hatte, zerstörte diese Illusion. Nachdem es ihr gelungen war, mich aufzuspüren, erzählte sie mir, dass sie nichts als ihr nacktes Leben aus Polen habe retten können und dass ich nicht einmal im Traum daran denken solle, dorthin zurückzukehren. »Du wirst dort niemanden mehr finden. Niemand aus unseren Familien hat überlebt.«

Wir konnten nicht in die Vereinigten Staaten auswandern, weil man dafür Bürgen benötigte. Wir hatten die Möglichkeit, nach Schweden zu gehen, aber das war uns nicht weit genug von Deutschland weg. Nach Amerika ja, doch wir kannten keinen Menschen dort, der für uns gebürgt hätte. Mir gefiel die Idee, nach Australien auszuwandern; ich erinnerte mich noch gut, dass wir in der Schule eine Menge über Australien gelernt hatten. Wir hatten sogar eine Karte von Melbourne im Klassenzimmer hängen, weil es die modernste Stadt der Welt war. Ich dachte, so weit wegzugehen, käme mir sehr gelegen.

Letztendlich landeten wir nicht in Melbourne, sondern in Sydney. Wir trafen dort am 3. August 1949 ein. Ich küsste den Boden aus Freude, Europa hinter mir gelassen zu haben. Ich war glücklich, gleichzeitig aber auch unglücklich darüber, die einzige Überlebende meiner Familie zu sein. Doch ich tröstete mich mit dem Gedanken, dass ich nun selbst eine kleine Familie hatte – meinen Sohn und meinen Mann. 1958 wurde noch meine Tochter Marie geboren.

Am Anfang war es nicht leicht. Wir mussten eine neue Sprache lernen und uns an einen völlig anderen Lebensstil anpassen. Es war herrlich, als wir einen eigenen kleinen Garten bekamen, um den wir uns selbst kümmern konnten. Auf den Märkten der Stadt gab es alles zu kaufen; die Italiener hatten Märkte, die Jugoslawen hatten Märkte, und die Polen hatten Märkte. Wir nahmen alles mit offenen Armen an und dankten Gott jeden Tag dafür, dass wir in einem freien Land leben durften.

Anmerkungen

[1] Siedliszcze lag nur etwa dreißig Kilometer westlich der Grenze zwischen dem deutsch-besetzten und dem sowjetisch-besetzten Teil Polens, wie sie vor dem Krieg in den Geheimklauseln des Hitler-Stalin-Paktes vereinbart worden war. Die Grenze sollte entlang des Bug verlaufen. Aus diesem Grund blieben die sowjetischen Truppen nur so lange, bis deutsche Truppen vertragsgemäß die Kontrolle über das gesamte Territorium westlich des Flusses übernahmen.

[2] Das Vernichtungslager Sobibór wurde im März/April 1942 im Rahmen der »Aktion Reinhard« errichtet. Die beiden anderen Todeslager der Aktion Reinhard waren Belzec und Treblinka. Das Personal setzte sich aus Deutschen zusammen, die im Euthanasie-Programm (Aktion T4) Erfahrung in der Ermordung Behinderter gewonnen hatten, sowie Hilfskräften (*Trawniki*), bei denen es sich um umgeschulte Kriegsgefangene handelte, in der Mehrzahl Ukrainer. Zwischen Mai 1942 und Sommer 1943 wurden allein in Sobibór rund 250 000 Juden aus der Umgebung von Lublin, aus dem Deutschen Reich, der Slowakei, Frankreich und den Niederlanden ermordet. Zur Geschichte der Aktion Reinhard siehe: Yitzhak Arad: Belzec, Sobibór, Treblinka. The Operation Reinhard Death Camps. Bloomington 1987. Spezifisch zu Sobibór siehe: Richard Rashke: Escape from Sobibór. Boston 1982; [deutsche Ausgabe: Richard Rashke: Flucht aus Sobibór. Gerlingen 1997].

[3] In den Lagern der Aktion Reinhard gingen die Deutschen bis ins Detail, um ihre wahren Absichten zu verschleiern. Die eintreffenden Juden wurden mit Musik begrüßt und belehrt, dass sie umgesiedelt würden. Die Gaskammern waren als Duschen getarnt.

[4] Rudi Kamm wurde im Herbst 1942 von Belzec nach Sobibór versetzt und blieb dort ungefähr fünf Monate. Er beaufsichtigte hauptsächlich die Sortierbaracken. Einzelheiten bei Jules Schelvis: Vernichtungslager Sobibór, aus dem Niederländischen von Gero Deckers. Berlin 1998. S. 309.

[5] Der am 18.7.1911 in Wien geborene Gustav Wagner war unter den Häftlingen als einer der brutalsten Aufseher bekannt. Er floh nach dem Krieg nach Brasilien, wo er von Simon Wiesenthal aufgespürt wurde. Wagner beging im Oktober 1980 in seinem Haus in Brasilien Selbstmord. Einzelheiten bei Jules Schelvis, Vernichtungslager, S. 314.

[6] Karl August Wilhelm Frenzel war bereits 1930 der SA beigetreten. Nach vorübergehendem Dienst in der Wehrmacht, wurde er im Euthanasieprogramm T4 eingesetzt (in den Anstalten Grafeneck, Hadamar und Bernburg). Im Rang eines SS-Oberscharführers wurde er im April 1942 nach Sobibór versetzt, wo er bis zur Liquidierung des Lagers blieb. In Sobibór war er für seine besondere Brutalität bekannt, die von den Überlebenden auch nach dem Krieg nicht vergessen wurde. 1966 wurde Frenzel zu lebenslänglicher Haft verurteilt, 1976 allerdings vor-

zeitig entlassen. 1982 kam es zu einem Wiederaufnahmeverfahren, in dem das Urteil erneut lebenslänglich lautete. Aus Gesundheitsgründen brauchte Frenzel die Strafe nicht anzutreten.

[7] Der Leutnant der Roten Armee Alexander Pechersky wurde im Oktober 1941 von den Deutschen gefangen genommen. Als jüdisch-russischer Häftling wurde er zusammen mit weiteren Kriegsgefangenen und etwa 2000 Juden aus Minsk am 23. September 1943 in Sobibór eingeliefert. Er organisierte gemeinsam mit Leon Feldhendler die Lagerrevolte vom 14. Oktober 1943 und überlebte den Aufstand. Pechersky starb im Januar 1990. Siehe: Schelvis, Vernichtungslager, S. 290.

[8] Feldhendler, ein polnischer Jude aus Zolkiewka, überlebte den Aufstand. Er wurde Ende 1944 in Lublin ermordet. Siehe: Schelvis, Vernichtungslager, S. 286.

[9] Hermann Erich Bauer nannte sich selbst den »Gasmeister von Sobibór«. Er wurde 1950 zum Tode verurteilt; das Urteil wurde später in lebenslängliche Haft umgewandelt. Bauer starb 1980 im Gefängnis Berlin-Tegel. Siehe: Schelvis, Vernichtungslager, S. 298.

[10] Einen Fluchtbericht aus erster Hand findet man bei: Thomas Toivi Blatt: Nur die Schatten bleiben. Der Aufstand im Vernichtungslager Sobibór. Berlin 2000. Ebenso: Thomas Blatt: Sobibór: The Forgotten Revolt. Issaquh 1996.

[11] DP – Abkürzung für *Displaced Persons*: Menschen (überwiegend aus Osteuropa), die als Verschleppte und aus Lagern Befreite bei Kriegsende in Deutschland heimatlos waren.

[12] UNRRA – Abkürzung für *United Nations Relief and Rehabilitation Administration*. Wurde auf Initiative der USA bereits 1943 gegründet, um Nachkriegsprobleme zu bewältigen, die aus der Zerstörung und dem menschlichen Leid resultierten.

Täterinnen

Gudrun Schwarz

»... möchte ich nochmals um meine Einberufung als SS-Aufseherin bitten.«
Wärterinnen in den nationalsozialistischen Konzentrationslagern

»Vor dem Kriege war ich in Berlin-Teltow als Fürsorgeerzieherin tätig. Da ich aus Berlin weg wollte, habe ich mich auf eine Zeitungsanzeige gemeldet, in der Aufseherinnen für Staatliche Gefangenenanstalten gesucht wurden. Ich hoffte damals eine Stelle beim Zuchthaus in Sagan zu bekommen. Von Konzentrationslagern war weder in der Anzeige noch in dem folgenden Bewerbungsschriftverkehr die Rede. Etwa im Februar 1939 wurde ich bei dem damaligen Konzentrationslager in Lichtenburg eingestellt. Ich kam noch im selben Jahre, es war noch vor Kriegsbeginn, in das Lager Ravensbrück.«[1]

Jane Bernigau, so der Name der Aufseherin, hatte am 1. März 1938 freiwillig ihren Dienst im Frauenkonzentrationslager Lichtenburg angetreten.[2] Wie viele Aufseherinnen sich, ähnlich Jane Bernigau, freiwillig oder durch die Vermittlung von Bekannten oder Verwandten zur SS gemeldet hatten, kann heute nicht mehr festgestellt werden.[3] Auffallend ist jedoch, dass sich in den wenigen Akten, die aus den Verwaltungen der Konzentrationslager stammen – die meisten wurden bei Kriegsende verbrannt – Bewerbungsschreiben von Frauen befinden. Als Beispiel sei folgende Bewerbung an das Konzentrationslager Flossenbürg zitiert: »Ich bitte hiermit um Aufnahme in die SS. Zur Zeit bin ich im Goehle-Werk in Dresden beschäftigt und möchte in dem Frauenlager im Goehle-Werk als Aufseherin eingestellt sein. Ich bitte darum, dass man mich in Dresden einstellt, da meine Eltern beide sehr hinfällig sind und ich sie in jeder Beziehung unterstützen muss. Heil Hitler Christina K.«[4]

In ihren Aussagen vor Gericht oder bei staatsanwaltschaftlichen Vernehmungen gaben jedoch die wenigsten zu, die Anstellung in einem KZ freiwillig und aus eigener Initiative angestrebt zu haben. Die Mehrzahl der befragten ehemaligen Aufseherinnen erklärten, sie seien durch das Arbeitsamt dienstverpflichtet worden, und deuteten diese »Dienstverpflichtung« als einen Zwang, dem sie nichts hätten entgegensetzen können. Die Dienstverpflichtung ging auf die »Verordnung über die Meldung von Männern und Frauen für Aufgaben der Reichsverteidigung« vom 27. Januar 1943 zurück. Dienstverpflichtet zu werden bedeutete nicht, dass die Frauen gezwungen wurden, eine ihnen nicht genehme Tätigkeit – wie beispielsweise KZ-Aufseherinnen – auch auszuüben. Eine Arbeit, die sie nicht machen wollten, konnten sie ablehnen. Sie waren zur Arbeit verpflichtet, konnten aber bestimmen, welche Arbeit sie ausüben wollten.

Jane Bernigau hatte sich freiwillig für den Beruf der SS-Aufseherin entschieden, der sie zu einer Angestellten beim SS-Wirtschafts-Verwaltungshauptamt, Amtsgruppe D, Konzentrationslager machte. Ab dem 1. September 1944 wurden die SS-Aufseherinnen direkt bei dem Kommandanten des Konzentrationslagers, in dessen Dienst sie traten, angestellt. Sie wurde – wie alle SS-Aufseherinnen – nach der Tarifordnung der Angestellten im öffentlichen Dienst besoldet. Eine ledige Aufseherin im Alter von 25 Jahren erhielt beispielsweise brutto 185,65 RM; nach Abzug von Sozialversicherungsbeiträgen und sonstigen Unkosten, wie Verpflegung und Unterkunft, verblieben 105,10 RM.[5] Die Dienstkleidung wurde gestellt. Verpflegung gab es in der SS-Kantine und in der SS-Siedlung standen Dienstwohnung oder Zimmer zur Verfügung. Die Einstellung von Aufseherinnen erfolgte zunächst für eine dreimonatige Probezeit als Hilfsaufseherin. Nach der Probezeit rückten sie automatisch in die Dienststellung einer Aufseherin auf. Bei ihrer Einstellung hatte sie, ähnlich wie die männlichen SS-Angehörigen eines Konzentrationslagers, ein »Treuegelöbnis« abzulegen sowie Erklärungen über den »Umgang mit Häftlingen« und über ihre »Geheimhaltungspflicht« zu unterschreiben. Als Zivilangestellte war sie kein Mitglied der SS, sondern zählte zum SS-Gefolge. Und als solches unterlag sie in allen dienstlichen und außerdienstlichen Vergehen der SS-Sondergerichtsbarkeit.

Im Mai 1939 war Jane Bernigau mit dem gesamten Lagerpersonal aus Lichtenburg in das neu eröffnete Frauenkonzentrationslager Ravensbrück überstellt worden. Mit dem Neubau des Konzentrationslagers Ravensbrück begann eine neue Epoche sowohl der Inhaftierung und Gefangennahme von Frauen als auch der Rekrutierung von Aufseherinnen. Bis zu diesem Zeitpunkt war der »Beruf« der SS-Aufseherin einer sehr kleinen Gruppe von Frauen vorbehalten, die eine ebenfalls kleine Gruppe von weiblichen Häftlingen zu bewachen hatte.[6] Nach der Eröffnung des Frauenkonzentrationslagers Ravensbrück stieg die Zahl der inhaftierten Frauen und die Zahl der Frauen, die als Aufseherinnen ihre Bewachung übernahmen. Bereits einige Monate später, im September 1939, mit Beginn des Krieges veränderte sich die Situation der Konzentrationslager in quantitativer wie in qualitativer Hinsicht dramatisch. Waren die (weiblichen wie männlichen) Häftlinge bis Kriegsbeginn überwiegend deutsche Staatsbürger, so waren bei Kriegsende nur noch fünf bis zehn Prozent der Häftlinge in den Konzentrationslagern aus Deutschland, 90–95 Prozent dagegen aus den besetzten und annektierten Gebieten. Und auch die Zahl der Konzentrationslager, in denen Frauen gefangen gehalten wurden, stieg bis Kriegsende auf zehn Lager, die zumeist separate Frauenlager oder Frauenabteilungen innerhalb eines KZ-Hauptlagers waren.[7] Die Eröffnung dieser neuen Frauenkonzentrationslager bedingte eine verstärkte Anwerbung von Aufseherinnen. »Für Zehntausende von Häftlingen benötigte die SS immer mehr und neue Aufseherinnen. Zu diesem Zweck unternahm der Schutzhaftlagerführer Bräuning regelrechte Werbereisen. Er begab sich z.B. in die Flugzeugwerke Heinkel. Man rief ihm die Arbeiterinnen zusammen, und er machte mit beredeten Worten klar, dass für ein Umerziehungslager geeignete Kräfte gesucht würden, die dort lediglich Aufsichtsarbeit zu leisten hätten. Er schilderte in leuchtenden Farben die entzückenden Wohngelegenheiten, die vorzügliche Ernährung, die abwechslungsreiche Geselligkeit und vor allem die hohe Entlohnung. Das Wort ›Konzentrationslager‹ fiel natürlich nicht. Der Erfolg blieb nicht aus; denn welche Arbeiterin eines Kriegsbetriebs zöge es nicht vor, anstatt schwere körperliche Arbeit unter schlechten Bedingungen leisten zu müssen, einen so verlockenden Aufsichtsposten anzunehmen? Nach jeder solchen Reise des Schutzhaftlagerführers traten zwanzig und mehr junge Arbeiterinnen ihren neuen Beruf im KZ an.«[8] Nach einer SS-Statistik waren am 15. Januar 1945 insgesamt 36 674 SS-Männer und 3 517 SS-Aufseherinnen in den Konzentrationslagern und Nebenlagern im Dienst.[9] Etwa zehn Prozent des KZ-Personals bestand demnach aus Frauen. Die geringere Zahl von Aufseherinnen liegt zum einen an der geringeren Anzahl von Nebenlagern für weibliche Häftlinge, Frauenkonzentrationslagern und Frauenlagern in Konzentrationslagern, zum anderen aber an der Organisationsstruktur der Konzentrationslager.[10]

Alle Konzentrationslager, seien es Lager für männliche oder weibliche Häftlinge, wurden von SS-Männern verwaltet. An der Spitze stand der SS-Lagerkommandant, ihm nachgeordnet waren die fünf Abteilungsleiter der Kommandantur, des

Schutzhaftlagers, der Politischen Abteilung, der Verwaltung und der Lagerarzt.

Das weibliche SS-Gefolge, d.h. die Oberaufseherin und die Aufseherinnen unterstanden dem Schutzhaftlagerführer, dessen Aufgabe vor allem der Arbeitseinsatz der Häftlinge inner- und außerhalb des Lagers war. Die Aufseherinnen waren zuständig für die Bewachung der weiblichen (manchmal auch der männlichen[11]) Häftlinge innerhalb des Lagers. Die äußere Bewachung der KZ-Hauptlager wurde von männlichen Wachmannschaften durchgeführt.

An der Spitze der Aufseherinnen stand die Oberaufseherin. Über ihre Funktion und Aufgaben berichtet Margarete Buber-Neumann, die als Häftling im Büro der Oberaufseherin Langefeld im KZ Ravensbrück gearbeitet hatte: »Worin bestand nun eigentlich die Funktion einer Oberaufseherin? Sie war die eigentliche Vorgesetzte des Häftlingslagers, die die Befehle des SS-Kommandanten Suhren und des SS-Schutzhaftlagerführers Bräuning durchführte. Ihr unterstanden die SS-Rapportführerin und die SS-Aufseherinnen, die sie den Arbeitskolonnen zuzuteilen hatte und unter denen sie die Blockleiterinnen auswählte. Ferner war sie der Kommandantur gegenüber verantwortlich für die ›Stimmigkeit‹ des Zählappells … Alle gegen Häftlinge erlassenen ›Meldungen‹ sowohl im Lager als während der Arbeit in den Kolonnen wurden von den Aufseherinnen der Langefeld übergeben. Wöchentlich einmal fand im Zimmer der Oberaufseherin ein ›Strafrapport‹ statt. Sie verhörte die gerufenen Häftlinge und hatte zu entscheiden, ob eine ›Meldung‹ zu Recht oder Unrecht erfolgt war. Von ihr hing es ab, ob die ›Meldung‹ an den Kommandanten weitergeleitet wurde oder nicht und von ihrer Formulierung auch in vielen Fällen das vom Lagerkommandanten verhängte Strafmaß, das dann auf der so genannten ›Strafverfügung‹, einem mit allen bürokratischen Finessen ausgeschriebenen Urteil, mit dem Namenszug des Komman-

danten versehen, wieder ins Büro der Oberaufseherin zurückkam. Die ›verurteilten‹ Häftlinge wurden zur ›Strafverfügung‹
gerufen, und die Langefeld teilte ihnen das Urteil mit. Eine
ihrer weiteren Funktionen war die Beantwortung von ›Anfragen‹ oder ›Führungsberichten‹, die angeblich für den Zweck
der Entlassung eines Häftlings an die ›Politische Abteilung‹
des Konzentrationslagers gerichtet wurden. Da fragte man
z.B., ob die Gefangene X. sich gebessert habe, wie sie arbeite,
wie viel Lagerstrafen sie habe, kurzum wie ihre ›Umschulung‹
fortgeschritten sei. Häftlinge mit ›Anfragen‹ wurden ebenfalls
zur Langefeld bestellt, und sie hatte die Aufgabe, in einer
Unterhaltung, die kaum mehr als fünf Minuten dauerte, sich
einen Eindruck zu verschaffen, ob dieser Häftling zur Entlassung ›reif‹ sei. Das Anfrageformular wurde ausgefüllt und ihm
einige befürwortende oder ablehnende Sätze beigefügt. Die
endgültige Entscheidung über eine Entlassung fällte jedoch
immer die Gestapo, und außerdem fügte auf so einer ›Anfra-
ge‹ der Lagerkommandant auch noch seine Befürwortung
oder Ablehnung hinzu. Neben der Langefeld gab es noch eine
zweite Oberaufseherin namens Gallinat, der der Außendienst
unterstand. Sie kontrollierte die SS-Blockleiterinnen und die
Aufseherinnen bei den Arbeitskommandos.«[12]

Die Aufseherinnen arbeiteten als Rapportführerinnen, Ar-
beitsdienstführerinnen, Blockführerinnen, Arrestführerin-
nen, Hundeführerinnen, stellvertretende Blockleiterinnen,
Aufseherinnen ohne festen Tätigkeitsbereich sowie technische Aufseherinnen für den Innendienst in Kammern, Küchen
usw. Rapportführerinnen nahmen die Morgen- und Abendap-
pelle ab und kontrollierten die Lagerstärke (d.h. die Anzahl
der Häftlinge); Blockführerinnen waren ein oder mehrere
Blocks unterstellt. Sie hatten die Aufgabe »auf Ordnung und
Sauberkeit in den Baracken« zu achten. »Sie waren bei den
Morgen- und Abendappellen zugegen. Sie mussten über alle
Veränderungen im Personalbestand des Blocks Bescheid wis-

sen. Tagsüber beaufsichtigten sie die Arbeitskommandos.«[13] Blockführerinnen kamen täglich mit den Häftlingen in Berührung. »Ihr Verhältnis zu den weiblichen Häftlingen war unterschiedlich. Die meisten begegneten den Häftlingen jedoch mit Hass und Verachtung.«[14] Etwa im Jahr 1944 wurden darüber hinaus die Dienstbezeichnungen stellvertretende Oberaufseherin und Kommandoführerin eines Arbeitslagers eingeführt.

Die Aufseherinnen trugen entsprechend ihrer Dienststellung auf ihren feldgrauen Uniformen (Mütze, Jacke, Rock) Dienstgradbezeichnungen, »und zwar die stellvertretende Blockleiterin sowie die Aufseherinnen mit nicht qualifizierter Tätigkeit einen Balken am linken Unterarm, die übrigen Aufseherinnen einen Balken mit einem Stern. Ab März 1944 traten an die Stelle eines Balkens mit Stern für die Kommandoführerinnen von Arbeitslagern ein Aluminiumstreifen, für die stellvertretenden Oberaufseherinnen zwei Aluminiumstreifen und für die Oberaufseherinnen drei Aluminiumstreifen sowie eine silbergraue Paspelierung auf dem oberen Mützenrand. Die neu eingestellten Aufseherinnen trugen während ihrer Probezeit keine Dienstgradbezeichnung.«[15]

Dem Nebenlager stand ebenfalls ein SS-Mann vor, der Lagerführer. Ihm unterstanden die Kommandoführerin, die für Aufrechterhaltung der Ordnung innerhalb des Lagers verantwortlich war, und die männlichen Wachmannschaften, die die äußere Bewachung des Lagers durchführten. Hier gibt es zwei Abweichungen: Zum einen gab es Nebenlager mit weiblichen Häftlingen ohne SS-Aufseherinnen, in diesen Lagern gab es nur SS-Männer, so einige Nebenlager des KZ Stutthof; hier wurden die weiblichen Häftlinge von litauischen SS-Wachmannschaften oder von Bahnaufsehern bewacht.[16] Zum andern gab es Nebenlager mit weiblichen Häftlingen, die nur von Aufseherinnen bewacht wurden, auch in der äußeren Bewachung: Im Schlussvermerk des Leiters der Zentralstelle im Land Nordrhein-Westfalen für die Bearbeitung von NS-Massenverbrechen in Konzentrationslagern bei dem Leitenden Oberstaatsanwalt in Köln heißt es: »Es liegen keine Hinweise vor, dass das Nebenlager Neusalz von männlichen Wachposten bewacht worden wäre. Nach Aussagen der ehemaligen Lagerältesten MEHLER, jetzt verheiratete BLUM, gab es im Lager keine SS-Männer. Das Lager wurde lediglich von Zeit zu Zeit durch SS-Funktionäre der Lagerkommandantur Groß-Rosen inspiziert.«[17] Im Lager gab es rund zwanzig SS-Aufseherinnen, denen eine Kommandoführerin (Oberaufseherin) vorstand. Die Hauptaufgabe der Aufseherinnen war die Überwachung der Häftlinge bei der Arbeit und die kontrollierende Begleitung zum Arbeitsplatz.

SS-Aufseherinnen waren berechtigt, im Dienst Schusswaffen zu tragen. Zu ihrer Ausrüstung gehörten daher neben den Stöcken und Peitschen auch die Pistole, was nach dem Krieg von den Aufseherinnen bei Befragung immer wieder geleugnet wurde. Als Beispiel sei hier die vierte und letzte Befragung der Aufseherin Emilia Kowa wiedergegeben, die in allen vorher gehenden Vernehmungen strikt den Besitz einer Pistole geleugnet hatte: »Ich hatte eine Pistole vom Kaliber 6,35, die jedoch nur mit Platzpatronen geladen war. Diese Pistole hatte ich in Riga auf mein Drängen hin von dem Obersturmbannführer Sauer bekommen. Ich wollte eine Waffe haben, weil ich mich fürchtete. Sauer hat sich erst geweigert, mir aber dann doch die Pistole gegeben, das Magazin jedoch mit Platzpatronen gefüllt und dazu bemerkt: ›Damit Sie keine Dummheiten machen.‹ Die Pistole bekam ich, als ich am 8.6.1944 von Riga nach Ravensbrück auf Transport ging. Ich hatte nur die Munition, welche im Magazin war.«[18] Auch diese Aussage muss bezweifelt werden. Dass die Pistole nur mit »Platzpatronen« geladen gewesen sein soll, ist wenig glaubhaft. Die Antwort auf die Frage, ob Aufseherinnen bewaffnet waren oder nicht, gibt der Kommandanturbefehl Nr. 3 des Konzentrationslagers Ravensbrück vom 27.10.1942, in dem es heißt: »Im Dienst ist die Pistole und Mütze zu tragen.«[19] Häufig hatten die Aufseherinnen zudem noch auf Häftlinge abgerichtete Hunde zu ihrer Verfügung.

Ab Spätsommer 1944 setzte eine neue Welle der Rekrutierung von Aufseherinnen ein, als im Zuge der »totalen« Rüstung Nebenlager außerhalb der Konzentrations-Hauptlager errichtet wurden. Unternehmen, die nun ein KZ-Nebenlager für weibliche Häftlinge einrichteten, gehörten in der Regel zu denen, die bereits seit Kriegsbeginn männliche und weibliche Zwangsarbeiter beschäftigten. Für die 1944 als SS-Aufseherinnen rekrutierten Frauen gilt daher, dass sie als Fabrikarbeiterinnen bereits seit längerer Zeit an Zwangsarbeit und Zwangsarbeiterinnen gewöhnt waren. So erklärte beispielsweise die 1944 rekrutierte Aufseherin Grete Bösel: »Von 1940 ab war ich bei der Firma Continental in Hannover beschäftigt, wo auch Ostarbeiter beschäftigt waren.«[20] Diese Frauen hatten bereits erlebt, dass sowohl die allgemeinen Arbeitsschutzbestimmungen als auch die speziellen Frauenarbeitsschutzbestimmungen zuerst für die deutsch-jüdischen Zwangsarbeiterinnen, dann für die »Ostarbeiterinnen« und andere »fremdvölkische« Frauen nach und nach außer Kraft gesetzt wurden.[21] Mit der Zwangsarbeit der als »rassisch minderwertig« definierten Frauen war der nationalsozialistische Rassismus Teil des betrieblichen Alltags geworden und hatte alle, die mit jüdischen oder »fremdvölkischen« Zwangsarbeiterinnen Kontakt hatten, gezwungen, sich dazu zu verhalten. Ilse Segall, Überlebende des KZ-Nebenlagers Parschnitz, berichtete über ihre Erfahrungen mit Zivilarbeiterinnen: »Es waren aber deutsche zivile Frauen bei den Maschinen, welche uns schlugen. Die SS-Aufseherinnen hatten nichts dagegen. Sie schlugen und quälten uns wie sie nur konnten.«[22]

Deutsche Arbeiterinnen hatten die Wahl, sie konnten sich zu den Zwangsarbeiterinnen als »Herrenmensch« oder aber als »Mensch« verhalten. Sie konnten sich für die Zwangsarbeiterinnen einsetzen, helfen, freundlich sein oder aber schikanieren, wo immer es ging. Ihr Verhalten war eines der Kriterien der Firmenleitung für die Auswahl zur Aufseherin über die Zwangsarbeiterinnen. Das andere ebenso wichtige Kriterium, warum die Firmenleitung eine bestimmte Arbeiterin zur Rekrutierung vorschlug, war ihre »Entbehrlichkeit«, wie der ehemalige Direktor einer chemischen Fabrik aussagte: »Die B. ist von zu Hause aus Kinderpflegerin; das habe ich aber erst nachträglich erfahren. Sie galt im Betrieb nicht als hochwertige Kraft und wurde von einer Abteilung in die andere versetzt. Beliebt war sie, aber ihre Bürokenntnisse reichten nicht allzu weit. Infolge dessen kam sie auf die Liste, da sie entbehrlich war.«[23]

Einige der Frauen, die 1944 SS-Aufseherinnen wurden, waren bereits seit Anfang der vierziger Jahre als Aufseherinnen in den »Zwangsarbeitslagern für Juden« tätig oder bewachten diese in den Fabriken.[24] Immerhin zählten 14 der 45 Nebenlager für Frauen des KZ Groß-Rosen zu den »Zwangsarbeitslagern für Juden«, die seit Anfang der vierziger Jahre im Sudetengau errichtet und der »Organisation Schmelt«[25] unterstellt waren. Maria R., seit 1926 Arbeiterin in der Spinnerei der Gebrüder Walzel in Trautenau, erklärte in einer Vernehmung: »Nachdem das Sudetenland besetzt war, kamen Juden aus Ungarn zur Firma Walzel. Untergebracht waren sie in der aufgelassenen Firma Haase; die Firma hatte damals nicht mehr gearbeitet und die Räume waren leer. Die Firma Walzel befand sich in Parschnitz und da habe ich eine Betriebswohnung gehabt. Nachdem die Juden gekommen waren, hat sich meine Betätigung in der Fabrik insofern geändert, dass ich dort mehr oder weniger eine Aufsichtsfunktion hatte…«.[26] Ehemalige Häftlinge des Nebenlagers Parschnitz, die nach dem Krieg in der Tschechoslowakei befragt wurden »bestätigen im wesentlichen übereinstimmend«, dass es »so etwas wie zwei Phasen in der Existenz der Frauenlager« gegeben habe. »Zunächst die sogenannten ›Zwangsarbeitslager‹, in denen deutsche Frauen in Zivilkleidung die Aufsicht ausübten, danach, ab März 1944, mit Stacheldraht umzäunte Lager mit uniformierten SS-Aufseherinnen und einer äußeren Bewachung, durchgeführt von SS-Angehörigen – Männern.«[27]

Auch Joan Warman, die Häftling zunächst im Zwangsarbeitslager und dann im KZ-Nebenlager Röhrsdorf gewesen war, berichtete über diese Aufseherinnen: „Die Lagerführerin war eine gewisse Frau H. Vorher war sie Fabrikarbeiterin gewesen. Sie war damals in den vierziger Jahren. ... Die Stellvertreterin war eine gewisse Lotti. An ihren Familiennamen erinnere ich mich nicht. ... Ich glaube, dass mit dem Eintreffen des Transports aus dem anderen Lager anderes Aufsichtspersonal hinzukam. Ich erinnere mich nicht mehr im Einzelnen, weil das Lager kurz darauf in ein Konzentrationslager umgewandelt wurde. Das muss Anfang 1944 gewesen sein. Frau H. wurde wegversetzt oder entlassen, möglicherweise, weil sie zu alt für die SS war oder wegen des neugeborenen Kindes. Ich bin ganz sicher, dass sie aus dem Lager wegkam. Lotti wurde zur Ausbildung als SS-Aufseherin weggeschickt und kam in SS-Uniform zurück. Welchen Dienstgrad sie hatte, weiß ich nicht mehr. Einige deutsche Arbeiterinnen aus der Spinnerei wurden für die SS geworben und als SS-Aufseherinnen ausgebildet. Unter ihnen befand sich eine gewisse Anna, die vorher an der Maschine 6 in der Spinnerei gearbeitet hatte. ... Eine andere Frau, die mit mir zusammen an der Maschine – es war die letzte in der Halle – gearbeitet hatte, ging auch zur SS. ... An der Maschine war sie eine ruhige, angenehme Person gewesen. Sie änderte sich aber durch die SS-Ausbildung. Ich erinnere mich nicht, welchen Dienstgrad sie hatte, als sie in SS-Uniform zu uns zurückkam.«[28]

Alle als Aufseherinnen eines Konzentrationslagers eingestellten Frauen erhielten eine Ausbildung, die zwischen fünf Tagen und mehreren Wochen dauern konnte. Im KZ Ravensbrück angekommen, teilte ihnen die Oberaufseherin mit, in welchem der Aufseherinnenhäuser sie wohnen würden. Sie erklärte ihnen, wo sie ihre Uniformen bekämen und wann der Dienst anfing. Über die weitere Ausbildung schreibt Margarete Buber-Neumann: »Dann beobachtete ich oft durchs Fenster, wie sie über den Lagerplatz gingen, sich gegenseitig anstießen und mit erschreckten Augen auf vorbeimarschierende Häftlinge starrten. Bei vielen trat bereits eine entscheidende Wandlung ein, nachdem sie ›eingekleidet‹ waren. In Stulpenstiefeln ließ es sich ganz anders auftreten, dann das Krätzchen schief aufs Ohr gesetzt, und schon stellte sich ein gewisses Selbstbewusstsein ein. Jede ›Neue‹ wurde einer erfahrenen alten Aufseherin zugeteilt und musste morgens mit den Arbeitskolonnen ausrücken. In den ersten Tagen ihrer Aufseherinnenexistenz ereignete sich bei der Hälfte aller dieser Frauen das gleiche: sie kamen weinend in das Dienstzimmer der Oberaufseherin und verlangten sofort entlassen zu werden. Dort machte man ihnen klar, dass nur der Schutzhaftlagerführer oder Kommandant sie von ihrer Arbeit entbinden könnte. Aber diesen Schritt wagten wenige. Die Furcht, vor einem Offizier erscheinen zu müssen, der sie vielleicht anschnauzen würde, hielt sie zurück. Der Kommandant und Schutzhaftlagerführer weihte diese neuen Aufseherinnen in ihre Pflichten ein. Es wurden ihnen die Häftlinge als minderwertige, verkommene Frauen geschildert, gegen die sie nun mit aller Schärfe vorzugehen hätten. Natürlich unterstrich man gebührend die Wichtigkeit ihres neuen Amtes, sparte nicht mit Strafandrohungen, wenn die Dienstvorschriften nicht eingehalten würden, und drohte vor allem mit Strafen für jeden privaten Kontakt mit diesem Abschaum der Menschheit, den Konzentrationslagerhäftlingen.

Alle paar Tage fanden neue Aufseherinnenappelle statt, in denen ihnen Strenge und nochmals Strenge gepredigt wurde. Ihre tägliche Gesellschaft waren von nun ab die kommandierenden, keifenden, prügelnden Aufseherinnen, nicht selten auch noch ebensolche ›Anweisungshäftlinge‹ und die meist schmutzigen, böse und feindlich dreinblickenden oder verächtlich kriecherischen Häftlinge. In ihrer Freizeit pflegten die neuen Aufseherinnen Geselligkeit mit den SS-Leuten von der Wache. Bald merkten sie, dass die brutalen Aufseherinnen ganz besondere Erfolge bei den Männern hatten, vor denen sie sich mit ihren Heldentaten brüsteten. Und bis auf ganz vereinzelte, die neben persönlichem Mut auch über moralischen Widerstand verfügten und es bei der Lagerleitung durchsetzten, noch vor der nach drei Monaten stattfindenden ›Dienstverpflichtung‹ wieder entlassen zu werden, konnte man das traurige Schauspiel erleben, wie diese Fabrikarbeiterinnen schon nach vierzehn Tagen kommandierten, als seien sie auf einem Kasernenhof aufgewachsen und bald mit Meldungen drohten und mit Fäusten schlugen, genauso wie die Alten.«[29]

Über die Anpassungsfähigkeit von Frauen an das System wird auch aus dem KZ Auschwitz berichtet: »Überlebende des Frauenlagers erzählen von einem jungen Ding, das neu als Aufseherin hingekommen war. Nachdem sie sah, was jeder in Birkenau gesehen hat, ist sie in der Häftlingsschreibstube zusammengebrochen. Sie wiederholte ständig, sie halte das nicht aus, sie laufe davon, sie bringe sich um. Die Gefangenen bemühten sich, sie zu beruhigen und redeten ihr zu, zu bleiben; denn die Inhaftierten brauchten Menschen mit einem mitfühlenden Herzen. Die Aufseherin blieb. In sehr kurzer Zeit brüllte und prügelte sie wie ihre Kolleginnen.«[30]

Die Ausbildung stand am Beginn der Aufseherinnen-Karriere. Geschult und belehrt wurden die Aufseherinnen jedoch während ihrer gesamten Dienstzeit. Durch regelmäßige weltanschauliche Schulung – im KZ Ravensbrück fand sie jeden Sonnabend von 14.00 bis 18.00 Uhr statt[31] – sorgte die Leitung dafür, dass Zweifel an der Tätigkeit beseitigt wurden, Konformität und Kameraderie unter den SS-Aufseherinnen verstärkt wurden.[32] In allen Lagern wurde zusätzlich zur Schulung einmal wöchentlich ein einstündiger Aufseherinnenappell durchgeführt.[33] Dabei wurden die Aufseherinnen »über den Umgang der Wachmannschaften mit Häftlingen«[34], über »die Aufgaben und Pflichten der Wachposten«[35], über die »Disziplin der Aufseherinnen«[36] und über die »Überwachung der Arbeitsleistungen der Häftlinge durch die eingesetzten Wachmannschaften«[37] belehrt.

In den Konzentrationslagern war Gewalt alltäglich. Grausamkeit gehörte zum üblichen Dienstablauf. Ein Ziel der Ausbildung, Schulung und Belehrung von Aufseherinnen war Rücksichtslosigkeit und Gewaltbereitschaft. Nur die gewaltbereite, brutale Aufseherin wurde von den SS-Kameraden und -Kameradinnen anerkannt und nur sie wurde schnell befördert.[38] Viele Überlebende der Lager berichteten von den brutalen und grausamen Aufseherinnen. »Es gab Aufseherinnen, die uns aufforderten, doch an dem elektrisch geladenen Stacheldraht unserem Leben ein Ende zu machen; sie betonten dabei, dann einen ›Fresser‹ weniger zu haben. Fußtritte und Ohrfeigen, auch das Hetzen der Hunde auf uns arme Opfer, war etwas Alltägliches.«[39] Zum Schlagen der Häftlinge benutzten sie ihre Hände, Gummischläuche, Peitschen und Stöcke. Zu der täglich wiederkehrenden Gewalt, der alle Häftlinge ausgeliefert waren, zählten die Appelle. Sie waren eine wohlkalkulierte Inszenierung von Macht.[40] »Der Appell wurde meistens von der Oberaufseherin oder einer Stellvertreterin abgenommen und dauerte fast eine Stunde. Und wenn die Aufseherin sich verzählt hatte, musste alles abtreten, dann neu antreten und immer wieder neu, bis endlich auf irgendeine Weise die Zahl geklärt war. Oft kam, wenn der Appell nicht stimmte, der Kommandant hinzu und alles erzitterte. Wenn es ihn gerade gelüstete, musste sich dieser oder jener Häftling nackt vor ihm und vor uns allen auf der Lagerstraße entkleiden. Er war das furchtbarste Menschenuntier, das ich je erlebt habe. Nicht selten wurden beim Appell Fußtritte und Ohrfeigen ausgeteilt.«[41]

Da die meisten Häftlinge die Namen der Aufseherinnen nicht kannten, wurden ihnen häufig Spitznamen, die ihr Aussehen oder ihr Verhalten charakterisierten, gegeben. So wurde beispielsweise Hildegard Lächert von den Häftlingen des KZ Lublin-Majdanek »Blutige Brygyda« genannt. Dorothea Binz, ehemalige Oberaufseherin im KZ Ravensbrück, war unter dem Namen »Terror des Lagers« gefürchtet. Da sie die Häftlinge mit den Füßen, an denen sie schwere Stiefel trug, trat, wurde Gertrud Reinl, Aufseherin im Nebenlager Beendorf, von den Frauen »Dragonerpferd« genannt. Aus dem gleichen Grund hatte Hermine Braunsteiner, Aufseherin in Lublin-Majdanek, den Spitznamen »Kobyla« (Stute) erhalten.

Aufseherinnen waren nicht nur durch eigene direkte körperliche Gewalt an der Tötung von Frauen beteiligt. Sie nahmen gleichfalls aktiv an den Selektionen teil, die von der SS regelmäßig in allen Lagern durchgeführt wurden. In allen Konzentrations-Haupt- und -Nebenlagern wurden Häftlinge, die schwach aussahen und daher als »nicht arbeitsfähig« galten – hierzu zählten auch schwangere jüdische Frauen – regelmäßig selektiert und getötet. Diese Selektionen wurden in den Hauptlagern von SS-Ärzten, in den Nebenlagern in der Regel von den SS-Kommandoführern durchgeführt. Selektionen fanden beim Appell oder während der Arbeit, in den Unterkünften und in den Krankenrevieren statt. Alle als »nicht arbeitsfähig« selektierten Opfer wurden ermordet: Sie wurden entweder im Lager sofort erschossen, vergast oder durch Injektionen vergiftet; sie wurden zum Verhungern in Sonderblocks gesperrt oder zur Ermordung nach Auschwitz, Lublin-Majdanek oder in ein anderes KZ-Hauptlager deportiert.

In den Todeslagern Belzec, Kulmhof, Sobibór und Treblinka gab es keine SS-Aufseherinnen. Aber es gab SS-Aufseherinnen in den Lagern, die sowohl Vernichtungs- als auch Konzentrationslager waren: in Auschwitz-Birkenau und in Lublin-Majdanek. SS-Aufseherinnen waren nicht an den Selektionen auf der Rampe im Todeslager Auschwitz-Birkenau beteiligt. Sie nahmen aber an den Selektionen in den Frauenlagern in Auschwitz teil.[42] Im Konzentrationslager Auschwitz-Birkenau wurden in den Häftlingskrankenrevieren ständig Selektionen durchgeführt. Ein längerer Aufenthalt oder eine ansteckende Krankheit wurde von den SS-Ärzten und SS-Aufseherinnen zum Anlass genommen, die entsprechende Person bei der Selektion auf die Liste derjenigen zu setzen, die ermordet werden sollten. Zudem wurden Selektionen im Frauenlager des Konzentrationslager Auschwitz-Birkenau zumeist während der Rückkehr der Arbeitskommandos oder während so genannter Generalappelle durchgeführt.[43]

Aufgabe der Aufseherinnen bei diesen Selektionen war es, die Häftlinge zum Selektions-Appell zu rufen, d.h. dafür zu sorgen, dass alle Häftlinge aus den Baracken herauskamen und niemand sich versteckte. Außerdem war es ihre Aufgabe, während des Selektions-Appells mit Gewalt für »Ruhe und Ordnung« zu sorgen und nach Beendigung der Appelle die selektierten Frauen zu den Gaskammern zu treiben.[44]

SS-Aufseherinnen selektierten aber auch selbst, wie ehemalige Häftlinge der Konzentrationslager und Nebenlager berichteten. Über die aktive Beteiligung der Oberaufseherin Elisabeth Volkenrath an Selektionen im Frauenlager im Konzentrationslager Auschwitz-Birkenau sagte eine Überlebende im Bergen-Belsen-Prozess: »Ich habe gesehen, dass Volkenrath bei den Selektions-Appellen für die Gaskammer selbst Menschen für die Gaskammer aussuchte. Ich selbst wurde von ihr bei einem Selektions-Appell für die Gaskammer ausgewählt, konnte es aber einrichten, im richtigen Moment zu entkommen. Andere von Volkenrath Selektierte wurden in den Block 25 im Lager A geschickt, um von dort aus in die Gaskammer verschleppt zu werden. Menschen, die selektiert und in diesen Block geschickt worden waren, wurden nie wieder gesehen.«[45] Auch Irma Grese, Aufseherin des Frauenlagers in Auschwitz, sie wurde »als die schlimmste Frau des ganzen Lagers beschrieben«, hatte, wie der Anklagevertreter Colonel Backhouse im Bergen-Belsen Prozess erklärte, »regelmäßig an Selektionen für die Gaskammer teilgenommen«.[46] Die ehemalige Gefangene Ilona Stein erklärte: »Als ich in Birkenau war, habe ich beobachtet, dass Grese zusammen mit Dr. Mengele bei Selektionen für die Gaskammer aussortiert hat. Auf diesen Paraden hat Grese selbst diejenigen ausgewählt, die so getötet werden sollten.«[47]

Aber, und das muss betont werden, die Aufseherinnen konnten sich gewalttätig und brutal gegenüber den Häftlingen verhalten, aber sie mussten nicht, sie konnten sich auch anders entscheiden. Von Hermine Böttcher, Aufseherin im KZ Lublin-Majdanek, die die Häftlinge untereinander »perelka« (Perlchen) nannten, wird beispielsweise mitgeteilt, dass sie zwar sehr »genau bei der Überwachung der Arbeitsausführung und Arbeitsleistung der Häftlinge« gewesen sei, diese auch angeschrien, jedoch niemals geschlagen habe.[48] Und über Elfriede Kuck, Aufseherin im KZ Auschwitz, wird berichtet: »Die Funktion einer Aufseherin über die weiblichen Häftlinge übte anfangs Kuck, gemeinhin ›Kura‹ (Huhn) genannt, aus. Sie wohnte im Erdgeschoss des Schulgebäudes. Sie war nachsichtig gegenüber den Häftlingsfrauen, so dass diese Acht gaben, sie nicht aufzuregen; sie war Hysterikerin, die die kleinste Dummheit aus der Ruhe bringen konnte. In Babitz war sie ein Jahr lang. Sie wurde nach Birkenau abgeschoben, weil sie die weiblichen Häftlinge in Schutz genommen hatte, denen der beaufsichtigende SS-Mann ein zu schnelles Arbeitstempo beim Anbau von Raps auferlegt hatte.«[49] Ein weiteres Beispiel dafür, dass Aufseherinnen ihren Handlungsspielraum auch zu Gunsten der Häftlinge auslegen konnten, zeigt die Aussage von Ester Stopnitzer, ehemals Häftling im Nebenlager Schatzlar: »Mir ist nur ein Fluchtversuch von zwei Mädchen in Schatzlar bekannt. Die Mädchen irrten vier Tage in der Umgebung herum und kamen dann wieder selbstständig zurück. Die Lagerführerin Else Bischoff hatte den Fluchtversuch entgegen den Vorschriften nicht gemeldet. Als die Mädchen zurückkamen, wurden sie von der Lagerführerin lediglich zurechtgewiesen. Damit war der Fall erledigt.«[50] Hätte die Lagerführerin die Flucht an das KZ-Hauptlager Groß-Rosen gemeldet, hätte das den Tod der Mädchen zur Folge gehabt.

Die Tatsache, dass auch Frauen an den Verbrechen der SS beteiligt waren, ruft immer noch und immer wieder Bestürzung hervor. Sie irritiert und stellt konventionelle Vorstellungen über Frauen, über das »weibliche Wesen« oder die »weiblichen Tugenden« in Frage. So äußerte sich beispielsweise ein Richter in seinem Urteil über eine SS-Aufseherin, das er 1951 am Landgericht Berlin verkündete: »Dennoch hat sie das jeder nicht entarteten Frau, die die Angeklagte nicht ist, von der Natur mitgegebene Gefühl für Schmerz und Leid anderer, insbesondere anderer Frauen, in keiner Weise gegenüber den Häftlingen sprechen lassen.«[51] Ähnlich äußerte sich ein Richter 17 Jahre später, als er 1968 einer ehemaligen SS-Aufseherin attestierte: »Ihr Gesamtverhalten gegenüber den wehrlosen Häftlingen, insbesondere die im einzelnen nachgewiesenen Misshandlungen, stellen unter den besonderen Umständen Rohheit und Unmenschlichkeit dar, wie sie einer Frau kaum zuzutrauen sind; sie zeugen von der unmenschlichen Gesinnung der Angeklagten.«[52] Überlebende der Konzentrationslager zeichnen dagegen ein anderes Bild. Sie verweisen auf die wenigen »gutmütigen« und die vielen brutalen oder gleichgültigen Aufseherinnen. Und sie machen eins deutlich: »Hinsichtlich der SS ist zu sagen, dass die Männer sich ebenso wie die Frauen benahmen, und dass die Frauen ebenso wild waren wie die Männer. Es war kein Unterschied.«[53]

Anmerkungen

1 Nordrhein-Westfälisches Hauptstaatsarchiv [künftig: NWH]: Rep. 118, Nr. 408.

2 Im KZ Lichtenburg arbeiteten 28 SS-Aufseherinnen sowie eine SS-Krankenschwester und eine SS-Ärztin, dazu kamen die 139 SS-Männer Wachmannschaft. Siehe auch: Klaus Drobisch: Frauenkonzentrationslager Lichtenburg. In: Dachauer Hefte 3 (1987), S. 101-115.

3 Zur neueren Forschung über KZ-Wärterinnen siehe: Gudrun Schwarz: Frauen in Konzentrationslagern: Täterinnen und Zuschauerinnen. In: Ulrich Herbert und Karin Orth (Hg.): Die nationalsozialistischen Konzentrationslager. Entwicklung und Struktur, Göttingen 1998, S. 800-882; Claudia Taake: Angeklagt: SS-Frauen vor Gericht. Oldenburg 1998; Insa Eschebach: SS-Aufseherinnen des Frauenkonzentrationslagers Ravensbrück. In: Werkstatt Geschichte 5 (1996), H. 13, S. 39-48; Isabell Sprenger: Aufseherinnen in den Frauenaußenlagern des Konzentrationslagers Groß-Rosen. In: Werkstatt Geschichte 4 (1995), H. 12, S. 21-34; Irmtraut Heike, »... da es sich ja lediglich um die Bewachung der Häftlinge handelt ...« Lagerverwaltung und Bewachungspersonal. In: Füllberg-Stollberg u.a. (Hg.): Frauen in Konzentrationslagern. Bergen-Belsen, Ravensbrück, Bremen 1994. S. 221-240.

4 Bundesarchiv Berlin, NS 4 Fl/10, Brief, 15.01.45.

5 Konzentrationslager Ravensbrück, Kommandanturbefehl Nr. 3, 27.10.42, Bundesarchiv Berlin, NS 4 Ra/vor. 1 fol.1-25, Blatt 3-5.

6 Es handelte sich um 860 deutsche und 7 österreichische Häftlinge. Vgl. Ino Arndt: Das Frauenkonzentrationslager Ravensbrück. In: Dachauer Hefte 3 (1987). S. 125-157, hier S. 133.

7 Folgende große Frauenlager oder Frauenkonzentrationslager in einem Konzentrationslager wurden zwischen 1941 und 1945 eröffnet:

Frauenlager im Konzentrationslager	Eröffnung:
Stutthof	21.1.1941
Auschwitz	26.3.1942
Lublin-Majdanek	15.8.1942
Herzogenbusch in Holland	16.1.1943
Kaunas in Litauen	15.9.1943
Mauthausen	5.10.1943
Riga-Kaiserwald in Lettland	15.3.1943
Vaivara in Estland	15.9.1943
Bergen-Belsen	7.8.1944
Krakau-Plaszow	11.1.1944

Vgl. Gudrun Schwarz: Die nationalsozialistischen Lager. Frankfurt am Main 1996.

8 Margarete Buber-Neumann: Als Gefangene bei Stalin und Hitler. Köln 1952. S. 274.

9 Bundesarchiv Berlin, Sammlung Schuhmacher 1329.

10 Vgl. Orth, Karin: Das System der nationalsozialistischen Konzentrationslager. Eine politische Organisationsgeschichte. Hamburg 1999.

11 Siehe beispielsweise die Vernehmung von Irma Grese, Oberaufseherin im KZ Auschwitz-Birkenau, die angab, dass sie kurzfristig auch ein Männerlager zu beaufsichtigen hatte. Bundesarchiv Berlin, Bestand All. Proz 8, JAG 12, Strafverfahren No. 9. (Proceedings of a Military court for the trial of war criminals held at Lüneburg, Germany on Wednesday, 17. October 1945 upon the trial of Josef Kramer and 44 others. Twenty-seventh Day. Transcript of the official Shorthand Notes. S. 1-28.)

12 Buber-Neumann: Als Gefangene. 1952. S. 268-269.

13 Marszałek, Józef: Majdanek. Konzentrationslager Lublin. Warszawa 1984. S. 45

14 Marszałek 1984, S. 47.

15 Anklageschrift gegen Hackmann und neun andere Angeschuldigte (Konzentrationslager Lublin/Majdanek), 130 (24) Js 200/62 (Z). Die Akten dieses Verfahrens befinden sich bei der zuständigen Staatsanwaltschaft Düsseldorf, Aktenzeichen: 213 VRs 2928/84.

16 Vgl. Konrad Ciechanowski, Bogdan Chrzanowski, Danuta Drywa, u.a.: Stutthof. Hitlerowski obóz koncentracyjny. Warszawa 1988. S. 252; Jeanette Wolff: Sadismus oder Wahnsinn. Erlebnisse in den deutschen Konzentrationslagern im Osten. Greiz 1946. S. 56ff.

17 NWH: Rep. 118, Nr. 2127-2129. Siehe auch. Sprenger 1995, S. 24 und 28.

18 Vernehmungsniederschrift Emilie K., 26.1.1967, Zentrale Stelle der Landesjustizverwaltungen Ludwigsburg [künftig: ZStL] 408 AR-Z 233/59.

19 Ebenda, Blatt 2.

20 Ravensbrück-Prozess, Anklageschrift WO 235/315, übersetzte Abschrift Dokumentationsarchiv des Österreichischen Widerstands, Ravensbrückakten Nr. 115, S. 13-14.

21 Vgl. Carola Sachse (Hg.): Als Zwangsarbeiterin 1941 in Berlin. Die Aufzeichnungen der Volkswirtin Elisabeth Freund. Berlin 1996.

22 NWH, Rep. 118, Nr. 404-411, Ermittlungssache-Voruntersuchung wegen Verdachts des Mordes im Nebenlager Parschnitz des KL Groß-Rosen.

23 Auszug aus der Niederschrift über die Vernehmung des DAG-Leiters Arthur Ringleb zur Beschäftigung der KZ-Häftlinge. Zit. nach Bernd Klewitz: Die Münchmühle. Außenkommando des Konzentrationslagers Buchenwald. Marburg 1988. S. 22.

24 NWH, Rep. 118, Nr. 2265, Ermittlungsunterlagen und Vernehmungen von ehemaligen SS-Aufseherinnen der Nebenlager des KL Groß-Rosen.

25 Der offizielle Name lautete: »Sonderbeauftragte des Reichsführers SS und Chef der Deutschen Polizei für fremdvölkischen Arbeitseinsatz in

Oberschlesien«, diese Organisation war für die »Ausnutzung jüdischer Arbeitskraft« speziell der schlesischen Juden zuständig. Vgl. Wolf Gruner: Der geschlossene Arbeitseinsatz deutscher Juden. Zur Zwangsarbeit als Element der Verfolgung 1938 bis 1943. Berlin 1997.

[26] NWH: Rep. 118, Nr. 2265, Ermittlungen LKA-NW.

[27] NWH: Rep. 118, Nr. 409, Bl. 1273-1285.

[28] NWH: Rep. 118, Nr. 473, Ermittlungssache-Voruntersuchung wegen Verdachts des Mordes im Nebenlager Gebhardsdorf des KL Groß-Rosen.

[29] Buber-Neumann, Als Gefangene, S. 275-276.

[30] Hermann Langbein: Menschen in Auschwitz. Wien 1987. S. 475.

[31] Kommandanturbefehl Nr. 3, Konzentrationslager Ravensbrück, 24.7.1942, Bundesarchiv Berlin, NS 4 Ra/vor. 1 fol.1-25, Blatt 3-5.

[32] Vgl. auch Wolfgang Sofsky: Die Ordnung des Terrors: Das Konzentrationslager. Frankfurt am Main 1993. S. 132.

[33] »In einem einstündigen Appell wurden die Aufseherinnen unterrichtet, was durch Unterschrift bestätigt wird.« Schreiben der Kommandoführerin des Nebenlagers Willischthal vom 1.1.45, Bundesarchiv Berlin, NS 4 FL/10; siehe auch das Schreiben der Kommandoführerin des Nebenlagers Oederan an die Kommandantur des KZ Flossenbürg, 12.1.45: »Das Außenarbeitslager Oederan meldet die Durchführung der wöchentlichen Belehrungen.«

[34] Schreiben der Kommandoführerin des Nebenlagers Oederan an die Kommandantur des KZ Flossenbürg, 12.1.45, Bundesarchiv Berlin, NS 4 FL/10.

[35] Vgl. Brief SS-Wirtschafts-Verwaltungshauptamt, Amtsgruppe D – Konzentrationslager –, 27.7.41, an die Lagerkommandanten aller Konzentrationslager, ZStL, Ordner 311e, Blatt 113.

[36] Vgl. das Schreiben der Kommandoführerin vom »SS-Kommando Freia« in Freiberg/Sachsen an die Kommandantur des Konzentrationslagers Flossenbürg, 29.11.44, Bundesarchiv Berlin, NS 4 FL/10.

[37] Ebenda.

[38] Vgl. Buber-Neumann: Als Gefangene. 1952. S. 275.

[39] Nanda Herbermann: Der gesegnete Abgrund. Schutzhäftling Nr. 6582 im Frauen KZ Ravensbrück. Nürnberg, Bamberg, Passau o.J. [1948]. S. 75.

[40] Vgl. Sofsky, Ordnung des Terrors, S. 90.

[41] Herbermann o.J. [1948], S. 73.

[42] In ihrer Befragung im Bergen-Belsen-Prozess sagte die ehemalige Oberaufseherin im Frauenkonzentrationslager in Auschwitz-Birkenau, Elisabeth Volkenrath, aus, dass alle Aufseherinnen bei Selektions-Appellen anwesend waren. Prozessprotokoll, Bundesarchiv Berlin, JAG 12, 12.10.45, S. 24.

[43] Vgl. Danuta Czech: Konzentrationslager Auschwitz-Birkenau. Abriß der Geschichte, in: Auschwitz Geschichte und Wirklichkeit des Vernichtungslagers. Reinbek 1980. S. 32-33.

[44] Über die aktive Teilnahme an Selektionen im Vernichtungslager Uckermark siehe die Dokumentation »Frauen gegen Frauen«. Das Vernichtungslager Uckermark-Ravensbrück Januar-April 1945. In: Opfer und Täterinnen. Frauenbiographien des Nationalsozialismus, hrsg. von Angelika Ebbinghaus. Hamburg 1987. S. 275-300.

[45] Bundesarchiv Berlin, JAG 12, Prozessprotokoll, 12.10.45, S. 15. Übersetzung aus dem Englischen von der Verfasserin.

[46] Zit. n. Raymond Phillips (Hg.): Trial of Josef Kramer and forty-four Others. London 1949. S. 29.

[47] Deposition of Ilona Stein, in: Raymond Phillips, 1949, S. 747.

[48] ZStL, Sammelakte Nr. 546 Bd. II, ZSt. Köln – 130 Js 200/62 (Z) v. 15.11.74 Anklage Seite 96.

[49] Hefte von Auschwitz 11, 1970, S. 73-87, hier S. 78/79.

[50] NWH: Rep. 118, Nr. 2101-2103.

[51] ZStL, Sammelakte Nr. 235: Urteil LG Berlin vom 18.9.1951.

[52] ZStL, Sammelakte Nr. 8, S. 3.

[53] Aussage von Claude Vaillant-Couturier, Überlebende der Konzentrationslager Auschwitz und Ravensbrück, Zeugin der Anklage im Nürnberger Kriegsverbrecherprozess, IMT Band 6, S. 238.

Nach dem Überleben

*Halina Birenbaum**

Rückkehr einer Kind-Greisin aus Auschwitz

Aus dem Polnischen von Beate Kosmala

Im Mai 1945 war ich fünfzehn Jahre alt. Ich wurde aus dem Lager Neustadt-Glewe in Deutschland befreit. In dem Augenblick, als das geschah, konnte ich mich nicht einmal freuen. Als spürte ich plötzlich den gesamten Schmerz der erlebten Leiden. Ich wusste nicht, wer ich eigentlich bin, woher ich komme, zu wem ich gehöre. So viel hatte ich durchgemacht, so viele Menschen, die ich kennen gelernt hatte, waren umgekommen durch Hunger, Krankheit und Auszehrung. So viele waren vergast worden, und ich war – wie ein Staubkörnchen, das nicht zerrieben wurde – übrig geblieben, ich hatte sie alle überlebt! Generationen hatte ich hinter mir gelassen, eine Ewigkeit an Zeit und Ereignissen.

Am Tag nach der Befreiung klopfte ich – mit einer Gruppe ehemaliger Häftlinge – an einem deutschen Haus in einer Kleinstadt in der Nähe des Lagers an und bat die Hausbewohner um etwas zu essen und saubere Kleidung. Wir versuchten zu erklären, wer wir waren, was man mit uns gemacht hatte. Sie wollten nicht zuhören. Wie lästige Eindringlinge wiesen sie uns ab. Zum Zeichen, dass sie nichts wussten, nichts hatten, zuckten sie die Achseln … Auch sie hätten schrecklich gelitten durch diesen Krieg. Nein, sie besaßen nichts. Doch dann mischte sich ein russischer Offizier ein, der gerade dort vorbeikam. Wir berichteten ihm kurz unsere Geschichte bis zum gegenwärtigen Augenblick – sofort fanden sich Gläser mit al-

* Halina Birenbaum: Die Hoffnung stirbt zuletzt. Frankfurt am Main 1995.

len möglichen Leckerbissen, Konserven und Kleidung. Die Leute wurden nun höflich bis zum Überdruss. Am Abend verbrannten wir unsere verlauste Lagerkleidung. Vorläufig ließen wir uns in Baracken deutscher Flieger nieder. Sie befanden sich neben der Umzäunung unseres Lagers. Drinnen war es sauber und geräumig, aber die Gespenster von gestern ängstigten uns.

Ein junger Offizier begann mich zu verehren. Er sagte, dass ich ihm gefalle, dass er mich mit zu sich nach Hause nehmen wolle, nach Russland. Um seine Begeisterung zu dämpfen, sagte ich, ich sei Jüdin. Er hatte keine Ahnung, wovon ich sprach. »Du kleine Polin, ja? Kleine Polin?« Er wusste nicht, was das ist, eine Jüdin ... Nach so vielen Toten!

Mich umgab eine unfassbare, unbekannte Welt und das gesamte Ausmaß ihrer Probleme. Ich hatte mir das Leben nach dem Krieg nicht so kompliziert und schwierig vorgestellt. Mit Intuition und Gefühl bemühte ich mich, alles zu ergründen und zu erraten, wie ich handeln sollte. Daraus ergaben sich viele Fehler und Enttäuschungen, da nicht alles, was das Herz diktiert, immer zutreffend und möglich ist. Man musste lernen zu erkennen, zu analysieren und auszuwählen – einfach zu leben. Ja, den Menschen keine Schmerzen zufügen, sich aber auch nicht ausnutzen und betrügen lassen. Dies war besonders schwierig, weil man sich in dieser Einsamkeit nach dem Krieg krampfhaft und vertrauensselig an jedes Anzeichen von Wohlwollen und Sympathie klammerte. In jedem Menschen, der mir begegnete, sah ich jemanden, der mir nahe war, verbunden mit der vor langer Zeit verlorenen Wärme und Herzlichkeit der Familie. Wissen und Vernunft konnten nicht viel helfen, nötig waren Glaube und Liebe. Ohne sie hätte ich das erlittene Grauen nicht abschütteln können, hätte nicht Wurzeln geschlagen in der neuen Welt. Vielleicht vermochten Missverständnisse und Enttäuschungen deshalb nicht, meinen Glauben an das Gute und das Vertrauen in die Menschen zu zerstören. Immer von neuem war ich erstaunt, wenn sich jemand dessen unwürdig zeigte, wenn er mir wider Erwarten eine Enttäuschung bereitete.

Während all dieser Jahre der Verfolgung und Gefangenschaft hatte ich davon geträumt, irgendwann einmal nach Warschau zurückzukehren. Es schien mir, als ob ich dort all das wieder finden würde, was mir die Deutschen weggenommen hatten – das Haus, die Angehörigen. Hartnäckig hielt ich an dieser Phantasie und dem Glauben fest, obwohl ich im Alptraum der Okkupation kaum eine Überlebenschance hatte. Ich war ja Jüdin. Dennoch kehrte ich zurück. Eine Kind-Greisin. Obdachlos und einsam, mit einer unbeschreiblichen Last an Wissen über Leben und Tod.

Die russische Armee, die das Gebiet des ehemaligen Lagers befreit hatte, versorgte uns mit Brot und Fleisch. Sie befahlen auch, uns schnell auf den Weg zu machen. Jeder sollte sich in das Land zurückbegeben, aus dem er gekommen war. Züge und Eisenbahnstrecken waren meist völlig zerbombt. Ich ging in einer Gruppe mit anderen ehemaligen Häftlingen. Dies dauerte einige Wochen. Bisweilen transportierten uns russische Soldaten, manchmal ergatterten wir von den Deutschen ein Pferdefuhrwerk. Gelegentlich griffen uns die Russen für verschiedene Arbeiten, z.B. zum Bau einer Brücke über die Warthe. Die ganze Umgebung war damals noch vermint. Sie nahmen keine Rücksicht darauf, dass wir nach den Schrecken des Lagers entkräftet waren. Wir Frauen schliefen in Scheunen am Wegrand dicht aneinander gedrängt, um uns so vor Vergewaltigung zu schützen. Die Soldaten waren siegestrunken, vom Alkohol berauscht. Sie rasten über die Landstraßen und waren außer sich.

Eines Tages, als wir gerade einen Handwagen zogen, beladen mit unserer »Habe« aus dem Lager, fuhr ein russischer Lastwagen heran. Das Mädchen, das den Karren auf der Straßenseite schob, wurde zerquetscht. Sie war in meinem Alter.

Es war ihr gelungen, das Ghetto zu überleben, die Selektionen, alle Lager …

Nach einer Schussverletzung in Auschwitz war meine Hand unbeweglich, ich konnte also nicht arbeiten. Auch musste ich mein volles, von der Sonne schon gebräuntes Gesicht verbergen, das die Aufmerksamkeit der Soldaten auf sich zog. Ihr »*vot krasawica*« »Na, meine Schöne« wurde mir zum Schrecken, ließ neue Gefahren befürchten. Aber irgendwie konnte ich ihnen immer glücklich entgehen.

Nahrung und Frühling wirkten Wunder. Schnell kehrten unsere Kräfte und die Jugendfreude zurück. Plötzlich bemerkte ich, dass die Finger der durchschossenen Hand sich leicht zu bewegen begannen. Ich traute meinen Augen nicht. Doch die Hand wurde von Tag zu Tag geschickter, bis sie völlig ausgeheilt war. Von der monatelangen Behinderung blieb keine Spur. Endlich erreichte ich auch – dank der Herzlichkeit eines russischen Kapitäns, den meine Geschichte und mein jugendliches Alter bewegt hatten – einen Zug nach Warschau, zusammen mit Celina, der Freundin aus Auschwitz. Ich stand wieder auf einer Warschauer Straße … Nein. Hier fand ich nichts. Niemanden von meinen Angehörigen. Eine Masse fremder Polen trug mich fort wie ein unnützes Körnchen in dieser wiedererwachenden Welt. Wohin sollte ich mich wenden? An wen? Wofür war ich überhaupt hierher gekommen, wofür hatte ich überlebt? Wer konnte ahnen, dass die Welt, nach allem was ich während dieser Jahre im Ghetto und hinter den Stacheldrahtzäunen der Lager durchgemacht hatte, so nackt und abstoßend sein würde.

Eine schwere Last legte sich auf meine Seele. Ich wusste nicht, was ich mit mir anfangen sollte in dieser zerstörten, aber sehr bevölkerten und lebendigen Stadt, die meine war und jetzt auf einmal fremd. Ich blickte auf die Ruinen, auf die Menschen. Ich wusste, dass es keinen meiner Angehörigen mehr gab. Tief in meinem Innersten glomm die Hoffnung, dass sich vielleicht doch jemand wieder finden würde. Neidisch schaute ich auf die Jugendlichen mit Schultasche auf dem Rücken. »Ich werde nicht mehr zur Schule gehen«, dachte ich voll Kummer. »Ich werde wohl auf der Straße Brot verkaufen«, sagte ich zu mir selbst, als ich beobachtete, wie die Kinder mit Gebäck und Süßigkeiten handelten. »Aber woher nehme ich das Brot zum Verkaufen, woher zum Essen?«, überlegte ich immer aufgeregter.

Zum Glück wurde dies alles von der Helligkeit des Junitags, der Neugierde und Kraft der eigenen Jugend durchdrungen. Ich lebte und war frei! Ich würde damit fertigwerden, mich an Leute wenden, auch für mich würde sich etwas finden. Ein lebendiger Mensch kann doch viel ausrichten! Und ich wurde mitgerissen von Träumen über Menschen, die ich treffen, Orte, die ich erreichen würde. Eine ungeduldige Neugierde packte mich, der Wunsch zu handeln, mich dem Schicksal zu stellen. Alle Wege schienen offen, denn bisher hatte ich mich noch nicht entschieden, mich für nichts verpflichtet, mich an nichts und niemanden gebunden.

Von Passanten auf der Straße in Warschau erfuhr ich, dass im Stadtteil Praga, in der Targowastraße, ein Jüdisches Komitee existierte, das die zurückkehrenden Überlebenden registrierte und ihnen half, Fuß zu fassen. Ich war also nicht die einzige Waise und Einsame. Dies war das Schicksal vieler meiner Landsleute. Sogleich machte ich mich mit Celina auf. Auf dem Weg zum Komitee traf ich Marek, meinen Bruder. Überrascht und gerührt umarmte er mich und drückte mich an sich. Ich konnte mein Glück nicht fassen. Tränen verschleierten mir die Augen. Marek stellte mir ein ums andere Mal unsinnige Fragen. Er konnte nicht glauben, dass ich es war, dass ich lebte. Und doch! Er hielt mich heil und gesund in seinen Armen. Schließlich brachte er mich zu seiner Wohnung in die Hoza-Straße. Unterwegs erzählte er mir, dass er sich mit einem Mädchen verheiratet hatte, das ich von Kind auf kannte. Ich konnte einen Überraschungsschrei nicht unterdrücken. Marek zeigte sich plötzlich verlegen: »Was, magst du sie nicht, bist du unzufrieden?« Sofort stritt ich das ab. Er war immer sehr kritisch in Bezug auf Mädchen gewesen, nie hätte ich mir vorgestellt, dass er sich ausgerechnet für sie entscheiden würde. Das erklärte ich ihm schnell, um ihn zu beschwichtigen und die gehobene und herzliche Stimmung zwischen uns nicht zu verderben. Er erzählte mir, dass Irina ihm geholfen hatte, als er sich nach der Flucht vom Zug bei einer Polin versteckte. Damals hatten sie auch geheiratet. Zur Zeit bereitete sie sich auf das Abitur vor, und er arbeitete in einem Gesundheitszentrum. Sie wohnten zu dritt, als Familie – die Polin, die ihn gerettet hatte, kümmerte sich um den Haushalt.

Bevor wir die Hoza-Straße erreichten, erzählte er mir von Bekannten, die sich ebenfalls gerettet hatten. Wir sprangen von einem Thema zum anderen, so viel hatten wir uns zu erzählen über die letzten Jahre, seitdem die Deutschen das Ghetto eingeschlossen hatten und wir voneinander abgeschnitten worden waren. Meine Mutter, mein anderer Bruder, die Schwägerin, eine Kusine und ich blieben im Bunker an der Mila-Straße 3, Marek an der Nowolipie-Straße 30. Bis zu dieser zufälligen Begegnung hatten wir nichts mehr voneinander gewusst.

Und nun ist der Krieg zu Ende. Wir gehen wieder Hand in Hand, über die Trümmer unseres Hauses, über die Trümmer der Straßen des Ghettos, in dem wir mit unseren Angehörigen gewohnt haben. Wir dachten an sie, erinnerten uns an das, was sie sprachen, wonach sie sich sehnten, wie sie sich in einzelnen Situationen bis zu den letzten Augenblicken ihres Lebens verhielten. Ich wusste alles, sah alles – war völlig erfüllt von dem, was ich mit ihnen zusammen durchgemacht hatte, als ich noch bei ihnen lebte – und von dem, was dann über mich hereinbrach, als es sie nicht mehr gab.

Mein Erscheinen in der Hoza-Straße rief eine Riesenaufregung hervor. Zuerst fiel ich in die Arme der verblüfften und hocherfreuten Jozia, dann der Schwägerin. Alle lauschten – still und andächtig – meinen Erzählungen aus den Lagern. Dieses Berichten nahm kein Ende. So verflogen die Tage, Marek brachte mir heimlich verschiedene Leckerbissen, damit nur ich diese guten Sachen nach den Hungerjahren genoss. Ich freute mich an jedem Krümelchen, das ich zum Munde führte. Unaufhörlich wunderte ich mich, dass ich mich zu Hause befand, wie ein normaler Mensch auf einem Stuhl am Tisch saß, mit einem Löffel von einem Teller aß, statt aus einer rostigen Blechschüssel zu schlabbern, eingezwängt zwischen Häftlingen auf dem Barackenboden.

Die Erzählungen aus den Lagern, besonders aus Auschwitz, wühlten auf, lösten häufig einen Schock aus, obwohl auch Marek und Irina viel Schreckliches erlebt hatten. Mein Bruder rief immer wieder aus: »Du lügst, das ist unmöglich, dass es so etwas geben kann!« Er glaubte mir erst dann, als Herr Strojwas, ein polnischer Ingenieur, der ihnen bei der Rettung in Warschau geholfen hatte, meine Worte bestätigte. Er war jetzt unser Nachbar und kam oft auf ein Schwätzchen zu uns. Herrn Strojwas' Schwester war auch in Auschwitz gewesen, eine verantwortungsbewusste erwachsene Frau – und sie berichtete dasselbe. Über die eigenen Erlebnisse wollte Marek nicht sprechen, da sie sich auf der »arischen Seite« abgespielt hatten. Er behauptete, dass dies nichts gewesen sei im Vergleich mit dem, was ich in den Vernichtungslagern erfahren hatte. Tag und Nacht konnte ich nicht aufhören, davon zu reden. Ich malte ihnen alles aus, ermuntert durch Fragen und die Aufmerksamkeit, die besonders mein Bruder mir entgegenbrachte. Ich musste jemandem die Last dieser frischen Erinnerungen mitteilen. Und wer war besser geeignet als mein Bruder, den ich durch ein Wunder wieder gefunden hatte?

Die Schwägerin begann jedoch immer missmutiger auf mein Auftauchen, das sich in die Länge zog, zu reagieren. Es verdross sie, dass der Bruder mir so viel Zeit und Zuwendung widmete. Immer öfter war sie verärgert und begann sogar zu spotten. Ständig fand sie einen neuen Fehler an mir und hielt ihn mir laut vor, indem sie sich um den Beifall von Marek und Jozia bemühte. Das war verletzend und ungerecht, umso mehr, als ich diese Bemerkungen sehr ernst nahm. Aber auch hier half mir die Kraft der Jugend, mich von dieser bedrückenden Atmosphäre und dem schlechten Befinden zu befreien. Oft ergriff mich eine durch nichts begründete Lebensfreude. Ich war fröhlich, glücklich, wollte scherzen und lachen. Wider Willen passten sie sich meiner Stimmung an, lachten über meine Späße, lachten Tränen mit mir … Es ging mir gut, obwohl ich mich ständig selbst dafür anklagte, dass ich mein Dasein genoss, dass ich Freude fühlte, anstatt über den Verlust meiner Angehörigen zu verzweifeln.

Vor meiner Rückkehr nach Warschau hatte Jozia Marek oft erzählt, dass sie mit eigenen Augen gesehen habe, wie man Mutter und mich in einer Kolonne von Menschen zum Umschlagplatz führte und uns im Gewühl erschoss … Sie war schon eine alte Frau und kannte uns noch aus der Zeit vor dem Krieg. Als sie mich an der Schwelle des Hauses erblickte, bekreuzigte sie sich andächtig und rief »O Jesus« – als sähe sie einen wiederauferstandenen Geist. Anfangs umgab sie mich mit Liebkosungen und Sorgsamkeit. Dann allerdings verhielt sie sich – ähnlich wie die Schwägerin, die sie seit früher Kindheit umsorgte und wie ein eigenes Kind liebte – abweisend und schweigsam mir gegenüber. Sie versteckte Essen vor mir, wenn mein Bruder nicht im Hause war. Wenn ich um irgendetwas bat, schlug sie es mir ab. Ich beklagte mich nicht, weil ich nicht Intrigen und Ärger schüren wollte, aber ich litt sehr darunter. Die Schwägerin verstärkte mein schlechtes Gefühl mit immer häufigeren Vorwürfen und Rügen. Auf Schritt und Tritt sagte sie mir, dass ich dick, ungeschickt und schlampig sei und überall Unordnung hinterlasse. Wenn ich versuchte, mich dagegen zu wehren und mich zu verteidigen, unterbrach sie sofort mit den Worten: »Spiel dich nicht auf, ich bin nicht deine Kollegin aus Auschwitz!« … Als gehörten Letztere zu irgendeiner niedrigeren Kategorie … Die Spannung zu Hause steigerte sich. Ich lehnte mich auf, machte Fluchtversuche. Marek holte mich immer von der Straße zurück, beruhigte, erklärte und redete gut zu. Immerfort belehrte er mich. Und dies war genauso schrecklich. Er hörte nicht auf damit, mich zu »verbessern«. Fast alles, was ich tat, kritisierte er. Er wollte mir gutes Benehmen und diverse Konventionen beibringen – absurd für mich nach den Erfahrungen von Auschwitz. Ich war kein Kind mehr, das Benehmen lernt, aber Marek glaubte, dass er genau darin die Eltern für mich vertrete. Ich brauchte Vertrauen, Verständnis und Wärme. Von Ablehnung und Beleidigung war ich randvoll.

Nach den Hungerjahren fiel ich über das Essen her und aß und aß … Und sei es nur aus Freude, dass ich mir wieder so viel Brot abschneiden konnte, wie ich wollte. Ich nahm sehr zu, hatte volle rote Backen, eine gesunde Gesichtsfarbe. Marek meinte, dass ich hübsch aussehe, aber zu dick sei. Immer öfter sagte er mir das. Ich bebte vor Demütigung, wünschte, in den Erdboden zu versinken, damit keiner mehr meine Körperfülle sah. Bedrückt ging ich durch das Haus, schweigend, was den Bruder wiederum noch mehr ärgerte. Er hielt mir vor, ständig beleidigt zu sein, ohne zu wissen worüber. Ich wusste, dass ich ihn nicht überzeugen würde. Ich bat ihn, mir dabei zu helfen, eine Arbeit zu finden, um selbständig werden und ihr Haus verlassen zu können. Er wollte nicht zustimmen und fand, dass ich lernen sollte. Auf seinen Wunsch hatte ich zwei Wochen nach meiner Rückkehr nach Warschau mit der zweiten Klasse im Gymnasium begonnen. Das Schuljahr ging dem Ende entgegen, es blieben nur noch wenige Wochen bis zu den Ferien, und den Unterrichtsstoff der vorangegangenen Monate kannte ich nicht. Im Ghetto hatte ich – bis zur Aussiedlung – zu Hause den Stoff von der 3. Volksschulklasse bis zur

1. Klasse des Gymnasiums durchgearbeitet. Dann schwemmte mich die Sintflut davon. Menschenjagden zum Umschlagplatz, in den »Osten« nach Treblinka, Flucht auf Dachböden und in Keller, Hunger, Angst, Todesanspannung – und Waggons nach Majdanek, Auschwitz … Nach diesen Jahren erwies sich die Rückkehr zum Unterricht als überaus schwierig. Ich fühlte mich unwohl in der Klasse, unter den polnischen Jugendlichen einsam. Ich fürchtete ihr Gelächter, ihr katholisches Gebet, das am Anfang und Ende eines jeden Schultages gesprochen wurde. Wenn sich alle andächtig bekreuzigten, stand ich da und wusste nicht, was ich mit mir und meinen Händen anfangen sollte. So sehr fürchtete ich meine Fremdheit! Als ob man mich wieder hinter Ghettomauern gesperrt hätte. Bis ich einmal die Hand hob und mich gemeinsam mit ihnen bekreuzigte … Vielleicht merkten sie nicht, dass ich anders war, vielleicht sahen sie es nicht? In der Pause schob jemand Tuwims Brief »Wir polnische Juden« (Julian Tuwim (1894-1953), polnischer Dichter jüdischer Herkunft) auf mein Pult. Vergeblich hatte ich zu täuschen versucht. Täglich wiederholte sich meine Qual und die Frage, ob ich mich am Gebet beteiligen sollte oder nicht. Mit dem Lernstoff kam ich zurecht. In vielen Fächern erreichte ich sogar gute Zensuren, aber ich grämte mich mit Tränen in den Augen, wenn ich daran dachte, dass ich noch vor wenigen Wochen den Tod unaufhörlich vor Augen hatte.

Zu Beginn des nächsten Schuljahres gelang mir die Versetzung in Abendkurse für Erwachsene. Im Ministerium hatte man Verständnis für meine schweren Erlebnisse, erkannte meine »Reife« an. Dies erwies sich als große Erleichterung. Ich fühlte mich hier viel wohler als unter Gleichaltrigen.

Die ganze Zeit hatte ich davon geträumt, Abram wieder zu finden. Ich wusste nichts mehr von ihm, seit wir uns im Januar 1945 getrennt hatten, als man uns auf den Todesmarsch nach Deutschland jagte. Ich fuhr nach Lodz, um mich im Jüdischen

Komitee zu erkundigen, ob sich dort jemand namens Radzicki gemeldet hätte. Abram hatte mir in Auschwitz erzählt, dass er vor dem Krieg in einer Lodzer Fabrik gearbeitet hätte, er hatte dort Verwandte. Vielleicht war er genau in diese Stadt zurückgekehrt. Dort konzentrierte sich nämlich die Mehrheit der jüdischen Überlebenden. Niemals zuvor war ich in Lodz gewesen. Vielleicht war Abram hier durchgefahren auf dem Weg zu seinem Geburtsort Krošniewice und hatte sich beim Komitee gemeldet, und vielleicht würde sich irgendein Verwandter von ihm finden und mich über sein weiteres Schicksal informieren? Im Grunde meines Herzens hegte ich die Hoffnung, dass er gerade dort wäre. Eine große Erwartung, diese Stadt, über die ich schon in der Kindheit und auch in Auschwitz soviel gehört hatte, kennen zu lernen, bemächtigte sich meiner. Im Lager war ich vielen Häftlingen begegnet, die aus dem Lodzer Ghetto dorthin geschafft worden waren. Ich erinnerte mich an die Transporte Lodzer Juden, die in Viehwaggons direkt in die Gaskammern von Auschwitz gefahren wurden. Mein Block in Birkenau (27) befand sich gegenüber der Eisenbahnrampe und dem Krematorium. Ähnlich wie andere Häftlinge benutzte ich das Aluminiumkochgeschirr mit dem eingravierten Davidstern und den Initialen der vergasten Eigentümer; es war nach der Liquidierung des Lodzer Ghettos 1944 ins Lager gelangt. Das »elegante« Kochgeschirr ersetzte die zerlumpten, primitiven Säckchen, »bojtel« genannt. Wir bewahrten darin Ergattertes auf, das bedeutet in der Lagersprache »Organisiertes«, Schätze in Auschwitz, das heißt Kohlrübenscheiben, Kartoffelschalen, Brotbröckchen. Das Kochgeschirr wurde schließlich zur neuesten Mode im Lager. Man konnte darin Suppe fassen und sie daraus trinken anstatt aus einer verrosteten Blechschüssel. Das Geschirr hatte einen gravierten, verzierten Deckel. Ich leistete es mir für eine Portion Brot, die ich mir mit Gewalt vom Munde absparte. Als ich dann im »Kartoffelkommando« arbeitete, schmuggelte ich darin fünf bis sechs Kartoffeln am Tag ins Lager, die ich für Brot und Kleidung tauschte; da begann ich schon zu den »Reichen« zu zählen … Am Abend nach der Arbeit im »Kartoffelkommando« fanden strenge Durchsuchungen statt. Ich hob die Hände mitsamt dem Geschirr, wenn der alte grausame SS-Mann uns am ganzen Körper durchsuchte. Nie kam ihm in den Sinn zu verlangen, das Geschirr zu öffnen. Er erwartete nicht, dass jemand so offensichtlich Kartoffeln nach oben halten würde, für deren Fund er bis aufs Blut, fast bis auf den Tod prügelte … Auf diese Weise erschien mir Lodz nah und wohl bekannt, als wäre ich persönlich mit ihm verbunden. Jetzt sollte ich es als freier Mensch mit eigenen Augen sehen.

Obwohl ich die Adresse notiert hatte, wusste ich nicht, wie man zum Jüdischen Komitee gelangte. Ich ging auf einen fremden Mann zu, der wie ein Jude aussah. »Er wird es mir wohl sagen«, dachte ich. Und ich täuschte mich nicht. Auf meine Frage nach dem Weg zum Komitee antwortete er mit einer Frage auf Hebräisch: »*Amchu?*« – was bedeutet, ob ich eine Landsmännin sei. Gleich danach interessierte er sich dafür, woher ich kam, was ich in Warschau machte, ob ich jemanden von der Familie gefunden hätte und ob ich mich nicht … mit ihm verheiraten würde?! Er war ganz allein, besaß eine Wohnung … Endlich zeigte er mir den Weg zum Komitee. Lange schaute er mir nach, ohne meine trotzige Absage zu begreifen. Bald verstand ich, dass auf genau diese Art damals viele Leute die Ehe schlossen. Nur um dadurch schneller der Vereinsamung und Verwaisung zu entkommen, um mit jemandem die grauenhaften Erinnerungen zu teilen. Diese Erinnerungen waren bei denen, die die Nazi-Hölle überlebt hatten, niemals nur Vergangenheit. Aber damals war ich fünfzehn Jahre alt, nach Lodz gekommen, um meine erste Liebe zu suchen, die ich unter dem Himmel von Auschwitz kennen gelernt hatte. Solche Ideen hatte ich nicht im Kopf. Dieser ko-

mische Mann brachte mich zum Lachen und regte mich auf,
seine unverschämte Neugierde, besonders sein Antrag. Ich
wollte mich so schnell wie möglich im Komitee einfinden, –
mich nach Abram erkundigen, mit dem mich das Schicksal im
Männerlager von Birkenau zusammengeführt hatte, als mich
ein deutscher Posten am 1. Januar 1945 aus einem Wachtürm-
chen angeschossen hatte. Abram war damals Sanitäter auf der
Krankenstation des Lagers, wo man mir die Kugel aus dem
Rücken entfernte. Wir versprachen uns ein Wiedersehen nach
dem Krieg in Krošniewice.

Im Komitee fand ich den ersehnten Familiennamen. Es
war irgendein Verwandter Abrams. Er riet mir, nach
Krošniewice zu fahren. Er wusste nichts über Abram, sagte
aber, dass sich sein Bruder dort befinden solle. Ich machte
mich auf den Weg. An irgendeiner kleinen Nebenstation
koppelte man die Lokomotive unseres Zuges ab. Es wurde
Abend. Ich hatte schreckliche Angst. Ich war allein, und es
gab niemanden, mit dem ich die Angst teilen oder mich beraten konnte. Dann fuhr ein Zug mit Soldaten in die Station
ein. Er hielt für einige Minuten. Durch eines der Waggon-
fenster sah ein polnischer Offizier zu mir her. Ich fasste Mut
und ging auf ihn zu. In wenigen Worten schilderte ich meine
Situation. Schnell führte er mich ins Abteil und klärte das mit
dem Schaffner. Er war sehr herzlich mir gegenüber. In der
Nacht gelangten wir nach Kutno, von wo es nicht mehr weit
nach Krošniewice war. Am Morgen befand ich mich an Ort
und Stelle. Da war auch schon die Kościuszko-Straße 8.
Häuschen, Plätze, Obstbäume. Ich hatte von ihnen gehört,
als ich auf der engen Pritsche in der Baracke lag, hinter elektrisch geladenem Stacheldraht, mit einer durchschossenen,
kraftlosen Hand. Später, als sie uns Tag und Nacht über den
vereisten Weg hetzten, als ich vor Erschöpfung Daten nicht
mehr auseinander halten konnte, als ich das menschliche Gefühl verloren hatte, erinnerte ich mich an Abram, seine Wor-

te, Bewegungen, seinen Blick und suchte darin Rettung und Hoffnung. Am Tag des Abmarsches, unter ohrenbetäubenden Pfiffen, die uns zum letzten Appell trieben, hatte er mir noch zugerufen: »Denk' dran! Vergiss mich nicht!« Und jetzt befand ich mich in *seinem* Krošniewice, ging zu *seinem* Haus. Ob ich ihn antreffen würde? Ob er lebt? Vielleicht wollte er mich gar nicht mehr sehen? Er war neun Jahre älter als ich – vielleicht hatte er inzwischen geheiratet?

Ich betrat den Innenhof. Deutsche Gefangene bearbeiteten ein Feld. Ein großer Mann, der Abram ähnlich sah, fragte, wen ich suche. Ich antwortete ernst und knapp. Ja, er wusste von mir. Er sprach leise, seine Stimme bebte, brach dann ab. Abram war zurückgekehrt. Er erkrankte an Typhus. Nein, er lebte nicht mehr. Wir fielen uns in die Arme, weinten beide. Ich wollte das nicht fassen, mich nicht damit abfinden. Sterben nach all diesen Quälereien, in Freiheit? Nach Hause zurückkehren, die Brüder heil und gesund antreffen – und keine Rettung im Krankenhaus finden?! Er war hier. Er wird nicht mehr kommen. Er starb. Wäre alles anders verlaufen, wenn ich sogleich nach meiner Rückkehr hierher gefahren wäre?

In Krošniewice wurde ich aufgenommen wie eine Schwester. Abrams älterer Bruder redete über alles mit mir, fragte mich aus, weinte. Der jüngere, der unlängst geheiratet und nur Augen für seine junge schöne Frau hatte, – brachte mir ebenfalls aufrichtig brüderliche Gefühle entgegen.

Am nächsten Tag kehrte ich mit einem Dienst-Lastwagen nach Warschau zurück. Aus Sorge um meine Sicherheit hatten Abrams Brüder dies für mich organisiert. Unterwegs wurde aus den Wäldern auf uns geschossen. Das sollen Banden unterschiedlicher Art gewesen sein, die sich in diesen Zeiten ausbreiteten.

So also fiel dieser glückliche Traum der Vergangenheit anheim. Diesmal spottete zu Hause niemand über mich und mein Verhalten. Man achtete mein Schweigen. Die Erinnerungen an Abram waren etwas Bedeutendes, das ausschließlich mir gehörte. Ich ließ nicht davon ab, an ihn zu denken, wiederholte im Geiste das, was zwischen uns war, was hätte sein können, wenn ich früher nach Krošniewice gefahren wäre. Ich musste mich mit der Wirklichkeit abfinden, auch diesen Schlag verkraften wie alle anderen, die mich in den vergangenen Jahren getroffen hatten. Das Leben ging weiter. Ich lernte eifrig, las viel und träumte davon, selbständig zu leben. Der Alltag erlaubte nicht, in Verzweiflung und Resignation zu versinken. Die Trauer dagegen war allgegenwärtig, auf Schritt und Tritt, in allem – lebten wir doch unaufhörlich in ihrem mächtigen Schatten. Wir mussten sie in den täglichen Kämpfen einfrieren.

In den Ferien fuhr ich mit der Schwägerin nach Józefów. Vor dem Krieg waren die Juden oft zur Sommerfrische nach Józefów, Otwock, Swidry, Miedzeszyn oder Falenica gereist. Damals gab es dort viele Pensionen, es herrschte reges Treiben. Gegenwärtig erschien es uns still und leer. Ruhe und Leere bedrückten uns. Ich hatte den Eindruck, dass die Schatten der früheren Feriengäste aus der Zeit vor dem Kriege sich im üppigen Grün der Bäume verbargen, dass sie sich in der Luft über uns erhoben. Zurzeit hielten sich hier einheimische Polen und nur wenige Sommergäste wie wir auf, umgeben vom Zauber des blühenden, verwaisten Sommers.

In Józefów kam ich der Schwägerin etwas näher. Vielleicht wegen dieses Gefühls der Verwaisung in diesen bekannten und vertrauten Gegenden. Wir unterhielten uns, tauschten Eindrücke und Erinnerungen aus. Marek besuchte uns an jedem Sonntag. Er brachte mir Radfahren bei. Er und die Schwägerin lachten über mich, als es mir nicht gerade leicht fiel, diese Kunst zu beherrschen. Irina war schlank und behände, sie übertraf mich an Geschicklichkeit. Wir vergnügten uns jedoch köstlich, schwammen im Fluss, wälzten uns im Sand und auf der Wiese herum. Auf dem Weg zum Strand und später auf dem Heimweg führten wir lange Gespräche, an denen sich die Schwägerin nicht ernsthaft beteiligte. Die Dinge, die Marek damals vereinnahmten, interessierten sie nicht, mich aber regten sie zu tieferem Nachdenken an. Wir erinnerten uns an die Vorkriegszeit, sprachen über unsere gegenwärtige Situation, über Möglichkeiten und Wünsche in der Zukunft. Marek schätzte meine Aufmerksamkeit und schnelle Auffassungsgabe. Er unterhielt sich gern mit mir, erzählte mir gern. Ich war stolz darauf, als er mir das sagte, da er mich doch gewöhnlich so scharf kritisierte. Er verlangte viel von sich und anderen, orientierte sich schnell, war scharfsinnig und konsequent. Er plante rechtzeitig, erforschte sorgfältig eine Situation und jegliche Möglichkeiten. Ohne Erholung arbeitete er intensiv vom Morgen bis in die Nacht. Alle in der Familie hatten ihn bewundert, ihn als Vorbild hingestellt, und besonders Mama war stolz auf einen so begabten Sohn. Während der Jahre der Vernichtung glaubte sie fest daran, dass er überleben würde. Ich schätzte dies ebenso ein. Mama sprach oft davon, wenn sie bei mir auf der Pritsche lag im Bunker in der Mila-Straße 3 während der Blockade des Ghettos und des Aufstandes. Sie verglich Marek mit Chilek, dem jüngeren Sohn, der weniger praktisch war, zu empfindlich und sensibel, der langsam reagierte. Marek hatte das polnische Gymnasium besucht – Chilek war vom Vater auf die hebräische Schule »Tarbut« geschickt worden, die sich in der Nalewka-Straße 2 a befand. Oft hatte ich an Feierlichkeiten und Veranstaltungen teilgenommen, die dort an jüdischen Feiertagen stattfanden. Ich verstand kein einziges Wort, da man sich der hebräischen Sprache bediente.

Marek träumte von Kindheit an davon, Arzt zu werden. Er lernte eifrig, gleichzeitig ging er arbeiten, um das Schulgeld zu verdienen. Sogar im Ghetto hörte er nicht auf zu studieren. Er arbeitete im Spital, übernahm zusätzliche Krankenwachen, bemühte sich darum, die notwendigen wissenschaftlichen Bücher zu bekommen. Er sagte, dass er, wenn der Krieg zu Ende sei und er überlebt hätte, schon zu alt wäre, um von vorne zu beginnen, er durfte also keine Zeit verlieren … Genauso verhielt er sich in dieser Hinsicht mir gegenüber. Er brachte mir Bücher, berichtete über gelesene Werke, erklärte ihren Inhalt. Seine Begeisterung und seinen Glauben übertrug er auf mich. Wenn ich ihn ansah, spürte ich keine Angst, fühlte mich sicher, glaubte an die Kraft des Lebens und des Guten. Chilek hatte auch sehr viel gelesen, aber er war kein Vorbild für mich. Auf ihn hörte ich nicht. Weder teilte er mit mir seine Eindrücke, noch widmete er mir Zeit. Nicht einmal mein Vater war für mich so eine Autorität wie Marek. Sein Wort war mir heilig. Während der Umsiedlungsaktion und Blockade, als er selten bei uns war, bedeutete Mama alles für mich, mit voller Aufmerksamkeit konzentrierte ich mich auf sie, ihren Gesichtsausdruck, die Augen, aus denen ich jede Nuance unserer Situation zu lesen lernte.

Jetzt war mir nur noch Marek geblieben. Ich wünschte so sehr, mich ihm zu fügen, das zu tun, was er verlangte. Doch dies war nicht mehr möglich. Ich war eine andere geworden, erfüllt von Skrupeln und Schüchternheit, meiner selbst nicht sicher. Ich hatte andere Ansichten über die Welt und über menschliche Haltungen. Das »Diplomatie«-Spiel mochte ich nicht. Ich wollte nichts vorspielen, nicht höflich zu Leuten sein, die mir nicht gefielen. Ich hatte eigene Ideale, an die ich glaubte, trotz oder wegen der erlebten Gräuel. Nicht jede Situation analysierte ich so sorgfältig wie mein Bruder, machte oft Fehler. Ich fürchtete mich vor seinem Zorn und seiner Ungnade – aber ich änderte mich nicht. Die Kriegsjahre hatten mich zu einer Erwachsenen gemacht, meinen Charakter geprägt, meine Intuition und die Fähigkeit, schnell zu denken, zu wählen und zu entscheiden, geschärft.

Aus diesen zahlreichen Bedrängnissen und Konflikten zu Hause befreite mich die Idee, nach Palästina zu emigrieren. Sie veränderte mein Schicksal radikal. Der Vorschlag, mich einer Gruppe jüdischer Jugendlicher anzuschließen, die unter den Bedingungen einer Kommune, eines Kibbuz in Warschau lebte, ging auch vom Bruder aus. Auf illegalem Weg sollte ich mit ihnen nach Erez Israel, nach Palästina ziehen mit dem Ziel, einen eigenen jüdischen Staat zu errichten. Ich nahm diese Idee freudig an. Der Gedanke, neue Leute kennen zu lernen, in Gemeinschaft mit der jüdischen Jugend zu leben, der es gelungen war, sich vor der Vernichtung zu retten, in ein weit entferntes, unbekanntes Land zu gelangen, lockte mich. Ich hatte auch Angst davor, aber Neugierde und Abenteuerlust gaben den Ausschlag.

*Kitty Fischer**

»Ich bin Kriegswaise ...«
Rückkehr aus dem Vernichtungslager

Aus dem Englischen von Isabella Nadolny

Die Befreiung

Es war am frühen Morgen des 8. Mai 1945. Man weckte uns
und wir warteten auf das raue »Aufstehen!« der Lagerältesten. Dann würden wir stramm stehen. Aber irgendwie war
dieser Tag nicht wie alle anderen. Es war unheimlich still,
bis wir plötzlich eine menschliche Stimme hörten, fast ein
Flüstern, die rief: »Häftlinge bitte aufstehen!« Eine männliche Stimme. Das musste ein Irrtum sein und keiner von uns
rührte sich. Das war nicht, was wir zu hören gewöhnt waren.
Dann klopfte es laut an die Tür, sie ging auf und darin stand
ein deutscher Soldat, kein Gestapo-Mann oder Lagerältester.
Der Mann entschuldigte sich beinahe dafür, uns geweckt
zu haben, und teilte uns mit, dass die SS verschwunden sei
und die Lagerälteste mitgenommen hätte. Der Krieg gegen
die vorrückenden Amerikaner sei noch im Gange, aber er
wolle gern lebendig herauskommen. Ob wir ihm helfen
könnten?

* Kitty Fischer, geborene Haas, wurde am 12.7.1927 im tschechischen
Olmütz geboren. Sie wurde als Siebzehnjährige am 13.9.1944 verhaftet
und zunächst im staatlichen Gefängnis Ilava und im Lager Sered interniert, bevor sie nach Auschwitz und in das Vernichtungslager Auschwitz-Birkenau deportiert wurde. Die Befreiung erlebte sie in Merzdorf, einem Außenlager des Konzentrationslagers Groß-Rosen in Nie-
derschlesien. Sie kehrte in ihre Heimat zurück und emigrierte von dort
im Jahr 1949 mit Hilfe der Organisation Joint Distribution Committee
nach Australien. Sie lebt in Sydney.

Einige von uns lachten. Einem Deutschen helfen, wo wir nicht einmal wussten, was aus uns würde? Wir suchten unsere von Läusen wimmelnden Kleider zusammen und wählten in der Küche eine neue »Leitung«, nur zwei tschechische und zwei deutsche Mädchen. Keine Polinnen, die ausschließlich Insassen des Lodzer Ghettos mit unseren Rationen gefüttert hatten. Dann sammelten wir uns draußen zum letzten Zählappell. Meine Schwester war bereits in der Krankenbaracke und infolge Unterernährung dem Tode nahe. Es schneite leicht auf den gefrorenen Boden. Von Frühling war nichts zu bemerken. Wir wagten nicht auseinander zu gehen und standen in Fünferreihen, wie man es uns beigebracht hatte, und warteten auf das Küchenpersonal. Schließlich kam ein tschechisches Mädchen, das wir Kulicka nannten, weil sie so rund war, öffnete die Küchentür und stellte folgende Frage: Es seien ungefähr 50 kg stinkende Kartoffeln da und nicht einmal schwarzes Mehl, um Supa zu kochen, ob sie die Kartoffeln alle auf einmal kochen oder aber auf zwei Mahlzeiten verteilen solle? Alle wollten wir so viel wie möglich haben, denn es gab Gerüchte, dass die deutsche Armee näher käme und jeden Häftling erschoss und die Baracken anzündete, da wollten wir wenigstens noch einmal zu essen bekommen.

Eine Stunde später bekam jeder 3 Kartoffeln, auch die in der Krankenbaracke, und ich setzte mich auf die Pritsche meiner Schwester und fütterte sie mit den stinkenden Kartoffeln. Sie war winzig klein für eine Dreizehnjährige. Dann wurden wir wieder zum Appell gerufen und stellten uns gehorsam in Fünferreihen auf. Ein paar Mädchen baten um die Genehmigung, Herrn und Frau Winkler zu hängen, unsere Weblehrer, die grausam waren wie die Zuchtmeister und uns unsere Essensrationen wegnahmen, wenn ein Fehler im Gewebe unserer Fallschirme war. Wir waren begeistert und gaben ihnen grünes Licht und sie wurden binnen weniger Minuten hingerich-

tet und sagten Heil Hitler, als das dreckige alte, aus Decken ge-
drehte Seil sich straffte. Ich ging nicht hin, ich hatte ganz andere Probleme.

Wohin werden wir kommen? Plötzlich öffnete sich das große Tor von außen und drei Soldaten auf drei kleinen Pferden
kamen hereingeritten. Mir wurde ganz schlecht, denn es waren keine Amerikaner, es waren Soldaten der deutschen Wehrmacht, die uns wohl erschießen wollten. Da ich nichts mehr
zu verlieren hatte, trat ich auf sie zu, und da sah ich Hammer
und Sichel in Rot auf ihren Mützen. Statt mit den Gewehren,
winkten sie uns mit weißem Flieder. Und plötzlich sang das
ganze Lager das Lied von der Dritten Internationale – auf
Deutsch, auf Ungarisch, auf Tschechisch und Griechisch, auf
Holländisch und Russisch, erst zaghaft, dann immer lauter,
dann jubelnd. Die Pflegerin Idka hielt diejenigen im Kranken-
zimmer, die nicht gehen konnten, am Fenster hoch, auch meine kleine Schwester. Mir wurde klar, dass wir befreit waren
und dass das riesige Tor nun für immer für uns offen stehen
würde, und nahm mir vor, das Beste daraus zu machen. Ich
sah, wie die Soldaten sich Tränen von den Wangen wischten.
Wir wussten ja nicht mehr, wie wir eigentlich aussahen, gekleidet in das, was wir aus den Lumpen gemacht hatten, die man
uns in Auschwitz gegeben hatte. Alle Gefangenen rückten
nun näher zusammen und der Mongole, der tausende von
Meilen geritten war, um uns zu befreien, verkündete lauthals:
»*Ermania kaputt, Hitler* (er machte eine Bewegung, als schnitte er sich die Kehle durch) *Tozwe kaputt, vy podjite domoj*. Ich
war zu jung, um zu wissen, was passiert, wenn frustrierte, sie-
gestrunkene Männer in ein Lager mit so vielen Frauen kommen. Ich dachte nur: Ich bin verantwortlich für meine kleine
Schwester, sie braucht ärztliche Hilfe und sie muss aus dem
Lager heraus. Mit einem schlechten Gewissen, als täte ich Ver-
botenes, ging ich aus dem großen Tor. Ich hatte Angst vor der
Welt draußen.

Ich wusste, dass meine Eltern ermordet und wir auf uns selbst gestellt waren. Neugier mischte sich in meine übrigen Gefühle wie es wohl sein würde in einer Welt ohne Erwachsene, ohne ein liebevolles Heim, und wenn man wieder in die Schule muss. Dann sah ich sie, all die vielen Reiter und Jeeps, die siegreiche Rote Armee, die tief nach Schlesien eingedrungen war, ganz nahe der tschechisch-slowakischen Grenze. Ein junger Soldat mit vielen Sternen fiel mir auf und ich trat zu ihm. Er zeigte mir den Davidstern, der auf seinem Mantel aufgenäht war, und fragte mich auf Russisch, ob ich Jüdin sei. *Ty zidka?* Ich antwortete auf Slowakisch, dass ich heim wollte, in die Tschechoslowkei und dass ich eine kleine Schwester hätte, die sei sehr krank, und dass ich Hilfe brauche, um aus dem Lager wegzukommen. Er rief etwas auf Russisch und ein Soldat kam gelaufen, der Befehle entgegennahm. Der Major fragte mich, wie viele von uns eine Fahrgelegenheit brauchten, und ich sagte schnell: fünf, weil es auf dem Krankenbett noch eine Mutter mit ihrer Tochter aus der Tschechoslowakei gab. Er schrieb etwas auf einen Zettel und unterzeichnete ihn und ich schloss daraus, dass es ein Passagierschein sei für Jekaterina Gaasova und czetyre zeny in die böhmische Grenzstadt Hradec Králové. Dann kam der Soldat mit einem riesigen runden Käse und etwas Kommissbrot angelaufen. Es war eine komische Situation. Sehr klug war es nicht, Halbverhungerten harten Käse zu geben, und ich konnte nichts damit anfangen, denn ich hatte weder ein Messer noch die Kraft ihn zu tragen, und wir waren doch so verzweifelt hungrig. Aber ich packte den Käse voller Dankbarkeit auf den Wagen, der inzwischen eingetroffen war, und deckte ihn zu (ich weiß, was mit freiliegender Nahrung passiert). Ein anderer Mann kam, um meine Schwester und die erschöpfte Johanna Orenstein zu tragen, die uns erzählte, sie habe eine Vision gehabt: Der Orden der Vinzentinerinnen in Brünn in Mähren erwarte sie. Wir fanden das ganz töricht und wollten da nicht hin, aber sie betete den Rosenkranz, obwohl sie nicht christlichen Glaubens, aber vielleicht heimlich getauft war.

Es gab einen Riesenauftritt, als wir das Lager verließen, das wir nie wiederzusehen hofften, und die Plünderungen in dem Städtchen Merzdorf begannen, das wir hinter uns ließen. Wir kamen an den überfüllten Bahnhof in Hradec Králové, und ich brachte meine vier Schützlinge in ein Abteil Erster Klasse. Dort saß ein fetter Mann am Fenster und hatte auf einem weißen Tuch weißes Brot und Wurst. Ich bat ihn um ein Stück Brot, wir kämen aus dem Konzentrationslager. Er sah mich angewidert an und sagte sehr laut: »Ich hab euch nicht hingeschickt.« Dann faltete er langsam, beinahe zärtlich das Tuch um das kostbare Brot und steckte das Päckchen in seine Aktenmappe. Ich hatte ein flaues Gefühl im Magen. Mir wurde plötzlich klar, dass ich ganz allein war mit der Sorge, eine Schwester großzuziehen, und dass ich nicht einmal mehr die Nummer 27265 war, die man weithin sichtbar auf meinen Mantel genäht hatte und die mir sogar in Auschwitz eine Art Identität und Sicherheit gegeben hatte. Ich glaube, ich glich einem Soldaten, der nach den Kampfhandlungen in sein Dorf heimkehrt und erfährt, dass seine Familie sehr gut ohne ihn ausgekommen ist und dass er von Grund auf neu anfangen muss, um die an der Front verlorenen Jahre aufzuholen. Tatsächlich fuhr der Zug nach Brünn und wir beschlossen auszusteigen, und wenn die Nonnen überhaupt existierten, würden sie uns vielleicht eine warme Suppe geben. Es war immer noch recht kalt draußen.

Ein paar Stunden später und nach einem Krach mit dem weißbehandschuhten Schaffner, der sehr unfreundlich den Preis für die Fahrkarten Erster Klasse von uns haben wollte und dem ich müde sagte, er möge sich dafür ans Rote Kreuz wenden, trafen wir in Brünn ein, wo ein Großteil meiner Familie vor dem Krieg gewohnt hatte, mussten aber erst die betende Johanna loswerden. Wir stellten fest, dass ein Kloster der Vinzentinerinnen existierte, dass es aber auch als Notlazarett diente. Wir nahmen uns zu fünft ein Taxi, das keiner von uns bezahlen konnte, und baten, zum Kloster gefahren zu werden. Ich zog an der altmodischen Glocke und plötzlich kamen vier Schwestern von den Vinzentinerinnen gelaufen, umarmten Johanna und riefen weinend: »Da ist sie, für die wir gebetet haben. Der Herr hat sie gesandt, lasset uns beten.« Wir weinten alle und träumten schon von heißer Suppe, bekamen aber nur Grießbrei, und ich ließ meine Schwester dort, zog los und versuchte herauszubekommen, wie ich die Slowakei erreichen könnte. Überall herrschte Chaos, doch ich fand immerhin das Haus, in dem mein Onkel gewohnt hatte, der Hausmeister erinnerte sich auch an ihn und dass er den Schnee vom Gehsteig weggeschaufelt hatte, ehe sie ihn deportierten, tat aber im Übrigen ganz fremd. Wir durften im Kloster übernachten, in anderen Gebäuden waren tschechische Kollaborateure untergebracht, die jetzt kahl geschoren Latrinen reinigen und Küchendienst verrichten mussten, es war ein deprimierender Anblick. Am nächsten Tag ließen wir Johanna zurück. Sie wurde Postulantin. Ich habe sie noch einmal gesehen, ehe ich nach Australien auswanderte, da lehrte sie Naturkunde in der Klosterschule.

Die Nonnen gaben uns alte Kleider und entlausten uns. Wir hatten immer noch kahl geschorene Köpfe. Nach zwei Tagen in behüteter Zivilisation ging es wieder ums Überleben. Wir mussten uns um einen Sitzplatz raufen im Zug nach Puchov, der Stadt, aus der wir stammten. Zum ersten Mal in meinem Leben kam ich am Bahnhof an, ohne dass mich dort jemand erwartete. Wieder hatte ich ein flaues Gefühl im Inneren und aller Mut verließ mich. Die Brücke über den Fluss Váh war gesprengt und wir mussten ein Boot nehmen. Der Schiffer erkannte uns und bekreuzigte sich, vielleicht wegen unseres Aussehens. Am anderen Ufer machten wir uns auf den Weg nach Hause, und wieder erschütterte es mich, dass uns Vorübergehende nur musterten und kein Mensch uns ein freundliches Wort sagte.

Die Heimkehr

Keiner bot uns ein Willkommen und je näher wir unserem großen Familienhaus kamen, desto stärker wurde meine Beklemmung, was wir dort wohl finden würden. Endlich läutete ich an der Tür und die Frau unseres Treuhänder-Arisierers öffnete. Sie sah uns verwirrt an, rief ihren Mann, der seit weit über 30 Jahren bei der Firma war, und er sah bewegt aus, denn er war es, der meinen Eltern Obdach gewährt hatte, bis die SS sie abholte. Mit Tränen in den Augen erzählte er uns, dass sie gezwungen seien, in unseren Wohnräumen zu wohnen, da sonst die Rumänen, die diesen Teil der Tschechoslowakei befreit hatten, sie geplündert haben würden. Sie schliefen in unseren Betten und kochten in unserer Küche, ihr kleiner Junge hämmerte auf unserem Flügel herum. Wir standen nur da und wussten nicht, wo wir diese Nacht schlafen würden. Es gab Verwandte in der Stadt, doch sie waren fort und ihre Häuser von slowakischen Familien besetzt. Noch nie, nicht einmal im Konzentrationslager, war ich so allein gewesen und begriff zum ersten Mal in meinem jungen Leben, was Verlassenheit bedeutet. Ich wollte für meine Schwester einen Arzt holen, doch er war mit anderen Volksdeutschen geflohen, und jetzt gab es keinen mehr in der ganzen Stadt. Mir fiel ein, dass in der Nähe eine Hebamme wohnte, eine sehr erfahrene Frau und vielleicht leichter zu erreichen als ein Arzt in der Nachbarstadt. Ich ging hinüber. Sie hieß Krizanka und sie versprach, einen Kräutertee zu beschaffen. Ich wusste nicht, wo ich abends etwas zu essen bekommen würde. In unserem eigenen Haus war ich nicht willkommen. Ich musste mich wieder an unseren Treuhänder wenden, der den Vertrag heraussuchte und uns mitteilte, seine Abmachung mit unseren Eltern sei für uns nicht bindend, und er würde uns nur so lange beherbergen, bis wir irgendwohin konnten.

Ich schlief in dieser Nacht im Schlafzimmer meiner Eltern nur sehr wenig. Mir wurde klar, dass ich mich am nächsten Tag würde juristisch beraten lassen müssen, um zu erfahren, woran ich war. Mein Onkel, der beste Anwalt der Stadt, kam nie wieder, so ging ich zu einem slowakischen Anwalt, der aber Bezahlung im Voraus verlangte. Ich hatte so lange ohne Geld gelebt, dass ich gar nicht wusste, dass man welches braucht. Ich ging wieder fort, bekam schließlich Geld vom Arisierer und marschierte zurück zum Anwalt, mit dem gemeinsam ich feststellte, dass eine Minderjährige, die als Waise zurückbleibt, bei Gericht beantragen kann, mündig gesprochen zu werden. Ich unterschrieb den Antrag und ging heim in unser Haus, doch das war nur mehr eine Durchgangsstation und kein Heim mehr.

Die erste Verordnung des Präsidenten der wieder erstandenen Tschechoslowakei lautete, dass jeder Bürger wieder in die vollen Bürgerrechte einzusetzen sei, die er während der Nazi-Besetzung des »Protektorats Böhmen und Mähren« und der Herrschaft von Msgr. Tiso in der Slowakei verloren hatte. Die zweite Verordnung betraf meine Schwester und mich, dass nämlich jeder Schüler, der früher zwangsweise aus einer der Mittel- oder Oberschulen ausgeschlossen worden war, vom 1. September 1945 an wieder in der seinem Alter entsprechenden Klasse aufzunehmen sei. Für diese Verordnung hatte jede Schule eine andere Auslegung und Durchführung.

In Puchov gab es keine höhere Schule, an die ich mich nach meiner Heimkehr hätte wenden können. Geographisch gehörte ich nach Žilina, eine Stunde Eisenbahnfahrt entfernt. Alle diese Einzelheiten hatte ich nur gerüchtweise gehört Es lag nahe, dass eine Menge Kinder samt ihren Eltern aus ihren Verstecken in den Bergen zurückkamen und dass niemand, der in diese Kategorie gehörte, wieder nach Puchov zog. Ein Vetter meiner Mutter aus Trnava kehrte aus Mauthausen zurück – ohne seine reizende Frau Lilly, die in seinen Armen gestorben war. Er nahm Kontakt mit uns auf und kam auch bald selbst, dünn wie ein Strich. Er weinte bitterlich, als er uns sah. Er war Diplom-Landwirt und die Regierung gab ihm seinen früheren Posten wieder, doch er hatte alles verloren, was er besaß, als die Russen in der Slowakei plünderten.

Es erwies sich, dass ich im Zuge meiner Mündigsprechung hunderte von verschiedenen Dokumenten, meine Eltern betreffend, unterzeichnen musste. Der hastig aus den Reihen entnazifizierter Slowaken gewählte Bürgermeister bat mich zu sich, ein Journalist und ein Fotograf waren anwesend, und nach einem alten, nie ungültig gewordenen slowakischen Statutenbuch bezeugte der Bürgermeister, dass ich geistig und körperlich gesund und als Erwachsene anzusprechen sei. Er verfügte, dass ich sämtliche Dokumente unterzeichnen dürfte, die die Unterschrift eines Erwachsenen benötigten. Und mit dieser neu erworbenen Reife begann ich die ersten Schritte auf einer langen, ermüdenden Reise.

Das Entnazifizierungsgericht

Dies war ein eilig organisierter Gerichtshof zur Entnazifizierung eindeutiger Nazis. Da jedoch jeder in unserem Dorf Nazi, also Mitglied in der Hlinka Garde war, wurde einfach verfügt, dass täglich von 12 bis 1 Uhr mittags aus einem Lautsprecher zehn Namen in alphabetischer Reihenfolge genannt wurden, und wer etwas dagegen hätte, dass diese Personen entnazifiziert würden, der konnte innerhalb von 48 Stunden Einspruch erheben. Da sie alle untereinander befreundet waren, ließ sich das Ergebnis voraussehen.

Es gab eine Familie, die aus dem Versteck hervorkam, getaufte Juden, und ihr Textilgeschäft wieder übernahm. Sie wagten es nicht, den Mund aufzumachen und dem Lautsprecher zu widersprechen, sie waren ja abhängig von ihrem Geschäft. Ich aber wartete, bis der größte Gegner gegen das Geschäft meiner Eltern genannt wurde, und war die Erste, die sich dagegen aussprach, dass Herr Bezak wieder Staatsbürger und geschäftsfähig wurde. Er war es gewesen, der beschloss, unser Geschäft vom Import- und en-gros-Handel abzuschneiden, denn das verschaffte ihm das Handelsmonopol bei den Importen und reduzierte unser Geschäft zu einem kleinen Eckladen, der später auch noch arisiert wurde. Insgeheim hoffte ich noch immer, dass wenigstens einer meiner Eltern zurückkehren und das Geschäft wiederbekommen würde, sodass ich weiterhin zur Schule gehen könnte. Aber es kam anders. Herr Bezak war ein eingefleischter Hlinka Gardist mit vielen Freunden und ich nur ein wenig willkommenes Waisenkind. Es gab keinen einzigen Protest gegen die Wiedereinsetzung dieses führenden Gardisten, und so erhielt er die Erlaubnis, sein Geschäft weiterzuführen. Wieder einmal begriff ich, wie unerwünscht ich in dieser Gemeinde war, und beschloss, sie so schnell wie möglich zu verlassen. Aber erst musste ich zu etwas Geld kommen. Es gab da eine Art Rente und Kleider vom Roten Kreuz, die uns nach unseren Lumpen hochwillkommen waren. Ein entfernter Vetter kehrte aus Mauthausen zurück und wurde Vormund meiner kleinen Schwester. Mit Hilfe seines Anwalts arrangierte er sich mit dem Arisierer, dadurch konnten wir unser Haus behalten, das er mieten wollte und nach einer Bestandsaufnahme des Inventars abzahlte. Wir bekamen vor der Entwertung monatlich 1 000 tschechische Kronen und weitere 1 000 Kronen wurden für unsere Ausbildung auf ein Treuhandkonto eingezahlt. Doch eines schönen Tages, ohne Vorwarnung, hörten alle Zahlungen auf und jeder bekam nur 500 Kronen. Wir entgingen nur dadurch einer schlimmen Notlage, weil Herr Hantak monatlich zahlen musste, und ich fuhr nach Žilina, der nächsten Station meines Erwachsenendaseins.

Meine Ausbildung

Es war Juni 1945 geworden und die langen Sommerferien fingen an. Ich zog nach Žilina und wohnte bei einer zurückgekehrten Familie. Sie waren willens, mich für 1000 Kronen im Monat zu verpflegen. Kriegswaisen waren zur damaligen Zeit ein großes Geschäft, jedermann wusste, dass wir eine Pension bekamen und ein Abkommen mit dem Laden hatten. Danach kam ich auf das Gymnasium, das mich in meine Altersgruppe aufnehmen musste, das war die Abiturklasse. Alle anderen, die die Aufnahmeprüfung machten, waren älter als ich. Die Lehrer kamen überein, uns bis zum Ende des Schuljahres Nachhilfeunterricht zu geben, und zwar für die unerhörte Summe von 400 Kronen pro Woche, bis die Abiturklasse für die Aufnahmeprüfung an der Universität bereit war. Arme Waisenkinder mussten arbeiten gehen, nur solche mit Eltern oder anderen Geldquellen schafften es finanziell. Ich fand die Lehrer recht reserviert, sie hielten sich strikt an den Lehrplan. Ich hätte gern etwas über meine Zeit im Konzentrationslager geschrieben, doch der Professor für slowakische Sprache erteilte mir eine Abfuhr. Das steht doch schon in sämtlichen Zeitungen der Welt, was wollen Sie denn noch dazu sagen? Seltsamerweise wurde auch mein Sohn, der heute 32 Jahre alt ist und europäische Geschichte an der Oberschule in Sydney lehrt, gebeten, sich nicht zu sehr über den Holocaust zu verbreiten, »dazu sei sein Lehrstoff doch zu umfassend«.

Ich gab in der ganzen Welt Anzeigen auf, um nach Verwandten meiner Eltern zu suchen, da ich wusste, es musste welche geben. Es kamen ein paar Antworten aus den USA und

UNRRA-Pakete begannen einzutreffen. Sie enthielten Salami und Käse, Marmelade und Butter und als Allerherrlichstes Schokolade. Mit diesen zusätzlichen Hilfsquellen konnte ich mich später in der Abiturklasse bei den Lehrern beliebt machen. Doch das ist eine Geschichte für sich.

Nachdem ich durch meine schriftlichen Arbeiten bewiesen hatte, dass ich die Reife für die Klasse VIII besaß, besuchte ich ab September 1945 das Knabengymnasium in Žilina. Žilina ist bekannt wegen des riesigen Durchgangslagers der Hlinka Garde für diejenigen, die später über die polnische Grenze und nach Auschwitz kamen. Ich war das einzige Mädchen in dieser Schule, weil ich in Latein matrikulierte, das an Mädchenschulen nicht gelehrt wurde. Dort war Französisch Pflichtfach. Von einem Onkel, der später verschleppt wurde, war ich 1943 in Latein unterrichtet worden und im Lager Mendorf hörten wir uns an Sonntagen mit Freunden immer gegenseitig die regelmäßigen und unregelmäßigen lateinischen Verben ab. Im Verlauf von Wochen erwies sich, dass ich trotz vieler verlorener Jahre den Jungen weit voraus war, die als Hlinka Gardisten und in der slowakischen Hitlerjugend seit 1939 zu sehr mit antisemitischen Demonstrationen beschäftigt gewesen waren, um ihre Hausaufgaben zu machen. Ich war die einzige Jüdin in der Klasse. Ich trug die Narben emotionaler Qualen und niemand verstand mich. Wie stolz wären meine Eltern gewesen, mich im Gymnasium zu sehen! Wie bitter war es, ganz erregt von dem langentbehrten Unterricht heimzukommen und niemand davon erzählen zu können! Die Leute, bei denen ich wohnte, waren sehr nett zu mir, aber sie konnten mir meine Familie nicht ersetzen. Ich bin der Meinung, dass unser Schmerz so tief und so einzigartig war, dass auch der Lauf der Zeit unser Verhalten nicht würde ändern können.

Als das Schuljahr begann, war eine bittere Pille zu schlucken: Erst einmal hatte ich nur die mir vom Roten Kreuz zugeteilten Kleider, und keins davon passte mir richtig. Außerdem neigte ich zur Pummeligkeit und musste daher zufrieden sein mit dem, was man mir gab. Ich weiß noch, dass ich eine braune Hose, eine rosa Strickbluse und einen braunen Wintermantel besonders liebte, den ich vom Herbst bis ins späte Frühjahr trug, bis sich endlich etwas Passendes fand. Sonderbar, wie stark die Gewohnheit ist: bis heute trage ich gern die abgelegten Sachen anderer, weil mir so viele lustige Erinnerungen an meine Schulzeit dabei einfallen.

Der Biologielehrer war sowohl Antisemit als auch Alkoholiker und betrat meist das Klassenzimmer wie im Halbschlaf. Er schlug das gefürchtete schwarze Klassenbuch mit den Namen der Schüler auf, wählte nach Belieben einen aus und ließ den Betreffenden die vorige Hausaufgabe in Biologie aufsagen, die keiner richtig ernst nahm. Sein ganzes neurotisches Betragen änderte sich, als ich in die Klasse kam. Schon an der Tür brüllte er: »Haasova!« Nachdem er sich schwer hinter dem Pult niedergelassen hatte, schrie er: »Was weißt du über die Funktionen des Herzens? Inwiefern leiden Menschen mit nur einer Niere?« etc. etc. Die Jungen lasen inzwischen unter der Bank unanständige Heftchen, bis es klingelte und Kovacik wieder hinaustorkelte.

Einmal stellten wir in der ersten Pause ein menschliches Skelett auf sein Pult, zogen dem meinen braunen Wintermantel an und banden ihm einen blauen Schal um den Schädel. Man sah nur die Zehen. Beim Betreten der Klasse sah er nur jemand oben auf dem Pult stehen, weil das Skelett ihm den Rücken zukehrte, und schon brüllte er »Haasova!« Ich stand gehorsam auf, doch er brüllte nur »Runter da!« und suchte nach seinem Rohrstock. Ich drehte mich um, sah die Jungen jubeln – sie sprachen noch immer nicht mit mir – und fürchtete schon Schlimmes. Der wütende Lehrer schlug mit dem Rohrstock zu, das Skelett stürzte um, der Mantel ging auf und die Knochen der unglücklichen Haasova flogen herum.

Kovacik brüllte mich an: »Das wäre nicht passiert, wenn du nicht aus dem Lager zurückgekommen wärst!«

Ich musste mein Mittagbrot immer allein essen, ich musste allein sitzen, weil – laut Tagespresse – die Schüler das Trauma der Rückkehr der Unerwünschten durchlitten. Sie waren an keinen Konkurrenzdruck gewöhnt und mit den Lehrern »per du«. Sie hatten keine Disziplin und ihre Eltern wohnten in einstigen jüdischen Häusern, vermutlich für immer, wäre ich nicht von den Toten auferstanden.

Es gab noch einen anderen Lehrer, der mich aus tiefster Seele hasste, Professor Milovnik, unser Lateinlehrer, der mich nicht in der Abiturklasse haben wollte und dessen Schüler nicht einmal wussten, wie man »slowakisch« buchstabiert, ganz zu schweigen von ihrem Latein. Ich bekam immer die verzwicktesten Übersetzungen und da mein Name mit einem H anfing, war ich genau in der Mitte des Alphabets und ein leuchtender Stern im Vergleich zu dem hilflosen Gestotter vor und nach mir. Milovnik fragte mich einmal, als ich meine Übersetzungsaufgabe beendet hatte: »Wie viele Juden sind vergast worden?« Ich antwortete, so weit ich wisse, sechs Millionen. Milovnik schüttelte den Kopf. »Wenn ich dich so ansehe, bin ich überzeugt, dass sieben Millionen wieder aus den Öfen geschlüpft sind.« Diesmal brach ich weinend zusammen. Die Jungen zeigten keinerlei Mitleid, sie lachten nur frech. Ich ging zum Distriktsinspektor und erzählte ihm die Geschichte, es gab eine Untersuchung und Milovnik wurde versetzt. Mir war klar, dass zwischen mir und meinen Mitschülern ein Abgrund klaffte.

Dem Anführer der Clique, einem schrecklichen Nazi-Sympathisanten namens Kovacik bot ich an, früher in die Schule zu kommen und ihm beim Aufsatz zu helfen, einem Fach, in dem er nicht gut war, und er stimmte sofort zu. So kam ich denn früher und korrigierte seine Aufsätze, und weil sich das herumsprach, erweiterte sich der Kreis. Es ist doch eine Ironie des Schicksals, dass ich diese Tiso-Jungen, die mir hätten helfen sollen, mich nach meiner persönlichen Tragödie in fremder Umgebung zurechtzufinden, schließlich auch noch bestechen musste, damit sie meine Anwesenheit duldeten.

Als der Winter begann, konnte ich weder Ski fahren noch Schlittschuh laufen gehen, denn erstens wusste ich nicht wie und zweitens hatte ich kaum Winterkleidung, in der ich mich sehen lassen konnte. Ich gab einigen Jungen Nachhilfeunterricht in Latein und war entsetzt über ihre Unwissenheit. Anscheinend diskutierten sie über Politik und Antisemitismus, statt unregelmäßige Verben zu lernen.

Noch immer herrschte Mangel dort, wo ich wohnte, beispielsweise an Heizmaterial. Das Haus wurde nur in der Diele geheizt und in meinem Zimmer war es eiskalt. Zum Hausaufgabenmachen zog ich alles übereinander an, was ich besaß, und in meinen wenigen freien Stunden schrieb ich Briefe. Über das Rote Kreuz fand ich tatsächlich ein paar Freunde und Verwandte überall in der Welt. Alle schickten UNRRA-Pakete und schrieben mitfühlende Briefe, doch keiner von ihnen forderte uns auf, zu ihnen auszureisen. Wir waren nur interessant als die beiden Haas-Kinder, die allein heimgekehrt waren.

Mona Körte

Zeugnisse als Epitaphe. Wiedergängerische Stimmen im Werk von Charlotte Delbo und Ida Fink

Weibliche Autorschaft und Holocaust

Die Fülle an Holocaustzeugnissen zeigt, dass Frauen von Anbeginn an der Geschichte dieses Genres mitgeschrieben haben. Blickt man auf die Geschichte der weiblichen Autobiografik vor dem Holocaust, so ist dies keinesfalls selbstverständlich. Nur wenige Texte von Autobiographinnen haben Eingang in den literarischen Kanon gefunden, ihr Eigenwert wird jedoch zunehmend auch durch den veränderten Begriff von Autorenschaft erkannt.[1] Viele für die Darstellung des Ereignisses wie für die Auswirkungen auf das Schreiben bemerkenswerte Berichte von Frauen sind in die Sphäre öffentlicher Zirkulation aufgenommen worden. Während die unmittelbare Nachkriegsgesellschaft ihre Informationen und ihr Wissen aus den Berichten der Überlebenden bezog – sie also noch nicht ornamentales Beiwerk zur Geschichtsforschung waren –, unterliegen die Berichte nun, wo historische und analytische Forschungen die Überlebensberichte längst korrigieren und verallgemeinern, einem Funktionswechsel.[2] Hatten Primo Levi und Elie Wiesel Holocaust-Zeugnisse in den Stand von heiligen Texten erhoben und ihren Mitteilungen große Autorität verliehen, so findet in den achtziger Jahren eine Verschiebung der Aufmerksamkeit von dem »Was« zum »Wie« der Erinnerung statt, wodurch die ästhetische Qualität der Texte, die je spezifische literarische »Überformung« des Ereignisses, zunehmend an Bedeutung gewinnt.[3]

Diese Verschiebung wirft Fragen nach einer Poetik dieses Genres auf, die im Laufe der Ausführungen angesprochen werden. Fest steht, dass die verschiedenen Konjunkturen sowie die Modi der Erinnerung von Frauen entscheidend mitgeprägt wurden. Dabei lassen nicht erst so reflektierte Bücher wie Ruth Klügers *weiter leben*, das nicht zuletzt eine ungeduldige Reaktion auf die Tradition und Rezeption des Genres ist, erkennen, dass der Holocaust zunehmend auch als *»an attack on femininity«*[4] rezipiert wird. Der Fokus auf »*gender*« und Holocaust führt, indem er »Geschlecht« als eine der Komponenten im gesamten Erfahrungshorizont der Überlebenden einführt,[5] zu einem differenzierteren Verständnis vom Holocaust, setzt man voraus, dass das Ereignis überhaupt »verstehbar« ist. Die nuanciertere Auffassung der *»different horrors within the same hell«*[6] hat sich trotz größerer Widerstände in der Holocaust-Forschung durchgesetzt und die Vorstellung von der »klassischen« Holocaust-Erzählung als einer männlichen allmählich abgelöst.

Dennoch lassen die Überlebenserzählungen von Frauen oft eine Unsicherheit darüber erkennen, ob ihre Geschichte Teil der Geschichte des Holocaust ist. Vergleichsweise spät werden die spezifischen Formen der Ausbeutung von Frauen zum Thema gemacht, wofür Liana Millus Buch, *Rauch über Birkenau*,[7] beispielhaft ist. In sechs Erzählungen werden die verschiedensten Aspekte weiblicher Ausbeutung und Vernichtung gezeigt, die nicht weniger irritierend als Primo Levis Vorwort mit dramaturgischer Wucht auf einen Mangel in der Holocaust-Forschung verweisen. An vielen, weniger eindeutigen Texten von Frauen lässt sich die Reibung an dem nicht unproblematischen Denkzusammenhang von Geschlecht und Holocaust ablesen, da er in der Beschreibung ihren Status als Opfer zu verdoppeln scheint.

Die Modi der Erinnerung, die sich mit bestimmten, ihnen entgegenkommenden (oder gegenläufigen) Erzählweisen und

Kunstgriffen verbinden, legen die Frage nahe, wo und wie Frauen ihre Erfahrungen in der Geschichte des Holocaust ansiedeln. Augenzeugenschaft allein scheint dabei nicht unbedingt ein ausreichender Beweggrund des Aufzeichnens/Erzählens zu sein. Ihre erzählerische Berechtigung beziehen Frauen mitunter aus dem Drang, bisher Vernachlässigtes nachzutragen, also mehr oder etwas anderes als die eigene Geschichte zu erzählen. Die hier vorgenommene, grobe Systematisierung nach verschiedenen und ergänzenswerten schriftlichen Erinnerungsmodi ist ein bloßes Vehikel, um den sich durch die Geschichte des Genres und das »Funktionsgedächtnis«[8] der Gesellschaft verändernden, dynamischen Erinnerungsprozess aufzuzeigen:

Die *ergänzende* Erinnerung ist ein Modus, der nach Art der (fragwürdigen) Erinnerungen *Der König von Lodz* von Lucille Eichengreen[9] auf nicht verbürgte und unbeachtete Details historischer Figuren und Ereignisse zielt und diese nachliefert.

Die *ausholende* Erinnerung ist eine Variante, die mit der Vernichtungsgeschichte der Menschen die verschiedenen Aspekte der jüdischen Identität, Tradition und Geschichte mitzuerzählen versucht, so, als sei mit den Menschen auch alle Tradition gestorben. Sara Rosen rekapituliert in *My Lost World* (1993)[10] die jüdische Tradition und sprengt damit ihren Text, der, wie der Untertitel sagt, *A Survivor's Tale* sein will.

Bei der *unvollständigen/fragmentarischen* Erinnerung schließlich handelt es sich um einen Modus, der von vornerein mit dem Eingeständnis eines unerzählbaren Ganzen operiert. Durch die Auffassung, dass nur ein Bruchteil dessen, was das Universum des Holocaust ausmacht, zur Sprache kommen kann, weicht das Beschreiben der Ereignisse, das die ersten beiden Modi charakterisiert, einer literarischen Verfremdung oder »Überformung«. In diesem Verfahren vermischt sich in je verschiedener Ausprägung der für den Holocaust geltende Unsagbarkeits-Topos mit der Einsicht, dass die sprachliche Rekonstruktion der Ereignisse, ihre Zusammensetzung aus Erinnerung und Imagination, etwas vom Ereignis selbst kategorial zu Unterscheidendes ist. Exemplarisch für diesen Modus sind Charlotte Delbos bereits 1946 verfasste Erinnerungen *Keine von uns wird zurückkehren*,[11] indem sie die Erfahrung im Lager durch etwas Stellvertretendes bezeichnet. Die ersten beiden Erinnerungsformen, die durch die ihnen zur Verfügung stehenden Mittel die Ereignisse »beschreiben«, unterscheiden sich von der letzten, welche die Dinge metonymisch bezeichnet.[12] Ein Blick auf die Entwicklung des Genres zeigt, dass die fragmentarische Erzählweise und die damit verbundene Auffassung eines unerzählbaren Ganzen für das Holocaust-Zeugnis zwar keineswegs verbindlich, aber traditionsbildend ist. Dieser Modus beginnt bei Charlotte Delbo und führt u.a. über Alina Margolis-Edelman[13] bis zu Hanna Krall und Ida Fink.[14]

Tod und Autobiographie

Bewegt sich das Genre des Holocaust-Zeugnisses zwischen den traditionsbildenden Polen eines ungebrochenen Vertrauens in die Möglichkeiten und regenerativen Fähigkeiten der Sprache und eines tiefen Zweifels an ihr als adäquatem Medium von Ereignis und Erfahrung, so wird die Gattung Autobiographie/autobiographischer Roman noch durch ein weiteres, die Überlebenden von den Lebenden trennendes, Moment vor neue Anforderungen gestellt: »*The clear line that in normal times divides life from death disappeared there, and memory is unable to restore it.*«[15] Waren das Selbst und dessen Werden bislang der Gegenstand autobiographischer Erinnerungen, so wird in Überlebenszeugnissen gerade die Zerstörung des Selbst durch den Holocaust beschrieben. Dies stellt die im 20. Jahrhundert durch postmoderne Ansätze ohnehin erschütterte Gattung vor ein Dilemma: Versteht man die Praxis des Tagebuch- und Erinnerungen-Schreibens als eine »kulturell überlieferte ›Technik der Sorge um sich‹«, als eine sich ständig verfeinernde Kultur seiner selbst,[16] so ist eine ungebrochene Anknüpfung an diese tradierte Praxis vergeblich, da sich das Schreiben in der Schilderung des zerstörten Selbst erschöpft und eine Wiederherstellung und Selbstvergewisserung dieses Selbst nicht leisten kann. Ist diese elementare Funktion außer Kraft gesetzt, so klingt der Begriff »Erinnerungen schreiben« angesichts des Erinnerten wie ein Euphemismus. Als habe sie den Tod überlebt, meldet sich eine brüchige Erzähl-Stimme, die mit den räsonnierenden Stimmen früherer Selbstbiographien oft nicht einmal den rückwärts gewandten Blick gemeinsam hat, da das Ereignis ewige Gegenwart bleibt. Die Zeit einer Zerstörung wird schreibend vergegenwärtigt, dies jedoch ohne die Aussicht, die Zerstörung im Schreiben zu beheben oder rückgängig zu machen. Der Versuch der Wiederherstellung durch die schreibende Vergegenwärtigung des erinnerten Ich wird durchkreuzt durch eine unlösbare Aporie: Vernehmbar zu sein, ist der größte Einwand gegen den allumfassenden Tod, den Mord an Unzähligen. Der hervorgebrachte Text wendet sich wie ein Golem gegen seine Schöpfer, da er den Verfassern und Verfasserinnen die in Frage gestellte Vitalität und Integrität geradezu bescheinigt. Wohl deshalb versuchen viele Autorinnen in ihren mitunter virtuosen Darstellungen der lebenden Toten die erzählerische Beschaffenheit der Texte zum Verschwinden zu bringen, begreifen sich als Medien, manchmal beinahe wörtlich als verlängerter Arm der Toten und spekulieren laut darüber, ob die Erinnerungen etwa »sich selbst geschrieben« haben.[17] Das romantische Postulat, dass erinnertes Leben die Triebfeder (poetischen) Schreibens sei, wird hier ad absurdum geführt. Denn nicht erinnertes Leben, sondern der erinnerte und vielfach bezeugte Tod wird zum Anlass des Aufzeichnens. Nicht von ungefähr beginnt beispielsweise Ruth Klüger ihre Aufzeichnungen mit dem Tod und schreibt gegen die Chronologie an. Besteht von jeher ein Zusammenhang von schriftlichem Zeugnisablegen und Begräbniskultur, da die Autobiographie das Irreversible des Todes abzumildern versucht und darin ähnlich dem Grabstein zum Erinnerungsträger avanciert,[18] so scheint dieser Zusammenhang radikalisiert, wo die Erinnerung zum Ersatz einer Begräbniskultur wird. Die Worte stehen anstelle eines Grabsteins; da die Toten des Holocaust kein Grab besitzen, ersetzt die mitunter schmerzhafte Kohärenz und Schlüssigkeit der Sätze fehlende Trauerrituale, die in ihrer Interpretation als »letzte Worte« den Schreibenden eine fast unerträgliche Verantwortung auferlegen. Diese haben nicht Tage, sondern Tote gezählt, sie räsonnieren nicht über Lebenswege und Begegnungen, sondern übermitteln die Botschaft vom Sterben, von der letzten Verrichtung und dem Tod der Anderen.

Für die französische Philosophin Sarah Kofman etwa war das Spannungsverhältnis von Tod und Autobiographie so unvermeidlich wie unauflösbar. »Es geht mir nicht wie Marguerite Duras darum, ein Drama auf mich zu beziehen, sondern darum, ein historisches Faktum zu verstehen. Das kann nur unter Ausschluss der Biographie versucht werden«,[19] war noch 1987 in ihrem Essay *Paroles suffoqueés* (deutsch: *Erstickte Worte)* zu lesen. Entgegen dieser programmatischen Äußerung entstand nach einem reichen wissenschaftlichen Werk ihre Autobiographie, *Rue Ordoner, Rue Labat* (1994), besser das Skelett einer Autobiographie, das mit dem Tod ihres Vaters in Auschwitz beginnt und ein Ende ausspart.[20] Autor und Autorin müssen, um sich ihr Leben oder einen Auszug desselben schreibend zu vergegenwärtigen, den Moment des

Schreibaktes als fiktiven Todeszeitpunkt setzen, der den ordnenden Blick auf die Dinge legitimiert. Sarah Kofman hat dieser Voraussetzung im Angesicht des Holocaust eine andere Bedeutung abgewonnen: 1991 kündigte sie ihren Tod gewissermaßen an, indem sie die Realisierung des Projekts einer Autobiographie mit ihrem realen Todesdatum zusammendachte. Die Veröffentlichung ihres Bruchstücks hat sie nicht überlebt. Die Selbstbiographie wird durchkreuzt von dem Zwang, dem veränderten Gesicht des massenhaften Todes selbst eine Biographie zu geben.

Es sind gerade diese verhinderten Zeugnisse, die am deutlichsten von der schwierigen, im Genre des Holocaust-Zeugnisses verankerten, Herausforderung sprechen und die Geoffrey Hartman wie folgt beschrieben hat: Das Zeugnis »arbeitet an der Vergangenheit, um den ›einzelnen, mit seinem eigenen Namen‹ zu befreien von jenem Ort des Terrors, wo ihm Gesicht und Name genommen worden waren«.[21]

Der Angriff auf Gedächtnis und Sprache

Charlotte Delbo (1913-1985) und Ida Fink (1921) bürgen auf unterschiedliche Weise für das Verfahren, die Einzelnen durch das Erzählen vom Ort des Terrors zu befreien. Charakteristisch für ihren Erzählgestus ist, dass sie nur einen Bruchteil der Erfahrungen nennen und ahnen lassen, dass das Holocaust-Universum viel umfangreicher ist, als der Text von ihm mitteilt. (Dafür spricht schon der mit glücklicher Hand gewählte Titel *Notizen* von Ida Finks Erzählband.) Die Französin Charlotte Delbo wurde 1942 in Paris als Mitglied der Résistance verhaftet und im Januar 1943 mit dem letzten Transport von Französinnen nach Auschwitz deportiert. Den ersten Band ihrer Aufzeichnungen, *Aucun de nous ne reviendra*[22] (deutsch: *Keine von uns wird zurückkehren*) verfasste sie bereits 1946. Dieses und zwei weitere Bücher (deutsch: *Eine nutzlose Bekanntschaft* und *Maß unserer Tage*) wurden 1971 als Trilogie unter dem Titel *Auschwitz et après* zusammengefasst. Delbo ist eine Zeugin im Doppelsinn: Selbst in Auschwitz, beginnt sie als Nicht-Jüdin ihre Trilogie mit dem Gedenken an die Deportation der Juden, dies, obwohl sie – ganz uncharakteristisch für den Zeitpunkt ihrer Aufzeichnungen – das Schicksal der Widerstandskämpferinnen von dem der Jüdinnen nicht getrennt betrachtet und/oder aufwertet.[23] Obwohl sie die Schicksale nicht trennt, lassen ihre Schilderungen nie im Unklaren, von wem sie berichtet und wen welches Schicksal ereilt. Sie nimmt ihre unvergessenen Figuren ganz ernst, benennt noch im Moment ihrer Zerstörung deren Identität: »Eine Frau, die zwei andere an den Armen ziehen. Eine Jüdin. Sie will nicht in Block 25 […]. Ein enthäuteter Frosch. Die Knie werden vom Schotter aufgerissen.«[24]

Nicht allein ihres frühen Erinnerungsberichtes wegen ist Delbo die Leitfigur derjenigen, die sich mit den verschiedenen Formen der Erinnerung an den Holocaust beschäftigen. Lawrence L. Langer führt sie als Repräsentantin einer »*deep memory*« ein,[25] bei Hartman wird sie Gewährsfrau einer wichtigen Funktion von Literatur, die durch die ureigene Verquickung von Erinnerung und Imagination den unpersönlichen und unsteten Gedenkeinrichtungen entgegenwirkt. Delbo symbolisiert den radikalen Bruch im Schreiben nach Auschwitz, indem sie erinnerungskritisch den Schreibprozess als solchen thematisiert.[26] »Heute bin ich nicht sicher, ob das, was ich geschrieben habe, wahr ist. Sicher bin ich, dass es der Wahrheit entspricht«, stellt Delbo als Motto an den Anfang ihres ersten Bandes. Der Holocaust ist durch das Trauma, das er hinterlassen hat, ein bis heute wirksamer Angriff auf das Gedächtnis und die Sprache. Durch die Vorgabe von Kohärenz und syntaktischer Ordnung geriet das Erzählen früh in den Verdacht der Befriedung. Delbo wollte, um diesen Makel zu überlisten, das Ereignis transzendieren, nicht über die Lager informieren und aufklären, sondern »eine höhere, unaktuelle, das heißt beständigere Information, die die Wahrheit der Tragödie spüren lassen würde«, zeigen.[27] Der Zweifel an der sprachlichen Repräsentation findet sein Äquivalent in ihrer fragmentarischen Erzählweise, die an die hermetische Form der Lyrik erinnert und in der sich die Verfahren der Moderne radikalisieren. Sprache darf nicht unbeschadet neben dem Holocaust als dem Tod aller Konventionen herlaufen. Entsprechend sträubt sich die Sprache vor allem in Delbos erstem, am wenigsten deskriptiven Buch gegen die Lesbarkeit der Ereignisse. Dem Sog des Erzählens, das nicht allein durch seine ordnende Macht das Schreckliche zu »entschrecklichen« vermag, entzieht sie sich, indem sie einen Schock durch Analogien produziert. Die gewohnte Welt wird den Lesenden genommen und ihnen als grauenhafte zurückgegeben. Mit dem unverdaulichen Euphemismus: »Manche sind zum ersten Mal auf Reisen«,[28] beginnt Delbo ihre Beschreibung der Deportation nach Auschwitz. Der dem Leser bekannte Bestimmungsort ist mit einer solchen Beschreibung so wenig vereinbar wie der Anblick des mit einem Stock geschundenen Mannes, an das »Geräusch eines Teppichs« erinnernd, »den man klopft«.[29] Der Vergleich des Nicht-Subsumierbaren mit Bekanntem manifestiert den vergeblichen Versuch, das »Unvorstellbare«[30] einzugemeinden. Ihr Verfahren arbeitet den sprachlichen Domestizierungsversuchen entgegen, lässt die Leserschaft teilhaben an einer Mutation oder besser einer tabula rasa aller Übereinkünfte. Letztere bleiben als bloße Reminiszenzen, als »Reflexe des Gedächtnisses«[31] in der beschriebenen Welt bestehen.

In ihrer Darstellung des Universums Auschwitz geht sie hinter alle Regeln zurück. Sie setzt die Worte so ein, dass deren Bedeutungen gegen den Strich gebürstet werden; Euphemismen und Inversionen gehören zum Arsenal dieser Welt, in der der Schrei die Menschen gebiert: Die Ich-Erzählerin sieht »Schreie, die sich in Frauen verwandelt haben«.[32] Neben den absichtlich gesetzten schiefen Analogien sorgt die indirekte Erzählweise für weitere, schockartige Momente. Diese Erzählweise ersetzt das anders nicht zu Beschreibende, für das ihr Gedächtnis »nur Klischees« findet.[33] Dabei kommt Delbo der Leserschaft durch ein etwaiges Benennen der Dinge nicht entgegen: Nicht die Leiche ist leicht, sondern die Bahre, auf der die Leiche liegt, ist auch ohne dieselbe kaum leichter.[34] Auschwitz ist »ein Ort noch vor jeder Geographie«, »die Sonne eine vor der Schöpfung«.[35] Die Todeserfahrung zerstört jede Erinnerung an den Lebensbeginn und verlegt die Geburt nach Auschwitz.

> »Mein Leben hat dort begonnen [...]. Du Schwester, Familie [...]. Alle Anstrengungen, die wir unternommen haben, um die Zerstörung unseres Selbst zu verhindern, um unser Ich zu bewahren, um unser vorheriges Ich aufrechtzuerhalten, all diese Anstrengungen haben nur dort etwas bewirkt. Vorher gab es nichts.«[36]

Der Angriff auf die Erinnerungsfähigkeit und seine Funktion hat laut Delbo schon in Auschwitz begonnen, angesichts der Ereignisse dort habe man seinen Erinnerungen misstraut. Die klassische Form der Autobiographie als die »Beschreibung des Lebens eines Einzelnen durch diesen selbst«, hat sich in Auschwitz erschöpft:

> »Wir schöpften aus unserer Vergangenheit [...], um das Wissen von uns selbst nicht zu verlieren, um uns zu erhalten, uns nicht aufzulösen, uns nicht zerstören zu lassen. Jede hat tausend und abertausend Male ihr Leben erzählt, ihre Kindheit, die Zeit der Freiheit und des Glücks wieder aufleben lassen, um sich zu überzeugen, sie tatsächlich erlebt zu haben, dass man tatsächlich die war, die das erzählte. Unsere Vergangenheit ist unsere Rettung und unser Trost gewesen.

Und seitdem ich zurück bin, hat sich alles, was ich vorher war, haben sich alle meine Erinnerungen an vorher verflüchtigt, sind auseinander gelaufen. Als hätte ich sie dort aufgebraucht.«[37]

Nicht mehr ein Wissen um sich selbst, sondern die Ausgrabung eines wenn auch noch so fragilen Wissens um die, die starben, scheint vierzig Jahre später der Impuls literarischen Schreibens bei Ida Fink. In Polen geboren, lebte sie während der deutschen Besetzung im Ghetto, von wo ihr die Flucht in die Illegalität gelang. Ihr 1998 erstmals auf Deutsch erschienener Erzählband lässt allein durch den Titel, *Notizen zu Lebensläufen* (polnisch: *Ślady*, d.h. Spuren 1996), keinen Zweifel daran, dass die Erinnerung und Überlieferung nur eine fragmentarische sein kann. »Notizen« legen nahe, dass ihnen unendlich viel hinzuzufügen wäre und die vergegenwärtigten Figuren »nicht zu Ende entworfen« sind. Finks »angedichtete« Figuren sind ergänzungs- oder gar korrekturbedürftig, sind versehrt, unvollständig. Überflüssig zu sagen, dass dies nicht aus dem mangelnden Interesse der Autorin an ihren Figuren geschieht, sondern ein schmerzhaftes Wissensdefizit und die Trauer über eine über die Welt verstreute Erinnerungsgemeinde ausdrückt. An die Stelle der Lücken treten charakteristische Erklärungen für das Nicht-Wissen: »Erst nach dem Krieg ... erst nach Jahren ... erst durch Zufall ... Immer wieder kehrt, gesprochen wie geschrieben, diese ergänzende Wendung wieder, eine Fußnote zu vielen einzelnen Schicksalen.«[38] Die in einer Erzählung gestellte Frage »Was weiß man von Sabrina?«[39] lässt sich auf alle Figuren der Autorin beziehen. Bis heute überraschen die Toten, indem jemand durch einen Zufall Details über sie verrät, bis heute kehren sie in mündlichen und schriftlichen Erzählungen wieder und erinnern daran, dass man ihnen etwas schuldig geblieben ist. Finks Figuren stehen an der Schwelle zum Vergessen, dadurch verschränkt sich in ihnen Dokumentation

und Literatur auf besondere Weise. Wie Klügers Aufzeichnungen lesen sich Finks Erzählungen mitunter als eine Re-
plik auf die Geschichte der Überlebensberichte; ihre Erzäh-
lerinnen erinnern sich mitunter an Erinnerungen oder
reflektieren den Schreibprozess. Fink notiert auch latente
oder manifeste Strategien des Umgangs mit dem Nicht-Wissen. Sie »dramatisiert« die wenigen Wissenspartikel, Erinnerungsfetzen (*Beschreibung eines Morgens*), damit sie wenigstens besagen, wie es gewesen sein könnte. Die einzige
Gewissheit sind der Mord und der Tod. In ihrer Erzählung
Die sich wiederholende Auferstehung des Bäckers steht das
Erinnerungsvermögen zur Disposition: selbst nach 27 Jahren
endet jede, zwar im Detail abweichende Erzählung über die
Misshandlung des Bäckers Weiskranz mit seiner Ermordung.
»Alle wissen und viele [haben] gesehen […], auf welche Art
und Weise er ermordet wurde.«[40] »Seit Wochen wird der Bä-
cker Weiskranz immer wieder zum Leben erweckt, um dann
aufs Neue umgebracht zu werden, immer auf dieselbe durch-
triebene Art:«[41] Natürlich wird nicht er zum Leben erweckt,
sondern es sind die *Geschichten* über ihn, die in redundanten
Sequenzen und mit geringen Modifikationen inszeniert werden. Dies deutet auf die vitale Kraft und die Eigendynamik
von Erzählungen. Fink wiederholt nicht nur das Ereignis,
sondern strukturiert auch manche ihrer Erzählungen durch
traumatische Wiederholungen (*Nächtliches Thema mit Variationen*). Sie thematisiert, wie sich die verschiedenen Erzählweisen auf das Erzählte auswirken, welche Ausprägung
bestimmte Motive in ihnen erfahren, und schließlich, welcher Art die sprachliche Vergegenwärtigung dieser Versatzstücke sein muss, damit sie eine glaubwürdige Version zu liefern vermögen.

Manchmal ist jedoch selbst der Tod keine Gewissheit, wie
in Finks letzter Erzählung *Die Spur*. Die vorangestellte Rol-
leneinteilung weist die Erzählung als Inszenierung aus, der

zum Stück jedoch die Ort- und Zeitangabe fehlt, was der beschriebenen Szene die Einmaligkeit nimmt. Eine Frau sucht das vermutlich letzte Versteck ihrer Schwester auf, um sich von ihr zu verabschieden, um sie nicht mehr suchen zu müssen und erfährt, dass sie mit einer gewissen Wahrscheinlichkeit überlebt hat. »Gerade jetzt, da ich erfahren habe, dass sie überlebt hat, jetzt habe ich die Hoffnung verloren.«[42] Sie lebendig auffinden heißt, von ihr womöglich nicht gesucht worden zu sein, was schmerzlicher wäre als weiter mit der Vorstellung ihres Todes zu leben. Jeder Erinnerungspartikel sagt letztlich mehr darüber aus, was alles nicht gewusst wird und lässt die Lücken und Löcher umso deutlicher hervortreten. Teile also, die nie ein Ganzes ergeben werden. Dahinter haust jedoch die perfidere Gewissheit, dass auch die Summe aller Teile nie ein Ganzes ergeben würde, es bestenfalls darum gehen kann, den Toten »ihren Namen oder ihr Gesicht« wiederzugeben. Ihre Autorität auf dem Gebiet von Erinnerung und Imagination, ihr mit Hanna Krall gemeinsamer poetisch-verknappter Stil, siedelt Ida Fink an der Grenze von Literatur und Dokumentation an, was auch die Aufnahme ihrer Prosa in die wissenschaftliche Anthologie *Woman in the Holocaust* beweist.[43] Sie »sammelt« Versatzstücke von Leben und hat darin Ähnlichkeit mit dem Protagonisten ihrer Erzählung *Die Adresse*, der nur kurzzeitig aufhört, »Lebensläufe aus der Kriegszeit zu sammeln«,[44] da er seine Familie wiedergefunden zu haben meint.

In dem erzählerischen Bemühen, ihren Gestalten Namen und Gesicht wiederzugeben, nimmt sich Fink verschiedene erzählerische Freiheiten, begrenzt allein durch die zwischen den Worten stehende spröde Gewissheit, dass sie nur einen Bruchteil der Geschehnisse erzählen *kann*. Ihre Erzählungen sind literarische Auswege aus dem Dilemma des Erzählens, das Worte finden muss, um Disparates und Unvereinbares miteinander zu verknüpfen. Wie um die Hoffnung auf Vollständigkeit nicht ganz aufgeben zu müssen, werden Erinnerungsfetzen in verschiedenen Erinnerungsvarianten und literarischen Formen solange gedreht und gewendet, bis alle Auswege versperrt sind und die Bruchstückhaftigkeit zur traurigen Gewissheit wird. Wäre ihr Stil nicht so ordnend und besonnen, würde ihr Erzählverfahren einem Verzweiflungsakt gleichen: Einmal zeigt sie ihre Figuren in rasantem Wechsel aus der Innen- und Außenperspektive[45] und macht damit deutlich, wo die zusammengetragene Erinnerung aufhört und die Imagination beginnt. Das andere Mal begegnen sich das erinnernde und das erinnerte Ich in einem Café (*Wir sind schon in die Oper gegangen*). Das erinnernde holt das erinnerte Ich – zunächst ohne es zu erkennen – ab, vielleicht um sich aus einer endlosen Erinnerungsschleife zu befreien. In der Erzählung *Die Hand* bilden Geschlechter- bzw. familiäre Rollen eine Brücke zu einer schmerzhaften Erinnerung, die von einem schützenden, aber aufgekündigten Mutter-Sohn-Verhältnis spricht. Die Erzählung beginnt mit der Beschreibung eines jungen Mannes im KZ, der die Erzählerin zu dem Gedanken »Er hätte mein Sohn sein können – so viele Jahre trennten uns«[46] veranlasst. Bald entdecken sie ihre gemeinsame Leidenschaft für das Wandern, die sie in »Kopfreisen« ausleben und die bald zu einer Modifikation des Konjunktivs führt: »In meinen Gedanken nannte ich ihn ›Sohn‹«, beschreibt die Ich-Erzählerin notwendige Wahlverwandtschaften[47], die tiefgründiger noch bei Delbo verhandelt werden. Wo die Geschlechtszugehörigkeit in Auschwitz physiognomisch kaum mehr auszumachen ist, wird in einer gegenläufigen Bewegung geradezu auf dem Geschlecht bestanden, da über seine Bedeutung an sich selbst erinnert wird. Wie zur Beruhigung führt Delbo im Sprechen über die Geschlechter ein Erzählerinnen-Kollektiv ein. Die »Wir-Form«[48] beweist jedoch nur, dass das »ich« im »wir« keineswegs aufgeht. »Zu den Männern empfanden wir eine große Zuneigung. Wir sahen ihnen zu [...]. Wir liebten sie«, beginnt Delbo ihr Kapitel »Die Männer«, um auf derselben Seite zu vermerken: »Aber ich liebte die Männer nicht. Nie sah ich sie an«.[49] Das »Ich« ist die kritische Instanz zum Chor, der rettende Interpretationen liefert bzw. die Fiktion einer Geschlechterspannung aufrechterhält, die bei dem Ich, das seinen Geliebten verloren hat und den übrigen Männern ihr Überleben so schwer verzeihen kann, erloschen ist: »Jedem, der lebte, trug ich nach. Ich hatte noch kein Gebet der Vergebung gefunden, für die, die lebten.«[50]

Rückkehr als gespenstische Wiederkehr

Da sie zu viel gesehen haben, wird für Delbos Figuren die Heimkehr ganz unmissverständlich zur gespenstischen Wiederkehr aus dem »jenseits der Erkenntnis«.[51] Die durch die Grammatik des Satzes (»Ich kehre zurück von – jenseits der Erkenntnis«) entstehende Erwartung eines topographischen Ortes wird enttäuscht und durch einen sich den Begriffen entziehenden Zustand ersetzt. Die Erfahrung des Jenseits hat jede in Begriffen und syntaktischer Ordnung liegende Verbindlichkeit gelöst. Zwischen dem Titel »Keine von uns wird zurückkehren« und dem, diesen Titel aufhebenden, letzten Satz, »Keine von uns hätte zurückkehren dürfen«[52] des ersten Buches, entfaltet Delbo ein Spiel mit den Figuren als Untoten. In dieser Bewegung zeigt sich die Tücke der Erzählerin als Beglaubigungsinstanz: Die Schreibende ist im Schreibakt gezwungen, den paradoxen, jedoch nicht weniger wahren Satz zu modifizieren. Denn wer überlebt hat, kann seinen Versuch, das Geschehen zu beglaubigen/bezeugen, nicht ganz einlösen. Er beglaubigt die Sache, obschon die Tatsache seiner Existenz das Beschriebene unglaubwürdig macht: »Dass wir da sind, um zu berichten, dementiert das, was wir berichten«.[53] Delbos Buch handelt sehr viel von der Verzweiflung des »après«, das sein Reich zwischen den beiden oben genannten Sätzen aufschlägt. Ihr »après« wird in der verbindlichen sprachlichen Konvention genutzt, um vorzuführen, dass es dieses »danach« nicht gibt, gar nicht geben kann. Auschwitz nämlich ist ewige Gegenwart: »Was mich betrifft, bin ich noch dort und sterbe noch dort«; »ich bin in Auschwitz gestorben und niemand sieht das«,[54] sagen die Figuren wechselweise. Die Unvergänglichkeit des Ereignisses, die Delbo sagen lässt, Auschwitz liege nicht hinter, sondern lebe neben ihr, sowie die Tatsache, dass die Überlebenden »zu viel gesehen haben«, erinnert an einen prominenten Zeugen bzw. Wiedergänger der Literatur.[55] Durch die Geisterstimmen der Aus-dem-»jenseits der Erkenntnis«-Kommenden hindurch, in den sich wiederholenden Reden der überlebenden Frauen vor allem im dritten Band der Trilogie, hört man die mythische Vorlage des Vielwissers Ahasver durch, in dem sich ewige Gegenwart kristallisiert: »Mein Alter ist unverändert, ich bin nicht älter geworden. Die Zeit vergeht nicht. Die Zeit ist stehen geblieben, [...] ich bin nicht lebendig. Ich bin nicht lebendig. Ich bin in Erinnerungen und Wiederholungen eingesperrt [...]. Wie soll man inmitten dieses Volkes von Toten leben? Ich fühle mich nicht leben,«[56] sagt Mado, eine der übernächtigten Frauen. Sie verkörpert als sprechender Leichnam das Paradox, das Ahasver als dem Untoten immer schon eingeschrieben war.[57] Und weiter heißt es: »Die Leute glauben, dass sich die Erinnerungen mit der Zeit verwischen, dass sie mit der Zeit verblassen, mit der Zeit, der nichts widersteht. Das ist der Unterschied, für mich, für uns vergeht die Zeit nicht. Sie nutzt nichts ab, sie verwischt nichts.«[58] Die Überlebenden erfahren keine Ausdehnung in Raum und Zeit. Sie sind vollkommen in sich und die Zeit, die sie inkarnieren, zurückgebogen, eingekapselt in eine Erfahrung, aus der sie auch das Erzählen nicht befreit. »Müde manchmal, mehr geistig als körperlich [...]. Diese Müdigkeit empfinde ich immer, wenn ich mich den Menschen, ihren flüchtigen Worten anpassen muss.«[59]

Anders als Ahasver plagen sie sich jedoch nicht mit der Frage, wie der Akkumulation von Wissen zu entgehen ist und wann aus Wissen Verstehen wird, da es sich bei ihnen um keinen Wissensüberschuss, sondern um ein »nutzloses«, ein nicht mitteilbares Wissen handelt. Die Einsamkeit des Wissens rührt daher, dass es wohl kein vergleichbares Ereignis gibt, das so viel »nutzloses Wissen«[60] produziert hat wie der Holocaust, und dass die Formen der Mitteilung vom Ereignis selbst affiziert sind. »Man kommt von dort zurück und sogar von noch weiter«,[61] das ist die trennende Erfahrung, die keine rettenden Analogiebildungen mehr zulässt: »Es bleibt, dass ich von den Menschen mehr weiß, als man braucht, um an ihrer Stelle zu leben, dass es zwischen ihnen und mir immer dieses nutzlose Wissen geben wird«.[62] Ihr Überleben dementiert nicht nur die Todesschilderungen, sie verbleiben auch noch als Zeugen »ohne Botschaft« an die Nachwelt. Wie Ahasver hält sie der Wunsch oder der Zwang des Zeugnis-Ablegens am Leben,[63] doch wissen sie, dass die letzten Worte der Sterbenden nicht einmal mehr als Parodie taugen: »Nackt auf den Pritschen des Krankenreviers haben unsere Gefährtinnen fast alle gesagt: ›Diesmal kratze ich ab.‹ [...] Sie wussten nicht, dass sie denen die Aufgabe erschwerten, die überleben würden, die den Verwandten ihre letzten Worte würden überbringen müssen [...]. Und sie rechneten so wenig damit, dass auch nur eine Einzige überleben würde, dass sie nichts anvertrauten, was eine Botschaft hätte sein können.«[64] Türmt sich in Ahasver ein unendliches Archiv an Zahlen und Geschehnissen, so sind die Überlebenden mit der Summe der Eindrücke überfordert und können kaum erzählen: »Alle Worte, alle Bilder sind seit langem verblasst. [...] Mein Gedächtnis hat seine lebendige Kraft verloren.«[65] Als

Ahasver-Figuren ohne die lebendige Kraft des Gedächtnisses fungieren sie als Totenkalender:

> »Die Daten? Was für Daten und welche Bedeutung hatte es, ob es Freitag oder Sonnabend oder Jahrestag von diesem oder jenem war? Die Daten, die man behalten musste, waren der Tod von Yvonne oder der Tod von Suzanne, der Tod von Rosette oder der von Marcelle. Wir wollten immer in der Lage sein zu sagen: ›Soundso ist gestorben am …‹, wenn man uns danach fragen würde, falls wir je zurückkehren würden.«[66] Und an anderer Stelle heißt es: »Wir haben die Zeit mit dem Zählen der Toten verbracht.«[67]

Delbo streut die Eigennamen ermordeter Frauen, wodurch ihre Erinnerungen auch ihrer Dichte wegen den Charakter von Epitaphen annehmen. Nicht Januar, Februar, März, sondern Alice oder Lily heißen die imaginären Kalenderblätter. Der Überschuss an Todeswissen macht die Überlebenden zu unfreiwilligen Geheimnisträgern,[68] die von dem radikalen Zweifel an der Lebendigkeit befallen sind. Sie müssen, wollen sie ihre Existenz als »Gespenster«[69] aufgeben, ihre Beschäftigung mit dem Tod wieder »verlernen«,[70] müssen aufhören, die Toten zu zählen, den Tod zu proben, sich dem Tod um so vieles näher als dem Leben zu fühlen. Die dafür nötige Rückeroberung des Körpers, der Bücher und der Wörter ist ein Thema, das neben Delbo auch Georges-Arthur Goldschmidt zu dem seinen gemacht hat.[71]

Da so wenige den Tod überlebt haben, werden sie auch unter der Last der Fülle des zu Dokumentierenden zu ahasverischen Zeugen, jedoch »ohne Beweiskraft«.[72] Gleich Ahasver sind sie Gestalten, deren Konfusion auch Raum und Zeit betrifft: »O ihr Wissenden, wusstet ihr, dass ein Tag länger dauert als ein Jahr/eine Minute länger als ein Leben«.[73] Wie er leben sie »außerhalb der Zeit«.[74] Die Dichterin Gertrud Kolmar und nach ihr Nelly Sachs hatten Ahasver, den Ewigen Juden, in Zusammenhang von Flucht und jüdischer Verfolgung gestellt, indem sie in ihm die Figur ewiger Wiederkehr poetisierten.[75] In Kolmars Gedicht »Ewiger Jude« lieh Ahasver noch den Fliehenden die Stimme der Klage, seine Schuhe waren Merkzeichen und standen für das Schicksal eines gewaltsamen »Gewandert-Werdens«.[76] Was bei Kolmar der Schuh ist, wird bei Delbo das künstliche Bein; es ist ein wiederkehrendes Motiv, das zum untoten Vehikel ihrer Träger avanciert. Das im Schnee liegende Bein von Alice, einer Verstorbenen, scheint um vieles lebendiger als die Beschauerinnen desselben: »In den Schnee gebettet ist das Bein von Alice lebendig und empfindlich. Es muss sich von der toten Alice gelöst haben«.[77] Die im Mythos Ahasver bereits 1933 durch Kolmar angesprochene unaufhaltsame Dynamik der Vernichtung lässt die Frauen als Nachhut Ahasvers erscheinen. Delbos Satz: »Unsere Beine rücken vor, als ob sie nicht uns gehörten«,[78] betont einmal mehr das Eigenleben der Glieder, die sich durch fremden Zwang in Bewegung setzen. Waren es in der Lyrik unmittelbar vor dem Holocaust die Fliehenden, welchen Ahasver die Stimme der Klage lieh, so wendet sich der Mythos in seiner Eigenschaft als eine Probleme beschreibende und erklärende Instanz, die Bedeutungen verschiebt, um Erklärungen für ein unsagbares Geschehen zu liefern, gegen sich selbst. Seine ihm von anderen aufgezwungene Schwäche – allseits wandern, fliehen zu müssen –, wird in einer verkehrten Welt zur Stärke: »Keine dachte an Flucht. Man muss stark sein, um fliehen zu wollen. Man muss sich auf all seine Muskeln, all seine Sinne verlassen können.«[79]

Eine Poetik der Zeugnisse

Charlotte Delbo sammelt die verlorenen und anonymen Stimmen wieder ein und gibt ihnen Eigennamen, da sie die Toten zur Ruhe betten möchte; Ida Fink hingegen möchte die Toten wieder aufleben lassen, sie darstellbar machen, indem sie mit verschiedenen »Wiederauferstehungsmöglichkeiten« in literarischen Formen experimentiert. Ihre *Notizen zu Lebensläufen* bürgen deutlich für die Notwendigkeit der Imagination, durch die sich das wenige Überlieferte organisieren lässt. Am Ende des 20. Jahrhunderts wird die Überlieferung des und der Untergegangenen ebenso Thema wie diese selbst. Fink entwirft Echos und Nachrufe auf Figuren, die im Untergrund der Erinnerungen fortleben und nur durch (scheinbare) Zufälle ihren Weg ins Bewusstsein und in die Sprache finden. »Nur durch Zufall kennt man ihren letzten Tag.«[80] Blitzhaft leuchten ihre Figuren auf, sie leben vom Hörensagen, von der Ungenauigkeit und den Leerstellen der Überlieferungen, die sie zu ebenso fragilen wie beharrlichen Figuren einer poetischen Trauer werden lassen. Während vor allem im letzten Band der Trilogie – *Maß unserer Tage* – durch Delbos Erzählerin hindurch mehrere Mithäftlinge vernehmbar werden, die im Erzählen das ihnen aufgezwungene Wissen zu »verlernen« versuchen, sammelt Fink Erzählbausteine und Versatzstücke, die sie in einem dem Unvollständigen angemessenen Erzählprinzip präsentiert.

Delbos und Finks poetischer Rhythmus stehen in einem jeweils anderen Verhältnis zur Frage nach Kunst und Trauma: Charlotte Delbo ist darin apodiktisch, dass die Kunst, will sie etwas von der zerstörten Welt wiederherstellen, den Weg über das Aufzeigen des Ausmaßes der Zerstörung nehmen muss. Ida Fink, die zu Beginn ihres Schreibens bereits auf eine Vielfalt verschiedener Verarbeitungsmöglichkeiten des Holocaust zurückblicken kann, versucht im gezielten Zugriff auf literarische Mittel und Genres die spärlichen Resterinnerungen kongenial zu verschränken und zu beglaubigen.

Das Genre Holocaust-Zeugnis verdankt seine bisherige Wirkungskraft neben der den Texten auf unterschiedliche Weise inhärenten ästhetischen Qualität der Autorität der Autoren und Autorinnen als Überlebende. Nicht nur durch die »Kindheitsautobiographik« des Holocaust jedoch wird das Genre vor neue Aufgaben gestellt, da bei der Suche nach einer dem Kind adäquaten Sprache literarische Eingriffe und gezielte erzählerische Verfahren unverzichtbar sind;[81] auch liegt ein wachsender Druck auf den Texten, da sie den Überlebenden zumindest ein Überleben ihrer Erfahrung sichern müssen. Zu Beginn des 21. Jahrhunderts sind ihre Texte eine Art »Sicherstellung« von Erfahrung: »[Auschwitz] existiert nicht hier, sondern ist vielmehr über die ganze Welt verstreut, in Fragmenten, in den Erinnerungen der Überlebenden [...]«.[82] Nicht allein durch die Prosa von Delbo und Fink rückt eine Definition von Literatur in den Vordergrund, die hier eine besondere Aufladung erfährt: Lässt sich Literatur als ein Feld imaginierter Lebensentwürfe beschreiben, so geht es hier im besonderen Maße darum, Lebensgeschichten oder vielmehr das, was von ihnen übrig ist, vor ihrem wiederholten Untergang in Zahlen und Daten, zu retten. In naher Zukunft wird der Text aus seinen eigenen Mitteln und Verfahren heraus die sich für das Ereignis leibhaftig verbürgende Instanz des Überlebenden vertreten oder gar ersetzen müssen. War die Rezeption der Zeugnisse bis in die achtziger Jahre des 20. Jahrhunderts mit dem Verweis auf ihren Status als »heilige Texte« stark auf den Autor konzentriert, genauer auf das Band zwischen Autor und Text und weniger auf das Eigenleben, das die Texte kraft ihrer ästhetischen Qualitäten entwickeln können, so gibt es nun erste Versuche zu einer Poetik dieses Genres. Hartman nennt die »Bestätigung des Bekannten«[83] als eines der Merkmale heutiger Zeugnisse, wohl um die Texte von der längst überholten Erwartung einer »Neuigkeit« freizuhalten. Wurde das Genre bislang darüber definiert, dass es ein Ereignis in den Mittelpunkt stellt, für das es entweder »zu wenig«[84] – oder »zu viele« Wörter, auf jeden Fall also keine adäquate Sprache gibt, so scheint es, als sei den Texten, die mit dem Eingeständnis des Schreibprozesses als transzendierter Erfahrung operieren, eine Zukunft sicher. Begonnen hat diese Entwicklung bei Charlotte Delbo: Sie verzichtet auf einen »Wahrheitsvertrag« mit dem impliziten Leser zugunsten einer Mimesis des disparaten, sich in kein Schema einpassenden Ereignisses, verzichtet auf verbindende Überleitungen und lässt in nun notwendig schiefen Analogien die völlige Unvereinbarkeit der Erfahrung aufblitzen.

Vielleicht liegt ein wesentliches Moment der spezifischen Poetik dieses Genres in der Vereindeutigung des traditionellen Spannungsverhältnisses von Erinnerung und Kunst: Am vorläufigen Ende einer bald sechzigjährigen Geschichte dieses Genres liegen die immanenten Bemühungen darin, nicht die Erinnerung (an den Holocaust) durch die Kunst, sondern die Kunst durch die Erinnerung verändert zu wissen. Wenn die Germanistin Ernestine Schlant in einem Akt von philologischer Trauerarbeit die Literatur zum rettenden Feld »individueller Lebensgeschichten« erklärt und diese Deutung als einen Auftrag vor allem an die auf den Holocaust folgenden Generationen nichtjüdischer Deutscher ergehen lässt, so fordert sie eine durch die Erinnerung an den Holocaust geprägte Kunst.[85]

Prominentes Beispiel dieser gelungenen Prägung der Kunst durch Erinnerung ist W.G. Sebald, der erstmals durch seinen Erzählband *Die Ausgewanderten* (1992)[86] hervorgetreten ist. Sebald beschäftigt sich unter anderem mit der Praxis des Bewahrens, indem er den Weg der Erinnerungen einer deutschen Jüdin sowie die schwierige Veräußerung dieser Erinnerungen verfolgt. Dem Erzähler der Geschichte *Max Aurach*[87] werden die Erinnerungen der Luisa Lanzberg durch ihren Sohn übergeben. Die in der Erzählung »teilweise wiedergegebenen Aufzeichnungen«[88] Lanzbergs überliefern ein Leben vor dem Holocaust und sparen bewusst alle bedrohlichen Zeichen aus. Ähnlich den anderen drei in dem Buch versammelten Erzählungen ist *Max Aurach* eine hybride Konstruktion, die sich im Zusammenspiel von Photographien, Zeichnungen und Memoiren dem Spannungsverhältnis von Fakten und Fiktion aussetzen. Durch die Literatur hindurch lässt Sebald die (wahrscheinlich authentischen) Erinnerungen einer Anderen sprechen und baut seine Wortgebäude um diese »nachgelassenen Blätter« herum.[89] Nicht zuletzt durch diesen behutsamen »Schutz« durch Worte, die nicht einfach eine Frau beschreiben, sondern diese selber sprechen lassen, stehen Sebalds Erzählungen für eine poetische Trauer, auf die man in der deutschen Nachkriegsliteratur bisher vergeblich gewartet hat. Ohne die Stimmen der Untergegangenen zu usurpieren, macht er sie hörbar. Sebalds Schreibgestus ist ein fragender, mutmaßender; selbst die »endgültige Fassung« seiner Erzählung – der Erzähler zweifelt daran, dass es sie überhaupt geben kann –, erscheint ihm als »missratenes Stückwerk«.[90] In der schreibenden Vergegenwärtigung des Untergangs jüdischer Menschen ist ihm, als habe *er* sie »verloren und als könne ich sie nicht verschmerzen trotz der langen, seit ihrem Ableben verflossenen Zeit.«[91] Sein Unterfangen beschreibt er als »rückläufiges Unternehmen«,[92] da er dem Gegenstand seiner Erzählung nicht gerecht zu werden glaubt. Die Erzählung *Max Aurach* ist wohl das selbstreflexivste Stück Prosa über den Holocaust, da sie nicht nur über die Praxis des Bewahrens, sondern auch über die Bedingung der Entstehung von Kunst nach Auschwitz nachdenkt. Dass Literatur auch eine Alternative und Ergänzung zu Institutionen wie dem Archiv sein kann, indem sie eine konservierende und kontextualisierende Funktion zugleich ausübt, zeigt sich an Sebalds Umgang mit den Erinnerungen Luisa Lanzbergs, deren Worte – ganz frei von jedem Übergriff auf Person und Geschlecht – im Schutzraum poetischer Reflexion öffentlich werden.

Anmerkungen

[1] Vgl. Michaela Holdenried (Hg.): Geschriebenes Leben. Autobiographik von Frauen. Berlin 1995; Miriam Gebhardt: Das Familiengedächtnis. Erinnerung im deutsch-jüdischen Bürgertum 1890-1932. Studien zur Geschichte des Alltags. Stuttgart 1999.

[2] Vgl. Geoffrey Hartman: Der längste Schatten. Erinnern und Vergessen nach dem Holocaust. Berlin 1999. S. 71: »In den Jahren unmittelbar nach dem Krieg hatte ein solches Zeugnis den Status eines archivalischen Dokuments, das zuvörderst der Vermehrung von Wissen dienen sollte; heute ist es eher ein Mittel der Überlieferung, das uns die Ereignisse gegenwärtig hält.«

[3] Vgl. Nicolas Berg, Jess Jochimsen, Bernd Stiegler (Hg.): Shoah – Formen der Erinnerung. Geschichte, Philosophie, Literatur, Kunst. München 1997. S. 7 f.

[4] Marlene E. Heinemann: Gender and Destiny. Woman Writers and the Holocaust. New York, Westport, Connecticut, London 1986. S. 34.

[5] Vorwort zu Dalia Ofer und Leonore J. Weitzman (Hg.): Women in the Holocaust. New Haven, London 1998. S. 3.

[6] Ebenda, S. 277.

[7] Liana Millu: Der Rauch über Birkenau. (Im Original auf Italienisch 1986). München 1997.

[8] Aleida Assmann: Funktionsgedächtnis und Speichergedächtnis – Zwei Modi der Erinnerung. In: Kristin Platt, Mihran Dabag (Hg.): Generation und Gedächtnis. Opladen 1995. S. 169-195, insbesondere S. 183 f.

[9] Lucille Eichengreen: Der König von Lodz. Berlin 2000.

[10] Sara Rosen: My Lost World. A Survivor's Tale. Oregon 1993.

[11] Charlotte Delbo: Keine von uns wird zurückkehren, in: Dies.: Auschwitz und danach. Frankfurt am Main 1990.

[12] Vgl. Judith Klein: Am Rande des Nichts. In: Holdenried (Hg.): Geschriebenes Leben. S. 279.

[13] Alina Margolis-Edelman: Als das Ghetto brannte. Eine Jugend in Warschau. Berlin 1999.

[14] Ida Fink: Eine Spanne Zeit. Frankfurt am Main 1983. Dies.: Notizen zu Lebensläufen. Frankfurt am Main 2000.

[15] Lawrence L. Langer: Gendered Suffering? Women in Holocaust Testimonies. In: Ofer, Weitzman (Hg.): Women in the Holocaust. S. 353.

[16] Susanne zur Nieden: Tagebücher von Frauen im zerstörten Deutschland 1943 bis 1945. Tagebuchschreiben – ein populärer Brauch. In: Holdenried (Hg.): Geschriebenes Leben. S. 287.

[17] z.B. Ida Fink: Notizen zu Lebensläufen. S. 33.

[18] Gebhardt, Familiengedächtnis, S. 67.

[19] Jürg Altwegg, Vorwort zu Sarah Kofman: Erstickte Worte. Wien 1988. S. 21.

[20] »Vielleicht waren meine zahlreichen Bücher Umwege, die notwendig waren, um endlich ›dies‹ erzählen zu können«, schreibt Kofman auf der ersten Seite ihres Fragments. Sarah Kofmann: Rue Ordoner Rue Labat. Autobiographisches Fragment. Tübingen 1995. S. 9.

[21] Geoffrey Hartman: Der längste Schatten. S. 223.

[22] Auf Französisch wirklich »Aucun« – »Keiner« und nicht »Aucunne« im Titel.

[23] Vgl. Judith Klein: Literatur und Genozid. Darstellungen der national-sozialistischen Massenvernichtung in der französischen Literatur. Wien, Köln, Weimar 1992. S. 81.

[24] Delbo, Keine von uns wird zurückkehren, S. 126. Vgl. auch S. 102 eine weitere der vielen Stellen: »Als der SS-Mann angelegt und geschossen hat, ging die Frau in der Sonne. Sie war sofort tot. Es war eine Polin.«

[25] Lawrence L. Langer: Holocaust Testimonies. The Ruins of Memory. New Haven, London 1991. S. 1-38, insbesondere S. 3-9. Vgl. dazu Hartman, Der längste Schatten, S. 221: »Die zum Schweigen gebrachte Erinnerung [ist] nicht verblasst: sie wurde zu dem, was Delbo ›tiefe‹ Erinnerung nennt, eine Erinnerung aber, die neben dem normalen Bewusstsein aufbewahrt wird.«

[26] »Und jetzt sitze ich in einem Café und schreibe diese Geschichte auf – denn es wird zu einer Geschichte.« Delbo, Keine von uns wird zurückkehren, S. 39 und ähnlicher Wortlaut, S. 44.

[27] Ebenda, S. 79.

[28] Ebenda, S. 10.

[29] Ebenda, S. 86.

[30] Ebenda, S. 8.

[31] Ebenda, S. 49

[32] Ebenda, S. 50.

[33] Ebenda, S. 163.

[34] Ebenda, S. 97.

[35] Delbo, Eine nutzlose Bekanntschaft, in: Dies.: Auschwitz und danach, S. 237

[36] Delbo, Maß unserer Tage, in: Dies.: Auschwitz und danach, S. 361

[37] Ebenda, S. 360.

[38] Fink, Notizen, S. 119.

[39] Ebenda, S. 118.

[40] Ebenda, S. 98.

[41] Ebenda, S. 97.

[42] Ebenda, S. 183.

[43] Ida Fink, The Key Game. In: Ofer, Weitzman (Hg): Women in the Holocaust, S. 120-122.

[44] Fink, Notizen, S. 140.

[45] Vgl. vor allem die Erzählung »Sabina unter den Säcken. Notizen zum Lebenslauf«.

[46] Ebenda, S. 126.

[47] Ebenda, S. 129. Vgl.: »Virtually all women, as revealed in scores of memoirs, formed surrogate families, because, as one German-Jewish survivor of Auschwitz explained, it was ›the best way to survive‹«. Myrna Goldenberg: Memoirs of Auschwitz Survivors. In: Ofer, Weitzman: Women in the Holocaust, S. 337.

[48] Vgl. zur »Wir«-Form als lyrischer Stimme, Heinemann: Gender and Destiny, S. 122.

[49] Delbo, Eine nutzlose Bekanntschaft, S. 169.

[50] Ebenda, S. 170. Dieses »Gebet der Vergebung« trägt sie auf S. 321 nach.

[51] Dies.: Maß unserer Tage, S. 323.

[52] Dies.: Keine von uns wird zurückkehren, S. 165.

[53] Ebenda, S. 359.

[54] Ebenda, S. 373.

[55] Die gezogene Analogie dient nicht dazu, Holocaust-Zeugnisse in literarische Motivtraditionen einzubinden, um die Eigenbewegung der Texte zu relativieren, sondern um deren Eigenwert durch die Möglichkeiten, aber auch Grenzen von Analogien herauszustellen.

[56] Delbo, Maß unserer Tage, S. 362 ff.

[57] Vgl. Langer, Gendered Suffering?, S. 352.

[58] Delbo, Maß unserer Tage, S. 373.

[59] Ebenda, S. 370.

[60] Ebenda, S. 355.

[61] Ebenda, S. 316.

[62] Ebenda, S. 355.

[63] Vgl. zum Konnex von Holocaust-Zeugnis und Ahasver das Vorwort zu Jankiel Wierniks Buch, The Death Camp Treblinka: A Documentary. New York 1979 wiedergegeben bei G. Hartman, Der längste Schatten, S. 278: »Lieber Leser: nur um deinetwillen klammere ich mich noch an meine jämmerliche Existenz […]. Ich bin ein Nomade […]. Sehe ich etwa wie ein Mensch aus? Nein, ganz bestimmt nicht. Zerzaust, unordentlich und zerstört. Es scheint, als trüge ich die Last von hundert Jahrhunderten. Die Last ist ermüdend, sehr ermüdend, aber vorläufig muss ich sie tragen. […] Ich, der den Untergang dreier Generationen miterlebt hat, muss um der Zukunft willen weiterleben.«

[64] Delbo, Keine von uns wird zurückkehren, S. 157 f.

[65] Ebenda, S. 165.

[66] Dies.: Eine nutzlose Bekanntschaft, S. 210.

[67] Dies.: Maß unserer Tage, S. 358.

[68] Überlebende beschreiben sich als »bearer of a secret«, vgl. Dori Laub: An Event Without A Witness. Truth, Testimony and Survival, in: Shoshana Felman, Dori Laub (Hg.): Testimony. Crises of Witnessing in Literature, Psychoanalysis and History. New York 1992. S. 82.

[69] Delbo, Maß unserer Tage, S. 327

[70] Ebenda, S. 323.
[71] Zur Rückeroberung von Gedächtnis, Wissen, Erfahrung, Kindheitser-innerungen vgl. Delbo, Maß unserer Tage, S. 356. Zu diesem Aspekt auch Georges-Arthur Goldschmidts autobiographischen Romane »Die Absonderung« und »Die Aussetzung«.
[72] Delbo, Eine nutzlose Bekanntschaft, S. 238.
[73] Dies.: Keine von uns wird zurückkehren, S. 18.
[74] Ebenda, S. 164.
[75] Vgl. Gertrud Kolmar: Ewiger Jude (1933) und Nelly Sachs: Chor der Wandernden (vor 1946), in: Mona Körte, Robert Stockhammer (Hg.): Ahasvers Spur. Dichtungen und Dokumente des Ewigen Juden. Leip-zig 1995, S. 156 und S. 159 sowie das Nachwort. Vgl. auch Mona Körte: Die Uneinholbarkeit des Verfolgten. Der Ewige Jude in der literarischen Phantastik. Frankfurt am Main, New York 2000.
[76] Seit dem Holocaust scheinen Schuhe in der Autobiographik wie der musealen Erinnerungskultur zum Fetisch geworden zu sein.
[77] Delbo, Keine von uns wird zurückkehren, S. 60.
[78] Ebenda, S. 46.
[79] Ebenda, S. 66.
[80] Fink, Notizen, S. 113.
[81] Den Zusammenhang von Erinnerung und Kreativität betonen Autoren und Autorinnen der zweiten Generation, paradigmatisch hierfür Georges Perec: W ou le souvenir d'enfance (deutsch: W oder die Kind-heitserinnerung. Frankfurt am Main 1982).
[82] Eleonora Lev: »Don't take Your Daughter to the Extermination Camp«. In: Tikkun 2 (1987), S. 54-60.
[83] Geoffrey Hartman: Zeitalter der Zeugenschaft. Steven Spielberg und die Überlebenden der Judenvernichtung, in: Frankfurter Allgemeine Zei-tung vom 10.9.1998.
[84] Kofman, Erstickte Worte, S. 55.
[85] Schlant macht diesen moralischen Auftrag vor allem für die Literatur der Nachkriegszeit nichtjüdischer Autoren geltend, deren Trauerarbeit sich in der Rettung der Lebensgeschichten Untergegangener manifes-tieren solle. Ernestine Schlant: The Language of Silence. West German Literature and the Holocaust. Routledge 1999, S. 170 f.
[86] W. G. Sebald: Die Ausgewanderten. Vier lange Erzählungen. Frankfurt am Main 1998.
[87] Es wird vermutet, dass sich hinter Max Aurach der englische Maler Frank Auerbach verbirgt, dessen Werk – wie in der Erzählung beschrie-ben – in der Tate Gallery hängt. Vgl. dazu Schlant: The Language of Silence, S. 259.
[88] Sebald: Die Ausgewanderten, S. 327.
[89] Ebenda, S. 289.
[90] Vgl. Ebenda, S. 345: »Hunderte von Seiten hatte ich bedeckt [...]. Weit-aus das meiste davon war durchgestrichen, verworfen oder bis zur Un-

leserlichkeit mit Zusätzen überschmiert. Selbst das, was ich schließlich für die ›endgültige‹ Fassung retten konnte, erschien mir also als ein missratenes Stückwerk. Ich zögerte also, Aurach meine verkürzte Version seines Lebens zu übersenden.«

91 Ebenda, S. 337.
92 Ebenda, S. 344.

Ute Benz

Wie die Luft zum Atmen.
Zur Erinnerung an Zdenka Glazar-Vitkova

Ich bin für ihn wie die Luft, die er zum Atmen braucht, pflegte Zdenka, die Frau Richard Glazars, eines der wenigen Überlebenden des Vernichtungslagers Treblinka, gelegentlich ihre eigene Funktion im Leben mit diesem Mann zu beschreiben.[*] Das war viel, das war existentiell. So haben es auch alle Freunde und Bekannten mit Bewunderung empfunden und umso mehr mit Bestürzung, als Richards Unfähigkeit offenbar wurde, nach dem Tode Zdenkas weiterzuleben.

Aber es ist auch traurig, dass sogar nach ihrem Tode der Versuch, die treue Frau an der Seite des bekannten Zeitzeugen zu beschreiben, dass die Suche nach Menschen, die ihr im Leben begegnet sind und etwas über sie erzählen würden, erfolglos geblieben ist. Anhand der spärlichen Lebensdaten lässt sich ahnen, was es an Brüchen für ihr Leben bedeutet hat, wenn sie als böhmische Nichtjüdin in der antisemitischen Welle der stalinistischen Ära der fünfziger Jahre zu ihm hält und mit ihm nach dem Zusammenbruch des Prager

---

[*] Richard Glazar (1920–1997), böhmischer Jude aus Prag, war ab Oktober 1942 zehn Monate bis zu seiner Flucht in Treblinka. Sein Buch »Die Falle mit dem grünen Zaun«, erschienen 1992, ist der wichtigste Bericht aus dem Vernichtungslager. In Claude Lanzmanns Dokumentation »Shoa« hat Richard Glazar Zeugnis abgelegt, ebenso in den beiden Prozessen gegen die Mörder von Treblinka in Düsseldorf 1963 und 1971.

Frühlings 1968 aus der geliebten Heimat flieht, um sich dann 1969 in der Schweiz niederzulassen.

Es scheint gerade so, als wäre über den Tod hinaus gültig, was Zdenka von sich beschrieb, als habe sie keiner, so wenig wie die Luft im Raum, als Person mit eigenen Bedürfnissen neben ihm sehen können oder wollen. Woran liegt das?

War es ein Opfer Zdenkas, wie die lebensnotwendige Luft für ihn zu sein? Dabei sah sie gar nicht danach aus, denn sie war eine lebenswarme, tatkräftige, humorvolle, umsichtige und sehr warmherzige Frau, die lieben und hassen konnte. Karten spielen an Winterabenden mit Kindern zum Beispiel pflegte sie mit einem völlig verblüffenden Ehrgeiz, als gälte es hier die Welt zu gewinnen oder zu verlieren. Wehe, wenn ihre kleinen Partner, die sie mit guten Gaben sonst zu verwöhnen pflegte, hier Fehler machten. Da verstand sie keinen Spaß, verzichtete nicht auf ihre eigenen Chancen.

Vielleicht vermochte Zdenka im Alltag nur so, in der äußersten Zurückhaltung ihrer persönlichen Bedürfnisse neben ihm, die ungeheure Anstrengung auf sich zu nehmen, nicht nur äußerlich, sondern auch innerlich anteilnehmend ihren Mann überallhin zu begleiten, wo er Zeugnis ablegte für die alle Vorstellungskraft seiner Zuhörer übersteigenden nationalsozialistischen Verbrechen an unschuldigen Menschen. Wie konnte sie das ertragen? Zdenka hat die grausamen Geschichten unzählige Male mitangehört, »er macht es immer wieder anders«, sagte sie mit großer Anerkennung, als erfahre auch sie immer wieder Neues.

Gleichwohl hat es auch ihre Kräfte erschöpft, der Erinnerung an den Holocaust standzuhalten und ihn nicht zu verdrängen. In Gesprächen über Menschen und Schicksale spürte man etwas von dem erbitterten Kampf Zdenkas gegen depressive Gefühle der Resignation, Verzweiflung und Schuld über das, was ihr, die so hohe Ansprüche an sich selber hatte, ihrer Ansicht nach nicht zur Zufriedenheit gelungen schien. Sie kannte und fürchtete den Geist der Depression und kämpfte in grimmiger Auflehnung dagegen an. Im Dezember 1997 ist Zdenka Glazar-Vitkova im Alter von 71 Jahren nach schwerer Krankheit in Basel gestorben. Zwei Wochen später schied Richard, der sie in Prag beerdigt hat, aus dem Leben.

Zdenka war seit langem selbst Expertin für Fragen geworden, die an die Grundlagen der menschlichen Existenz rühren. Expertin auch für die Reaktionen der Zuhörer und ihre Fragen. Sie nahm sorgsam die Atmosphäre, den Geist, der vom Publikum ausging, wahr; sie prüfte all die passenden und unpassenden Fragen, für die sie nachsichtiges Verständnis hatte, sofern sie ihr ernst gemeint erschienen. Denn Zdenka war unbestechlich und ließ sich nichts vormachen, sie konnte sehr schroff reagieren, wenn sie Zweifel hatte an der Lauterkeit der Absichten derer, die sich annäherten.

Zdenka trug sehr bewusst ihren Teil dazu bei, unsichtbar wie die Luft zu bleiben, wenn sie als Person neben ihm zurücktrat und für flüchtige Blicke leicht übersehen werden konnte, während er hochaufgerichtet, eine elegante Erscheinung, die Zuhörer ins Auge fasste, auf diese lebhaft zuging, um sich intensiv auf sie einzustellen, als würde er zum ersten Mal berichten. Wenn er mit hoher sprachlicher Präzision sachlich beschrieb, was er vom Holocaust gesehen hatte, erschütterte er jeden. Zdenka hielt sich in der Öffentlichkeit, wenn Richard sprach, vollkommen zurück. Ihre Unterstützung für ihn bestand darin, dass sie still, unauffällig und sehr konzentriert stets so im Saal saß, dass er Blickkontakt mit ihr halten konnte.

Wer Zdenka nicht kannte, hätte daher, wenn ihr Mann auch lange nach Veranstaltungen noch umringt war von vielen Menschen, denken können, diese Frau gehöre nicht dazu. Sie sei vielleicht eine, die besonders ergriffen noch ein wenig lauschen wolle, um sich dann zurückzuziehen. Niemals ergriff sie das Wort. Aber sie war wie selbstverständlich zur

Stelle, wenn Richard nach der Veranstaltung sehr erschöpft und unruhig wurde. Sie sorgte dafür, dass er den Weg zurück fand in den Alltag, in dem er wieder mit seinen schrecklichen Erinnerungen allein bleiben musste. »Es tut ihm gut zu reden«, sagte Zdenka, wenn besorgte Freunde meinten, er müsste sich doch endlich schonen und man dürfe ihn nicht auch noch stundenlang nach einer Veranstaltung in Beschlag nehmen.

Nach Zdenkas Kräften oder ihrer Schonung fragte man nicht. Und sie sprach, obwohl es ihr gesundheitlich nicht gut ging, kaum über sich, nicht darüber, wie es ihr persönlich ging. Sie hatte sich dazu entschlossen, ihn zu unterstützen und bei Gefahr wie eine Löwin zu verteidigen, dieser Aufgabe ihr Leben zu widmen – punktum.

Anhang

Zu den Autorinnen und Autoren

Sara Benatar, Anne Cohen, Giovanna Hasson, Laura Hasson

Alle vier wurden am 20. Juli 1944 von Rhodos nach Auschwitz deportiert. Sie sind mittlerweile verstorben.

Wolfgang Benz

geb. 1941; Studium (Geschichte, Politische Wissenschaft, Kunstgeschichte) in Frankfurt am Main, Kiel, München; 1969 bis 1990 Mitarbeiter des Instituts für Zeitgeschichte in München; Mitbegründer und Herausgeber der Zeitschrift »Dachauer Hefte«; Herausgeber mehrerer Buchreihen; Mitherausgeber der Zeitschrift für Geschichtswissenschaft; seit 1990 Professor an der Technischen Universität Berlin und Leiter des Zentrums für Antisemitismusforschung; Vorsitzender der Gesellschaft für Exilforschung.

Ute Benz

Dr. phil. geb. 1942; Studium an der Kunstakademie und an der Technischen Universität Stuttgart; 1969 bis 1977 Lehrerin für Kunsterziehung und Sozialkunde an Gymnasien; analytische Kinder- und Jugendpsychotherapeutin und analytische Paar- und Familientherapeutin in freier Praxis in Berlin; Lehrbeauftragte an der Technischen Universität Berlin. Veröffentlichungen zu politischen und sozialen Themen im Bereich der Psychoanalyse (u.a. zum Mythos Mutter im NS-Staat), zuletzt: Jugend, Gewalt und Fernsehen. Der Umgang mit bedrohlichen Bildern, Berlin 1997.

Halina Birenbaum

geb.1929 in Warschau, Deportation aus dem Warschauer Ghetto nach Majdanek, Auschwitz, Ravensbrück; lebt in Israel; ihre Erinnerungen *Die Hoffnung stirbt zuletzt* erschienen 1989 in deutscher Sprache.

Ruth Bondy

geb. 1923 in Prag; Überlebende der Lager Auschwitz und Bergen-Belsen; lebt seit 1948 in Israel; Journalistin und Schriftstellerin; langjährige Redakteurin bei der Zeitung *Davar*; ihre Biographien von Enzo Sereni (1977 und Jakob Edelstein (1959) fanden auch im angelsächsischen Sprachraum weite Verbreitung; ihre Erinnerungen *Mehr Glück als Verstand* (1977) erschienen 1999 auch in deutscher Sprache.

Kitty Fischer

geb. 1927 in Olmütz; sie wurde 1944 als Siebzehnjährige verhaftet und nach Auschwitz deportiert; die Befreiung erlebte sie in einem Außenlager des KZ Groß-Rosen; sie kehrte in ihre Heimat zurück und emigrierte 1949 nach Australien.

Charlotte Kahane

geb. in Polen, wurde von Deutschen als Haushaltshilfe nach Deutschland gebracht, wo sie bis zum Kriegsende bleiben konnte, ohne dass ihre jüdische Identität entdeckt wurde; emigrierte nach Australien; nach einer Ausbildung als technische Assistentin und Tätigkeit in einem Kinderkrankenhaus Studium der Journalistik und Geisteswissenschaften.

Julia Kertesz

geb. 1921 in Klausenburg/Rumänien; Deportation nach Auschwitz, Bergen-Belsen, befreit in einem Außenlager des KZ Neuengamme; Rückkehr nach Rumänien; nach einem Sprachenstudium Tätigkeit als Lehrerin an Gymnasien, Eheschließung mit dem KZ-Überlebenden Ladislaus Szücs; 1974 Auswanderung in die Bundesrepublik Deutschland; gestorben 1999.

Mona Körte

geb. 1966 in Winnipeg/Kanada. Studium der Germanistik, Komparatistik und Psychologie in Frankfurt am Main und Berlin; 1998 Promotion über die Figur des ewigen Juden in der literarischen Phantastik; seit 1999 Wissenschaftliche Assistentin am Zentrum für Antisemitismusforschung; Veröffentlichungen u.a. zur jüdischen Autobiographik und zur »Holocaust-Literatur«, sowie zu methodischen Fragestellungen zwischen Literaturwissenschaft und Antisemitismusforschung.

Shmuel Krakowski

geb. 1926 in Warschau; Überlebender des Ghettos Lodz, der Lager Auschwitz, Buchenwald, befreit in Theresienstadt; Studium der Geschichte in Warschau, Leiter des Archivs des Jüdischen Historischen Instituts Warschau; 1968 Auswanderung nach Israel, Leiter des Archivs der Gedenkstätte Yad Vashem, heute Mitglied des Research Centers von Yad Vashem; zahlreiche Veröffentlichung zur Geschichte des Holocaust.

Gabriele Mittag

geb. 1962; Studium der Theaterwissenschaften und deutschen Literatur in Berlin und Paris; Promotion an der FU Berlin; freie Journalistin und Autorin in Berlin; konzipierte eine Ausstellung über das französische Internierungslager Gurs; zahlreiche Publikationen zum Thema Exil 1933-1945.

Peter Monteath

geb. 1961; Studium der Geschichte an der Universität von Queensland (Australien) und Siegen; Promotion an der

Griffith University (Australien) Lecturer an der Flinders University of South Australia; Veröffentlichungen zur Geschichte des Spanischen Bürgerkriegs und zur deutschen Geschichte des 20. Jahrhunderts.

Maria Montuoro
leistete Zwangsarbeit als KZ-Häftling im Konzentrationslager Ravensbrück.

Monika Schmidt
geb. 1957; Studium der Politikwissenschaften; Mitarbeit in folgenden Forschungsprojekten zur NS-Geschichte: das Berliner Bezirksamt Wilmersdorf 1933-1945 (1991-1993), Jüdische Häftlinge im KZ Sachsenhausen (Projekt »Baracken 38/39« der Gedenkstätte Sachsenhausen, 1994-1999), Zwangsarbeit bei der Firma Diehl (Zentrum für Antisemitismusforschung, Berlin, 1998-1999); Veröffentlichungen u.a. zu Arisierung.

Claudia Schoppmann
Dr. phil., geb. 1958; Studium der Germanistik, Geschichte und Publizistik in Münster und Berlin; Stipendiatin des Instituts für Sozialforschung in Hamburg; wissenschaftliche Mitarbeiterin in der Berliner Geschichtswerkstatt e.V. und am Heimatmuseum in Berlin-Charlottenburg; seit 2000 Mitarbeiterin am Projekt »Rettung von Juden im nationalsozialistischen Deutschland« am Zentrum für Antisemitismusforschung der Technischen Universität Berlin; Veröffentlichungen u.a. zur Verfolgung homosexueller Männer und Frauen im Dritten Reich, zu Exil-, Frauen- und Geschlechterforschung und zur jüdischen Geschichte.

Gudrun Schwarz
Dr. phil., geb. 1948; Studium der Soziologie, Politologie und Psychologie an der Freien Universität Berlin; wissenschaftli-

che Mitarbeiterin am Institut für Soziologie der Freien Universität Berlin; Mitarbeiterin am Projekt »Gedenkbuch der Berliner Juden« und der »Gedenkstätte Haus der Wannsee-Konferenz«; seit 1995 Mitarbeiterin am Hamburger Institut für Sozialforschung im Arbeitsbereich »Theorie und Geschichte der Gewalt«; zahlreiche Veröffentlichungen zur Geschichte der nationalsozialistischen Konzentrationslager mit dem Schwerpunkt Frauen als Opfer und Täterinnen.

Ingrid Strobl

geb. 1952; promovierte über »Rhetorik im Dritten Reich«, freie Autorin und Dokumentarfilmerin in Köln; zahlreiche Veröffentlichungen zur Beteiligung jüdischer Frauen im Widerstand; 1999 Mitbegründerin des Chaika-Grossmann-Archivs in Köln.

Nechama Tec

geb. 1931 in Lublin/Polen; überlebte die Ermordung der polnischen Juden im Versteck bei polnischen Helfern; Emigration in die USA; Professorin für Soziologie an der University of Connecticut; zahlreiche Veröffentlichung zur Geschichte des Widerstandes; Ihre Erinnerungen *Eine Art Leben. Eine jüdische Kindheit im besetzten Polen* (1982) erschienen 1998 in deutscher Sprache.

Quellenangaben

Sara Banater, Anne Cohen, Giovanna Hasson, Laura Hasson:
Die Odyssee der Frauen von Rhodos
in: Dachauer Hefte3/1987. S.158-165.

Halina Birenbaum: Rückkehr einer Kind-Greisin
aus Auschwitz
in: Dachauer Hefte 9/1993. S.148-158.

Ruth Bondy: Frauen in Theresienstadt und im Familienlager
Auschwitz-Birkenau
in: *Dalia Ofer, Lenore J. Weitzman*: Women in the Holocaust. New Haven 1998. S.310-326.

Kitty Fischer: Ich bin Kriegswaise. Rückkehr aus dem Vernichtungslager
in: Dachauer Hefte 6/1990. S.95-103.

Charlotte Kahane: Untergetaucht. Eine polnische Jüdin überlebt in Deutschland
in: Dachauer Hefte 7/1991. S.87-101.

Julia Kertesz: Von Auschwitz ins Volkswagenwerk. Erinnerungen an KZ-Haft und Zwangsarbeit
in: Dachauer Hefte 8/1992. S.69-87.

Maria Montuoro: Schicht B
in: Dachauer Hefte 3/1987. S.221-230.

Nechama Tec: Frauen unter den Partisanen
in: *Dalia Ofer, Lenore J. Weitzman*: Women in the Holocaust. New Haven 1998. S.223-233.